A ERA DO IMPREVISTO

SÉRGIO ABRANCHES

# A Era do Imprevisto
*A grande transição do século XXI*

1ª *reimpressão*

COMPANHIA DAS LETRAS

Copyright © 2017 by Sérgio Abranches

*Grafia atualizada segundo o Acordo Ortográfico da Língua Portuguesa de 1990, que entrou em vigor no Brasil em 2009.*

*Capa*
Thiago Lacaz

*Preparação*
Maria Fernanda Alvares

*Revisão*
Clara Diament
Valquíria Della Pozza

Dados Internacionais de Catalogação na Publicação (CIP)
(Câmara Brasileira do Livro, SP, Brasil)

Abranches, Sérgio
  A Era do Imprevisto : a grande transição do século XXI / Sérgio Abranches. — 1ª ed. — São Paulo : Companhia das Letras, 2017.

  Bibliografia.
  ISBN 978-85-359-2877-8

  1. Civilização – Século 21 2. Crises 3. Cultura e sociedade 4. Paradigmas 5. Política econômica 6. Política social 7. Sociologia política I. Título.

17-01530   CDD-301

Índice para catálogo sistemático:
1. Ensaios : Sociologia   301

[2017]
Todos os direitos desta edição reservados à
EDITORA SCHWARCZ S.A.
Rua Bandeira Paulista, 702, cj. 32
04532-002 — São Paulo — SP
Telefone: (11) 3707-3500
www.companhiadasletras.com.br
www.blogdacompanhia.com.br
facebook.com/companhiadasletras
instagram.com/companhiadasletras
twitter.com/cialetras

*Para Rodrigo, que me projeta no futuro que não verei.*

*Para Míriam, minha companheira nos limites de onde tentamos ver muito além de nós e das aparências.*

*Para Mariana, Daniel, Manuela e Isabel, que viverão nosso legado, depois da transição, quatro adoráveis visões do futuro, com quem Matheus e Vladimir, Flávia e Giselly generosamente me deixaram desenvolver laços afetivos permanentes.*

*À memória de Zygmunt Bauman, o mais completo e criativo pensador da grande transição.*

[...] *O único conselho útil nesta hora, por mais decepcionado que possas estar; conhece-te a ti mesmo, amigo, e adaptando-te aos duros fatos lança mão de novos modos.*

Ésquilo, *Prometeu acorrentado*

*Da beirada se pode ver todo tipo de coisa que não se pode ver do centro. Grandes coisas, inimagináveis — as pessoas na borda veem primeiro.*

Kurt Vonnegut Jr., *Player Piano*

*Uma nova geração está crescendo entre nós, uma geração alimentada por novas ideias e novos princípios. Isso é sério e entusiástico pois essas novas ideias e seu entusiasmo, mesmo quando mal direcionados, são, acredito, no fundo sinceros. Mas estamos vivendo um período cético e, se posso usar a expressão, de pensamento atormentado: e por vezes temo que a esta nova geração, educada ou hipereducada como seja, faltarão aquelas qualidades de humanidade, de hospitalidade, de humor cordial que pertencem a dias passados.*

James Joyce, "Os mortos", *Dublinenses*

*A era em que estamos entrando agora, este século xxi, testará a alma de novos modos.*

Susan Sontag, carta a Borges

# Sumário

Para começar .................................................................. 11
O ensaio .......................................................................... 19
Notas ............................................................................... 389

# Para começar

Quando escrevemos, contraímos muitas dívidas. São dívidas boas de contrair e de pagar. Elas vêm de uma economia solidária, recíproca e afetiva de trocas de ideias. Este livro vem sendo escrito há bastante tempo. As ideias que contém antecedem em muitos anos o início da escrita do texto. Tenho, portanto, felizmente, muitos credores. Ao longo dos últimos anos — e mesmo de algumas décadas —, em conversas francas, respeitosas das diferenças, ainda que por vezes acaloradas, fui formando meu sentimento do mundo. Embora as notas ao final do texto não sejam econômicas, nelas não faço referência a tudo que li, nem às pessoas de cuja conversa ou apoio me beneficiei, ao longo dessa sinuosa trilha de inquietações e busca intelectual.

Toda lista é arbitrária e imprecisa. Mas agradeço as numerosas oportunidades de intercâmbio rico e construtivo. Farei algumas exceções aos amigos que se alhearam da conversação por circunstâncias inelutáveis; por meio deles, estendo esse agradecimento a todos os demais. As ideias deste ensaio refletem preocupações que me ocupam desde a juventude, toda uma longa jornada de ativismo, debates, conversas madrugada adentro, leituras. Meus longos e intermináveis encontros com Márcio Moreira Alves foram sempre fraternos, estimulantes, irônicos e iluminados. Marcito tornava esses momentos de conversa tão azuis quanto seus sábados, quando escrevia sobre os avanços que identificava no meio da crise geral da civilização. Discutimos praticamente todas as questões tratadas neste ensaio e nunca deixei de me espantar com sua inteligência e ironia. Marcito foi nos deixando devagar.

A questão democrática e sua relatividade foram objeto de diálogos ricos e intensos com Guillermo O'Donnell, em nossa convivência no Rio de Janeiro e quando me abrigou como *senior visiting fellow* no Helen Kellog Institute for International Studies, da universidade de Notre Dame. Foi uma temporada proveitosa, que já vai longe no tempo. Lá escrevi o ensaio "Nem seres livres, nem cidadãos: o dilema político do indivíduo nas democracias liberais", que retomei quase integralmente aqui. Ao me lembrar das conversas alongadas com amigos tão vários, cheias de momentos iluminados de troca e descoberta, tenho sempre a sensação inarredável de que ficaram inacabadas e, ao escrever estas páginas, volto a elas e lhes dou seguimento.

Entre aqueles que continuam na conversação, devo algumas palavras a Gláucio Soares, sempre incansável na busca de conhecimento socialmente relevante. Gláucio, mais que professor e orientador no meu mergulho inicial na sociologia política, foi e continua sendo um abridor de sendas para o conhecimento. É o paradigma do bom professor.

Marcos Sá Corrêa, de cuja mente brilhante sinto falta todo dia, leu a primeira versão deste texto, muito diferente da atual. Começamos a conversar sobre muitas das ideias que desenvolvo aqui há décadas. Foi ele que me instigou a escrever sobre a tragédia e daí nasceu boa parte da minha visão sobre o significado do trágico. Foram tantas as nossas conversas e, no entanto, tão poucas. Hoje, por motivos inteiramente alheios às nossas vontades, faltam-nos as palavras de então.

Não foram só essas conversas, nem apenas as que tive com esses amigos, que me marcaram. Que a referência a eles expresse minha gratidão por todas as outras pessoas amigas, um componente fundamental do que faz da vida um privilégio singular, em lugar de uma simples imposição biológica.

Tive alunos brilhantes e tolerantes com minha experimentação com as ideias. Espero que tenham absorvido parte da minha inconformidade com os moldes e os formalismos. Muitos entenderam minha defesa da construção teórica como criação. A poesia dos conceitos, sempre acreditando que as ideias, como os versos, podem ajudar a transformar o mundo. Todos sabemos que não transformaremos o mundo sós e apenas com ideias. Como diz um personagem de Isaac Asimov, as grandes mudanças requerem o empenho das massas ou o amadurecimento de muitas décadas, às vezes séculos. Mas nossa poética terá valor se nossas ideias forem sinceras e, como grãos de semente de mostarda, se espalharem, sem esperar convencimento ou consenso, apenas reflexão. Com convicção e sinceridade moveremos montanhas. É uma velha sabedoria bíblica: "porque em verdade vos digo que, se tiverdes fé como um grão de mostarda, direis a este monte: Passa daqui para acolá — e há de passar; e nada vos será impossível" (Mt 17,20). Espero que, estejam onde estiverem, de que lado estiverem, continuem acreditando que são capazes de mover montanhas, espalhando as sementes de suas ideias. Precisamos de um neoiluminismo, uma nova Reforma, por assim dizer, um Renascimento, para tornar o século XXI a ponte para a boa sociedade e o bom governo. E luzes há, por muita parte, em meio às brumas da grande transição.

É nas grandes transições que nosso poder de mudar o mundo aumenta. Com os padrões em aberto e as estruturas em fluxo podemos ousar orientar nossas ações e atitudes por novas ideias.

A troca afetiva e intensa de ideias tornou-se permanente e prazerosa no meu cotidiano, desde que passei a compartilhá-lo com Míriam Leitão. Temos pensado juntos, de forma intensa, solidária e amorosa, a tragédia e a ventura dessa travessia desconcertante e angustiante, em nosso país e no mundo. Temos caminhado pela borda, procurando dela não cair, tentando ver mais do que se pode ver do centro, como diz Kurt Vonnegut Jr. Temos buscado a nossa esquerda e a via para o futuro, parafraseando dois belos títulos recentes saídos da infatigável lucidez de Edgar Morin, *Ma gauche* e *La voie*. Nossa geração tem tatuado na alma o verso múltiplo de Drummond, "vai... ser gauche na vida". Temos sido gauche, nos mais variados sentidos. Somos otimistas, sem nunca termos perdido a visão crítica. Continuamos a acreditar na liberdade, na fraternidade e na igualdade. Republicanos, democratas e inconformados. Sem a companhia de Míriam, duvido que este livro chegasse a ser escrito. Nela me amparei nas horas de angústia e perdição e com ela celebrei os momentos de descoberta e superação. Uma dívida que só se paga na mesma moeda, com plena e permanente reciprocidade.

Luciana Vilas-Boas acreditou neste livro desde o começo. Acreditou nele mais do que eu mesmo. Esperou pacientemente que eu me desentranhasse das dúvidas, que não formavam um cogito criador, mas um prolongado mergulho na incerteza sobre se e como escrevê-lo. Talvez a versão que ela formou do livro, em nossas conversas, seja diferente e, até, melhor do que o livro real. Como diz Schopenhauer, em se tratando de julgar coisas nossas, é melhor ter o conselho dos amigos. No caso, da amiga, uma relação que começou em outra encarnação de nossas carreiras e se consolidou no entrementes.

TEM MAIS

Este é um ensaio, não um estudo acadêmico. Procurei me afastar dos constrangimentos da forma acadêmica de apresentação das ideias. Em muitos casos, tenho visto a forma preceder ao conteúdo, sobrepor-se a ele. Quis, também, estar livre da obrigação de fazer a exposição sistemática das ideias e dos processos, como se sua compartimentação melhorasse a compreensão. Aqui, as reflexões misturam-se, entrelaçam-se, emergem, em vários momentos, associadas ora a um conjunto ora a outro conjunto de questões, como vem acontecendo em nossa própria vida. Há quem dirá "anárquico", talvez seja assim mesmo. Há quem possa dizer "eclético", provavelmente sim. A sistematização em compartimentos "lógicos" ou "teóricos" dissimularia a natureza complexa, redundante, revoltosa, contraditória e incerta da transição e a quantidade de dúvida e tentativa que de fato há nesse intervalo da história em que vivemos. Não quero fazer parecer que a grande transição seja, para mim, mais inteligível e mais previsível do que ela de fato é, até por ser um entrementes, um interregno entre duas eras.

Não separei, nas minhas referências, a literatura de ficção da de não ficção. A primeira costuma aparecer nas análises políticas e sociais só como ilustração e, em geral, como epígrafe ou citação avulsa. Sobretudo quando se mergulha nas incertezas das transformações de grande alcance e amplitude, há entendimentos e insights vindos da experiência, do conhecimento, da reflexão, do gênio e da intuição de autores que recorrem à forma ficcional para expressá-los, que podem ajudar a iluminar essa busca de compreender esse entremeio no qual vivemos. Alguns autores, como Thomas Mann, recorreram à ficção e ao ensaio para desenvolver suas ideias. Confesso que, apesar da erudição e do conhecimento que ele demonstra em seus ensaios, suas ideias me parecem mais profundas e mais claras em seus romances. Como ocorre também com Hermann Hesse. Em Camus e Sartre, há maior equilíbrio entre a ficção e a não ficção. Os ensaios de Milan Kundera rivalizam com sua literatura.

O gênero literário mais desprezado pelos ensaístas é o da ficção científica, que muitas vezes demonstra maior compreensão de tendências emergentes ou a emergir do que a literatura de não ficção, de base científica ou técnica. A literatura de ficção científica de Isaac Asimov, Arthur C. Clarke, George Orwell, Kurt Vonnegut Jr. ou Ursula K. Le Guin, para ficar em apenas algumas de minhas predileções, nos ensina mais sobre como olhar e entender o que o futuro pode nos reservar do que os livros de não ficção que tentam fazer previsões plausíveis sobre o futuro. Tentar prever ou desenhar de antemão os contornos do porvir, imaginando que ficarão no terreno das possibilidades do real, pode nos levar a erros muito maiores do que imaginar futuros nas possibilidades ilimitadas da ficção, que finge ser verdade a mistura de especulação e pura imaginação. Lembro-me que Carl Sagan, certa vez, em almoço no Faculty Club de Cornell, me disse que lia muitos manuscritos de autores de ficção científica, para verificar a plausibilidade de certas imaginações. Fazia sempre com deleite e corrigia o mínimo, para ajustá-las às possibilidades científicas, que ele interpretava com o máximo de amplitude, para não cercear a criatividade dos autores. Esse aproximar-se da verdade plausível por meio do imaginário, livre de autocensura, está muito mais ao alcance do ficcionista do que do estudioso acadêmico e, mesmo, do jornalista narrativo. Do resultado dessa liberdade do ficcionista, que nos fala da natureza humana ou que nos aponta futuros possíveis, é que me valho, quando me falta a visão analítica ou quando não há ainda o que observar e interpretar.

Como seres da transição, não temos as ferramentas para apreender o futuro à nossa frente, principalmente o que está além da linha do horizonte do visível. Ele se perde nas tramas do incerto. Tentar prevê-lo seria infrutífero. Nem sequer somos capazes de captar a direção efetiva dos processos de mudança, porque ela ainda não está inteiramente definida. Seria possível se esses processos fossem lineares, mas não são. Se houvesse continuidade temporal, que não haverá. Marchamos rumo a descontinuidades radicais, a rupturas estruturais. O mundo do século XXI não será uma projeção ampliada do mundo do século XX, será muito diferente dele. Resta-nos pensar os momentos. Refletir sobre eles, como flagrantes da transição. E, na apreensão desses flagrantes da transição, seremos talvez capazes de capturar elementos do novo em processo de formação, observar a emergência social e enriquecer nossas dúvidas. Ao pensar a transição, também a representamos, porque somos parte dela. Somos *da* transição e somos *a* transição. Logo, representar a transição, quando nos propomos a pensá-la, é uma destinação intelectual.

Pensar a transição corresponde também a reconhecer o esgotamento dos paradigmas, sua impotência para explicá-la e compreendê-la. Da mesma forma é reconhecer a nulidade política das ideologias, todas estioladas no conservadorismo ou esterilizadas pelo extremismo desorientado. O novo se formará com o amadurecimento dos processos emergentes, ultrapassadas as barreiras evolutivas, criando, então, as condições objetivas que permitirão desenhar o quadro institucional da nova era. No momento em que estamos, mal percebemos os modos emergentes, envoltos no turbilhão da mudança. Se o limite da operação intelectual para a qual estamos aptos é a recusa dos paradigmas e das ideologias, então deixa-nos o papel de críticos da transição ou críticos da cultura da transição. Nesse sentido, este seria um ensaio de crítica cultural, na acepção que o filósofo Richard Rorty dá à operação de se contrapor aos paradigmas. Todavia, ao não seguir paradigma ou ideologia, talvez seja um ensaio de utopia.

# O ensaio

TEMPOS MUTANTES, TEMPOS DIFÍCEIS

O mundo vive conturbada e longa transição. Os modelos econômicos não conseguem mais prever com precisão o que vai acontecer na economia nos próximos meses. Setores que antes indicavam as tendências para o conjunto da economia já não têm esse poder. A estrutura produtiva está em metamorfose. As categorias socioeconômicas e demográficas tradicionais, antes usadas para descrever as populações por idade, sexo e etnia, deixam de fazer o sentido que faziam antes. A sociologia já não consegue explicar os comportamentos sociais, a mudança vertiginosa de papéis sociais. As classes, que antes eram o eixo do conflito social, foram diluídas com o surgimento de novos estratos sociais. As análises políticas não são capazes de prever as explosões de revolta, o confronto armado entre países, nem as consequências da crise de legitimidade da democracia representativa, que tem se agravado. Os modelos meteorológicos não conseguem prever secas, enchentes, nevascas, ondas de calor, que parecem estar se tornando mais frequentes e mais intensas. O clima está mais instável. Os modelos são muito mais robustos do que eram no passado, mas os eventos tornaram-se mais imprevisíveis. Os sinais deixam de servir de guias confiáveis. Crescem a incerteza e a imprecisão. Como se os semáforos no trânsito falhassem e, vez por outra, na hora do rush não indicassem corretamente o momento de andar e o momento de parar. As marcas desses tempos são a velocidade espantosa da mudança e a imprevisibilidade do futuro. Nesse intervalo entre duas eras, uma que se esgota e a outra que se insinua, as maneiras como aprendemos a lidar com os desafios da realidade não funcionam mais.

Os tempos não estão fáceis para a maioria, por toda parte. Há muito desencanto e desespero. O mundo está em transe. São tempos líquidos, como diz o sociólogo Zygmunt Bauman. Mutantes. Há certo eco de Heráclito nessa ideia de Bauman. Nada é, tudo flui, dizia ele. Talvez a versão neo-heraclitiana apropriada a esses tempos líquidos da grande transição seja nada é estável, tudo é fluxo. A grande transição agudiza os problemas correntes, sem revelar prontamente o mundo que está por vir. Ele é ainda apenas um conjunto de pontos na fronteira difusa do vir a ser. Os sentimentos amargos são típicos dos traumas das transições, pessoais e coletivas. As grandes travessias históricas, que mudam o paradigma civilizatório, são antecedidas por um demorado ciclo de crises e incertezas que aprofunda o pessimismo e alimenta o fatalismo. Como se um impasse civilizatório estivesse nos conduzindo à falência geral das instituições. Vai ganhando terreno a ideia de que estamos fadados ao fracasso ou ao colapso. Há muitas distopias e quase não há mais utopias. Critica-se mais os que parecem utópicos que os distópicos. Visões apocalípticas visitam a mídia social, aparecem no noticiário, nas colunas da imprensa e em numerosos ensaios técnicos com frequência cada vez maior. Os filmes distópicos sobre futuros próximos abundam e fazem sucesso. As catástrofes são pintadas como desfecho inexorável. Predomina a visão da tragédia como destino inevitável e mau. Daí vem a negação ou o desalento, o "nada a fazer".

Fala-se, também, em catástrofe por causa das ameaças que espreitam a humanidade no século XXI, como as mudanças climáticas, a escassez de água, o colapso agrícola, novos vírus mutantes e resistentes, novas tecnologias que permitem construir armas de destruição em massa mais mortíferas e mais difíceis de detectar ou desativar que as tradicionais. A maior parte dessas ameaças é associada à ideia de tragédia para causar medo, esperando que ele provoque ações mais efetivas. Mas o terror de perigos tão mortais e tão difíceis de combater, tão fora do alcance das pessoas, provoca mais negação, ou resignação fatalista, ou corrida desesperada aos prazeres, ou o abrigo em crenças fundamentalistas, do que ação para a mudança.

Vivemos um período no qual o presente nos assombra e domina e o futuro é opaco. Isso embaça nossa visão dos avanços sem precedentes que experimentamos nas últimas décadas. A expectativa de vida média global aumentou de 65 anos para 72 anos entre 1990 e 2013, um ganho médio mundial de sete anos. Nos países mais ricos, esse aumento foi de quatro anos e nos países mais pobres, de nove anos. A distância entre os polos diminuiu, como resultado da melhoria das condições de vida entre os mais pobres. A população urbana global hoje é maior do que a população rural, pela primeira vez na história. Nos últimos dez anos, o número de medicamentos para doenças que antes não tinham tratamento eficaz e de práticas médicas aumentou muito mais do que nos dez anos anteriores. Melhora geral. É verdade que, em paralelo, como registrou o economista Thomas Piketty, a desigualdade aumentou. É típico da grande transição. Ela nos lega um passivo que teremos que resolver a partir das escolhas que faremos de como usar as novas potencialidades criadas pela própria transição e do uso dos novos ativos que formaremos no futuro. Será mais fácil e mais rápido reduzir desigualdades, se decidirmos coletiva e globalmente fazê-lo, porque já teremos sintetizado a multiplicidade de contradições característica das transições disruptivas. Nesta última década, as redes sociais se expandiram explosivamente, a comunicação móvel se disseminou pelo mundo. As pessoas podem se comunicar no âmbito global, em tempo real. O volume de informação que circula no ciberespaço, a cada hora, não tem precedente de fluxos similares, por outros meios, na história da humanidade. O sociobiólogo Edward O. Wilson diz que estamos nos afogando em informação, mas famintos de sabedoria. É isso.

Como dar sentido a essa vida em turbilhão? Por que as pessoas vivem assombradas pela ameaça de colapso em várias dimensões da vida social que estão muito melhores do que na virada do milênio? As informações e os eventos com carga positiva são rapidamente assimilados e incorporados ao nosso cotidiano. As informações e os eventos com carga negativa persistem por muito mais tempo na memória, como alertas dolorosos de desastres por vir. Mesmo na vida cotidiana é assim. Poucos se espantam ou se maravilham com as possibilidades adicionais da nova safra de aparelhos celulares. Mas é geral a irritação quando a rede celular sai do ar e as pessoas são impedidas de se comunicar, ainda que para coisas sem urgência ou relevância, no momento exato em que assim o desejam. Há uma contradição real entre a quantidade de tecnologia embutida nesses aparelhinhos e as deficiências das redes de provisão dos serviços. Os incidentes incômodos nascidos dessa contrariedade são, não raro, registrados com indignação nas redes sociais como sinais de deterioração da comunicação móvel. Mas é apenas falha de empresas e governos. Embora não haja mais espanto, a quase totalidade dos que têm acesso aos celulares fica semiparalisada e desnorteada quando não pode usá-los. Não sabe mais viver sem eles, tão incorporados estão ao cotidiano. Uma grande proporção desses usuários depende realmente da comunicação móvel para viver. Virou parte central do seu trabalho. Foi uma revolução, mas a maioria não a vê como tal. A abstinência digital voluntária é vivida como aventura com prazo determinado. Como uma experiência exótica ou um breve período de desintoxicação dos efeitos da conexão permanente e da sobrecarga de informações. Quem se recusa a estar conectado e a portar um celular é visto como excêntrico. Quando falamos com pessoas nascidas digitais sobre os toscos mecanismos de comunicação do passado, como os telefones fixos ou o telex, elas não entendem como nos comunicávamos. E têm razão. A comunicação era menos instantânea, menos completa e menos volumosa. Os que insistem nos danos que o excesso de informação pode causar deixam de considerar que também adquirimos novos e mais eficazes meios de processamento dessa informação. A sobrecarga é filtrada e reciclada, tornando-se manejável, de acordo com o interesse, o desejo e a capacidade de cada um.

As mídias dão mais destaque aos males possíveis das novas tecnologias que a suas virtudes concretas. Fala-se mais dos malefícios presumíveis do tempo cada vez maior em rede, navegando na web ou nos games, em déficit de atenção, em baixo desempenho escolar, do que dos ganhos reais em habilidade motora, aprendizado, sociabilidade, rapidez de raciocínio, capacidade crítica e pensamento estratégico. O potencial educativo e terapêutico dos games é pouco explorado, subestimado na mídia e pouco reconhecido pelas pessoas. O game *Dig Rush*, por exemplo, lançado em 2015, usa óculos estereoscópios (perspectiva 3D) para tratar a ambliopia, o enfraquecimento da visão por redução da sensibilidade da retina. Conheço vários adolescentes que falam e leem bem inglês, aprendido na interação com parceiros globais nos games online e não nos cursos empacotados. Esses games são hiperinterativos, as redes globais se formam durante o tempo online e o *world English* é a língua franca. Outro exemplo é o das experiências narradas por Nicholas Negroponte, um dos fundadores do MIT Media Lab, com tablets e computadores para jovens estudantes de baixa renda. Formam redes físicas de cooperação para usar todas as possibilidades dos computadores e navegar na ciberesfera, dominando rapidamente pelo menos o inglês básico necessário para navegação mais ampla.

Apesar de sermos habitantes de um mundo em transformação, com numerosos avanços positivos e ganhos significativos de qualidade de vida, possibilidades tecnológicas, sociabilidade, temos mais propensão à distopia que à utopia, ao desalento que à esperança. Sinal dos tempos incertos, das situações ambivalentes, das ameaças que nos espreitam. Diante de eventos positivos e negativos em multiplicação, mesmo que o saldo seja positivo, a tendência é acentuar a soma dos negativos. Esse tempo suspenso entre duas eras, como disse Hermann Hesse, cria em nós uma inquietude, uma doença da transição, uma *malaise* existencial, que só se dissipará naquele ponto da travessia no qual a velha ordem estará toda no passado e a nova dominará o presente e o futuro.

## INTERSTÍCIOS DO TEMPO

A transição é um período que parece existir nos interstícios do tempo, para usar uma expressão do filósofo Emmanuel Levinas.[1] Um momento cheio de contradições, no qual se observam a máxima condensação histórica e, em simultâneo, a ausência de história. Um interregno, como tem dito Bauman. Todo dia emerge um evento inédito, inesperado, que não estava no mapa de previsões. Nossas previsões são lineares. O que projetamos para o futuro é desdobramento do que conhecemos, do que já vivemos.

A mudança pela qual passamos não é linear, nem a continuidade ampliada do que temos. É disruptiva. Caótica. Estamos no limiar do caos, entre a ordem que desvanece e o que aparece como aleatório. Estamos nas fronteiras da máxima complexidade. De máxima densidade histórica, de passado no presente, e ausência de história nos fragmentos potenciais de futuro, já igualmente presentes. Como explica outro sociólogo, Ulrich Beck, nós nos confrontamos com os efeitos e os riscos dessa grande mudança que não podem ser absorvidos, nem resolvidos pelos padrões da sociedade dos quais estamos acostumados a depender. As instituições econômicas, políticas e de proteção social já não são capazes de alcançar os eventos emergentes que apontam para uma nova realidade, cujos contornos não estão ainda inteiramente visíveis.

O historiador Reinhart Koselleck trata dessa variedade de tempos de maneira muito sugestiva. Segundo ele, nesse interstício convivem várias dimensões do tempo, demarcando o espaço temporal de nossa existência, individual e coletiva. Vários estratos do passado combinam-se a parcelas do presente e aos indícios do futuro, no que consideramos "nosso tempo". Ele denomina essas camadas como passado-presente, presente-passado, presente-presente, futuro-passado e futuro-presente. E essa mescla de tantos tempos no mesmo espaço vital torna quase impossível para nós divisarmos o futuro-futuro.[2] O vir a ser. Se examinados mais detidamente é fácil ver que o presente, a transição, é dominante nessa combinação de tempos, na qual o passado recente ainda repercute com vigor. O futuro só está visível na iminência de tornar-se presente e passado, mas não como prospecto, como futuro-futuro. O que distingue a grande transição é que essa fusão de camadas do tempo se dá de forma extremada. Nesse amálgama do entretempo, a dessemelhança entre elas também é extrema, aprofundando as contradições. O passado-presente e o presente-passado já não têm fontes de movimento. O presente e o futuro-presente estão em aceleração crescente. Koselleck argumenta que essa simultaneidade cronológica de fatos econômicos, sociais e políticos assincrônicos provoca situações de conflito cujas tentativas de solução, quando comparadas com os tempos passados, são experimentadas como aceleração ou, em outras palavras, como crise.[3]

Toda grande transição se manifesta inicialmente como crise, no sentido enunciado por Gramsci, quando fala do *interregnum*. Bauman equiparou, em entrevista de 2014, esses tempos líquidos ao intervalo típico da transição descrito por Gramsci: "Estamos em um interregno. [...] Gramsci atualizou a ideia de interregno para definir uma situação na qual os velhos modos de fazer as coisas já não funcionam, mas as formas de resolver os problemas de uma nova maneira efetiva ainda não existem ou não as conhecemos."[4] Em entrevista ao jornalista Marcelo Lins, no programa *Milênio*, na Globonews, Bauman estendeu-se mais sobre essa ideia:

> Este século é muito diferente do século XX. [...] No "interregno", não somos uma coisa nem outra. No estado de interregno, as formas como aprendemos a lidar com os desafios da realidade não funcionam mais. As instituições de ação coletiva, nosso sistema político, nosso sistema partidário, a forma de organizar a própria vida, as relações com as outras pessoas, todas essas formas aprendidas de sobrevivência no mundo não funcionam direito mais. Mas as novas formas, que substituiriam as antigas, ainda estão engatinhando. Não temos ainda uma visão de longo prazo e nossas ações consistem principalmente em reagir às crises mais recentes, mas as crises também estão mudando. Elas também são líquidas, vêm e vão [...].[5]

A crise se caracteriza pelo fato de que o velho está morrendo e o novo ainda não tem condições de se impor. Nesse interregno, diz Gramsci, uma grande variedade de sintomas mórbidos aparece. Mas a morbidade, é preciso esclarecer, diz respeito à ordem decadente, não às perspectivas de futuro. Esse é o ponto crucial. As doenças pertencem ao passado, não ao futuro. Este só desenvolverá seus próprios males quando for presente-presente.

O momento histórico parece parado nesse interstício de tempos. É como se a história fosse interrompida em seu movimento, à espera de uma direção mais clara. Mas, de fato, o mundo não para de mudar. Nunca mudou tanto e tão rapidamente. O fluxo histórico é ininterrupto e veloz. Do "lado de cá" do tempo, o nosso presente, as instituições continuam respondendo a forças evanescentes ou decadentes. Do "lado de lá" da história, depois da história já vivida, grandes transformações científicas e tecnológicas acontecem, novas forças emergem, e começam a se desenhar novos modos de organização societária. Essas são as forças que movimentam o mundo. As "do lado de cá" alimentam as crises. Mas, enquanto permanecem processos simultâneos cronologicamente, em que o momento histórico parece suspenso numa crise sem fim, o novo é visto como reflexo do passado ainda presente, do presente já passado que remanesce, do que ainda é, o presente do presente. A aceleração do lado novo de nossa história presente e a inércia de nosso passado em exaustão são sempre uma questão de perspectiva, que "extrai sua evidência da comparação entre gerações contemporâneas",[6] convivendo em um espaço comum, mas experimentando combinações muito distintas desses tempos históricos assincrônicos. Suas vidas se dão ao mesmo tempo, no sentido cronológico, mas estão em planos muito distintos, no sentido dos tempos históricos. O mesmo se pode dizer dos processos estruturais da grande transição. Os vários elementos da dinâmica presente da vida social (econômica e política) se dão em simultâneo, cronologicamente, mas em direção contrária, historicamente. Umas vão se transformando em coisa passada, outras vão amadurecendo como parte do presente-futuro. O velho ainda não está identificado como passado, porque ainda é parte do passado-presente. O novo não é visto como o que de fato é, um elemento do futuro, o futuro já presente. Esse intervalo não é o "fim da história". É o fim de uma era histórica e o início de outra.

Há uma dualidade nas transições, na sua natureza estrutural: o presente é o que é e é estranho a si mesmo, parafraseando Levinas. O presente é o agora e seu passado e o agora e seu futuro. Nos tempos normais — de amadurecimento da ordem já estabelecida — o agora se parece com o seu passado e o seu futuro. Nos tempos da grande transição, o agora é muito diferente do seu passado e mais diferente ainda de seu futuro. Há um estranhamento entre as estruturas presentes — institucionalizadas — de uma face e as estruturas emergentes — desorganizadas ou caóticas — de outra. Dá-se uma dinâmica disruptiva na relação contraditória entre os dois momentos cronologicamente unidos e historicamente dissociados da transição, a decadência e a emergência. Esse "por enquanto", essa transição, mostra uma fissura entre ser o que presentemente é e sua essência claramente transicional, portanto, mutante, de ser que vem a ser. Esse encontro entre o que é e o que será projeta uma sombra que mascara a conjuntura e os próprios sinais da nova ordem emergente. "A iminência do futuro perdura por um instante desnudada da característica essencial do presente, a evanescência."[7] Vive-se a multiplicidade de tempos formados por conjunturas e movimentos da história em processo. Levinas tem razão ao dizer que não há lugar para o fado na vida, para o destino fora de nosso controle, alheio às nossas escolhas. Sempre somos a síntese de nossas escolhas. O conflito entre liberdade e necessidade na ação humana aparece como seu reflexo: quando a ação já está afundando no passado, o ser humano descobre os motivos que a faziam necessária. O mesmo não é verdade sobre a ação que pertence ao mundo emergente. Não há essa consciência e nem mesmo a apreensão de que a reorganização da existência requer ação e, portanto, escolhas, no momento mesmo de maior incerteza. Mas o futuro resultará do entrechoque entre essas escolhas e de sua interpretação com o movimento tectônico.

A grande transição marca uma era de incerteza e mudança vertiginosa e sem rumo estabelecido. Pode-se, no máximo, captar tendências virtuais, incipientes, que vão ou não se concretizar no futuro. Dependerá de escolhas coletivas a serem feitas e das consequências inesperadas de escolhas que já fizemos. Como adverte Koselleck, a experiência singular é irrepetível. Mas pode ser elaborada, buscando-se os motivos que perduram em médio ou longo prazo e que, ao persistirem, podem ser repetidos. Difícil identificar o persistente em um tempo fluido, mutante, que produz frequentemente eventos inesperados e singulares. Como notam a filósofa Déborah Danowski e o antropólogo Eduardo Viveiros de Castro, "o futuro próximo, na escala de algumas poucas décadas, se torna imprevisível, senão mesmo inimaginável fora dos quadros da ficção científica ou das escatologias messiânicas".[8] As organizações, as regras, o conhecimento tornam-se instáveis, se liquefazem, como observou Zygmunt Bauman. Nada está dado. A crise da ordem estabelecida é plenamente visível, a saída não está clara, as sementes em germinação da nova ordem são, muitas vezes, confundidas com ervas daninhas ou vistas com desconfiança e medo. São tempos de medo, como disse Bauman, portanto de muita negatividade. Há uma propensão natural a negar o que se teme muito e o que não se sabe como resolver. A dificuldade em vislumbrar o novo e promissor, em meio a tanta crise, tem muito a ver com nossa percepção do mundo, fortemente condicionada por nossa consciência da continuidade, como lembrou o escritor Milan Kundera. Essa compreensão histórica da continuidade é tão forte que tendemos a imaginar que seguiremos pelos caminhos conhecidos, logo que ultrapassemos esse ínterim de dúvida e crise. Todavia, como observa Kundera, com o avançar do processo de transição, as pessoas "começam a entender que não morrerão no mesmo mundo em que nasceram".[9] O futuro é aberto e ilimitado, define Koselleck.

É um tempo de muitas dúvidas e poucas respostas. De espanto das pessoas ao não conseguirem mais estabelecer um vínculo que faça sentido entre o seu presente e o seu passado, já na entrada do futuro que não conseguem ver com nitidez. Como seres da transição, rejeitamos todos os padrões, desestabilizando, cada vez mais profundamente, nossos marcos de referência cultural.[10] É tempo de paradigmas que ruem, sem que os novos paradigmas emerjam com suficiente clareza, para nos permitir responder ao que os modelos mentais e científicos superados não podem responder. É da natureza do paradigma maduro, no ápice, na proximidade de seu ocaso, ter as respostas para todas as questões que lhe são postas em seus próprios termos. Isto é, de acordo com as regras e os padrões do próprio paradigma. Mas é também da sua natureza nesse clímax não ter resposta alguma para qualquer questão que lhe seja posta fora de seus termos, fora de seus limites cognitivos, fora de seus padrões e de suas regras. Não significa que a indagação esteja errada, significa que a resposta não pertence ao acervo de conhecimentos acumulado por aquele paradigma ou modelo. O sociólogo Edgar Morin interpreta essa limitação dos paradigmas como uma crise cognitiva, parte da macrocrise planetária. Prefiro ver como um momento de perplexidade no processo disruptivo de passagem de um padrão de conhecimento para outro.[11] De troca de paradigmas.

Não existe nada na nossa experiência que nos permita responder aos desafios singulares com que nos deparamos a cada novo dia. Essa falta de respostas costumeiras nos incapacita para desenvolver expectativas progressistas que nos indiquem a direção do novo. O caminho do conservadorismo e do reacionarismo é mais fácil, porque é reativo e menos reflexivo. As alterações bruscas e recorrentes de nosso cotidiano forçam os que mantêm a mente aberta a abandonar os comportamentos e as respostas habituais. Abrimos, dessa forma, novas vias, que desorganizam o fluxo conhecido de nossa vida. Ao termos que refletir sobre essas novas condições em busca de novos padrões de respostas às partes novíssimas de nosso cotidiano, alteramos comportamentos, pontos de vista e nossa consciência deles, tornando-nos parte e agentes da grande transformação.[12]

As expectativas construídas diante apenas dos elementos do futuro já presente não adquirem de imediato a credibilidade necessária para emular escolhas coletivas de saída e avanço mais coerentes. O progresso, contudo, é sempre possível, ainda que fora dos limites da ordem vigente. Essas singularidades, típicas desse momento da grande transição, liberam irreversivelmente forças que estavam represadas e que levam a rompimentos.[13] Ao final, quando a transição passa seu ponto de ruptura e a nova ordem se instala completamente, o mundo visível vai perdendo suas condições de viabilidade e o mundo que surge não é mais uma utopia ou uma especulação entre a ciência e a ficção. Nesse ponto, as expectativas que têm fundamento no novo adquirem poder de orientar a ação coletiva. Mas, enquanto o que continua visível e real para nós é o mundo que se esvai e o novo mundo permanece ainda invisível, vivemos perplexos cada salto no processo de mudança. "Vivenciamos rupturas experienciais num ritmo que nunca foi registrado dessa forma",[14] lembra Koselleck em outro contexto, mas também tratando de transições. Essas rupturas acabam por determinar a "total alteridade" do passado em relação aos processos de mudança presentes e os traços já manifestos do futuro. Dito de outra forma, a conexão entre passado e futuro vai se desfazendo radicalmente. Com a sucessão de saltos, o espanto cede lugar à conveniência, nos acostumamos a eles e nos adaptamos a essas rupturas locais cada vez mais frequentes, que banalizamos ou rotinizamos. Continuamos, todavia, incapazes de ver nelas os vestígios do novo mundo que emerge no horizonte brumoso do futuro que será. Mas a emergência avassaladora de experiências novas termina por solidificar a vivência básica da transição,[15] alterando nosso comportamento, nossas escolhas, e consolidando nossa consciência da mudança. Assim, a ação coletiva baseada em escolhas encadeadas no tempo e as surpresas do inesperado, entre elas as consequências não antecipadas dessas escolhas, vão dando forma ao futuro.

A revolução nas comunicações, com a ampliação exponencial da capacidade de interações virtuais e do volume de informação em tempo real, associada ao continuado aumento de nossa capacidade de incorporá-las ao nosso cotidiano, determina o que Bryan D. Jones chamou de paradoxo do processamento de informações.[16] Esse paradoxo centra-se no fato de que os humanos e suas organizações processam as informações dos vários ambientes em que circulam e agem com base nelas. Mas os humanos não reagem imediatamente porque precisam filtrá-las, interpretá-las e decidir a estratégia apropriada para agir a partir desse processamento. Em consequência, os humanos são "processadores desproporcionais de informação", que transformam mensagens objetivas pelo pensamento. O resultado são reações distintas ao mesmo dado objetivo, dependendo do contexto no qual a informação é absorvida. Há, portanto, um descolamento entre o que é observado e o que é interpretado, e, na maioria das circunstâncias, as estratégias pessoais se diferenciam. Não é possível, ainda, determinar os fatores que provocam diferentes reações a informações idênticas, nem que mensagem detonará que reações. Daí a imprevisibilidade das ondas de indignação e revolta, por exemplo. Mais importante ainda, a impossibilidade de prever, a partir das escolhas coletivas presentes, o cenário futuro que contribuem para desenhar. A revolução digital aumenta o contágio, enquanto aumenta a velocidade de reação em tempo real de grande volume de pessoas e a diversidade de respostas e estratégias por elas imaginadas. O "sistema social" ganha duas dimensões interdependentes, uma "física" e outra "virtual" ou "digital", a socioesfera e a ciberesfera. A interação entre as duas já se tornou decisiva em nossa vida.

Nesse meio-tempo, em que o novo arranjo de macroestruturas está em emergência, a indeterminação e a imprevisibilidade aumentam. Ampliam-se as margens de escolha e ação dos indivíduos e, portanto, de conexões entre suas ações, acelerando mudanças locais e globais. O psicólogo R. Keith Sawyer lembra, a propósito, na sua análise da "emergência social", que, nos sistemas sociais, as partes, os indivíduos contêm elementos dos macropadrões emergentes, diferentemente de todos os outros sistemas complexos. Somos "agentes cognitivos", capazes de entender e explicar nossas ações, o que torna a comunicação parte central do processo de determinação do comportamento social, por meio de cooperação e conflito.[17] E essa interação baseada na comunicação se dá nas duas dimensões do sistema, a socioesfera e a ciberesfera. Isso significa que as comunicações e as interações entre os indivíduos e os grupos, como agentes da mudança, têm papel central na determinação da emergência social, do nascimento de novos padrões macrossociais. As estruturas não explicam tudo, principalmente nas grandes transformações. Nesse processo, surgem padrões emergentes que se mostrarão efêmeros e padrões emergentes que se provarão duráveis. Todos esses fatores explicam a relativa indeterminação da sucessão de conjunturas de transição, a qual dificulta muito a análise mais precisa de tendências de longo prazo. Por isso é mais difícil alongar o olhar para o horizonte mais distante do futuro e maior a probabilidade de surpresas do inesperado.

## ALONGANDO O OLHAR: O FUTURO COMO IMAGINAÇÃO

Pensar sobre o futuro não tem nada de fácil. Especialmente em um sistema que se expande e se torna mais complexo a cada fase. É parecido com os jogos de estratégia e RPG nos quais se avança por um labirinto de obstáculos, enigmas e ciladas, para estágios sucessivos, até alcançar o objetivo final. O desafio é imaginar futuros alternativos plausíveis e diferentes superando os obstáculos, decifrando os enigmas e evitando as ciladas. Mais difícil ainda quando o presente é cambiante e vai se configurando uma ampla ruptura com o passado. O enredo muda o tempo todo. Se o futuro não se parecerá nem com o passado nem com o presente, como imaginá-lo?

Como disse o psicólogo William James, irmão do escritor Henry James, muito antes da época tecnotrônica na qual estamos entrando, "todo ideal mais elevado, os mais penetrantes ideais são revolucionários. Eles se apresentam muito menos na forma de efeitos da experiência passada do que na de causas prováveis da experiência futura, fatores aos quais, como o ambiente e as lições que ele nos ensinou até agora, precisam aprender a se submeter".[18] Não há como falar das causas prováveis do futuro, se não na forma de ficção, utopia e distopia. Todo outro esforço será impreciso e efêmero. As formas ficcionais e utópicas prescindem de teste de validade. Não buscam a verdade, se não alguma plausibilidade. Valem pela qualidade das intuições, e, como vimos em tantos casos na literatura iluminista, muitas dessas intuições se mostraram mais verdadeiras que várias previsões concebidas com método e visando a maior precisão possível.

Pode-se desenhar histórias ou cenários futuros usando métodos quantitativos ou qualitativos. Os métodos quantitativos são ainda muito lineares e os modelos estão se desempenhando de forma cada vez menos satisfatória, precisamente porque o mundo está em um processo não linear de transformação, marcado por crescentes descontinuidades. Na economia, os modelos de previsão, tanto acadêmicos quanto do mercado financeiro, têm errado muito mais que acertado. O respeitado economista neokeynesiano Robert Skidelsky[19] escreve que os modelos dos economistas estão mesmo se comportando muito mal. Ele argumenta que a previsão econômica é necessariamente imprecisa: muitas coisas acontecem e os indicadores não são capazes de prever todas elas. Por isso, entram nas previsões inevitavelmente conjecturas e julgamentos subjetivos altamente falíveis. Mas, alerta Skidelsky, imprecisão é uma coisa, erros sistemáticos são outra muito distinta. As premissas dos modelos estão falhando. O economista Howard Davies, da Sciences Po em Paris, relembra que pouco antes de deixar a presidência do Banco Central Europeu Jean-Claude Trichet reclamou de que os modelos econômicos e financeiros lhe haviam sido de muito pouca valia para tomar decisões durante as crises. Disse mais, que, diante da crise, "nos sentimos abandonados pelos instrumentos convencionais" de análise e previsão.[20] Todos os que admitem o fracasso dos modelos de previsão têm uma receita para melhorar o desempenho das análises. Usualmente são correções derivadas dos paradigmas analíticos tradicionais que não estão mais funcionando a contento. Trichet, pelo menos, demonstrou menos confiança nos paradigmas da economia e pediu que se examinassem modelos da física, da engenharia, da psicologia e da biologia para tentar entender o que está se passando. Davies lembra que o biólogo Robert May sugeriu que modelos ecológicos ajudariam a explicar melhor o que se passa na economia. Em seus artigos, May argumenta que sistemas complexos não são necessariamente estáveis e que sua instabilidade aumenta com a complexidade, isto é, com o número e a intensidade das interações.[21] O físico e matemático James Crutchfield fala da fragilidade escondida dos sistemas complexos que construímos.

Esses sistemas, diz, parecem ter uma dinâmica que transforma a estrutura original de pequena escala em um padrão de larga escala.[22] Nas duas últimas décadas a sociedade global aumentou dramaticamente sua complexidade e também sua fragilidade. Daí ter se transformado em uma sociedade de risco, como a chamou Ulrich Beck. Segundo May, o ecossistema financeiro, por exemplo, que é parte do ecossistema sociopolítico global, havia atingido a complexidade de uma floresta tropical quando entrou em colapso. Epidemiologistas sugerem que a maneira pela qual as pandemias ocorrem pode ajudar a compreender o processo de contágio nas crises financeiras.[23] Creio ser possível dizer o mesmo com relação às ondas de indignação e revolta que têm alterado drasticamente o quadro político em várias partes e regiões do mundo, com repercussões muitas vezes globais. Como aconteceu no Norte da África, alterando significativamente a geopolítica regional e global. Mas entender como as crises e as ondas de revolta se propagam por contágio ajuda muito pouco na identificação de quando, onde, como e por que ocorrerá a próxima crise financeira global ou a próxima explosão de revolta. Do mesmo modo que não é possível determinar, com os modelos epidemiológicos, onde ocorrerá a próxima epidemia de ebola ou dengue, malária, zika, chikungunya ou outra moléstia viral ainda não identificada. Essa "arquitetura da fragilidade" contida no efeito exponencial das mudanças é atributo de todos os complexos subsistemas da sociedade globalizada contemporânea.

Certamente a fertilização transdisciplinar ajudaria muito a melhorar os modelos de economistas, sociólogos, politólogos e demais analistas do mundo em transição. Na sociologia, o estudo de eventos de contágio há muito incorporou os modelos epidemiológicos, adaptados aos processos sociais.[24] Na política, a chamada Primavera Árabe, de 2011, deixou ainda mais clara a imprevisibilidade das análises prospectivas. Ninguém foi capaz de antecipar o que aconteceu, nem a forma como aconteceu, nem como se deu o contágio que se espalhou da Tunísia ao Egito, chegando à Líbia e à Síria.[25] Não se previu, tampouco, que a revolta popular na Síria levaria a uma sangrenta guerra civil e que Bashar al-Assad se mostraria um tirano ainda mais sanguinário que Muammar Gaddafi. Com o surgimento do Estado Islâmico, Assad passou a ser visto por muitos como um mal menor. Como se nessa dimensão de horrores haja, mesmo, possibilidade de uma escala moralmente aceitável de maldades. No Egito, muitos imaginaram que o resultado seria um regime islâmico fundamentalista; outros, que o processo levaria a uma democracia emergente. Não deu uma coisa nem outra. Sem instituições sólidas da sociedade civil, a mudança emulada por um movimento espontâneo e contagioso de massa levou a um resultado mais próximo da cultura política do país: um novo regime autoritário, encabeçado por um chefe militar do regime que foi derrubado pelo movimento popular. Era previsível. Imprevisível é o que resultará da frustração do sonho de liberdade que animou a praça Tahrir. Na Tunísia, floresceu a democracia, mas a crise social e econômica transformou o país num celeiro de frustrados e ressentidos, presas fáceis de doutrinação e cooptação de grupos extremistas dedicados ao terror.

Como disse o sociólogo Manuel Castells, os movimentos espalham-se por contágio num mundo conectado, no qual a difusão de imagens e ideias é ultrarrápida e viral. Explica a dinâmica, mas não prevê a ocorrência. É o máximo que se pode esperar nesse entremeio. Nele, nem os modelos que explicavam a história política desses países nem os modelos ocidentais sobre democratização têm poder explicativo ou preditivo para essas situações. Há fenômenos inteiramente novos intervindo na vida social e política, que também está se tornando mais complexa. O acesso às redes digitais por meio da comunicação móvel aumentou o número e a intensidade das interações. Há mais margem para o inesperado do que para o esperado na efervescência política. Ela atinge não apenas o Norte da África e o Oriente Médio, mas todo o mundo. É possível ver os sinais do descontentamento e da frustração com a economia e a política na Europa, na Ásia, nas Américas e na África. Por isso, nenhum sociólogo ou politólogo, mesmo os especializados na região, conseguiu prever a rebelião no Norte da África ou a revolta da *banlieue* de Paris ou o movimento dos *Indignados* na Espanha e tantos outros eventos que, embora singulares, são sinais da mudança global, principalmente neste período de grande instabilidade e ambivalência.

A raiz do problema não está exatamente nos modelos, mas no fato de que o mundo está em transição para um novo padrão estrutural, que Edgar Morin trata como a possibilidade de uma metamorfose. Os paradigmas analíticos estão centrados no padrão estrutural em declínio. Foram concebidos com base nele. O novo padrão ainda não está suficientemente visível para que um modelo analítico e de previsão, desenvolvido a partir das propriedades do novo sistema, dê resultados melhores. O mais provável é que qualquer análise ou previsão sobre os aspectos mais complexos dessa grande transição global fique muito longe do alvo e que as surpresas do inesperado furem qualquer modelo. O economista James Bradford DeLong,[26] de Berkeley, diz que é preciso ter uma visão histórica da economia para poder entender o que se passa e prever o que se passará. Mas o que a experiência das últimas duas ou três décadas mostrou é que esses modelos se mostraram cada vez menos eficazes para entender o que se passa e totalmente insatisfatórios para prever o que se passará. O futuro não será uma continuação linear expandida do presente, muito menos se parecerá com o passado. Os cenários ficcionais, qualitativos, para esses fins têm se mostrado muito mais interessantes. Exatamente porque não presumem prever o futuro, mas pensar cenários alternativos futuros que se concretizarão ou não.

Nesse mundo em transição, não bastasse o aumento da complexidade econômica, social e política, que tem um profundo efeito desestabilizador, estamos também no primeiro estágio de uma longa e transformadora revolução científica e tecnológica. Essa revolução terá numerosos efeitos disruptivos, mas de direção imprevisível, em toda a nossa vida econômica, social e política. Ela afetará nossa demografia, nossas ocupações, nossas interações, criará novos riscos, resolverá velhos problemas e dará origem a problemas totalmente novos. É o que o físico e filósofo da ciência Thomas Kuhn chamou de mudança paradigmática. Uma mudança que produz eventos muito transformadores, que promovem rupturas radicais com o passado. Ela vai alterar as instituições e as normas existentes, transgredindo os limites da ordem vigente e de forma inapreensível pelos atuais modelos de análise. Não se deve esquecer que essa instabilidade na sociedade global se dará em um planeta ecologicamente instável, por causa da aceleração da transição climática. Os franceses chamam a mudança climática de *dérèglement climatique*, um processo fora dos padrões, das normas. É interessante pensar em desregramento, nesse escape dos padrões conhecidos, visitando extremos inéditos e apontando para outro cenário ou quadro ou equilíbrio dinâmico futuro em todas as dimensões.[27] É disso que se trata. Essa é a cara da grande transição.

Estamos diante de dois desafios imensos, o da complexidade e o da incerteza, que projetam toda a humanidade em uma aventura pelo desconhecido, observa Morin.[28] De qualquer forma, interpretar os resultados de um modelo ou retirar intuições de um cenário qualitativo do futuro é um complicado quebra-cabeça. Pensar o futuro requer uma esquisita mistura de audácia e disciplina. Audácia para ousar ser radicalmente criativo e se sentir inteiramente livre para usar toda inteligência, informação e conhecimento para refletir sobre futuros alternativos. Disciplina para não deixar o passado contaminar as visões de futuro. Durante muito tempo, a ficção estará em vantagem sobre as ciências sociais nessa tarefa.

Tanto o passado como o presente devem ser usados com sabedoria e cuidado para dar forma ao contexto das visões de futuros, mas não podem dominá-las. O maior perigo está na tentação do pensamento linear que projeta, imutáveis, nossas experiências passadas e presentes. O presente escreve linearmente um futuro que só poderia ser mais do mesmo que já vivemos. Sem surpresas, sem mudanças, sem sobressaltos. Em outras palavras, um cenário irreal, quando se fala de longo prazo ou, até mesmo, de nosso sentimento da conjuntura. Faz mais sentido um cenário surreal do que a mesmice de achar que daqui a trinta anos seremos uma projeção linear ampliada do que somos hoje. Um futuro no qual não devemos investir nossas energias, porque não é plausível. Certamente o mundo, daqui a trinta anos, será muito diferente do que é hoje, como hoje somos muito diferentes do que éramos há trinta anos. Basta dar uma olhada à sua volta, nas coisas que você usava e pensava em 1986. Nada do que hoje é parte mais corriqueira e aparentemente indispensável de nosso cotidiano pessoal e profissional, em termos de tecnologia, conhecimento, política, economia, sociedade, existia naquela época. A forma mais rápida de mensagem eletrônica era o pager. A mais avançada tecnologia portátil para ouvir música era o walkman, que tocava fitas cassete e seria substituído nos anos seguintes pelo discman, que tocava CDs. A ciberesfera só tomaria forma doze anos depois. Certamente, boa parte dos que me leem nem havia nascido.

Pode haver mudança mais radical do que entre ser e não ser? Além disso, nesse mundo que vivemos, de transição estrutural global e climática, mais do mesmo significaria apenas o fim do mundo. Um futuro que não será. Portanto logicamente mais do mesmo, a longo prazo, é impossível de obter. Nesse mundo, vivermos mais do mesmo é menos provável do que uma história feliz de uma sociedade de baixo carbono, ou um cenário de horror, até mais radical que o concebido pelo filósofo John Gray, de um mundo que escolheu se fritar e chegar ao fim de sua história.

O FUTURO COMO DIFERENÇA

O perigoso hábito de projetar o presente no futuro não se confunde com o reconhecimento da força política, social e cultural do statu quo. Nós construímos um mundo não para mudar, mas para expandir sobre o que já temos; não para ser diferente, apenas para ser mais eficiente, construindo sobre o que já somos. Um mundo mais competente, mais produtivo, mais "racional". Muitos politólogos consideram que o sistema político democrático mais eficaz é aquele que tem mecanismos constitucionais, que criam poderes de veto e asseguram a permanência e a estabilidade das políticas públicas.[29] Como os paradigmas no que Kuhn denominou "ciência normal", a tendência dominante é conservadora. Se não houvesse mecanismos de ruptura com o estado de coisas que temos, instaurando outra lógica de movimento, a manutenção mais eficaz do statu quo nos levaria à autodestruição. Se fizermos melhor o que fazemos hoje, esgotaremos os limites ecossistêmicos mais rapidamente. Esse conservadorismo pode ser funcional até o limite de exaustão do statu quo. A partir daí, passa a ser disfuncional e gera risco crescente de colapso estrutural. A ruptura promove a mudança paradigmática que nos leva a novo padrão estrutural. O que se dá com a "ciência normal" ocorre também com a "economia política normal", ou seja, com o paradigma sociopolítico dominante. A tendência é conservadora, e o conservadorismo pode ser conveniente para muitos, até o ponto em que se torna disfuncional. A partir da crise do paradigma societário, ele deixa de atender às conveniências, gera insatisfação crescente e ruma para o colapso, se antes não se der a ruptura estrutural. Quanto mais o novo se expande fora dos limites da velha ordem, menos os atores imersos no statu quo veem e reconhecem a mudança. Expande-se o universo da ignorância dos que decidem sobre as possibilidades, desafios e ameaças contidos na ordem emergente. O futuro se torna ainda mais opaco e indecifrável.

Hoje, manter o statu quo é sobredeterminar o destino trágico. Mais que nunca precisamos elidir os poderes de veto e promover mudanças radicais na economia, na política e na sociedade. Estamos no limite do esgotamento e os mecanismos de decisão ainda se mantêm conservadores. Esse cenário, em que "*plus ça change, plus c'est la même chose*" (por mais que mude, mais é a mesma coisa), é apenas o desejo das forças dominantes. E fazem de tudo para que assim seja. Seu poder é, porém, limitado, e, no limite, os conservadores serão sempre derrotados pela mudança, por bem ou por mal. É certo que as forças dominantes, diante da instabilidade crescente, podem imaginar que têm a alternativa de mudar para não perder. Como no extraordinário romance *O leopardo*, de Giuseppe Tomasi di Lampedusa, em que Tancredi, sobrinho de Don Fabrizio, o decadente príncipe de Falconeri, diz: "para que as coisas permaneçam iguais, é preciso que tudo mude". Nada mais ilusório que a noção de que se pode controlar o ritmo, a direção e o conteúdo das mudanças estruturais. Esse "complexo de Tancredi" é uma versão do mais antigo — e clássico — complexo de Prometeu. A ilusão de que temos poder de controlar as forças da natureza ou das placas tectônicas da estrutura social em movimento. A opção de mudar para que as coisas fiquem como estão significa tanta mudança e inovação que não é possível controlar até onde irá o processo de transformação, uma vez iniciado. Muda-se tanto quanto necessário para adaptar-se às novas condições estruturais. Nesse roldão, as velhas forças, formas e estruturas desaparecem para dar lugar às novas formações emergentes. As consequências inesperadas de nossas escolhas são mais fortes que nosso limitado poder de controle. Mudar é viver.

Há outra ameaça para quem queira pensar sobre o futuro: a visão curta. Essa sociedade frenética em que vivemos nos empurra para um cotidiano com ritmo cada vez mais acelerado. Uma sociedade com sobrecarga de informação, descobertas científicas, novos produtos, redes e mídias sociais cada vez mais nervosas, fluxos em tempo real de notícias, opiniões, imagens, sons. Ela nos desafia, inquieta e, às vezes, amedronta. A velocidade com que temos que nos adaptar a um cotidiano em aceleração não nos permite absorver com plena consciência as mudanças que vão ocorrendo. Isso cria um falso sentimento de familiaridade com um dia a dia transformado no compasso das horas e cumulativamente mudado ao longo dos meses e dos anos. É como se nada mais pudesse nos espantar por mais de 24 horas. Toda novidade é imediatamente cotidianizada e rotinizada. Imaginamos que o hoje é igual ao ontem e o amanhã será muito parecido com o hoje. Não nos damos conta de que, ao longo das semanas, vários eventos contribuíram para mudar, em larga medida, a trajetória de nossa vida. Não falo da mudança cotidiana, normal, que sempre acontece. Falo de transformações que representam uma cadeia de microrrupturas que estão nos levando, de forma cumulativa e não linear, para trajetórias muito novas e diferentes. Em alguns momentos, essas microrrupturas são visíveis e efetivas: uma ocupação destruída; novas amizades ou relações na ciberesfera; novos conhecimentos; a entrada do celular em nossa vida; o Facebook, o Twitter, o Instagram, o WhatsApp; a chegada dos tablets, os celulares de tela maior. Todo dia surgem novos aplicativos, voltados para a produtividade empresarial, aplicações na saúde coletiva e pessoal, na educação, na pesquisa social e na política. Maior número ainda voltado para a circulação e a troca de informação, conhecimento, jogos e entretenimento. Todos centrados na interatividade cada vez maior. Essas mudanças tendem a acontecer com cada vez mais frequência e velocidade crescente. Mas, ao cabo de algumas semanas, nos adaptamos, acostumamos e perdemos a noção de que elas ocorreram e alteraram nosso comportamento, nossas crenças e convicções, nossa percepção do mundo. Elas são incorporadas à nossa rotina e aos ritos que regulam nossas relações sociais. O futuro não será como ontem, hoje ou amanhã. Será muito diferente. O futuro está em outro plano de tempo em relação aos eventos diários que experimentamos, embora vá ser construído no âmbito macrossocial pela complexa interação dessa infinidade de microrrupturas. A única coisa da qual podemos ter certeza é que haverá mudança, a vida encontrará um caminho, muito provavelmente sem precedentes e imprevisto pela maioria. Como dizia o especialista em teoria do caos, Ian Malcolm, personagem do longínquo *Jurassic Park*, de Steven Spielberg — inspirado no matemático francês Ivar Ekeland e no escritor James Gleick —, "*life finds a way*", a vida encontra um caminho, para o bem ou para o mal, e sua trajetória é o mais das vezes imprevista e não linear.

SURPRESAS INEVITÁVEIS

Para alongar a visão, não é preciso tentar enxergar vários séculos adiante, como faz a ficção científica. Basta nos abrirmos para as novidades que estão pipocando todo dia e tentar intuir as que virão em seguida. Pode parecer lugar-comum, mas o futuro é realmente cheio de surpresas, boas e más, e, na maior parte das vezes, inevitáveis. O engenheiro e futurista Peter Schwartz escreveu que a "surpresa é a regra", particularmente depois que as revoluções científica e tecnológica aumentaram tremendamente a complexidade e a turbulência em nossa vida.[30] Em 2003, ele dizia que haveria mais surpresas daí para a frente, mas seríamos capazes de lidar com elas e perceberíamos muitas delas com antecedência. Não poderíamos antecipar quais seriam suas consequências ou como elas nos afetariam, mas devíamos saber que teríamos muitas surpresas pela frente, como colapsos econômicos. Cinco anos depois, em setembro de 2008, o banco Lehman Brothers quebrou. Era o colapso das *subprimes*, dos derivativos tóxicos, baseado em hipotecas podres. O início de um tsunami econômico-financeiro global. O mundo já não seria o mesmo depois dele. Até hoje sofremos seus efeitos não antecipados.

O presente tem suas limitações, alerta o filósofo Hans-Georg Gadamer. Imersos em um conjunto sucessivo de situações — a que chamo de conjunturas —, temos sempre um ponto de vista que limita a visão possível. Por isso precisamos buscar um horizonte, o espectro de visão que inclui tudo o que pode ser visto de um ponto particular apropriado. Ter um horizonte "significa não estar limitado ao que está próximo, mas ser capaz de ver para além disso".[31] Não é trivial ter a compreensão objetiva da situação presente e definir um ponto de vista que permita ter um horizonte ampliado de visão, porque fazemos parte da situação. Estamos dentro dela e somos, por isso, incapazes de compreendê-la objetivamente de forma completa. Como somos seres históricos, argumenta Gadamer, o conhecimento de nós mesmos e de nossa situação jamais será completo.

Ampliar o horizonte se torna ainda mais imperioso, no momento mesmo em que a situação na qual estamos se "liquefaz", torna-se instável e mutável. No ponto em que o próprio tempo histórico se acelera, desafiando nossa capacidade de ter consciência plena das situações que se sucedem em ritmo cada vez mais rápido, precisamos alargar e expandir o olhar, em busca dos eventos disruptivos que contribuirão para estruturar o porvir. Mudanças tecnológicas de longo alcance estão acelerando nosso biorritmo e nosso sociorritmo, ao mesmo tempo que aumentam exponencialmente nosso poder de manipular o ambiente natural e o construído em que vivemos. Esse estar historicamente inserido em situações movediças, fazer parte delas, radicaliza as limitações de ver objetivamente. Essa mutabilidade das situações, esse fluxo liquefeito da realidade, aumenta o perigo da alienação, a tentação da negação e o impulso de "exaurir o momento".

A amplitude das mudanças que vêm por aí pode ser tão surpreendente que talvez não consigamos mais perceber as surpresas inevitáveis com antecedência, nem construir boas hipóteses sobre "como a maioria delas vai se desenrolar", como argumenta Peter Schwartz. Provavelmente nem sequer reconheceremos a grande transformação em curso em todos os seus contornos. Apenas fragmentos dela. "A vida parece estar se movendo rápido demais para que a maioria de nós consiga seguir suas curvas e viradas, quanto mais antecipá-las. [...] Estamos acostumados a um tempo veloz, seguros de que as coisas não vão durar muito, de que vão aparecer novas oportunidades que desvalorizarão as existentes."[32] Bauman levanta a hipótese de que podemos estar em plena revolução. Ele lembra quanto é difícil para um contemporâneo da transição se dar conta de que se trata de um momento de disrupção histórica, uma revolução, uma grande transformação.

> As mudanças vão e vêm. Muita gente está convencida hoje de que já há alternativas, mas que são invisíveis porque ainda estão muito dispersas. [...] E as mudanças podem já estar aqui. Minha tese, quando estudava, foi sobre os movimentos operários na Grã-Bretanha. Pesquisei nos arquivos do século XIX e nos diários. Para minha surpresa, descobri que até 1875 não havia menção de que uma revolução industrial estava acontecendo, havia só informações dispersas. Que alguém havia construído uma fábrica, que o teto de uma fábrica desmoronou... Para nós era óbvio que estavam no

coração de uma revolução, para eles não. É possível que quando entrevistes alguém dentro de vinte anos diga-lhe: quando entrevistei Bauman em Leeds estavam no meio de uma revolução e tu perguntavas a ele sobre a mudança.[33]

Não é possível dizer qual será o ponto em que esse quadro de rupturas se "normalizará", no sentido dado por Kuhn à normalidade. O ponto em que a mudança fixará novos paradigmas e nos tornaremos novamente "resolvedores de problemas", usando o conhecimento e as regras dos novos paradigmas científicos e societários. Ou seja, quando a mudança se completará e uma nova formação social, ou paradigma societário, se estabelecerá. O fato é que já vivemos, há algumas décadas, um processo de rupturas paradigmáticas. O que Bauman identifica como modernidade líquida pode ser visto como a fluidez das situações disruptivas, das revoluções, nas quais o que antes era concreto e dominado vai se desmanchando no ar, sem que as novas formas do concreto tenham amadurecido. Nessas situações de fluidez, experimentamos ainda mais fortemente a limitação da visão e a dificuldade de tomar consciência de que estamos sendo afetados pela história que se desenrola como um presente particular. Ainda estamos muito influenciados por ideias tradicionais e conceitos preconcebidos, imersos na situação vivida e com os olhos longe do horizonte do futuro.

A GRANDE TRANSIÇÃO COMO ERA DA PERPLEXIDADE

As transições profundas, radicais, como a que vivemos, constituem eras de perplexidade. Sabemos muito sobre o passado, quase nada sobre o presente e o futuro é um enorme buraco negro. Como diz o autor de ficção científica Arthur C. Clarke, que intuiu em suas ficções boa parte da revolução tecnológica que estamos vivendo, não há como descrever o futuro que será. É possível, no máximo, definir limites dentro dos quais os futuros possíveis podem estar.[34]

É tempo de pessimismo. Portanto de fugas desesperadas. Daí o crescimento das seitas religiosas mais fundamentalistas. A negação da realidade e a corrida para a religião que oferece resposta e consolo para tudo são marcas típicas dessas transformações que desestruturam a vida cotidiana, produzem crises recorrentes e revelam perigos gigantescos, sobretudo diante das ferramentas que dominamos individualmente, insuficientes para vencer os riscos de nosso tempo passado ainda presente. Para responder ao pessimismo, é preciso mais arte e imaginação, porque a ciência ainda não é capaz de dar respostas inteiramente racionais e com um grau confortável de certeza. Ela não conforta, assusta. A força das ficções, sobretudo as que imaginam poderes capazes de enfrentar o desconhecido, o temível, pode aumentar significativamente nesses tempos.

As utopias foram e provavelmente continuam a ser uma resposta possível a esses momentos de perplexidade e revolta. Permitem transformar erupções anárquicas de descontentamento e espanto em movimento coletivo. Mas, para se tornarem instrumentos eficazes de mobilização política, tendem a ser transmutadas em ideologia. Em outras palavras, "desintelectualizadas", simplificadas. Tudo fica mais simples quando se define um inimigo comum e concreto, ainda que mentiroso, para induzir à revolta com sentido revolucionário. Por isso todas as utopias acabam na pira das fogueiras totalitárias. Mas a utopia, como "sonho para a frente", ou a distopia, como "pesadelo a derrotar", não requerem a camisa de força da ideologia. Não sendo ferramentas de mobilização, mas formas de navegar as águas turbulentas de mares desconhecidos na era da perplexidade, mapas exploratórios, permitem às pessoas respirar algumas golfadas de esperança, ainda que na vida prática não encontrem consolo. Ou talvez por isso mesmo.

Bauman é de opinião de que as utopias não são mais possíveis nesses tempos líquidos. Segundo ele, perdemos a técnica de sonhar para a frente, deixamos de ser animados pela "utopia ontológica", e, com ela, nossa capacidade de distinguir o melhor do pior. Não temos mais o axioma do progresso.[35] Ele pode ter razão, mas não por causa da natureza líquida do momento, e sim por causa das características desses tempos de mudança em um contexto de tecnologias de aceleração do tempo individual e coletivo. Perdemos a noção de progresso, no lodo do reles crescimento material. Talvez nesse território movediço e em ritmo vertiginoso não tenhamos espaço para grandes óperas, sinfonias, utopias, sistemas filosóficos. Mas existe a demanda clara e concreta por visões de futuro, por antevisões, explicações sistêmicas, talvez até metafísicas, que deem sentido ao que vivemos e expliquem minimamente os sentimentos pessoais e coletivos desse intervalo inquietante do tempo.

Recentemente Eduardo Viveiros de Castro transcreveu no Twitter uma frase do sociólogo Boaventura Santos, dizendo que "esse é o horário das utopias realistas". É uma contradição em termos. Não ser realista é atributo intrínseco do utópico. Uma utopia realista não pode se realizar como ideal longínquo. O realismo a limita ao tempo presente. Uma utopia para o presente seria, talvez, a mais compatível com a grande transição. O sociólogo Erik Olin Wright, que dirige o projeto Utopias Reais, reconhece a contradição. Ele diz que utopia real contém uma contradição em termos. "Utopias são fantasias, cenários moralmente inspirados para a vida social, libertos de considerações realísticas da psicologia humana e de factibilidade social."[36] Os realistas rejeitam essas fantasias. O que nós precisamos, diz ele, é de ideais utópicos baseados nas reais potencialidades da humanidade, destinações utópicas que tenham pontos pragmaticamente acessíveis, desenhos utópicos de instituições que podem orientar as tarefas práticas de nos virarmos em um mundo em que as condições para a mudança social são imperfeitas. Nas grandes transições, talvez tenhamos mesmo que recorrer a utopias realizáveis, para resgatar a capacidade de sonhar mais livremente.

É claro que os três sociólogos chamam a atenção para uma limitação efetiva à nossa capacidade de sermos utópicos, que estaria nessa perda dos axiomas a que se refere Bauman. Nossos paradigmas desmoronam, e vivemos um momento de vazio ontológico. Todas as utopias, clássicas e modernas, mudaram com as revoluções do conhecimento e as novas visões do Ser. Utopias não se limitam, contudo, ao consabido, apontam para a ambição do mais e do além. Sem o sonho, estamos condenados à mediocridade pragmática.

Um ex-militante da luta armada no Brasil disse à jornalista Míriam Leitão, em entrevista para um especial sobre a tortura e a morte de Rubens Paiva pelos militares, que "para se ter o possível alguém precisa pensar o impossível". Outro contexto que, todavia, revela essa necessidade da utopia ou das visões radicais. Sem pensar além das possibilidades viramos prisioneiros do que está dado. Arthur C. Clarke afirma, com muita razão, que o único modo de descobrir os limites do possível é aventurar-se pelo impossível. Buscar mais e além, para ultrapassar as fronteiras definidas pelas estruturas e conjunturas vigentes e pela limitação temporal de nosso horizonte encurtado pela velocidade digital dos eventos. A sociedade se nutre também de esperanças, mitos, sonhos, diz Morin. Não há como a grande maioria se mover como agente da nova história a fazer se uma parcela dos "mais ativos" não radicalizar o momento. Quem primeiro usou a expressão "as utopias têm sua hora" foi o filósofo Ernst Bloch, e o título de sua obra não deixa muita margem a dúvida: *O princípio da esperança*. Bloch nos fala do "sonho diurno", como Hesse, assombrado por um mundo no qual se vivia, como hoje, sem saber o amanhã. Não é uma utopia vã, mas uma esperança no vazio. Ele a chama de utopia concreta, para nos dizer que devemos "delirar, mas também ponderar e planejar". É a busca da "humanidade a ser", ou da humanidade que ainda não é. Talvez se possa dizer que essa seria uma das formas de utopia realizável, o sonho temperado pela ponderação dos rumos possíveis, mesmo numa manifestação clara e confessadamente romântica ou neorromântica.

A utopia pode indicar novos caminhos e ajudar a promover mudanças. Ela imagina o destino e inspira a busca de um mapa do caminho para chegar a ele. É esse mapa, socialmente construído, que orienta o aqui e agora, mesmo quando as metas ainda parecem inalcançáveis. É a busca desse impossível que faz reais os agentes da mudança. É o caminhar que faz a história, não a chegada a um ponto do futuro. Nunca esqueço Guimarães Rosa: "o real não está na saída nem na chegada: ele se dispõe para a gente é no meio da travessia". E ele deixa bem claro o sentimento da travessia: "porque aprender-a-viver é que é o viver, mesmo".[37] Esse aprender a viver como o próprio viver concilia-se bem com a noção de que não criamos problemas sem que já tenhamos os meios para resolvê-los. A utopia pode ser apenas ficção, criando intervalos em nossa inquietude real que nos permitem imaginar um mundo diferente, nos valores e na trajetória. Como escreveu Arthur C. Clarke, ela não se preocupa com os problemas do futuro próximo, quer saber das possibilidades extremas.

A distopia, ao pensar consequências negativas extremas, em lugar das boas possibilidades, pode se aproximar mais da maneira como as pessoas experimentam a realidade desses tempos e atuar como alerta para evitar os males mais temidos. Até hoje, em certas rodas de conversa, as pessoas usam o filme distópico de Ridley Scott, *Blade Runner*, baseado na clássica estória de Philip K. Dick,

*Do Androids Dream of Electric Sheep?*,[38] como referência ao mau cenário. Um futuro ultracientífico e ultraviolento, de ápice de ciência e decadência, de enorme avanço e opressão, do qual estamos nos aproximando cada vez mais. Invariavelmente a menção é acompanhada da pergunta: como evitar esse futuro? É inegável esse poder das distopias de provocar a busca de um curso alternativo que nos ponha ao largo de cenário similar. Mas elas podem, também, levar ao desencanto e à negação. Do mesmo modo que a utopia pode levar à alienação e à armadilha ideológica.

O poder da utopia talvez seja menor em momentos de grande pessimismo, mas não deve ser desprezado. O pessimismo tem o condão de fazer a distopia mais crível que a utopia, que parece otimista demais, principalmente à luz da experiência aflitiva de uma vida tão instável. Há também maior volume de informações com carga negativa, típicas da transição, que parecem corroborar os filmes e as ficções distópicas. Ademais, nenhuma utopia se realizou plenamente, tornando a crítica das visões otimistas mais fácil. As distopias, de natureza idêntica, embora reversa, à da utopia, também nunca se realizam integralmente. Mas, dado o contexto geral, a parte delas que se realiza permanece mais presente na memória e no imaginário coletivos do que as partes igualmente realizadas das utopias. São muitos os feitos notáveis registrados pela história que se tornaram possíveis porque seus atores eram emulados por uma utopia em particular e conseguiram realizar, parcial e imperfeitamente, o sonho contido nela. A Revolução Francesa, considerada um episódio que naufragou no "grande terror", baseou-se em uma utopia parcialmente realizada na história. Criou valores republicanos permanentes. O contexto mais negativo enevoa a visão dessas realizações.

No final o que importa é a qualidade da travessia em busca desses ideais, mais do que a plena realização do objetivo utópico, que dificilmente pode ocorrer como previsto na origem. É possível buscar sempre algo melhor e mais ambicioso para cada um e para a humanidade. Em muitos trechos, a travessia será ruim, turbulenta, nauseante, ainda que leve a mares plácidos e portos seguros. Nesses momentos, a distopia bate a utopia em realismo, embora nenhuma das duas seja realista, por definição.

O SENTIDO DA UTOPIA

A utopia pode nos ajudar a não perder o rumo, a não ceder aos sentimentos de derrota ou pessimismo. Para orientar nossa caminhada civilizatória. É um artefato para a travessia entre um padrão e outro de organização social. Ela contém um elemento necessariamente teleológico, desenha um fim, um destino desejado e excludente de outras possibilidades. Nesse sentido, Bauman tem razão, a utopia só é possível em um enquadramento ontológico. Quando falamos em um fim almejado, estamos sempre diante de dois polos: o bom, quando o objetivo é alcançado; o mau, quando fracassamos. Ou o bem que desejamos ou o mal que rejeitamos. Entre o sonho e o pesadelo. Redenção ou tragédia. Utopia versus distopia. É preciso alguma disciplina do espírito para não acreditar demais em nossas fantasias e transformá-las em verdades absolutas. Essa visão dicotômica entre o bem e o mal tem um componente tóxico que, liberado, pode levar à tirania e à discriminação. Talvez por isso Bauman, que conhece bem a toxicidade das tiranias, fale em "pior e melhor", numa espécie de ética da relatividade. A utopia pode servir de guia, de sinalização para uma vida ativa, de autodesenvolvimento e de participação na construção de caminhos que permitam chegar cada vez mais próximo da visão de futuro, da melhor sociedade e do melhor governo.

Concebidas como cenários de futuros, que estabelecem visões de muito largo alcance, que sirvam de marcos para orientar a travessia, utopias podem estimular a construção coletiva do caminho. E, ao final, o que importa é o trajeto mais do que o destino. O ganho civilizatório, mais que o sonho inalcançável. Esses tempos de grandes mutações, instáveis, imprevisíveis, quando o terreno social cede sob nossos pés, rompido por forças tectônicas irrefreáveis, são momentos de escolhas, de busca incessante de informações que nos permitem nos aventurar fora dos limites do já vivido. O olhar alongado enxerga além do horizonte do que parece possível. O navegar nos leva até o ponto mais extremo ao qual podemos chegar.

Nem toda utopia tem mérito. As que levam ao maniqueísmo, a posições unilaterais e à exclusão produziram mais mal que bem. E, talvez por isso, tenhamos perdido a capacidade de formular utopias. As deturpações totalitárias das utopias mostraram não ter capacidade de mobilizar o talento coletivo para buscar mais felicidade. Eram apenas artefatos de dominação. Oprimiram, e, ao oprimir, se estiolaram. Como Maquiavel tentou demonstrar, os governos que se apoiam na violência tendem a ser exterminados pela violência. Aparentemente Maquiavel não teve muito sucesso, pois o que mais lembram dele é a descrição das maquinações do poder autocrático. Maquinações que duram enquanto durar a fortuna do tirano sem virtude, cujo destino final, na visão de Maquiavel, era a derrocada. Ele acreditava em uma república durável. Para garantir sua durabilidade e estabilidade teria que ser governada por um príncipe cívico, que fosse capaz de mudar segundo o tempo e as circunstâncias e, com prudência e coragem, buscar dar a seu país uma nova forma — um novo modo — que lhe trouxesse reconhecimento — legitimidade — e, ao mesmo tempo, tivesse valor para a generalidade de seus habitantes. É esse o destino que ele almejava para sua terra, para livrá-la "dos bárbaros", e que delineou no último capítulo de *O príncipe*.[39] Maquiavel estava convencido de que sua terra precisava de novas leis e novas instituições. Ele fez a apologia das novas ideias, da ousadia de criar novos caminhos. O ideal libertário, sob qualquer padrão, é o de uma sociedade capaz de se auto-organizar. A maioria das utopias radicalmente democráticas imaginava que a forma evolutiva superior de sociedade seria a sociedade auto-organizada, autogovernada. A forma desse autogoverno variava, mas a informação essencial era a mesma: uma sociedade de indivíduos que têm a capacidade de fazer e dirigir sua própria história, observando voluntariamente os limites necessários à autopreservação de sua comunidade. Uma sociedade, portanto, também de "bons parceiros", fundada por um contrato social legítimo e confiável por todos. Isso implica tratamento igual para todos na aplicação das regras de convivência contratadas. Uma visão iluminista que domina todas as vertentes que têm na liberdade o valor central.

O Iluminismo permitiu visões radicalmente novas e simultaneamente democráticas, libertárias e libertadoras para enfrentar o "desafio seminal" que está posto, para usar outra expressão de Zygmunt Bauman. O ideal democrático, o sonho iluminista da república plena, é de autorregulação, autodisciplina e autocontrole. Ter regras autoaplicáveis para a sociabilidade cooperativa e pacífica. Não fazer o que causa mal-estar aos outros, mesmo que aumente o bem-estar individual. Fazer livremente o que não causa danos aos outros ou ao ambiente. Todo ideal societário libertador contém objetivos sociais e políticos. A meta social busca a garantia sustentável do bem-estar com igualdade, como imaginava Rousseau, eliminando as desigualdades criadas pelas relações sociais, deixando apenas as diferenças de aptidão. Em outras palavras, igualdade na diversidade. Esse ideal pressupõe, como utopia, que a riqueza das nações se faça em benefício de todos os seus indivíduos e de forma a permitir o progresso continuado, ainda que diferenciado, de todos. A finalidade política visa a igualdade na cidadania e a liberdade plena, resguardado o interesse comum. A república virtuosa, portanto, haveria de ser ambientalmente virtuosa, social e economicamente justa, livre e responsável, comprometida com o futuro da *polis* e o bem-estar das gerações vindouras.

Há uma grande distância entre o otimismo e a utopia. O otimismo realista, não utópico, se pergunta sobre a viabilidade de seu ideal. E, ao fazê-lo, é assombrado por um problema que atormenta a todos os iluministas: o conflito entre os interesses privados e o bem-estar coletivo. Como diz o politólogo Wanderley Guilherme dos Santos, "nem o iluminismo clássico resolveu, nem o iluminismo contemporâneo tem resolvido o problema de reconciliar interesses particulares com o interesse coletivo".[40] Cabe à utopia supor que esse dilema tem solução, ainda que em futuro não especificável, e ao realismo, a crítica permanente da ação concreta, para manter a busca pela solução mais próxima possível daquele ideal. Dessa maneira, subsistem o ideal da autorregulação e, sem negá-lo ou comprometer o presente, o recurso à regulação democrática necessária para aumentar as chances de sobrevivência da sociedade ou de partes dela, até que se complete o amadurecimento da *polis* autogovernada. Essas contradições vão se resolvendo na travessia, não têm resposta pronta. Por isso, como guia, o realismo pode ser paralisante e a utopia, libertadora. O realismo pode levar a um pragmatismo insípido e moralmente duvidoso. O realismo crítico, moralmente comprometido com o ideal utópico, entretanto, é um recurso necessário para a sustentação a longo prazo dessa comunidade democrática. Ele serve de guia para dimensionar a ambição necessária e possível, a cada estágio da travessia, e para estabelecer preceitos morais que permitam julgar as decisões concretas. Mas não desdenha o olhar para além do possível, não impede que se almeje o que parece impossível em cada conjuntura histórica.

O destino do caminhar, o cenário virtual da caminhada,

pode estar carregado de sonhos impossíveis ou ideias impraticáveis. Como escreveu o poeta T. S. Elliot: "só aqueles que se arriscam a ir longe demais podem realmente descobrir quão longe podem ir". O escritor Kurt Vonnegut Jr. diz que ideal é "ficar o mais próximo possível da beirada, sem despencar. Da beirada se pode ver todo tipo de coisa que não se pode ver do centro. Coisas grandes, não sonhadas ainda — as pessoas na borda veem primeiro".[41] O caminhar, a travessia definem os limites do possível e ajudam a superá-los, a utopia aumenta a ambição geral, abre possibilidades antes dadas como impossíveis e amplia o mapa do caminho. O realismo crítico permite escapar ao delírio. Os formuladores de políticas e os tecnólogos de toda ordem podem ser realistas e pensar soluções mais viáveis a cada tempo. Os filósofos, os ficcionistas e os teóricos, os que fazem a crítica da cultura não precisam abandonar o sonho, nem a ousadia, por mais sóbrias que sejam suas convicções sobre o tempo presente. São seres fronteiriços, vivem na borda, não raro pendurados no beiral, bem além da prumada. Basta olhar para trás e ver de quantas coisas aparentemente impossíveis e outras tantas improváveis se fez a história nas últimas cinquenta décadas. A trajetória da humanidade desde, digamos, a emergência do Império britânico até os dias de hoje jamais foi prevista ou imaginada da forma como se deu. Para que ocorresse a maioria das mudanças que nos trouxeram tão longe, foi necessária, todavia, a intervenção da ousadia, da aventura, do gênio, do inconformismo e da rebeldia, inclusive para desfazer os impérios.

Talvez não saibamos reconhecer na ficção científica atual as novas utopias e vejamos apenas as distopias imaginadas na turbulência da grande transição, porque elas refletem a ruptura ontológica em curso. Mais ainda, está claro que o progresso como o tivemos nos levaria à autodestruição, se conduzido adiante. Logo, só quando adquirirmos uma nova visão de progresso, em outro paradigma civilizatório, saberemos novamente distinguir o que é melhoramento do que é piora. Essa não é uma construção de elites esclarecidas. É social. A utopia é um "modo de pensamento que reflete as rupturas ontológicas da era moderna, as quais continuam a responder às questões do que é para ser, qual é a natureza dos seres humanos e como as pessoas humanas devem se organizar social e politicamente".[42] Esse tipo de ruptura está mais acessível aos cidadãos do que a ciência e a técnica.

Retomo o argumento de Bauman de que podemos achar difícil defender algo como um melhoramento, se não acreditamos mais no axioma do progresso. Se perdemos a faculdade de "sonhar para a frente" e já não somos animados pela utopia ontológica, fomos destituídos da habilidade de distinguir o melhor do pior. Esse dilema está posto para nós na avaliação das etapas da grande transformação que vivemos, da mesma forma que no desafio de explorar as possibilidades de avanços progressivos na governança democrática da ciência e da tecnologia. Morin lamenta que os cidadãos tenham perdido o direito ao conhecimento, que foi monopolizado pelos cientistas e técnicos. O argumento de Bauman e a queixa de Morin valem, também, para o tratamento coletivo da ameaça posta pela transição climática. Os cidadãos não têm acesso a informações fidedignas e compreensíveis sobre as opções mais perigosas ligadas ao uso de geoengenharia, como suposto método de mitigação do aquecimento global. Por sua complexidade, são monopólio de exclusivo grupo de cientistas. Sem saber de seus efeitos colaterais, a opinião pública pode ser induzida a apoiar o que parece a saída mais fácil e que pouparia sacrifícios. Também no diálogo público sobre o revigoramento das instituições da democracia na era digital, a discussão se circunscreve aos políticos, aos juristas, aos politólogos, à militância mais engajada. Ela se faz sob falso véu de conhecimentos técnicos e jurídicos inalcançáveis pelos cidadãos. Na verdade, estão dando voltas em torno do modelo analógico de democracia, que emite fortes sinais de ter chegado a seu limite de funcionalidade.[43]

Daí a necessidade de ampliar a discussão sobre a natureza, os desafios e os perigos da grande transição que começamos a atravessar.

A NATUREZA DA TRANSIÇÃO

A transição que estamos vivendo é da espécie das grandes transições. Ela combina três dimensões cruciais:

1. a socioestrutural, no plano global, que é sistêmica, atinge todo o planeta e tem efeitos disruptivos na estrutura social, econômica e política das sociedades;

2. a científica e tecnológica, que também é disruptiva e mudará os paradigmas científicos estabelecidos nas revoluções que levaram à emergência da ciência moderna desde o Iluminismo. Mudará, também, o padrão tecnológico estabelecido nas duas revoluções industriais, o qual substituirá a tecnologia de base fóssil, que começou com o carvão, na primeira Revolução Industrial, e se firmou com o petróleo. Além disso, as bases da nova ciência se expandem com as possibilidades abertas pela genômica avançada e pelas tecnologias que permitem o desenvolvimento da nanociência e da neurociência. Finalmente, mas não menos importante, a transição científica e tecnológica permitiu a digitalização da sociedade e a emergência desta em rede, processo que tende a se expandir e aprofundar, com consequências transformadoras no relacionamento social, na forma de fazer política e nos modelos econômicos, como anunciou Manuel Castells;

3. a climática, associada ao aquecimento global, e a am-

biental, ambas determinadas pela ação humana. Chamo de transição climática por coerência conceitual, para deixar claro que ela é e será parte da grande transição global do século XXI, e por comodidade literária. A ambiental está associada ao iminente colapso do ambiente construído, apontando para nova revolução urbana, e à perda gigantesca de diversidade biológica, configurando a "sexta extinção".[44]

Essas três dimensões interagem realimentando-se e as interações decorrentes têm efeito determinante, embora não exclusivo, sobre o curso, a direção e a velocidade da grande transição. As interações entre os diferentes subsistemas, em cada dimensão, também contribuem decisivamente para essa dinâmica da grande transformação. A sociedade em rede, por exemplo, abre novos canais para desaguar os desequilíbrios políticos causados pelas transformações sociais e econômicas. O avanço das tecnologias de imagem digital e microscópica propicia saltos no desenvolvimento da nanociência e da neurociência. O progresso científico e tecnológico na saúde e na nutrição contribui para alterar profundamente a demografia global. A transição climática cria pressões urgentes para o desenvolvimento de práticas sociais e políticas e de adoção de tecnologias para a adaptação das sociedades ao aumento da frequência e da força dos eventos extremos, influenciando o rumo da transição social, econômica, política, científica e tecnológica. Essas outras dimensões da grande transição, ao responderem aos desafios da mudança climática, também afetarão seu curso a longo prazo, dado que suas causas decorrem diretamente da ação humana. Os novos padrões de organização e mobilidade urbana, em cidades inteligentes e conectadas, terão profundo impacto no funcionamento das democracias. E assim por diante.

As grandes transições mudam a sociedade por inteiro, revolucionam tudo, não apenas partes, ainda que fundamentais, da vida social. Como diz Morin, nesse processo tudo está a ser repensado, tudo está a começar, ao mesmo tempo que a sociedade na qual temos vivido está a acabar. Não é por acaso que tenho falado em ruptura paradigmática ou mudança de paradigma. Thomas Kuhn mostrou que mudança paradigmática é mudança de estrutura e na maneira de pensar, uma revolução total. Não acontece por um *fiat*, mas é emulada por agentes da mudança. A dinâmica do sistema social, porém, mais que na ciência, transcende o escopo da ação desses agentes. A soma é muito maior que as partes. Essa afirmação repõe as estruturas no processo de determinação da mudança, sem contudo excluir, anular ou apequenar o poder de agência dos atores sociais. A oposição entre estrutura e agência é um equívoco alimentado por limitações ideológicas à construção teórica. É difícil, se não impossível, aos contemporâneos identificar plenamente os principais agentes da mudança. Muitos deles nem sequer se destacarão em tempo real, porque seus feitos são menos importantes que as suas consequências futuras. Mas isso não significa que não existam ou não sejam parte determinante da mudança. É o efeito em cadeia, hoje também em rede, que ocasiona o movimento revolucionário. As ações, as inovações e as inspirações desses agentes revolucionadores propagam-se pelos canais que formam opiniões, valores e produzem conhecimento. A grande mudança ocorre menos pelo que fizeram, estrito senso, e mais pelo que proporcionam que seja feito a partir de suas ações. Kuhn demonstra que a revolução provocada por Copérnico não se deu apenas na astronomia, foi científica e social. A revolução copernicana foi parte da formação dos novos valores da modernidade a partir do Renascimento. Uma solução para um problema técnico aparentemente pequeno pode ocasionar uma alteração fundamental nas atitudes de todas as pessoas em relação a problemas básicos da vida cotidiana. Esse alcance da ruptura promovida por Copérnico na visão da Terra e do sistema planetário é potencializado pelos outros movimentos do início da revolução iluminista que terminariam por situar a ciência, o conhecimento científico, no centro da organização societária da nova ordem surgida com o Renascimento. A revolução tinha menos a ver com o que Copérnico disse e muito mais com o que levou outros a dizerem, concluiu Kuhn. Seu trabalho não era exatamente revolucionário, era "revolucionador". Isso porque, como elemento típico da transição, os revolucionadores são "o auge da tradição passada e a fonte da nova futura transição".[45] Nas transições sistêmicas, essas ações revolucionadoras se dão em resposta ou em antecipação a processos estruturais que levam à decadência dos modelos societários vigentes e promovem, em interação com as ações e as escolhas dos agentes revolucionadores, a emergência de novos paradigmas. Edgar Morin fala das iniciativas inovadoras marginais, desviantes, frequentemente invisíveis aos contemporâneos. A grande mudança, a metamorfose, como a chama, nos seus estágios iniciais, emerge dessas mutações invisíveis, marginais, dispersas. Mas já está em processo.[46]

A grande transição se distingue pela escala, pelo escopo e pela velocidade da mudança, que é sistêmica e global. Ela tem momentos de transformações significativas, grandes ondas, mas prefiro chamá-la de quarta onda da grande transição rumo à modernidade. A primeira onda foi marcada pelo Renascimento e pelo Iluminismo, a grande transição civilizatória, que criou a sociedade moderna. A segunda onda, pelas revoluções industriais, que instrumentalizaram a produção das bases materiais da modernidade. A terceira onda corresponde a uma mudança de ciclo, a novas transformações estruturais que inauguraram outra fase na história da modernidade, encaminhando-a para seu amadurecimento e auge. Desdobrou e aprofundou o modelo de organização produtiva e relações sociais introduzido pelas duas revoluções industriais e consolidou as bases do capitalismo industrial da era do combustível fóssil.⁴⁷ A quarta onda, de auge e declínio desse modelo, é marcada pela hegemonia do capital financeiro globalizado e pelo que se convencionou chamar de pós-modernidade, que demarca a desagregação do modelo iluminista. É esse paradigma societário que vive, agora, seu esgotamento. A quarta onda caracteriza-se também pela emergência de novas estruturas que darão forma e conteúdo aos novos paradigmas.

As grandes transições se dão pelo efeito transformador de momentos formativos, revolucionários, que impulsionam a mudança até atingirem o ponto de não retorno, rumando para a maturidade e o pleno desenvolvimento de suas potencialidades. As duas revoluções industriais foram momentos formativos socioeconômicos determinantes da grande transição para a modernidade. O humanismo renascentista, as novas perspectivas filosóficas a partir do fundamento clássico recuperado criticamente e a Reforma foram fundamentais ao processo de secularização do poder e do pensamento. As inovações políticas e a racionalização da cultura pelo Iluminismo promoveram o primado da ciência e uma nova era de progresso tecnológico. Os ciclos de maturidade desse processo teriam início no período 1914-8.

Nos últimos anos da década de 1980, com o fim da Guerra Fria e a primeira fase da revolução digital, deu-se nova e derradeira mudança de ciclo desses modelos societários, já caminhando para a exaustão. Alguns deles, como o soviético, desapareceram nesse processo. Outros, como o chinês, estão em transformação, em simultâneo às mudanças nos modelos de capitalismo que têm convergido para os padrões aceitáveis pelo capital financeiro hegemônico. O século XX marcou o auge e o declínio da sociedade moderna fundada pelo Iluminismo. Com as crises do final da década de 1990 e início dos anos 2000, a aceleração dessa mudança nos trouxe ao ponto em que nos encontramos, de esgotamento dos paradigmas societários, que chegaram ao apogeu no século XX, e de início da grande transição atual.⁴⁸ Os ciclos, nessa travessia incerta, estão encurtando, e a velocidade da mudança está acelerando. Faz mais sentido dizer que há uma hiperaceleração das condições históricas presentes que singulariza o mundo em que vivemos. "O mundo reconfigurado pela ciência, a técnica e a indústria conhece processos de aceleração que modificam radicalmente as relações espaçotemporais, tornando-as mais fluidas", diz Koselleck.⁴⁹ Castells nota que toda grande mudança social se caracteriza pela transformação do espaço e do tempo na experiência humana. A velocidade da transformação aumentou significativamente com a explosão das inovações científicas e tecnológicas das últimas três décadas. A indústria da qual fala Koselleck está esgotando os limites de suas possibilidades, o processo de produção está se alterando radicalmente. Nessa última fase do ciclo de aceleração das condições históricas, aumenta a fluidez das relações espaçotemporais. Surgem novas condições "meta-históricas" que impõem desafios para a história humana no futuro próximo, em um mundo finito. Estamos chegando à exaustão do uso do combustível fóssil, que marcou esse ciclo da história humana. O aquecimento global nos põe, pela primeira vez desde o início da modernidade, diante de condições meta-históricas, externas à sociedade humana, que não podemos controlar, mas que atuam como precondições de nossas ações e da nossa viabilidade como sociedade. Transformam-se em um desafio central para a humanidade.

## ESTRUTURA E AGÊNCIA NA GRANDE TRANSIÇÃO

Na grande transição, é como se as placas tectônicas da estrutura social se movessem todas, simultaneamente, mas sem sincronia, ao longo de um largo período, causando o desaparecimento de formas sociais existentes e o surgimento de formas novas. Essas macrotransformações são quase indetermináveis até passarem o ponto de virada. São multidimensionais. Mudanças disruptivas ocorrem em praticamente todas as dimensões da sociedade e da economia. São de longo prazo, levam décadas para que as rupturas deem lugar a um novo modelo de sociedade. Muitas vezes são confundidas com mudanças de ciclo ou mudanças na fase de um ciclo. Mas mudanças de ciclo são fenômenos distintos, que resultam de conjunturas críticas, quando fatores que operavam independentemente convergem para produzir uma crise ou uma ruptura localizada e provocam a transição de um ciclo para outro, dentro de um mesmo movimento histórico-estrutural de longo prazo.[50] Como nos ciclos macroeconômicos de recessão/crescimento, ou de inflação/deflação, ou nos ciclos socioeconômicos de expansão/colapso. As grandes transições, ao contrário, são mudanças de blocos históricos, marcam a transição entre eras históricas, ou histórico-estruturais, entre padrões civilizatórios. Elas resultam da movimentação das grandes placas tectônicas da ordem social e promovem uma mudança radical nos modos de produção, nos paradigmas científicos, nos padrões tecnológicos e nos modos de convivência social. Durante uma grande transição, ocorrem "momentos formativos" distintos que fundam ou refundam as instituições econômicas, sociais e políticas e "momentos constituintes", para usar a expressão do politólogo Jason Frank, seguindo as pegadas do filósofo Jacques Rancière, que constituem novos sujeitos históricos.[51]

O sociólogo Norbert Elias oferece boas pistas de como se dá a mudança histórica. É quando a rede humana, depois de atingir certo auge de tensões, é forçada a se deslocar para além de si mesma, quer em direção a uma integração mais abrangente, quer em direção à relativa desintegração, a uma vitória das forças centrífugas, numa dinâmica de longo prazo de desintegração/reintegração em outra escala e modo. As tensões, derivadas de conflitos, confrontos e interações, detonam os mecanismos de mudança. Esses mecanismos são determinados de forma impessoal pelo movimento das placas tectônicas da estrutura social, ativado pelos sistemas de tensões que se criaram ao longo do tempo. Mas o desfecho é indeterminado. Depende do poder de agência, da aptidão, destreza, força, persuasão dos agentes da mudança, da capacidade coletiva de fazer escolhas e da natureza dessas escolhas. A própria criatividade humana vai gerando tecnologias disruptivas que amplificam essa capacidade de determinar desfechos históricos para os processos de transição determinados pelos macromecanismos de deslocamento histórico da sociedade humana.[52]

A interpretação que Kuhn dá para a revolução de Copérnico é ilustrativa desse processo: a inovação de um indivíduo criativo, pensando fora da caixa, sem observar as regras do pensamento dominante, convencional, propicia transformações de visões, práticas e valores que vão muito além do âmbito de sua contribuição individual. A história, o movimento histórico-estrutural, não é "um sistema de alavancas mecânicas inanimadas e automatismos de ferro e aço, e sim um sistema de pressões exercidas por pessoas vivas sobre pessoas vivas".[53] Quem está nesse fluxo de mudanças históricas, diz Elias, talvez consiga ver, com certa vantagem, quanto desse movimento pode depender de indivíduos particulares em situações particulares, apesar de não serem capazes de ter qualquer influência decisiva no movimento das placas tectônicas da história. As estruturas têm efeito determinante, mas deixam espaço para o livre-arbítrio, para escolhas individuais e coletivas. Elas limitam, mas também criam capacidades, dão poderes que fortalecem agentes individuais e coletivos.[54] Não há contradição. Estrutura e agência operam historicamente para a transformação. As grandes transições como a que estamos vivendo aumentam as margens de escolha individual na sociedade e projetam para muito além as repercussões dessas escolhas. Esse aumento das margens de ação autônoma dos indivíduos se dá por duas vias: a primeira é a da ampliação das oportunidades de escolha, pela quantidade de veredas que se abrem para o futuro, ou para a construção da nova formação social, exatamente por causa da fluidez do processo, das respostas insatisfatórias que o sistema poente é capaz de dar, da proliferação das dúvidas que permanecem sem resposta. Nessas fissuras históricas, decorrentes dos abalos tectônicos, abre-se o espaço para a agência humana. É verdade, como o filósofo Raymond Geuss propõe, que a maioria dos agentes humanos é fraca, pouco focada, muito conflitada e confusa.[55] Todavia essas fissuras multiplicam as situações particulares que abrem a pessoas particulares oportunidades para exercerem o livre-arbítrio, a criatividade e a capacidade de liderança. A segunda via é a do incremento da margem de autonomia dos indivíduos em relação às estruturas. À medida que elas decaem, seu poder de constrangimento diminui e a força das estruturas emergentes ainda não tem o mesmo efeito determinante que tinham as estruturas vigentes quando no auge de sua maturidade. As estruturas constrangem menos, determinam menos as ações individuais nesse momento de ambivalência estrutural. Ainda que haja, como resposta, aumento da vigilância e repressão dos agentes do statu quo sobre os agentes da mudança. Daí a maior velocidade da mudança e a explosão de iniciativas e movimentos característicos da "fase criativa", relativamente caótica e desordenada da transição. Daí a diversidade de configurações sociopolíticas que resultarão da grande transição, como percebeu Castells.[56]

O entrejogo da margem de manobra individual com o efeito condicionante das forças estruturais não anula a importância das escolhas individuais e coletivas, mesmo que elas não tenham o poder de definir o desfecho do processo de mudança de acordo com suas vontades. Elias mostrou, ao analisar a tensão permanente entre o estrutural, o social e o individual, que as oportunidades entre as quais as pessoas se veem forçadas a escolher não são, em si mesmas, criadas por elas. São prescritas e limitadas pela estrutura específica de sua sociedade e pela natureza das funções que as pessoas exercem dentro dessa sociedade. Suas escolhas se entremearão com as escolhas de outras pessoas, desencadeando novas sequências de ações, cuja direção e resultado provisório não dependerão desse indivíduo, mas da distribuição do poder e da estrutura das tensões em toda essa rede humana móvel. Quando a margem de decisão individual emerge da rede social, não existe uma fórmula geral que indique a magnitude dela em todas as fases da história e todos os tipos de sociedade (Elias). Justamente o que caracteriza o lugar do indivíduo em sua sociedade é que a natureza e a extensão da margem de decisão que lhe é acessível dependem da estrutura e da constelação histórica da sociedade em que ele vive e age. Não é possível definir a margem de decisão individual que nos é dada a cada momento. A experiência histórica indica, porém, que ela se amplia significativamente nas grandes transições. Na sociedade cada vez mais em rede, a repercussão de ações relativamente modestas, mas com elevado potencial disruptivo, propaga-se em tempo real ou quase real, com alta probabilidade de elas se tornarem virais e provocarem reações exponenciais em cadeia, frequentemente na forma de *ripple effect* (efeito onda), típico desse processo de contágio em rede. As diferentes configurações sociopolíticas, em cada contexto histórico-estrutural, resultam do movimento estrutural e da relação entre as forças sociais, qualificados pela interveniência de agentes individuais com muita capacidade de repercussão e disrupção, que é amplificada pelas inovações tecnológicas. Como no exemplo de Copérnico, analisado por Thomas Kuhn.

## A TRANSIÇÃO COMO CENÁRIO DE RISCO

Significa, então, que a ação individual e as escolhas que fazemos são irrelevantes? Não, ao contrário. Cada um de nós é parte relevante da rede humana e nossos atos podem ter consequências que vão muito além de nós, mesmo que não tenhamos a noção e a medida disso. É certo que a distribuição de poder e riqueza é extremamente desigual e condiciona a amplitude relativa da margem pessoal de arbítrio. Ao mesmo tempo, toda ação individual pode ter um potencial de rompimento ou inovação insabido. Principalmente após a disseminação das redes e mídias digitais. O surgimento inesperado de lideranças, o efeito desproporcional de vanguardas rebeldes, o impacto disruptivo imprevisível de ideias e inovações mostram como a iniciativa de indivíduos e grupos de indivíduos tem importância na história do futuro. Raramente as lideranças previsíveis, as produções esperadas são as que realmente importarão na construção da nova ordem. Quantas vezes o inesperado, o surpreendente, prevaleceu, ainda que parecesse fraco em seu surgimento. A passividade, a omissão podem retirar momento, energia, de uma reação em cadeia deflagrada por determinadas atitudes e decisões que fariam diferença nesses momentos de resultado indeterminado. Mesmo a derrota política não deve causar desalento e conformismo. A história está cheia de derrotas pontuais de grupos cujas ideias e posições se tornaram dominantes no médio ou no longo prazo. Basta lembrar a República de Weimar, que teve marcante influência histórico-cultural muito além de seus limites de espaço e tempo, apesar da derrota política. Nas grandes transições não há espaço para o imediatismo. Os processos são de longo prazo, e mesmo quando há mudanças vertiginosas o grande movimento de reacomodação das placas tectônicas que vão sendo deslocadas por rupturas sucessivas se dá, necessariamente, no tempo histórico e não no tempo biográfico. Além disso, é preciso levar a sério a noção de que, como somos nódulos humanos, de uma imensa rede social, nossas ações interagem com as ações de outros nódulos humanos provocando reações em cadeia. Não podemos determinar a direção dessas reações, nem seu desfecho. Mas não agir significa desligar-se dessa rede e abdicar de contribuir para seu movimento. A estagnação é pior do que a crise, pois esta contém em si movimentos contraditórios e, neles, a semente de sua superação. A alienação é um instrumento da estagnação. Desligar-se é alienar-se e correr o risco de estagnar a parte da rede na qual se tem impacto, na qual suas ações interagem com as ações dos outros e provocam reações. Retirá-la da roda da história, diria Elias. A cultura e a civilização são testadas pela consciência vital, nos ensinou D. H. Lawrence.

A grande transformação do século XXI tem uma dimensão, como eu disse anteriormente, que não estava presente de forma tão fundamental como agora no processo histórico que culminou no século XX: a transição climática. A maior parte das revoluções e das mudanças estruturais do século XX decorreu do sistema de tensões entre forças sociais e do "sistema de pressões exercidas por pessoas vivas sobre pessoas vivas". A transformação em curso é determinada por esses dois sistemas e, de forma muito mais aguda do que antes, pelo sistema de tensão e pressão entre forças naturais e forças humanas. Nem mesmo a luta contra a poluição do ar em Londres, ou na Califórnia, ou contra a contaminação dos rios por efluentes tóxicos, se compara ao enfrentamento que se desenrola entre a sociedade humana e o sistema climático. Esse efeito vem sendo alterado pela ação humana desde as revoluções industriais e se acelerou marcadamente no pós-guerra. O aquecimento global e as mudanças climáticas decorrentes dele, que começam a se fazer presentes, terminam em definitivo com o engano prometeico de que seríamos capazes de "domar" a natureza. Essa convicção, inscrita por exemplo na geoengenharia, que permitiria alterar rapidamente o clima, para desacelerar o aquecimento global, é a exacerbação do complexo de Prometeu. Seus custos são muito maiores do que o alívio temporário que porventura obteria. Seu uso seria o último e desesperado recurso, com ganhos precários e muitas perdas irreparáveis, na tentativa de prolongar a vida da sociedade humana em um mundo natural cada vez mais hostil. No limite, como nas distopias, estaríamos condenados a viver uma vida com muitas limitações, em ambientes artificiais, em um planeta quase todo desértico, com algumas ilhas habitáveis, com certeza usufruídas como privilégio pelos mais fortes. É pouco provável que cheguemos a esse ponto. No tempo real, parte crescente das nossas escolhas daqui em diante será determinada pela tensão relacional entre seres humanos e forças naturais. Essa tensão provavelmente forçará a mudança de nosso ambiente construído, de nossos padrões gerais de produção, circulação e consumo, para reduzir nossas emissões de gases de efeito estufa e conter mudanças climáticas mais graves.

O movimento da transição é impulsionado por dois vetores, a decadência e a emergência. A distribuição do poder entre as forças ligadas às estruturas e atividades em declínio e as forças associadas às formações emergentes é desigual e dinâmica, isto é, altera-se no tempo. Nos momentos iniciais, o poder político-institucional das forças da decadência é grande e desproporcional à sua posição estrutural na trajetória de declínio. A importância estrutural das forças emergentes é desproporcionalmente maior em relação a seu poder político-institucional. Mas, à medida que no movimento estrutural umas decaem e as outras crescem, esse desequilíbrio de poder vai se reduzindo. Há um momento imprevisível, mas dedutível pela lógica do movimento dessas estruturas tectônicas, em que essa disparidade de poder se reduzirá ao ponto em que a diferença será pequena ou as forças equivalentes. Nesse momento de ambivalência ou neutralidade de forças, como alerta

Elias, a direção da mudança — ou seja, para que lado a conjuntura se deslocará — pode, muito provavelmente, "depender da determinação e da estatura de algumas pessoas", influenciando o desfecho do processo de transição. Aqui se trata tanto das grandes lideranças globais, no sistema geopolítico de poder, quanto das lideranças locais e, mesmo, das microlideranças, em cada espaço da vida coletiva e familiar. Não é possível prever que ações levarão ao *tipping point*, à virada com a qual termina a transição.

Essas transformações dificilmente ocorrem sem um aumento significativo do grau de tensão e conflito na sociedade e no sistema político. De um lado, as forças poentes vão perdendo terreno econômico, social e político. A transição leva, inexoravelmente, ao fim de atividades sem espaço viável na nova configuração socioeconômica. De outro lado, as forças emergentes ganham espaço com crescente centralidade. Há um período relativamente longo, essas duas potências — o passado e o futuro, se quiserem — vivem em tensão, e há um momento em que se dá o equilíbrio de forças entre elas. Como diz Elias, analisando outro tipo de transição histórica, esse equilíbrio social que se dá na interseção de movimentos divergentes de forças sociais em oposição histórica é tão frágil e sua rivalidade tão severa que a menor vantagem, o menor ganho de potência de uma delas, é sempre sentida como uma ameaça pela outra.[57] Sua análise refere-se ao processo de enfraquecimento da nobreza e fortalecimento da burguesia, nos séculos XVI e XVII, mais precisamente à etapa da mudança na qual uma força não pode aniquilar a outra; no entanto, o conflito entre elas explode em revoltas, rebeliões e até guerras civis. Ele mostra que "no quadro dessa grande transformação social", que reforça a potência funcional das forças emergentes (nesse caso, a burguesia) ao mesmo tempo que enfraquece a das forças poentes (a nobreza), há uma fase na qual as duas forças centrais desse processo de reação e mudança mantêm certo equilíbrio entre si. Mas trata-

-se de um equilíbrio precário e temporário. Seu rompimento depende, sobretudo, da velocidade da mudança. Durante algum tempo o processo oscila em favor de uma força ou de outra, mas mantendo equilíbrio dinâmico entre elas. As organizações enraizadas nas forças poentes, sindicatos, partidos, governos, trabalham para conservar uma realidade social que, além de produzir volume perigoso de riscos, está em franco declínio.

É essa, basicamente, a visão da sociedade de risco do sociólogo Ulrich Beck, na qual os graves problemas ambientais e climáticos se constituem essencialmente problemas sociais e não fenômenos naturais. Apesar das amplas possibilidades de reação e regresso nesse período de indefinição do movimento de transição, o mais provável é que, entre o colapso e a mudança, ele se defina pela mudança. Nesse ponto, atuam as forças sociais e, na margem que se abre à ação individual, as lideranças, determinando a direção e o ritmo de transformação de cada país. Não há um fim dado, haverá várias soluções possíveis. Tanto Elias como Beck acentuam a ampliação da margem de ação dos indivíduos nessa sociedade de transição e risco. As reacomodações tectônicas produzidas pelas revoluções digital, científica e tecnológica, associadas às imposições da transição climática já em curso, apontam na direção da grande mudança. E, como diz Elias, essa reorganização total das relações humanas não pode deixar de transformar radicalmente nossos hábitos, nosso comportamento e nossos sentimentos. Nesse tipo de processo, como afirma Gadamer, a transformação é total, uma passagem para outra realidade estrutural. Grandes transições não são processos de adições incrementais, para corrigir falhas ou preencher vazios na estrutura social existente. Elas representam a emergência de novos e não antecipados elementos estruturais e comportamentais que serão centrais na configuração da nova formação social. Uma vez atravessado o ponto de virada, quando as mudanças amadurecem e dão nitidez à fisionomia da nova formação social, a ordem anterior desaparece.

Exatamente porque implicam a dissolução de estruturas e comportamentos essenciais da formação social em declínio, as grandes transições tendem a se manifestar, primeiramente, como uma sucessão de crises. Também por isso provocam fortes correntes de reação conservadora. Mas não é necessário que seja assim sempre, nem em todas as dimensões da mudança. As rupturas no paradigma de comunicação social, por exemplo, sua planetarização, a realização progressiva e radical da visão da aldeia global, do crítico cultural Marshall McLuhan, vêm sendo experimentadas como avanço, não como crise. Exceto localmente, nas ordens autoritárias, como a chinesa, ou totalitárias, como a Arábia Saudita. Nesses sistemas políticos não democráticos, a ciberesfera é vista como ameaça, exatamente porque todo avanço fora do controle do Estado representa o enfraquecimento do domínio da elite dirigente, portanto contestação da ordem. As rupturas econômicas são as que têm maior propensão a se manifestar primeiro como crise. Mas há, também, exceções. Boa parte da inovação energética pela qual passamos tem gerado mais e melhores empregos que os segmentos tradicionais da velha economia. São os setores mais dinâmicos, que geram novos e melhores empregos, atraem capitais e estimulam a inovação. As rupturas tecnológicas que estão acontecendo e vão acontecer, com profundos efeitos transformadores na economia e nos padrões sociais convencionais, provavelmente serão quase todas vividas como avanço e não como crise, embora venham a destruir setores inteiros de atividade econômica e os empregos associados a eles.

A complexidade crescente, a convivência entre paradigmas em exaustão e fenômenos emergentes para os quais eles não têm resposta aumentam o medo, a perplexidade e as reações apaixonadas. Ninguém tem resposta totalmente satisfatória, porque a realidade muda mais rapidamente que nossa capacidade de processá-la. As crises vão e, quando voltam, têm uma cara nova, não são iguais às anteriores. Nossos modelos não nos ajudam a resolver os maiores problemas emergentes, porque estão fora dos limites do conhecimento que acumulamos. Esse conhecimento diz respeito a uma realidade que está sendo radicalmente superada.

Em situações normais, a maior parte das decisões decorre de escolhas suficientemente racionais, isto é, calculadas, produzindo um amálgama funcional entre interesses e paixões, sobretudo quando essas escolhas são feitas livremente, as decisões tomadas em contexto democrático e as paixões expressas com alguma calma de espírito. Mas, com as estruturas em movimento, como se fossem placas tectônicas em acomodação na profundidade, produzindo severa instabilidade na superfície, é difícil acertar no cálculo e temperar as paixões. Pior, com a mutação sociopolítica e geopolítica é difícil para indivíduos, grupos e nações terem clara noção de quais são seus "verdadeiros" interesses. Sobra o que para informar as ações e reações, tanto na política interna quanto na política internacional? Sobram as paixões. As visões extremadas. A mistura, que já foi possível no passado, entre interesses e paixões, que alimentava ações mais baseadas no cálculo dos interesses, ainda que jamais totalmente desapaixonadas, perdeu-se nas brumas do passado. Se é que em algum momento o mundo foi feito assim, de pessoas tão racionais. O presente anda tão acelerado que qualquer passado ficou longe demais. Vivemos sob o domínio do medo — da insegurança e da incerteza — numa sociedade de risco, doméstica e internacionalmente, em todos os aspectos. Estamos sob o império das paixões, de toda sorte — religiosas, políticas, ideológicas —, em sociedades nas quais a mudança estrutural torna os interesses mais confusos e difusos. As desigualdades aumentam inevitavelmente. O resultado concreto disso é a polarização radicalizada, as reações extremadas, mais conflito e violência. Esse mundo incendiado pelas aflições e sentimentos extremados leva às fugas, à corrida alienada para o individualismo consumista, ao ultranacionalismo, ao tribalismo de todo tipo, às situações que nos amparam das aflições e nos dão o conforto do pertencimento e de estar entre iguais.

As redes sociais expressam mais fielmente esse mal-estar, essa *malaise* de um tempo conturbado. Elas mudarão com a sociedade, terão um papel nessa mudança e serão radicalmente transformadas por ela. As redes e as mídias digitais são canais ágeis, mutantes como a realidade, para expressão de nossas dúvidas e perplexidades, mas também para nosso extremismo apaixonado, frequentemente expresso por meio do discurso do ódio. Paralelamente, servem de instrumentos para buscar explicações para o que está acontecendo, na captura frenética dos links para artigos de política, economia, ciência, comportamento que permitam entender o que se passa. Entretanto, a mobilidade digital ajuda a fugir da realidade dolorosa do mundo físico para as veredas intermináveis do mundo virtual. Trocamos a socioesfera em crise pela ciberesfera em expansão. E nela expressamos nossas paixões e convicções, compartilhamos nossas perplexidades, interagimos, buscamos o igual, o que nos conforta ou o que justifica nosso medo, nosso ódio, nossa unilateralidade. As redes são o espelho da transição, refletem suas virtualidades e seus perigos, suas contradições. Por isso uns as veem positivamente e outros negativamente. Vivemos tempos ambíguos, de processos e sentimentos ambivalentes, não raro contraditórios.

NOSSO PODER

A Real Sociedade de Geografia foi anfitriã de uma mesa de discussão sobre "O mundo em 2050", com cientistas e especialistas da James Martin 21st Century School, de Oxford.[58] Nesse seminário, o economista Ian Goldin, diretor da escola, afirmou que: "Está em nosso poder erradicar a pobreza até 2050; está em nosso poder erradicar as doenças até 2050; mas também está em nosso poder destruirmos a nós mesmos até 2050". Em muitos lugares, instituições acadêmicas, corporações, *think tanks*, centros de pesquisas, inúmeras pessoas estudam, pesquisam e discutem tendências futuras. Em nossa vida diária, contudo, na mídia em geral e nos governos de quase todos os países, em particular, o longo prazo, estudos sobre o futuro são parte lateral da visão acessória. Não são parte da visão estratégica. Prevalecem as concepções táticas, de curto prazo, reativas. Estamos atrelados ao curto prazo, às alegrias e atribulações de nosso cotidiano; ao imediatismo da agenda de políticas correntes, do consumo imediato. Como lembra Zygmunt Bauman, o consumismo é uma "economia do excesso e do desperdício", que se baseia na frustração repetida dos desejos. É pelo excesso que ela neutraliza a frustração e, por isso também, é uma economia do engano ou da miragem. O mesmo se pode dizer das bolhas financeiras. A expectativa de vida das esperanças é minúscula e requer um processo constante de "manutenção de padrão" e "manejo das tensões", pela renovação vertiginosa das esperanças, como expectativas, para evitar o descrédito geral.[59] Essa dinâmica de expectativas efêmeras, que "encurta o trajeto entre a loja e a lata de lixo", entre a expansão e o colapso, reforça a cultura geral voltada para o curto prazo, presente também no domínio do cálculo financeiro sobre o econômico. Há certo desprezo pelo futuro no cálculo tanto de consumidores como de investidores. O economista Michael Porter, que se celebrizou por sua teoria sobre a competitividade, diz que o raciocínio de curto prazo do mercado financeiro como que inflige um imposto sobre toda a sociedade, retirando valor da economia, com suas taxas, custos e despesas. Porter argumenta que o capitalismo está sitiado porque as empresas estão prisioneiras em uma visão ultrapassada do que é criar valor. "Elas continuam a ver a criação de valor de forma estreita, otimizando o desempenho financeiro de curto prazo em uma bolha, enquanto deixam de atender às necessidades mais importantes dos consumidores e ignoram as influências mais amplas que determinam seu sucesso de longo prazo."[60]

Entretanto, desprezar o futuro, deixar de olhar à frente, para focalizar as incertezas e possibilidades que estão além do horizonte de nossas obrigações e expectativas diárias, é muito mais perigoso do que se imagina. Para sermos capazes de tomar nosso destino em nossas próprias mãos, precisamos ter uma visão do futuro, um olhar de longo alcance. O biólogo e futurista Stewart Brand, outro autor insuspeito da perspectiva do patronato empresarial, diz corretamente que

> o tempo é assimétrico para nós. Podemos ver o passado mas não o podemos influenciar. Podemos influenciar o futuro, mas não podemos vê-lo. Tanto a invisibilidade quanto a maleabilidade potencial do futuro nos impulsionam a aprender nele, a ficar alertas para as ameaças ou oportunidades que ele pode conter. Essa brancura da página do futuro nos dá poder (se o futuro não está determinado, podemos fazer qualquer coisa).[61]

Como no enredo pedagógico da tragédia, o futuro está para ser escrito. Não olhar para o futuro não significa apenas deixar de ver oportunidades. Significa, sobretudo, não ver os perigos que ainda se tem tempo para evitar. Em outras palavras, voltamos ao tema central das escolhas. Se o futuro será virtuoso ou trágico, depende das escolhas que fizermos. Se escolhemos sem pensar no futuro, com os olhos no curto prazo, reduzimos tremendamente as chances de futuros mais virtuosos e aumentamos a probabilidade de desfechos trágicos.

Brand lembra que "o pensamento rigoroso de longo prazo

torna inevitável que assumamos responsabilidades, porque ele responde aos ciclos de retroalimentação mais lenta e mais profunda de toda a sociedade e do mundo natural". Em última instância, está claro que "no longo prazo, você se salvar significa salvar todo o mundo".[62] Ele não quer dizer com isso que podemos controlar o desenrolar de eventos futuros. Não se trata de controlar o futuro, mas de dar às futuras gerações os meios para seu bem-viver. Trata-se de ser responsável em relação ao futuro, tornando-o sustentável e deixando desimpedidas as vias que levem aos melhores destinos. A construção do futuro é o caminho para evitar o destino trágico. Jamais teremos certeza sobre o enfrentamento de nenhum desses desafios. As certezas sempre caem no terreno da nossa finitude. Os desafios dizem respeito a incertezas, portanto a riscos. Eles nos alertam para a possibilidade de desfechos trágicos nos quais não deveríamos apostar. Nesse caso, podemos estimar probabilidades e fazer especulações educadas sobre prováveis consequências. Para fazer isso temos que olhar para o futuro. E olhar o futuro com arte, criatividade, imaginação e ousadia ajuda um bocado. É o ponto extraordinário em que ciência e arte se dão as mãos verdadeiramente.

Temos que ousar chegar o mais próximo possível da borda, para tentar vislumbrar o não visto, o impensado, o que ainda não foi sonhado. É desse material que se fazem as transformações revolucionárias. Mas não bastam ousadia e sonho. É preciso educar o olhar. Em todos os sentidos. Para evitar o delírio e para enxergar o mais longe possível. O mais óbvio é treiná-lo para enxergar além da conjuntura. O futuro não é destino cego, nem fantasia infundada, nem pura sorte. Construímos nosso futuro, como nossa história foi construída por nossos antepassados e por nós mesmos. Com nossos erros e acertos. Não podemos controlar o futuro. Mas podemos nos preparar melhor para ele, administrar os riscos já identificados, acumular os recursos e construir os mecanismos que nos permitam manejá-lo da melhor forma possível.

## A RUPTURA CIENTÍFICA

Estamos experimentando agora os primeiros momentos de uma transição científica longa que promoverá a convergência, e mesmo a fusão, de áreas da ciência e da tecnologia que estão avançando muito e já produzem ativamente novos conhecimentos e novas aplicações. Essa revolução na ciência e na tecnologia só é possível porque seus agentes têm visão de longo prazo e ousadia, tanto na pesquisa quanto no financiamento de pilotos tecnológicos. Quando os resultados dessa revolução estiverem em plena e integrada interação, produzirão transformações muito mais amplas do que a simples soma de suas partes. Uma dessas vertentes caminha, por exemplo, para a fusão da tecnologia digital, da nanotecnologia, da biotecnologia, das biociências e da neurociência. Há numerosas outras vertentes dessa mudança paradigmática. Essa revolução do conhecimento encontra outro plano de convergência, com as mudanças climáticas globais. Esses dois movimentos estão nos levando a uma nova era cheia de assombro, potencial e risco.

Estamos assistindo à explosão de novas descobertas a partir da decifração do código do DNA, de seu sequenciamento e do mapeamento completo do genoma humano. O século XXI provavelmente será o século da biologia, em virtude dos avanços na genômica. As tecnologias de nova geração para o sequenciamento genético e os algoritmos computacionais capazes de processar enorme quantidade de dados têm gerado um volume impressionante e crescente de novos conhecimentos. A revolução científica e tecnológica e a revolução digital fazem parte do mesmo movimento e uma alimenta a outra. Imagens digitais de alta resolução, *big data*, ampliação exponencial da capacidade de captação e processamento de dados abrem novas possibilidades à inovação científica e tecnológica. Esta, por sua vez, permite a expansão da fronteira digital.

Essas revoluções também abrem novas rotas para a aventura do conhecimento humano, o qual navega águas nunca antes navegadas e territórios que pertenciam ao campo da imaginação e da ficção científica. Estamos em plena fase de revoluções científicas, de construção de novos paradigmas. Uma parcela significativa, se não majoritária, das grandes mudanças científicas e tecnológicas se dá na confluência de vários campos da ciência, deslocando, definitivamente, muitas fronteiras do conhecimento científico e do progresso tecnológico para o terreno transdisciplinar e multidisciplinar. Como intuiu Marshall McLuhan, as soberanias departamentais se dissolvem, abrindo as fronteiras da cooperação interdisciplinar e entre ciências e engenharias, que se combinam, criam novos campos de especialidade, em desdobramentos que forçam os paradigmas a romper seus limites cognitivos. As descobertas científicas já permitem numerosas aplicações, estimulando a abertura de novos ramos especializados da ciência, nas fronteiras da multidisciplinaridade. Daí resulta o progresso em aceleração geométrica na biociência celular e molecular, na biomimética, na nanociência, na neurociência, na genômica, inaugurando uma grande fase de desenvolvimento tecnológico, com a criação de novos materiais e novas aplicações científicas na biotecnologia, na nanotecnologia, na robótica, nas terapias celulares e genéticas, nas nanocirurgias.

A transformação científica e tecnológica nos dará, progressivamente, maior capacidade para compreender os desdobramentos dessa grande transição e enfrentar os desafios que ela traz e os que não determina, mas que com ela interagem, como a transição climática. Há descobertas disruptivas e com implicações transcendentes, digamos, que vão muito além do núcleo específico, ainda que complexo, que as produziram, em numerosos outros campos da ciência.

Essa vasta, abrangente e radical mudança científica e tecnológica está intimamente associada à revolução digital. A digitalização das comunicações, a possibilidade de transmissão de dados e imagens de alta resolução em tempo real e o aumento vertiginoso da capacidade computacional propiciaram a criação de redes globais de pesquisa científica. Essas redes globais permitem uma divisão do trabalho de pesquisa científica mais extensa e produtiva e o uso mais profícuo de instalações e equipamentos de valor elevado. A mudança científica e tecnológica acelerada e novos padrões de cooperação entre disciplinas, inclusive entre as puramente científicas e as puramente tecnológicas, propiciam a invenção e a produção de equipamentos de pesquisa mais precisos. Essas interações atravessando as fronteiras departamentais e disciplinares têm produzido novos campos da ciência, novas especialidades científicas, com dinâmica e conhecimento próprios. Hoje, mais do que nunca, a ciência alimenta o progresso tecnológico e o progresso tecnológico alimenta a ciência. Foi assim no passado, está sendo assim no presente, com muito maior intensidade e abrangência. Será assim muito mais no futuro. Tudo isso contribui para acelerar o tempo de novas descobertas e ampliar seus desdobramentos em novas pesquisas. O que antes era feito em anos, em sequência, agora pode ser feito em simultâneo, ampliando dramaticamente as fronteiras do conhecimento científico, aumentando a probabilidade de novas descobertas e acelerando a transição da pesquisa básica para a pesquisa aplicada em muitos campos.

Em todos os ramos da ciência, nos artigos incluídos no Índice Científico de Citações, o número médio de autores sobe a cada ano, como mostram as estatísticas produzidas pela Thomson Reuters. Uma indicação da ampliação do processo de colaboração científica no ciberespaço. O número de artigos publicados aumentou de 600 mil para quase 2 milhões em vinte anos. Em 2002, o artigo com o maior número de autores já contava 824 colaboradores. Em 2011, o maior número de autores em um único artigo foi de 3179. Outra fonte de estatísticas sobre a produção científica, a MEDLINE/PubMed, mostra resultados similares: o número médio de autores por artigo científico em meados da década de 1970 era 2,5 e o número máximo de autores em um único artigo foi de 49. Nos anos 2010-3, essa média alcançou 5,12 e o máximo foi de 3172 autores em um único artigo. Além disso, aumentou a participação de vários países na produção científica global. A participação da China, por exemplo, subiu de 5,6%, em 2003, para 14%, em 2012. A participação da Índia subiu de 2,5% para 3,6%. A do Brasil, de 1,7% para 2,7%. No mesmo período, a participação do Estados Unidos caiu de 33% para 28%.[63] O número de publicações aumentou muito.

O aumento global da quantidade de pessoas qualificadas para a pesquisa científica e dos grupos de pesquisa na corrida para publicar mais, com mais espaço para publicação, também aumentou a probabilidade de erros e resultados triviais. Há uma boa quantidade de artigos que ficam rapidamente obsoletos, terminando a carreira com algumas poucas citações em outros trabalhos relevantes. Índices como o fator de impacto mediano mostram, com as deficiências da medida, que há importantes variações no grau de influência de publicações por ramos de ciência. Em alguns deles, o fator de impacto, ou seja, o número de citações, cresceu consistentemente nas últimas décadas. Em outros, ficou estável. Em alguns é consistentemente baixo. O mais relevante é que a pesquisa científica ficou mais complexa, demandando grandes grupos de cientistas de áreas diferentes, e se globalizou. A proliferação de novos campos de atividade científica e de grupos pluridisciplinares, combinando vários campos e subcampos científicos entre si e a áreas tecnológicas, resulta e impulsiona simultaneamente o processo de transformação científica e tecnológica em curso.

Esse progresso sem precedentes aumentará drasticamente a capacidade de curar doenças e de fazer a reengenharia do corpo humano e da própria natureza, gerando novos e tremendos desafios éticos e morais, além de novos e desconhecidos riscos para a humanidade. Todo o mundo ficou chocado quando a bela atriz Angelina Jolie anunciou que, por causa de um exame de DNA que identificou nela o gene que pode causar câncer de mama, optou por uma mastectomia preventiva. Muitos dos perigos, contudo, não podem ser antecipados. A reengenharia genética, com seus clones e organismos geneticamente modificados, e a geoengenharia, que permite promover mudança climática deliberada, abrem uma caixa de Pandora cheia de ameaças e perigos, reclamando um novo padrão de governança da ciência, mais transparente, mais democrático e mais seguro.[64] O espantoso avanço das fronteiras do conhecimento também produz seu contrário. Quanto mais se ampliam as fronteiras do conhecimento, maior é nossa ignorância. Avançamos mais na descoberta, na invenção e na inovação do que no conhecimento dos riscos de suas aplicações. Caminhamos menos ainda na definição de um enquadramento ontológico de todo esse progresso que nos permita fazer julgamentos morais adequados sobre os limites de suas aplicações.

Ainda é muito incipiente o esforço coletivo para definir padrões decisórios novos aplicáveis à realidade emergente, sem comprometer os fundamentos da liberdade ou estiolar o progresso do conhecimento. Parece pouco provável que a política consiga fazê-lo sem incorporar como ideia e como prática as novas tecnologias digitais. O risco de decisões unilaterais, hoje possíveis, de usar nova ciência a despeito dos efeitos colaterais não antecipáveis que transcendem o espaço e o tempo de quem os usa, aponta para a possibilidade de imposições tirânicas intoleráveis. Desafios e riscos cruzados se entrealimentam. Os efeitos colaterais potenciais também extravasam, mais do que nunca, as fronteiras da ciência. Desafios e riscos relacionados a essas mudanças científicas e tecnológicas têm cada vez mais efeitos colaterais na política, na sociedade e no ambiente natural, a exigir respostas que o complexo núcleo que as produziu não tem como dar. Essas respostas estão no campo da política e do controle social democrático.

## A REVOLUÇÃO DIGITAL COMO POLÍTICA

Com a ciberesfera, as várias mídias e redes sociais, temos hoje a mais democrática e acessível tecnologia de comunicação jamais concebida. Não há dúvida de que essa transformação radical na maneira pela qual interagimos socialmente tem enormes repercussões sociais e pessoais, culturais e comportamentais. Como McLuhan percebeu com grande acuidade de antevisão, essas mídias são extensões de nós mesmos e introduzem mudanças em nossa vida em escala sem precedentes. Essas novas mídias definem e controlam a escala e o modo como nos associamos e agimos de forma muito semelhante às hipóteses de McLuhan sobre a mídia ser a mensagem.[65] O Twitter, com suas mensagens de 140 caracteres, deu outro formato à conversação em rede, forçando as pessoas a encontrar maneiras mais sintéticas de expressar suas ideias e transferindo a maior parte do conteúdo da informação para links, que remetem a textos, imagens, vídeos ou áudios. As mensagens móveis, os torpedos e o WhatsApp redigidos nos teclados dos celulares levaram ao desenvolvimento de uma linguagem abreviada, quase uma nova taquigrafia, permitindo maior velocidade e maior conforto na digitação.

No sentido de McLuhan, o Twitter e o Facebook seriam mídias frias, que induzem à participação. São interativos, às vezes hiperinterativos. As mídias frias demandam que se busque completar a informação de algum modo ou dão margem a interpretações diversas. Uma boa ilustração de McLuhan é a da fotografia, quente, porque contém toda a informação, comparada à charge, fria. Mas o Instagram "esfria" a fotografia, ao induzir a interação a partir dela. As mudanças no uso do telefone com os aplicativos para a telefonia móvel celular estão fazendo com que o telefone amplie suas funções de mídia "fria".[66] O WhatsApp potencializou essas funções. As novas mídias, na sua maioria frias, projetam para outra escala de tempo e espaço nossa capacidade de comunicação e interação: hoje nossa conversação é global e em tempo real.

Alguns criticam a hipótese de McLuhan por ser muito determinista. Mas ela pode ser interpretada de forma menos absoluta. Aliás, essa interpretação absolutista não se sustenta quando se lê, por exemplo, seu ensaio sobre a palavra escrita e impressa, em *The Gutenberg Galaxy*.[67] Parece claro que as mídias mais inclusivas e participativas, frias portanto na linguagem de McLuhan, alteram comportamentos e ampliam possibilidades de interação. Da mesma forma que as mídias "quentes" têm poder disruptivo de outro tipo. Basta pensar no efeito que a Bíblia impressa, traduzida do latim para as línguas nacionais, teve na redução do monopólio dos clérigos sobre seu teor e na propagação da alfabetização e da Reforma. O filósofo Vilém Flusser tem uma visão interessante sobre o caráter transformador da invenção de Gutenberg. Segundo ele, o valor do livro não está no objeto, mas na informação que ele contém. Portanto, quanto mais o livro perde valor material, maior seu valor real. O livro antecipa a Revolução Industrial e a pós-industrial. Ele nos leva à sociedade informática, ao romper a hegemonia dos monges, diz Flusser, permitindo a todos aprender a ler e escrever, produzindo seus próprios modelos de conhecimento, comportamento e vivência. A teoria da cidadania tornou-se acessível e as pessoas deixaram de ir aos mosteiros para aprender algo. Passaram a criar suas próprias escolas. Toda essa revolução da informação, conclui, deve ser atribuída a Gutenberg.[68] Ele é outro exemplo de agente revolucionador, cujas ações vão muito além do seu escopo original. Hoje, diante da perspectiva de superação do livro físico pelo digital, a observação de Flusser ganha ainda mais importância, embora soe estranha e ameaçadora para alguém como eu, amante dos livros e das bibliotecas, até mesmo da mítica biblioteca da Babilônia de Jorge Luis Borges. Todavia esse estranhamento é parte da nossa identidade como pessoas da transição, colhidas entre dois mundos, o velho, no qual vivemos a maior parte da vida, e o emergente, que se desenvolve enquanto envelhecemos e nos causa certa estranheza.

O poder inclusivo dessas novas mídias frias, interativas e mobilizadoras não pode ser confundido com o grau de igualdade de acesso a elas. O desafio da eliminação da segregação digital ainda não foi vencido em muitas partes, mas chegamos muito mais próximo de superá-la com as tecnologias móveis. A exclusão digital impede ainda número significativo de pessoas de participar ativamente da conversação digital. Mas avança-se nessa busca diariamente e em velocidade exponencial. Multiplicam-se as iniciativas e os movimentos sociais de democratização do acesso à ciberesfera. Estamos avançando também na capacidade de integrar essas pautas críticas do século XXI ao cotidiano, à "vida em movimento das pessoas". Esse é o mistério sobre o qual o sociólogo francês Gabriel Tarde se debruçou entre o fim do século XIX e o início do século XX: não há duas pessoas iguais, contudo pessoas dessemelhantes vivem juntas, concordam sobre regras comuns para a vida e, às vezes, são incendiadas por um mesmo espírito e cooperam para ações comuns.[69] Talvez seja exatamente a incompletude desse processo, na transição, que faça Zygmunt Bauman ter visão bem mais pessimista que a minha em relação ao papel das redes. Ele as vê como uma "armadilha". Nisso concordamos. Há, de fato, muitas armadilhas nas redes, das quais precisamos escapar. Em entrevista a Ricardo de Querol, do *El País*,[70] Bauman diz, com toda razão, que "o diálogo real não é falar com gente que pensa igual a você. As redes sociais não ensinam a dialogar porque é muito fácil evitar a controvérsia...". Também vejo assim e adiciono que há duas pontas nessa armadilha: a de evitar a controvérsia e a de desqualificar o interlocutor usando o discurso do ódio. Compartilho a insatisfação do sociólogo Alain Touraine, quando diz que esse confronto entre o "pensamento único" e o "contrapensamento único" tem como efeito excluir os outros. Eles não acreditam, diz Touraine, na formação de agentes sociais autônomos capazes de exercer influência sobre as decisões políticas. Daí o fundamentalismo, de um lado, e o elitismo, de outro. Imaginam que só os técnicos, os intelectuais e os militantes iniciados sabem as soluções corretas. Isso em um mundo que muda vertiginosamente, no qual a realidade é tão líquida, que ora tem uma forma, ora tem outra.

Mas seria tão diferente no passado analógico? Quantas vezes a intolerância, a desqualificação automática e a recusa à controvérsia, a considerar a opinião contrária, estiolaram o debate político ou provocaram o apartamento de correntes sociológicas? Menciono apenas um exemplo: a negação recíproca e a recusa ao debate intelectual frutífero entre funcionalistas e marxistas. Até que um grupo de sociólogos influentes tomou a iniciativa de estabelecer uma conversação aberta entre as duas correntes, nos anos 1960-70, e de conduzir análises em conjunto de questões críticas da época. A partir dessa interação descobriram-se numerosas afinidades entre as duas correntes, algumas claramente complementares, na explicação de alguns fenômenos sociopolíticos essenciais.

Muita gente usa as redes "não para unir, não para ampliar seus horizontes, mas, ao contrário, para se fechar no que eu chamo de zonas de conforto, em que o único som que escutam é o eco de suas próprias vozes, em que a única coisa que veem são os reflexos de suas próprias caras. As redes são muito úteis, oferecem serviços muito prazerosos, mas são uma armadilha", diz Bauman, na entrevista. Para ele, as redes não criam comunidade. "A diferença entre a comunidade e a rede é que você pertence à comunidade, mas a rede pertence a você."[71] E aqui nos separamos. Eu estaria pronto a concordar que as redes *ainda* não criam comunidades completas, mas têm enorme potencial para tanto. Mais, já há diversas comunidades constituídas a partir das redes. Não vejo problema no fato de as redes nos pertencerem. Significa que somos rigorosamente os autores em seu processo de desenvolvimento. Daí, inclusive, as surpresas dos criadores das mídias e redes, que as pensam para determinado fim e descobrem que as pessoas lhes dão usos totalmente distintos e não antecipados por eles. Vejo valor nessa autoria coletiva, nessa apropriação das redes. Não que eu desconheça ou descarte o encastelamento narcísico nas zonas de conforto, onde só entra o similar, frequentemente não mais que a contrafação. Mas as redes não são apenas úteis, nem seus serviços puramente voltados para o prazer. Há segmentos significativos da ciberesfera nos quais circulam informações, controvérsias, opiniões de conteúdo denso e relevante para as escolhas coletivas, exatamente porque as pessoas têm o poder de dar a elas o uso que escolhem dar. Vê-las apenas pelo lado negativo, pelas armadilhas que elas realmente contêm, pode nos impedir de apreciar seu potencial libertário e democratizante, que elas efetivamente também têm. Como todo artefato da transição, as redes são ambivalentes. Dependerá da ação humana, coletiva, qual de seus lados prevalecerá, o luminoso ou o escuro. Será sempre um amálgama dos dois, mas é possível, pela prática cada vez mais consciente, levar o lado de maior conteúdo coletivo e comunitário a prevalecer. Já há muitos exemplos dessa escolha pelo bom debate nas redes.

O modo pelo qual os movimentos de indignação em vários países se transformaram em um fenômeno de massa e, em alguns casos, em revoltas populares sugere um processo por contágio em rede bastante estimulante. Um protesto de estudantes cresce, vai ganhando adesões ininterruptamente, até atingir proporções de um avassalador movimento de massa. Um rapaz, Mohamed Bouazizi, ateia fogo ao próprio corpo na Tunísia e incendeia o Norte da África. Não era só ele o descontente, mas seu ato viralizou e se tornou a expressão coletiva radical do inconformismo. O contágio social não é um fenômeno novo para a sociologia. Já era estudado na virada do século XIX para o XX. Nesse período, apareceram os estudos pioneiros dos psicólogos sociais Mark Baldwin sobre imitação, Gustave Le Bon sobre o comportamento da multidão e, alguns anos depois, os trabalhos fundamentais de Gabriel Tarde, que deram origem à noção de opinião pública. Neles, Tarde já mostrava que um elemento central do movimento social é a comunicação. Em seu clássico *A opinião e as massas*,[72] diferencia julgamentos individuais de opinião pública. Para a última, estabelecia um requisito exigente. Opinião pública não seria apenas a soma das opiniões individuais, mas a opinião que o indivíduo sabe que é compartilhada por outros. Em outras palavras, o compartilhamento consciente e ativo da opinião. A principal fonte de formação de opinião, no mundo moderno, seria o que chamava de "conversação", o que ressalta, exatamente, a natureza consciente e interativa do processo. Não se trata da indução da opinião em indivíduos passivos pela emissão unilateral de informação ou desinformação.

Como se forma um movimento de massas por contágio? Com certeza, os caminhos serão muitos. Os exemplos atuais são de um processo social emergente que provavelmente se manifestará sob diversas formas ainda.[73] O contágio, para se dar, precisa de pelo menos quatro elementos básicos: pessoas, contexto, uma ideia ou sentimento contagiante — um meme[74] capaz de se tornar viral — e contato, interação. Para o processo ter início, é preciso que um grupo de pessoas seja o portador manifesto desse sentimento ou ideia viral, desse meme. Para o contágio se espalhar e levar ao crescimento exponencial do grupo pioneiro, até se tornar um movimento de massa, é necessário que novos grupos de pessoas entrem em contato e sejam "contagiados" por eles, compartilhando, consciente e ativamente, dessa ideia ou sentimento. Para que o grupo pioneiro se forme e crie um "potencial epidêmico" é preciso que essas pessoas vivam em determinado contexto, o qual crie a predisposição a adotar atitudes motivadas pelo sentimento ou ideia contagiante, pelo meme. O contexto, o ambiente propício ao contágio, nos casos recentes de explosão de indignação coletiva, combinava frustração — elevado desemprego de jovens —, desalento e, na maioria dos casos, opressão. Não é de hoje que a sociologia considera a forma mais eficiente de contato a existência de redes sociais capazes de mobilizar pessoas para ações coletivas espontâneas e por contágio. Essa noção começou muito antes da existência da internet e das redes sociais digitais, da ciberesfera. O episódio histórico que inspirou o filme *Gangues de Nova York*, de Martin Scorsese, já havia sido estudado por historiadores, sociólogos e economistas como exemplo de manifestação de uma poderosa rede social na cidade, em meados do século XIX. Uma rede tribalizada, formada por pessoas oriundas da mesma região da Irlanda. A comunicação era interpessoal, boca a boca, e provocou a histórica corrida a dois bancos da cidade nos quais se concentravam os depósitos dessa comunidade, entre outros fenômenos coletivos por contágio, como as guerras de rua.[75]

No caso atual, as mídias e as redes sociais, a telefonia móvel — vídeos, fotos e mensagens — e a TV global (CNN, Al Jazeera) presente em inglês em todos os países e em tempo real, por cabo, internet ou satélite, propiciam não apenas o contato virtual local, que leva grupos às ruas e que, nas ruas, entram em contato físico, não mais com outros indivíduos, mas com a própria massa. Permitem também o contágio além fronteiras. O chamado "*world English*", que tem um vocabulário mais compacto e universal, é a linguagem comum nessas TVs globais, nas mídias sociais, como o Twitter e o Facebook, e nos games interativos online. Por esse meio móvel e virtual, o contágio pode se expandir e acelerar. Pode-se dizer que ele se dá, nesses casos, em dois movimentos recorrentes, até que se apague a chama que contagia a todos. O primeiro, virtual, cria a predisposição ao contato direto que leva ao segundo, de contágio por afinidade com o sentimento fortemente emocional das ruas, onde a multidão anônima se torna, de fato, um mosaico de encontros face a face. Dá-se um movimento circular entre a ciberesfera e a socioesfera. Quando jovens convencem os pais, por exemplo, a saírem com eles para a rua, estão criando uma nova cadeia de afinidades que permitirá que o contágio atinja outras gerações, por efeito demonstração. Eu vi na CNN, durante as manifestações na praça Tahrir, uma egípcia dizer que a geração dela havia falhado ao não lutar contra a ditadura de Mubarak. A geração de seu filho teve essa coragem e ela foi para as ruas com os jovens. Quando pessoas mais maduras presentes nas manifestações de rua começam a aparecer na TV, no YouTube e nas redes, outras pessoas da mesma geração se identificam com elas e se sentem compelidas a também sair do casulo. O contágio se dá também entre gerações.

Com frequência a simples exposição, pela mídia, ao processo viral é suficiente para que se dê o contágio, ou "transmissão social" da ideia. Como não há fronteiras no mundo digital, a não ser entre os "plugados" e os "não plugados", esse processo viral pode se tornar uma verdadeira pandemia digital, com enorme poder de difusão. Os movimentos espalham-se por contágio num mundo ligado pela internet sem fio e pela comunicação móvel caracterizado pela difusão rápida, viral de imagens e ideias (Castells).

Olhando o processo dessa forma, me parece inteiramente ocioso o alerta de alguns analistas de que as mídias sociais, o Twitter, em particular, não fazem revoluções.[76] Claro que não fazem. Mas se tornaram uma infraestrutura de comunicação e transmissão de informação fundamental para promover virtualmente o contato e o contágio. São, portanto, um mecanismo espontâneo de mobilização. A mobilização passa a independer de organizações partidárias ou sindicais. As redes dão velocidade ao processo de expansão do movimento e permitem que ele crie rapidamente uma malha de solidariedade global, que oferece alguma proteção aos manifestantes contra a violência indiscriminada da repressão. São um elemento essencial da "conversação", como dizia Tarde, que é o caldo viral propício à contaminação. Os emissores dos chamados virtuais à revolta mais iguais aos receptores das mensagens são os que têm maior poder de atração. Aqueles identificados com estruturas organizacionais analógicas, com sua agenda própria, têm menos credibilidade nesse "universo em desencanto", daí a força da convicção pessoal, das motivações difusas e da convocação espontânea, feita do mesmo modo que se faria um convite para uma *rave*.

Como tem um forte componente global, essa conversação transfere a possibilidade do contágio para além-fronteiras. Esse é, também, um fenômeno muito novo. Não tem precedentes adequados para ajudar a explicá-lo. No caso de Líbia, Iêmen, Bahrein, Marrocos, trata-se de países muito diferentes entre si e em relação à Tunísia e ao Egito, onde as revoltas começaram, e que também são dessemelhantes entre si. São distintos na economia, no tamanho da população, no componente religioso e na composição étnica. Tinham em comum o contexto de opressão, frustração e desalento. Em todos era alto o desemprego de jovens, as oportunidades de avanço pessoal eram escassas, as desigualdades de renda e riqueza gritantes, e boa parte tinha acesso às redes e mídias sociais do ciberespaço e às redes globais de TV. Daí a possibilidade do contágio. O caráter espontâneo e a evolução por contágio fizeram com que esses movimentos sociais fossem relativamente descarnados de elementos políticos e tivessem um potencial nada desprezível à desordem e à dispersão. Não foram politicamente estruturados. Não foram conduzidos por partidos, sindicatos ou qualquer tipo de organização de representação e mobilização. Também não tiveram agenda muito definida. Pediam liberdade, emprego, renda. O futuro, portanto, no caso de vitória, seria uma página realmente a ser escrita quase de improviso. As pessoas não se tornam avessas à política e ao governo gratuitamente, ou por pura fé ideológica. O desencanto e o desalento produzem niilismo e desordem. As ondas de indignação são fenômenos emergentes de uma transformação que vai bem mais longe, criticados e menosprezados pelos setores mais conservadores, inclusive os que se julgam à esquerda no espectro político pelo "espontaneísmo", pelas demandas difusas, pela falta de organização e rumo claro.

Como promover rupturas pacíficas? É preciso uma chama, uma convocação inspirada que, de repente, faça as pessoas se moverem, sentirem necessidade de cooperar para conseguir a mudança que, de repente, descobriram vital. Não creio que exista uma receita pronta de como chegar a um conjunto viral de mensagens, capaz de contagiar as massas e forçar os governos e os mercados a mudar. Uma vez tendo o meme, é possível explicar o contágio. Mas ninguém consegue deliberadamente viralizar uma mensagem. Hoje é grande a evidência de que uma parte importante das mudanças ou dos fenômenos emergentes acontece de forma imprevista e pouco organizada. Ações programadas são surpreendidas pelo inesperado. Processos seguindo determinado curso há tempos são revolucionados por uma virada repentina, não planejada. O inovador é, inevitavelmente, um transgressor, disposto a romper barreiras e fronteiras, a pôr-se à margem do estabelecido, do pensamento hegemônico.

A literatura e a filosofia estão repletas de exemplos da invasão surpreendente da inspiração que transforma um relato banal em um momento imortal de visão sobre a alma humana. Um sistema de ideias que parecia trilhar o já trilhado, que repentinamente abre um novo caminho na metafísica, uma nova pista existencial. Que transforma o sonho, a utopia, em possibilidade real. Como no momento esplêndido da história do movimento negro nos Estados Unidos, cujo final poderia ter sido decepcionante. Lá estava Martin Luther King, em Washington, no Lincoln Memorial, no dia 28 de agosto de 1963, pronto para se dirigir à multidão ansiosa, dia que deveria marcar o ponto de virada do movimento pelos direitos civis. Ele mostraria, novamente, seu poder de mobilização, diante da frustração com o governo, dois anos depois na marcha de Selma a Montgomery, no Alabama. Naquele dia 28 de agosto, o presidente Kennedy, recém-chegado de Berlim, havia recuado da palavra dada e lhe pedira para cancelar a manifestação. O pastor não cancelou, mas chegou ao púlpito desiludido, desencantado. Pediu à cantora Mahalia Jackson que abrisse o evento com uma música lamentosa. Ela atendeu, com versos como "eu tenho caído e me levantado todos estes anos, mas tu sabes minha alma olha para trás e se espanta que eu tenha superado tudo isso...". Tomando a palavra, King começou em tom soturno, falando de problemas, falando sobre o perigo fatal que espreitava a nação, temendo ter que continuar se arrastando pelo vale da desesperança. Mahalia Jackson, a amiga que conhecia seu lado sonhador e inspirado, gritou-lhe do fundo do palco, "fale sobre seu sonho, fale do sonho!". Martin Luther King emergiu como um gigante do vale das lágrimas por onde sua alma caminhava cabisbaixa e falou de seu sonho, descrevendo com palavras cheias de fé e visão a história de seu futuro.[77] "Pois hoje eu lhes digo, amigos, apesar das dificuldades e frustrações do momento, eu ainda tenho um sonho." O vale da desesperança se transformava, por sua oratória contagiante, em um "oásis de liberdade e justiça". A chama que vacilava no coração de Martin Luther King, naquele momento, foi reavivada pela voz forte, mas inaudível pela massa, de Mahalia Jackson lembrando-o do sonho, da fé acima do momento vivido. Conhecedora do fogo que lhe ia na alma, reativou nele o poder de contágio. Essa chama provocou um momento brilhante da história e tão durável que ainda hoje motiva milhões de pessoas a perseguir suas crenças, causas e sonhos, onde estiverem. Momento que, por ser viral, persiste na ciberesfera, no YouTube e em outras redes. "I have a dream", "eu tenho um sonho", tornou-se um meme durável que abre amplos espaços de esperança e ação na mente e no coração das pessoas até hoje.

## A CONVERSAÇÃO DIGITAL COMO HISTÓRIA

Quem imagina saber qual é a opinião pública sobre qualquer assunto arrisca errar redondamente. Ela é esquiva e efêmera. Muda muito. Opinião pública é, além disso, um desses termos vagos que tem sido usado e abusado. Muita gente usa o termo como genérico para opinião: "imagem na opinião pública", "para a opinião pública", "na opinião pública" e similares. Termos que denotam a presunção de que quem escreve aqueles documentos sabe qual é a opinião pública sobre o assunto em tela. Mas, se examinarmos o que é dito, veremos que as afirmações muitas vezes nem sequer se baseiam em alguma observação sistemática. Outras expressões de alta frequência são "conscientizar a opinião pública", "mobilizar a opinião pública", "sensibilizar a opinião pública", "formar a opinião pública", ideia voluntarista que se desdobra em várias concepções de marketing de mercadorias, político, social e suas variações similares. Essas expressões dizem respeito à intenção de convencer a maioria das pessoas de um ponto de vista ou a fazer determinada escolha, de consumo ou de voto, por exemplo. Em muitos casos as referências ao termo remetem a "pesquisas de opinião pública".

Mesmo as pesquisas de opinião pública nos dão uma noção pálida e estática da "opinião compartilhada em massa", a que Tarde se referia. A ideia de uma opinião conscientemente compartilhada só faz sentido, realmente, "em conversação", no contexto da comunicação ativa. A opinião pública seria de fato, nessa visão, a que se forma com a intermediação da imprensa, mais contemporaneamente, da mídia. Agora, cada vez mais por meio da interação, do diálogo em movimento nas "mídias frias" das redes sociais, no plano da ciberesfera e como parte da cibercultura. Tarde tem razão em um aspecto importante: se não houvesse circulação de informação sobre as opiniões dos outros nem formadores de opinião, provavelmente a "opinião pública", reduzida à pura média de opiniões individuais, não seria dinâmica. Mudaria muito pouco. Quando vemos a opinião pública mudar, obtemos a importante indicação indireta de que o fluxo de informações, o processo de comunicação, tomou determinadas direções e aumentou de densidade em determinados temas. Gabriel Tarde diferenciava a opinião pública — conjunto de julgamentos a respeito das coisas — da vontade geral — conjunto dos desejos a respeito das coisas. E dizia que elas mantêm uma relação significativa de mútua influência. Por isso o jornalismo e a ciência social precisam adotar determinadas regras de apuração, validação e publicação, para evitar tratar como fato o que não passa do desejo de determinadas partes da sociedade. Três forças entrariam na formação do que Tarde chamava de espírito social, que hoje chamaríamos visão coletiva: a tradição (o costume, os interesses herdados, a história), a razão (o conhecimento, a ciência) e a opinião pública. A opinião pública às vezes se contraporia, segundo ele, tanto à tradição quanto à razão. E sua formação dependeria crucialmente da "conversação". Essa conversação, por sua vez, é parte central das interações simbólicas, a que se refere Sawyer.

Tarde usou essa expressão para falar dos efeitos da imprensa e do jornalismo, da capacidade de transformar conhecimento em opinião, por meio da sua divulgação inteligível. Hoje, essa "conversa", que era unilateral quando um contava a história e os outros a liam ou ouviam, se transformou, realmente, em conversação na ciberesfera, pelas redes sociais e mídias sociais, da qual a imprensa online é parte não mais dominante. Forma-se, desse modo, a verdadeira cibercultura. O processo de comunicação torna-se interativo, se dá em múltiplos canais simultaneamente e em tempo real ou quase real. Como se o coro da tragédia grega se tornasse um ator muito mais ativo e com mais poderes que o de simplesmente alertar o herói trágico sobre os passos que dá. O coro coletivo, composto de individualidades ativas, interfere com autonomia na narrativa da história do presente, para usar o termo proposto pelo historiador Timothy Garton Ash,[78] que ele atribui ao politólogo George Kennan. Reage, critica, comenta, propõe, aponta ângulos de perspectivas que os narradores habituais do passado raramente conseguiam ver.

No sentido estrito, a história do presente é uma impossibilidade. Falta-lhe o contexto maior, o processo. O que Ash propõe, contudo, seguindo as pegadas de Reinhart Koselleck, é o testemunho ocular da história como está sendo vivida. Esses cronistas de seu tempo, como Tucídides, eram considerados história até quase o fim do século XVIII. Mais precisamente, ele está pensando no que chama de testemunhos com visão histórica, cujo modelo seria Alexis de Tocqueville, em seu relato sobre a Revolução Francesa, "uma testemunha que está, ela mesma, interessada em encontrar respostas para as perguntas dos historiadores, sobre fontes e causas, estrutura e processo, o indivíduo e a massa". Uma tarefa no cruzamento entre jornalismo, história, sociologia e literatura. São crônicas, na verdade; Ash chama seus textos de fragmentos, escritos no momento mesmo dos eventos ou logo depois. Há exemplos notáveis, como as crônicas pouco conhecidas do jornalista catalão Eugenio Xammar sobre a hiperinflação alemã e a emergência do nazismo.[79] São, segundo Ash, ora "reportagens analíticas", ora "jornalismo narrativo". Jornalismo explicativo e jornalismo narrativo são dois gêneros de jornalismo de fato cada vez mais necessários, sobretudo diante da multiplicidade de narrativas em tempo real. Hoje há novas formas de jornalismo propiciadas pela via digital, como o *self-journalism* e o *citizens-journalism*. Este último tem sido responsável pelos mais notáveis e estarrecedores testemunhos em tempo real de guerras, golpes, atentados e desastres. Tem produzido evidências de atos de racismo brutal, como o assassinato de jovens negros por policiais, sem nenhuma evidência de que estivessem armados ou praticando crimes violentos, das cidades dos Estados Unidos às favelas do Rio de Janeiro. O que contradiz a tese do "fim do jornalismo", por causa da crise financeiro-econômica das empresas de jornalismo escrito. À exceção do *citizens-journalism*, que implica o registro imediato possível por amadores de eventos ou atos que são notícia, as outras formas, como todo bom jornalismo, baseiam-se na evidência, no fato e na busca constante da precisão. Constituem o relato em primeira mão da história em processo. Nisso o registro amador do fato quente se iguala. Se relevante e verdadeiro o suficiente, ficará como testemunho dessa história e comporá o repertório de fontes do historiador que se debruçar sobre aquele presente como passado. Nesse sentido narrativas como essa são bem mais do que apenas "jornalismo com notas de rodapé".[80]

Os testemunhos do presente em tempo real e as crônicas apuradas do momento fazem parte da conversação polifônica, multimídia, pública e digitalizada. Participam da formação da opinião coletiva, por meio da interatividade, da conversa em múltiplas mãos. Esses flagrantes do momento são elementos da informação para que todos possam se manifestar e eventualmente deliberar sobre os acontecimentos. Na época das observações de Tarde, o processo de formação da opinião pública tinha início pela imprensa e continuava nas repercussões das notícias lidas pela minoria leitora junto aos não leitores. O cidadão que se informa torna-se, também, formador de opinião, porque detém algo de valor: o conhecimento dos temas da atualidade. O disseminador. Vira um narrador para os que não têm a informação. A imprensa, sobretudo nas matérias em que investiga determinados temas mais a fundo, narrativa ou analiticamente (para explicar), divulga fatos novos, descobertas científicas, opiniões especializadas, e tende a "pautar" a rádio noticiosa e a TV. A internet ocupou um espaço importante nessa função de "pauteira", ou de indicação de pistas para a reportagem, de formação direta de opinião, quando, ela mesma, apura e divulga os fatos, seguindo ou não a técnica e a ética do jornalismo. E esse é um grave problema da comunicação contemporânea, o miasma que se forma misturando fato apurado, versões não confirmadas, rumores, boatos, todos circulando em igualdade formal nas redes. Vai se consolidando o papel de curadores, que separam fato de rumor, que destacam o jornalismo em tempo real, o comentário educado e fundamentado, o testemunho crível, do burburinho desobrigado de se ater aos fatos, às evidências, e a entendê-los. A imprecisão e a notícia falsa não desvalorizam essa conversação como parte do processo, como registro da história em construção. Do mesmo modo que o discurso do ódio não desqualifica as redes como espaço público de convivência interativa, cooperativa e pacífica da ciberesfera. Nem tampouco o chamado mimimi (a fofoca, a frivolidade, a futilidade) e o entretenimento as transformam em mero escapismo. Nem a propaganda as reduz a um instrumento do puro consumismo. São apenas facetas de um fenômeno emergente, novo, multiuso, plástico e rigorosamente livre. A ciberesfera está se constituindo em espaço fundamental de repercussão em tempo real e globalmente de toda informação, notícia, novidade que se comunica de alguma forma. Ela se tornou o verdadeiro espaço da conversação, nos limites máximos do possível, da máxima interatividade. Obviamente muito além do contexto da conversação pública imaginado por Tarde. Nesse processo ela tenderá a desenvolver filtros e mecanismos críticos para separar a notícia apurada da mentira, deliberada ou involuntária.

Não há automatismos na relação entre a opinião pública e a ação coletiva. Leva tempo, e muitos fatores interferem nesse processo. O fato é que eleitores mais conscientes dos custos privados e coletivos das decisões governamentais, consumidores mais exigentes quanto à qualidade dos produtos que consomem e do impacto ambiental de sua produção, cidadãos mais conscientes da importância de suas escolhas na qualidade da convivência social são a ponta do fio da meada para avançarmos na busca sem fim da "boa sociedade". O mesmo se dá com os cidadãos privados de bens essenciais e liberdades, que se revoltam e encontram novos meios para propagar sua indignação, denunciar a opressão pela privação ou pela violência física. A repressão vai deixando de ser velada, porque se multiplicam os meios para que seja revelada. O valor está na busca, não no ponto de chegada. Nada disso resolve inteira ou imediatamente os problemas agudos de pobreza, desigualdade ou tirania. Mas reabre a dinâmica da história. Transforma processos contidos, lineares e analógicos em processos abertos, dialéticos e digitais. Ninguém sabe, inteiramente, qual é o percurso que leva da opinião à ação e à pressão por mudança. Nossos desejos/interesses influenciam nossa opinião, que, por sua vez, quando alterada, se reflete neles, modificando-os. A relação entre desejo/interesse e opinião é dialética, não é linear nem unilateral. A opinião permite a compreensão mais completa dos desejos/interesses e essa ampliação da consciência no espaço interativo. Favorece a descoberta do outro igual, das comunalidades grupais perdidas no fragmentado universo do individualismo. Incentiva o respeito pelo outro diverso mas igual, no seu pertencimento à comunidade de seres livres. A incerteza e o que não conhecemos ou não entendemos provocam reações de rejeição, conflito, isolamento. A interação entre iguais no campo dos desejos/interesses identificados, ainda que dessemelhantes em muitos outros aspectos da vida individual e social, ou territorialmente afastados, amplia o espaço para a ação, encorajando-a não como ato de bravura pessoal, mas como manifestação de indignação ou escolha coletiva.

A convicção, por exemplo, sobre os danos futuros de atitudes presentes pode justificar a aceitação de sacrifícios destinados a reduzir ou eliminar o risco de prejuízo ambiental. A ação solidária, não mais solitária, desejada, não mais puro impulso, reduz a sensação de risco de retaliação e fortalece a possibilidade de revelar a repressão. Uma coisa se sabe desde o trabalho pioneiro de Gabriel Tarde: a relação entre a opinião pública e a vontade geral é intermediada pelas mídias, que disseminam a informação, e fortemente influenciada pela "conversação" — o sociólogo Jürgen Habermas diria "diálogo" —, que se estabelece entre "informados" e "não informados". Diálogo que inclui o sistema político (partidos, Congresso, Executivo e Judiciário), mas que se dá cada vez mais fora dele. A teoria da ação comunicativa de Habermas[81] trata de procedimentos porque a decisão coletiva razoável emerge da operação do processo democrático. E tem um componente de aprendizado coletivo, portanto epistêmico. A comunicação ativa promove o aprendizado da convivência democrática. Esse aprendizado se dá em três arenas discursivas: a comunicação dispersa dos cidadãos na sociedade civil, a comunicação por meio da mídia na esfera política pública e o discurso institucionalizado dos legisladores. Habermas e o filósofo Karl Jaspers, este menos formalista e consensualista, evocam ecos kantianos. A teoria de Habermas também é uma teoria da transição, pois ele analisa as condições da crise de legitimidade. Jaspers, do mesmo modo, pois indagava sobre as condições de redemocratização, buscando bases para assegurar uma democracia aberta, tolerante e fundada na sociedade civil, na Alemanha pós-nazista. Melhor dizer que esse diálogo na esfera pública se dá, cada vez mais, no plano da cibersociedade. Ele é, também, progressivamente mais consciente do apartamento entre "plugados" e "não plugados", da exclusão digital, em rápida redução. A partir dessa tomada mais aguda de consciência surgem pressões incontornáveis para incluir nesse ciberespaço a voz e a visão dos despossuídos digitais. Essa desigualdade, como manifestação apenas de falta de acesso à tecnologia, pode ser muito mais facilmente combatida e eliminada com as novas tecnologias móveis. Há numerosas iniciativas globais e locais com esse objetivo, todas muito bem-sucedidas. A grande inclusão digital está se dando pela internet móvel, que está se mostrando um instrumento poderoso para eliminar aceleradamente a exclusão. O cibercidadão está antecedendo o cidadão na socioesfera.

A interação era tão importante para Tarde que ele falava de "outra educação, involuntária, espontânea e totalmente afetiva porque os estudantes a dão uns aos outros e porque, mais tarde, continuará a haver uma livre troca entre eles pelo resto de suas vidas".[82] Isso a que Tarde chamava "imitação" representa, na verdade, interação dinâmica, eletiva, por afinidades identificadas na troca de informação. Não é assim, exatamente, que as pessoas se seguem no Twitter e no Instagram, ou se conectam no LinkedIn, ou constroem suas redes no Facebook? A criação de grupos no WhatsApp para solução de problemas comuns, trocas de alertas e tantas outras finalidades específicas não configura exatamente essa interação consciente e deliberada? É possível capturar essa "educação espontânea" nas redes. A possibilidade de seguir pessoas que entraram nas redes vindas dos andares de baixo da hierarquia social e vê-las aprendendo novas aptidões, adquirindo novos conhecimentos, que ampliam o horizonte de suas aspirações e lhes dão novos recursos em defesa de suas comunidades e suas culturas, é, talvez, uma das mais gratificantes oportunidades que me foram abertas pelas redes. Tenho feito isso desde o início do Twitter e posso assegurar que é uma experiência que só me tem trazido surpresa e alegria, com essa ascensão e desenvolvimento de jovens da periferia. E sempre me espanta a velocidade das mudanças pessoais que é possível capturar nesse "voyeurismo do bem" propiciado pelas redes.

Tarde fala da importância das "inovações individuais", como mostrou o antropólogo Bruno Latour. Ele dizia que o "caráter impessoal, coletivo é o produto, não o produtor dos infinitamente numerosos caracteres individuais; a fotografia é resultante de sua combinação, e não deve ser tomada por sua máscara".[83] Por trás de cada "ele" ou "ela" há um vasto número de outros "eles" e "elas", com os quais devem ter interagido. Somos seres sociais com a necessidade instintiva de entender as ações, as intenções e as emoções dos outros. A interação permite ampliar esse entendimento para além do círculo mais próximo de pessoas. O "eu" social, em distinção ao "ego" individual, íntimo, é o reflexo dessa interação. Daí a noção de "ator em rede". Mas o que existe mesmo é a pessoa em ação e interação, e o movimento decorre das inovações por elas introduzidas nesse processo. As redes na ciberesfera difundem, socializam e consolidam essas "inovações individuais" e algumas delas se tornam virais, capazes de se transformar em fenômenos de massa. Várias delas são incorporadas aos aplicativos, mudando e ampliando suas funções, seu "design" original. A cibercultura vai se formando com a decantação e a cristalização desses novos significados e conteúdos. Conseguir emular essa rede, de modo a torná-la um instrumento de mudança, significa conseguir tocar cada pessoa nessa rede. Falar do sentimento, interesse ou desejo de cada uma. Impossível. Isso implicaria onisciência. Esse mistério das "ideias virais", dos memes capazes de contaminar a rede e produzir a interatividade multiplicadora, que Tarde sintetizou na expressão "imitação", hoje sabemos, tem mais a ver com a memética do que com a mimética. Mais com o contágio do que com a cópia.

Isolado, o indivíduo é impotente. O que o salva é sua tendência gregária, seu ser social. Marx retomou essa ideia do ser social, que buscou em Aristóteles, para definir o ser humano como um *zoon politikon*, um animal social ou cívico. E essa tendência está se manifestando, de forma radical e inovadora, ainda que parcial e fragmentada, na ciberesfera. Ela se dá pela expressão virtual de práticas mais que conhecidas e de novas práticas propiciadas pelas redes, como a troca de informações, links para as mais diversas fontes de informação e conhecimento, imagens e notícias em tempo real, transformando em natural algo que é muito novo do ponto de vista de seu potencial disruptivo. Achamos que é mais ou menos a mesma coisa que um diálogo face a face, mas é outra coisa. A dinâmica, os efeitos e a transparência dessa interação são muito diferentes e, por isso, causam tantas surpresas e inquietações. As redes virtuais reduzem a praticamente zero as inibições que, muitas vezes, dificultam as relações face a face. Eu posso não saber com quem me comunico no Twitter e no Facebook, principalmente quando estou na face pública das redes. Mas posso ter certeza de que minhas mensagens nunca foram tão longe, nem atingiram número tão grande de pessoas, as mais variadas, em todo o mundo. Com o *world English* e os tradutores automáticos cada vez mais precisos, as barreiras linguísticas são desmontadas.

A *POLIS* DIGITAL

O politólogo John Zaller, em seu conhecido estudo sobre a natureza e as origens da opinião pública na sociedade analógica, diz que não se sustenta a suspeita de que a capacidade de uma mensagem para penetrar a consciência de integrantes do público, que ele chama de intensidade, seja inteiramente determinada pelo tempo de exposição na TV ou espaço na primeira página dos jornais que lhe sejam dedicados. São cada vez mais importantes quanto as pessoas já sabem sobre o assunto e seu grau de interesse por ele. "Quanto maiores o conhecimento inicial e a preocupação, maior a probabilidade de que informação adicional seja notada e compreendida pelo público."[84] Esse quadro se altera e se radicaliza com a digitalização social. A informação flui, com qualidade vária, em mais canais. Está mais acessível e menos controlável. A viralidade independe radicalmente, agora, do tempo de exposição. Ela tem a ver com a quantidade de curtidas, favorecimentos, retuítes e compartilhamentos.

As redes sociais e a comunicação móvel criam um espaço público, não político, que interessa mais, mobiliza mais e convence mais as pessoas do que o espaço político analógico. A intensidade da informação nesse espaço é muito maior do que a intensidade da informação no mundo analógico. Daí a quantidade de exposição ser cada vez menos importante. Mas cria-se um dilema crítico de qualidade e confiabilidade da informação. Fontes de comunicação breve, rápida e forte como o Twitter e o Facebook são muito vulneráveis à imprecisão e à falsidade. Quando veiculam informação real, porém, aumentam consideravelmente o conhecimento inicial e o interesse das pessoas por determinadas questões. Curadores e "explicadores" aumentam o interesse, a compreensão e a confiança na informação. A lógica dos links e os mecanismos cada vez mais precisos de busca permitem encontrar em tempo real toda a informação disponível sobre os temas de interesse. A conversação se amplia. O espaço público preconizado por Jaspers, Habermas e tantos outros já está em formação, com efeitos não antecipados, como em todo processo de mudança sísmica. Tudo é contraditório, dinâmico. Há processos antagônicos e contrariedades ocupando o mesmo espaço e tempo. Convivem o ser e o não ser; o ser e sua negação. Um amálgama dinâmico e conflitado gerando grandes energias que devem alimentar novas sínteses. Essa dialética escapa à nossa compreensão da transição. Os eventos determinantes da dinâmica da grande transição tendem a ter mais efeitos inesperados do que consequências previsíveis.

Duas dessas decorrências são relevantes para o futuro da democracia digital. A primeira é o aumento do alheamento em relação ao espaço político e à política convencional, por parte das pessoas envolvidas, de forma estimulante, na conversação coletiva no espaço público digital. A segunda é o crescimento do estado vigilante do pesadelo orwelliano, com o uso estatal das ferramentas digitais para espionar, vigiar e controlar os cidadãos. É claro que a invasão da privacidade tradicional dos indivíduos se dá além do espaço da política. As empresas e as próprias controladoras das redes, como o Facebook, o Twitter, o Google (que controla várias delas), também acessam informações privadas para fazer o perfil de preferência e consumo das pessoas, para formatar as respostas a suas pesquisas, sugerir pessoas a seguir, definir as mensagens de publicidade e marketing que correspondem às preferências que cada um manifesta.

Conversando com adolescentes, percebi também que a noção de privacidade deles é muito distinta do conceito tradicional. Tem outra latitude. Eles compartilham informações pessoais em suas redes, com uma profusão que envergonharia muitos adultos. Mas, como mostram as especialistas em mídias sociais Danah Boyd e Alice Marwick,[85] os adolescentes têm o sentimento da privacidade como valor, embora suas definições de privacidade variem amplamente. A privacidade se pluralizou, como tudo o mais. Essa sociedade do compartilhamento é parte do processo de mudança cultural e conceitual associada à grande transição. Impossível dizer agora se é um elemento transitório ou um componente do porvir. Mas é um traço geracional distintivo que deveria ser considerado nas análises sobre redes e privacidade. E é seguro dizer que, no futuro, nas novas sociedades que nascerão dessa transição, terá manifestações muito diferentes das que vemos hoje.

O mundo político analógico mantém-se alheio a todo esse turbilhonamento, à emergência de novos setores e novas demandas da sociedade em mutação acelerada. É monopolizado por políticos profissionais, na maioria ligados a velhas oligarquias políticas, à economia fóssil poente e ao capital financeiro globalizado. Quando representam setores "populares", estão mais ligados aos grupos organizados da velha economia manufatureira. Em muitas democracias, Legislativo e Executivo tentam recorrentemente restringir, em nome de interesses decadentes, as liberdades de uso propiciadas pelas novas tecnologias. Ao mesmo tempo, as agências de informação do Estado usam amplamente as novas tecnologias para invadir a privacidade dos cidadãos, vigiar, controlar e punir. Mas o sistema político é muito menos aberto a seu uso para dar transparência e controle de seus atos à sociedade. O acesso privilegiado aos centros de deliberação política confere aos setores da velha ordem fóssil grande capacidade de resistência à decadência de seus negócios, às imposições da sustentabilidade e às demandas por ampliação democrática. Seu poder político é significativamente maior que sua força econômica, já cadente, qualquer que seja seu papel no sistema produtivo, sobretudo quando ela é projetada dinamicamente no futuro. O dinamismo e a força dos setores emergentes da nova economia são muito superiores a seu poder político, e seu peso econômico-social ainda é comparativamente baixo. Mas, projetado dinamicamente no futuro, esse peso é crescente e o poder político tende a acompanhar esse crescimento, com certa defasagem de tempo.

O vazamento pelo Wikileaks de documentos obtidos por Edward Snowden, ex-funcionário da NSA — a Agência de Segurança Nacional dos Estados Unidos —, e por isso proscrito e inscrito na lista de procurados por traição ao Estado, mostrou a amplitude da espionagem conduzida pelo aparato de segurança dos Estados Unidos e do componente de vigilância autoritária no seu sistema político. Tornou mais evidente o que já se sabia e George Orwell previra: o crescimento do Estado vigilante com os avanços da tecnologia digital. O Estado vigilante cresce mais rápido do que a transparência democrática dos atos de Estado. Essa expansão dos mecanismos de vigilância estatal significa perdas democráticas concretas de *accountability* e agrava as falhas do sistema político, ampliando as perdas de representatividade, transparência, qualidade e legitimidade da democracia. O mesmo é verdade sobre o domínio da tecnocracia. Ao contrário do que diz a direita liberal-democrática, quanto mais a técnica avança sobre a política, maior a regressão da competência democrática, como lembra Edgar Morin. No limite, a ultratecnificação da política e a transformação da decisão política em operação gerencial levam a novas formas de tirania.

Hoje, o conjunto dessas perdas tem superado os ganhos de transparência executiva, legislativa e judiciária e de controle social sobre a governança, até agora obtidos pela revolução digital nas comunicações e pelo uso de *big data*, as grandes massas de informação, em vários campos. A digitalização até agora tem servido mais para controlar e reprimir do que para dar transparência e abrir o processo político à maioria. Os cidadãos são mais transparentes e vulneráveis ao Estado do que o Estado é transparente e responsável aos cidadãos. Em vários regimes autoritários, e mesmo em algumas democracias com governos de vocação autoritária, milícias digitais especializadas em redes sociais, que misturam voluntários, mercenários e *bots*, são mobilizadas para disseminar mensagens de blogs mercenários e lançar ataques violentos contra os adversários do governo. Vários governos forçam as principais redes a manter seus servidores em seu território, facilitando a censura e o policiamento do ciberespaço. A manipulação astuciosa da informação e da opinião pública por governos é marca da transição. A ciberesfera será, nesse processo, campo de batalhas decisivas pela garantia da *polis* digital e para a democratização avançada. Como sempre, a inarredável propensão autoritária, a pressão conservadora por vigiar, controlar, censurar e punir, usará a linguagem do ódio e da intolerância para restringir a conversação democrática. Mas é verdade, também, que hoje as pessoas sabem mais sobre o poder do Estado. Os cidadãos, na ciberesfera, dispõem de meios mais poderosos para confrontar as milícias digitais e o Estado-vigilante. A guerra pela democracia digital se dará sobretudo no espaço público da ciberesfera. Ao Estado vigilante se contraporá a cidadania vigilante, com razoável igualdade de armas digitais. Os hackers que buscam expor as situações de autoritarismo digital são a vanguarda, os guerrilheiros desse processo. Nos textos especulativos sobre o desenvolvimento dessas tecnologias havia mais previsões sobre os ganhos de transparência do que sobre o aumento da vigilância. Esse avanço do lado escuro da força digital não desmentiu essas previsões. Como argumenta o sociólogo e historiador Pierre Rosanvallon, o aprofundamento da democracia se dá exatamente no aumento da vigilância dos cidadãos e na sua capacidade de promover o impedimento dos maus governantes. O que houve é que o conteúdo de distopia se realizou mais rapidamente que o da utopia. Mas o potencial democrático implícito na revolução digital é extraordinário e pode se impor. Os cidadãos já dispõem de instrumentos poderosos para vigiar e impedir os governantes. Os consumidores nunca tiveram ferramenta mais eficaz de denúncia de mau comportamento das empresas. É possível virar o jogo da vigilância em favor da sociedade e das pessoas. É uma questão de escolha e luta.

No mesmo ambiente no qual cresce o Estado-vigilante, amadurecem as sementes da sociedade informada e mobilizável, capaz de promover a democratização do Estado e a digitalização da política, ampliando o espaço público de controle coletivo. Ao Estado espião contrapõem-se o hackerismo e o cidadão fiscalizador. Aqui e ali, já se podem perceber na ciberesfera as formas iniciais de autocontrole e autorregulação, na tentativa de minimizar a penetração de *bots* e coibir as milícias digitais, que usam a linguagem do ódio para interditar a conversação digital democrática.

A *darknet* é outro elemento da transição, de um estágio mais avançado da revolução digital, que permite a navegação e o fluxo de informações cuja origem os mecanismos convencionais de rastreamento não conseguem determinar. Como tudo na transição é contraditório, ela serve tanto para atividades ilegais e antissociais quanto para proteger cidadãos do Estado espião da apropriação de suas informações pelas empresas ou para blindar sites de jornalismo investigativo, por exemplo. Na ciberesfera, as pessoas têm mais recursos e possibilidades de confrontar o Estado e as grandes corporações do que na socioesfera. O objeto desse confronto é promover a mudança correspondente na socioesfera e no seu sistema político. Exatamente o que as forças da conservação tentam evitar ou, pelo menos, retardar e controlar.

A revolução, nesse começo de transição, é sobretudo digital. São momentos que vão e vêm. Todavia, são momentos políticos significativos, que interrompem o consenso ou rompem com a indiferença.[86] Alguns são momentos fundadores de uma nova realidade político-social. Mobilizadas pelas comunicações móveis, as pessoas ocupam as praças e as ruas fisicamente e constituem uma massa-sujeito poderosíssima, em grande medida espontânea. Lideranças emergem e submergem nesse movimento. Esse ambiente contagiante, que muitas vezes permite um contato caloroso, solidário e anônimo que já parecia impossível, é autoalimentado pelas redes virtuais. É por meio delas que se dá essa socialização assentada na raiva, na indignação, na esperança, no lúdico, de indivíduos diversos, movidos por razões diversas. Esse momento propiciado pelo contágio digital tem certo elemento utópico, visto que contém algo de onírico, de mágico, de transe, que arrasta pessoas a arriscar-se ao extremo, coisa que, como pessoas particulares, jamais cogitariam fazer. Desfeito o contágio, a massa-sujeito se dissolve e as pessoas individualizadas voltam ao cotidiano. Dissipado o movimento, restam apenas os militantes e suas organizações analógicas e anacrônicas.

Essa insurreição momentânea tem efeitos. Não se trata apenas de uma turba enfurecida que corre as ruas como uma enxurrada. É uma maneira de ocupar as ruas e praças, de descaracterizar esse espaço de circulação de pessoas e mercadorias, para nele construir uma cena ou um cenário e redistribuir papéis.[87] O povo, abandonado pelos governos e partidos, e até mesmo pela maioria dos movimentos sociais, se manifesta como personagem dessa cena construída por contato e contágio. A massa se torna sujeito autônomo da ação. O caráter efêmero dessas primeiras mobilizações, que se dão muito mais por contágio e indignação do que por ação consciente, pela deliberação de agir coletivamente em rede, não indica que a mobilização pelas vias do ciberespaço seguirá uma trajetória exclusiva de espontaneísmo e contágio. Não há nada inerente às redes que confine o raio de ações coletivas às espontâneas e de curta duração. É bem possível que a natureza efêmera dessas mobilizações se explique mais por sua novidade, por sua natureza, digamos, primitiva do que por alguma propriedade inerente à vida em rede. O maior perigo não reside no espontaneísmo, nos *flash mobs*, no contágio ou na transitoriedade. Ele reside na alienação, principalmente na alienação digital, na passividade das pessoas, que se dispõem a ser apenas espectadoras, sem participar ativamente da vida em rede e da conversação digital. Vilém Flusser identificou essa possibilidade de alienação em outro contexto, que ele chamou de situação "pós-alfabética", numa análise premonitória da transformação digital.[88] As pessoas estarão sujeitas à persuasão por todos os lados e essa informação as afetará profundamente, previu. Ele via na informatização a tendência de completa despolitização de todo comportamento. Os seres humanos e a sociedade se autodirigiriam automaticamente, "como em um sistema cibernético".

Mas a alienação e a despolitização, embora sejam parte do processo de inserção das pessoas nas redes, não são um destino predeterminado. A autogestão pode se transformar em instrumento de politização da socioesfera e da ciberesfera. Na nova socioesfera, que se forma em interação com a ciberesfera, está a possibilidade de socialização da política e da plena digitalização de ambas. A vida em rede pode emancipar as pessoas, dando-lhes meios novos de vida ativa como cidadãs. Hoje, a maioria dos que estão em rede apenas observa a minoria ativa, usufruindo da conversação e do fluxo de informação que ela proporciona. Há certo desconforto da maioria com as manifestações mais radicais de revolta. O radicalismo incomoda, e, quando opta pela violência, atemoriza e mata. Em toda vida política na modernidade houve essa distinção entre os poucos ativos e a maioria silenciosa. Até que se ative a maioria. E os radicais têm um papel importante nesse processo de ativação. Não falo do radicalismo na acepção atribuída a Marx de tomar as questões pela raiz. Nem da violência na forma de terrorismo, que é diferente, por exemplo, das ações violentas moralmente justificadas e socialmente legítimas de movimentos de libertação nacional, como a Resistência Francesa, para usar o modelo menos controvertido deles. Falo do radicalismo no sentido mais pedestre de apresentar argumentos subversivos, críticos, revoltados, extremos. Quando fazem sentido politicamente, encontram alguma ressonância nos moderados e alertam os incautos, contra ou a favor, terminando por levar muitos indivíduos a se envolverem mais ativamente na conversação, para evitar que vença a "radicalização". Buscam alternativas às propostas extremadas e compartilham o diagnóstico dos males do tempo, embora de forma menos mercurial. Surgem dessa conversação novas sínteses democráticas. O desconforto estimula a mudança de atitude e posição. O radicalismo confronta o conformismo.

A emancipação da maioria significa eliminar as fronteiras entre os que agem e os que observam, entre indivíduos e membros de uma coletividade. O espectador deve passar a ter papel ativo na conversação digital em rede, interpretando, à sua maneira, o fluxo de ideias e informações.[89] Vilém Flusser também via essa possibilidade de avanço na direção da emancipação. O primeiro passo seria recuperar a capacidade humana de usar o que ele chama de inteligência, definida como "a capacidade de escolher uma coisa em uma massa". Maquiavel chamaria essa capacidade de *virtù* e o pensamento progressista de "consciência crítica". Selecionar criticamente é avaliar, retirar conteúdos da massa de informações que flui ininterruptamente pelas redes. Esses procedimentos implicam a transição do papel de espectador para o papel de agente de sua própria vida e história em rede e em sociedade. É perfeitamente aceitável e plausível a hipótese de que o primeiro contato das pessoas com a rede e seu fluxo exponencial de informações se dê como espectadoras e que esse seja um momento pedagógico. Um período de formação e aprendizado que as qualifica progressivamente, cada uma a seu tempo, para selecionar criticamente a parcela do fluxo de informação com a qual se identifica mais ou que lhe é mais útil e ir se tornando parte ativa da conversação. Flusser fala apropriadamente desse novo mundo digital como uma ruptura paradigmática que nos levou de volta ao "jardim de infância", para que sejamos realfabetizados. No seu estado natural, as pessoas são onívoras, consomem todo tipo de informação. Depois, tornam-se pouco a pouco aptas a agir seletivamente, apurando a visão crítica. Não se trata, adverte com razão, de separar o que é verdadeiro do que é falso. A verdade é inalcançável, argumenta. Trata-se mais de selecionar o que parece verdadeiro a cada pessoa. Contudo, a discussão virtual em grupo amplia nossa capacidade de distinguir o que é factual do que é falso e nossa compreensão do que se passa conosco nesses tempos instáveis.[90]

É claro que os boatos, as armações, a difamação que correm nos fluxos da rede não se enquadram nessa categoria. Nesse caso, faz sentido pensar em atores que exercem o papel de filtragem, de curadores. Haverá vários tipos de curadores, de diferentes persuasões, e a escolha crítica se dará não com base em todas as informações, mas nas informações selecionadas pelo curador que pareça a cada pessoa o mais confiável ou sincero. No entanto, a mediação da curadoria não substitui integralmente o envolvimento ativo de cada pessoa na conversação em rede. A curadoria é um recurso ancilar para ajudar as pessoas a distinguir informação de desinformação, para selecionar no universo exponencial de gigabits as informações de interesse para sua audiência. Ela não está livre, evidentemente, de viés ou manipulação. Com o tempo, a maioria provavelmente será capaz de fazer por si as distinções pertinentes, sem depender da curadoria, recorrendo a ela apenas por conveniência, como um meio econômico de acessar seletivamente determinado conjunto de informações, das quais já tem conhecimento prévio e cuja obtenção por conta própria consumiria mais tempo. Já começam a ser criadas formas de validação da notícia em rede e de *fact-check* que complementam a curadoria. Flusser reconhece que sempre haverá os que comentam, os que criticam e os que seguem. Apenas os que são exclusivamente seguidores são participantes passivos da conversação.[91] Nesse sentido, a seleção crítica tem a ver com escolhas.

Voltamos a um ponto crucial do argumento central de toda essa reflexão: existir, isto é, ter uma vida ativa é fazer escolhas. E quem escolhe por decisão própria é livre. A liberdade, lembra Flusser, inclui "a habilidade de escolher, e a necessidade de escolher mostra uma falta de liberdade que se apresenta como se fosse liberdade".[92] Seu argumento poderia, aparentemente, levar à ideia de que esse processo de despolitização decorrente da "cibernetização" seria inevitável. Mas, ao analisar a relação entre o jornal e a liberdade política, ele revela a alternativa que aponta rumo à emancipação das pessoas em rede, à repolitização. Ele diz que descobriremos uma "nova forma de produzir informação e passará a fazer sentido pela primeira vez falar em informação existencial".[93]

O Estado-vigilante poderosíssimo, que pode invadir a privacidade de todos introduzindo um componente totalitário na democracia, com seus *spywares* e drones, é muito vulnerável a pessoas capazes de invadir seu domínio digital e revelá-lo nas redes que ele não pode controlar. O anarquismo digital, a *darknet* e o hackerismo são elementos de liberdade individual e recurso coletivo de resistência ao *big brother* orwelliano de nossos dias. As pessoas encontram nos meios digitais e na rede sem governança as armas para confrontar o Estado-vigilante e as corporações. Por isso, um sistema de governança do mundo digital permitiria ao Estado-vigilante assumir o controle absoluto das redes, eliminando o componente essencial de liberdade que a revolução digital está a proporcionar. Seria, para parafrasear Marx em seu *O 18 de brumário de Luís Bonaparte*, uma reação termidoriana, que interromperia a revolução digital em seu potencial de constituir uma ágora na ciberesfera. O autogoverno ou o não governo são as únicas formas de preservar a liberdade e o ativismo pluralista no plano digital, cada vez mais coibidos no plano analógico, onde predomina a política de partidos, sindicatos e outras organizações há muito oligarquizadas e esvaziadas de representatividade e legitimidade. O Estado-vigilante tem uma vocação totalitária indiscutível e, por isso, precisa ser continuamente acossado por essa guerrilha digital, que ao revelar sua fraqueza reacende a esperança da liberdade individual e da possibilidade da ação coletiva autônoma, autoconstitutiva e liberadora. O processo não é novo. Basta lembrar o papel dos *samizdat*, disseminando literatura subversiva entre o povo e solapando a doutrinação e o controle soviéticos. Ou, antes disso, os panfletos revolucionários, incendiando mentes e corações até a sublevação na Revolução Francesa e na Americana. Os novos meios, todavia, alcançam mais longe, com disseminação mais rápida por muito mais pessoas e maior poder de repercussão.

    O mesmo se dá no mercado. As tecnologias permitem maior manipulação corporativa das preferências dos consumidores, a partir da captura de informações sobre seus hábitos e gostos manifestados em rede. Por outro lado, é muito maior o controle de qualidade dos produtos e de sua sustentabilidade, por parte dos consumidores. Embora o consumidor seja mais transparente para as empresas do que as empresas e seus produtos para os consumidores, hoje ele tem armas que jamais teve para confrontar as corporações. A informação obtida pelas empresas sobre os indivíduos em rede é, ainda, mais fidedigna e permite mais controle do que a informação que os indivíduos têm sobre as empresas e seus produtos, ainda mais quando se valem das mensagens filtradas pelo marketing e pelas conveniências, em relatórios arrumadinhos. Contudo, não se deve menosprezar a enorme capacidade investigativa sobre empresas e produtos nas redes sociais, a partir da mineração de dados que ela permite e da ação de hackers e jornalistas investigativos. O acesso à informação ainda é desigual, em favor das empresas e em desfavor dos consumidores, mas estes já não estão tão vulneráveis à manipulação e ao controle da propaganda, como estavam antes do advento dessas tecnologias. Mais ainda, o risco para os cidadãos, muitas vezes, é compartilhado por investidores e outros grupos de interesse, aumentando ainda mais a capacidade de descobrir o que as empresas fazem e como produzem. Ao mesmo tempo, as corporações são também vulneráveis às invasões digitais. E já sentiram o poder das redes no controle social de suas transgressões dos direitos dos consumidores. Eles têm nas redes, de qualquer forma, instrumentos de denúncia com grande potencial viral, que podem levar ao boicote a produtos e empresas. Adquiriram nova capacidade de denunciar e boicotar mercadorias, afetando lesivamente a reputação da marca e a demanda por seus produtos. Os Panama Papers deram uma ideia de como essas ferramentas podem ser usadas para denunciar e combater a corrupção política e empresarial. É a contrapartida, no mercado e na sociedade, do que Rosanvallon chama de impedimento na política. As corporações reagem mais rapidamente a denúncias no Twitter ou no Facebook que às reclamações por meio de seus serviços de atendimento ao consumidor. O sistema judiciário pode se valer das informações vazadas nas redes para apurar seus instrumentos de investigação de práticas de corrupção e lavagem de dinheiro.

Se cresce o lado vigilante e o lado democrático do Estado de direito se deteriora, a tendência é autoritária. Em outras palavras, o grau de democracia diminui. Mas já é possível vislumbrar o potencial de democratização radical na sociedade digital. Ela dispõe, e disporá cada vez mais, de meios tecnológicos e políticos para conter e reverter essa tendência, conduzindo o processo político rumo ao aprofundamento e ao alargamento da democracia. A política analógica não conseguirá resistir muito tempo ao avanço do espaço público digital. A sociedade já é digital e se afasta rapidamente da política que persiste analógica. Essa brecha que se amplia e desacredita a representação abrirá espaço para o surgimento de lideranças políticas na sociedade digital, precursoras da política da nova formação que combina a socioesfera e a ciberesfera como partes integrantes da *polis*, da sociedade política. Essa liderança política digital tende a superar as lideranças que insistem em manter a política analógica e tentam usar os recursos digitais em rede apenas como forma de marketing ou difamação. A experiência tem mostrado que esse expediente não funciona.

A digitalização da política requer que a sociedade digital de indivíduos se transforme em uma sociedade digital de cidadãos livres, a partir de um momento constituinte que afirme o cidadão com sua projeção digital em sujeito histórico da transformação política. Muitos ensaístas que examinam a cena contemporânea e as limitações da democracia contemporânea acreditam que essa grande transformação democrática radical só será viável e plenamente realizável no plano global criando-se uma democracia cosmopolita, desafiando de vez as fronteiras obsoletas dos Estados nacionais. É comum encontrar nas análises sobre a globalização, desde a última década do século xx, menções sobre o fim dos Estados nacionais. Embora a globalização e as tendências ao cosmopolitismo confrontem o monopólio da soberania dos Estados nacionais, suas repercussões políticas não param nem se esgotam nesse ponto. Há uma dimensão desprezada nas análises. A dimensão da autonomia local, do poder das comunidades, das cidades. Se o Estado nacional tem que ceder sua soberania às esferas de governança e convivência cosmopolitas, o escopo da autonomia das cidades não sofre nenhuma limitação relevante nesse processo. Sobretudo quando elas buscam se tornar cidades inteligentes e sustentáveis, livrando-se da maldição dos recursos naturais, da mobilidade fóssil e destrutiva, procurando o máximo de autossuficiência energética, econômica e social e de democracia.

Nas cidades, a participação mostra mais visivelmente suas virtudes, e a representação pura, suas limitações. Os ganhos do aprofundamento da democracia emergem mais rápida e integralmente nas cidades do que no plano do Estado nacional. Isso não significa, necessariamente, a superação do Estado-nação por uma multiplicidade de cidades-Estado, numa espécie de aggiornamento das cidades-República da Grécia clássica e da Itália renascentista, como a Atenas de Sófocles ou a Veneza de Maquiavel. Mas, certamente, um aumento significativo do poder de autogestão e da autonomia política das cidades inteligentes, com projeção global. Há várias cidades trilhando por vias que levam a esse resultado, Chicago, Barcelona ou Viena, por exemplo, entre numerosas outras.[94] Admito a hipótese do cosmopolitismo como tendência possível a longo prazo. No momento, porém, o que se pode ver é a mudança política doméstica, mesmo que o descontentamento já tenha evidentes contornos globais.

No plano local, algumas cidades mudam mais rapidamente que os Estados nacionais. Elas estão mais sintonizadas com o movimento contemporâneo e são mais sensíveis às ondas de descontentamento. O ressurgimento do nacionalismo, sob a forma de hipernacionalismo, é um soluço do passado. Uma forte reação dos setores que têm mais a perder com o enfraquecimento do Estado nacional, com a cosmopolitização que é uma forma avançada da globalização e com democratização das ruas.

O importante é que a sociedade já é digital, a economia está se digitalizando aceleradamente (o mercado financeiro é integralmente digital) e a política persiste fundamentalmente analógica. Até que o processo de digitalização se complete no mercado e no Estado, viveremos conturbadas fases de transição política. A transição, nesse caso, se refere à democratização da política da digitalização. O argumento de Flusser, ainda na fase pré-histórica da revolução digital, continua a fazer sentido e é cada vez menos utópico. Ele afirma que o que chama de "sociedade telemática" seria a primeira "a reconhecer a produção de informação como a verdadeira função da sociedade e a promover essa produção sistematicamente: a primeira sociedade autoconsciente e, portanto, livre".[95] Nesse processo, a arena central do confronto entre autoritários e libertários será a ciberesfera, a *polis* digital. O ponto de clivagem da transição será entre a ciberesfera controlada e a ciberesfera autogovernada. Essa clivagem definirá as possibilidades da "ciberpolis" democrática emergente. Governo ou autogoverno, essa será a questão central na luta pela democracia digital, com profundos reflexos sobre o governo da socioesfera.

Tarde, McLuhan, Flusser... o leitor deve estar se perguntando por que recorrer a autores que antecederam o advento da ciberesfera, tal como a conhecemos hoje, muito antes das redes sociais digitais. Todos caem na categoria que Ethan Zuckerman classificou de "ciberutópicos". Não havia, quando escreveram, sequer métodos precursores das ferramentas de *big data*, que permitem monitorar e extrair informação de milhões de observações, com fins práticos e que nos beneficiam, como na saúde; para a produção de conhecimento, na pesquisa sociológica, política, econômica, psicológica; ou, de modo invasivo, com fins mercadológicos ou de controle político. Esses autores deduziram teoricamente elementos da dinâmica da comunicação, da formação da opinião coletiva e da digitalização que permanecem válidos. Suas intuições educadas, fundadas no raciocínio e na dedução, persistem mais esclarecedoras dessa transição do que as previsões baseadas em fenômenos correntes, que são híbridos e efêmeros por natureza.

VIOLÊNCIAS E TURBULÊNCIAS DA TRANSIÇÃO

Houve poucas grandes transições na história recente da humanidade. É da natureza delas serem poucas e longas. A mais recente foi marcada pelo Renascimento e pelo Iluminismo, da qual somos o último suspiro. Nesse longo período, transitamos para novos modelos societários e, a partir dos princípios fundadores afirmados por esses movimentos, passamos a construir a nova sociedade. Nossa história, desde então, consistiu, em larga medida, na ampliação, na extensão e no aprofundamento do paradigma iluminista. Daí a longitude da transição. O modelo desdobra-se, sem abandonar seus fundamentos constitutivos. A partir das mudanças no pensamento, na ciência e na cultura — secularismo, racionalismo, liberalismo e socialismo —, nos meios de comunicação — imprensa —, seguiram-se vários processos revolucionários, ou momentos constituintes, como a Reforma, a Revolução Francesa, a Independência dos Estados Unidos, a abolição da escravidão nas Américas, a Revolução Russa, a descolonização da África. Momentos formativos cruciais dessa longa transição foram a Revolução Industrial, no plano socioeconômico, as revoluções liberais e os dois pós-guerras, nos planos societário e geopolítico. Esses episódios criaram as condições para que se produzissem avanços extraordinários na ciência, na tecnologia, na economia, na sociedade e na política. O resultado foi a maior onda de progresso material e intelectual da história da humanidade, ganhos impressionantes de longevidade humana, expansão da governança democrática por boa parte do mundo e consolidação das condições para o amadurecimento da sociedade urbano-industrial internacionalizada. Estamos vivendo hoje o ocaso da era inaugurada pelo Renascimento e entrando em uma nova era, cujos contornos ainda são imprecisos, não são visíveis ou detectáveis, ainda que lancemos nosso olhar para muito além das conjunturas.

Os ganhos não se deram sem danos colaterais, muitos dos quais estão na origem dos desafios mais importantes diante de nós neste século, como as mudanças climáticas, a miséria persistente, o aumento da desigualdade, com tendência à elevação, o aumento da intolerância com a sociodiversidade e o esgotamento da democracia representativa tal como é praticada hoje. As tragédias e a destruição nesse processo foram gigantescas também: tiranias brutais, duas grandes guerras; o Holocausto e outros genocídios; duas agressões nucleares desnecessárias, quando o Japão já estava claramente derrotado; as guerras civis africanas que se seguiram à descolonização; vasto desmatamento e a maior extinção de espécies desde o fim dos dinossauros, que se acelera neste século, como registrou Elizabeth Kolbert; a poluição e suas consequências; o aquecimento global e a transição climática. Os descaminhos na África pós-colonial, o colapso do socialismo totalitário na União Soviética e nos países do Leste Europeu e da Europa Central produziram novas tragédias humanitárias. No mundo em desenvolvimento, as tragédias de Ruanda, Congo, Angola, Nigéria, entre outras, são o mais nefasto legado da violência colonial, que recortou a África de acordo com o capricho dos interesses europeus. Catástrofes humanas continuam a nos espantar e assombrar. Muitas delas são legados igualmente brutais da colonização europeia das Índias Orientais. Desde o Holocausto, outros eventos de terror se seguiram, como o massacre dos tútsis pelos hútus, em Ruanda (1994), retratado por Sebastião Salgado na incomparável série *Êxodos;* ou de bósnios pela Sérvia (1995), para eliminar os muçulmanos do território da antiga Iugoslávia; ou violências similares na Chechênia (1994), no Timor Leste (1999) e em Darfur (2003). São atos tenebrosos que devem ser tratados como genocídios. Vários são classificados no direito internacional como de "limpeza étnica". Não gosto do termo. Limpeza é um vocábulo que tem carga positiva, e, mesmo sabendo que se aplica a uma pretensão ilegítima e criminosa, soa-me estranho usá-lo para qualificar crimes tão hediondos contra a humanidade. Vejo na expressão uma contradição em termos. Prefiro "extinção étnica".

Foram muitas as crises políticas, financeiras, econômicas e sociais, desde que entramos na grande transição. E ainda passaremos por muitas outras mais, antes que atinjamos o *tipping point* dessa transformação estrutural e global. As crises financeiras, em particular, vêm demarcando os limites do capitalismo financista globalizado. A revolução nas comunicações e a extraordinária mobilidade obtida pelos capitais permitiram o aumento vertiginoso da velocidade de circulação global do capital financeiro, que hoje se move em tempo real entre os mercados. Os avanços tecnológicos também fazem com que o capital produtivo tenha maior mobilidade, permitindo que circule pelo espaço econômico global, em busca das melhores condições de produção. Entre estas frequentemente se incluem situações de superexploração da força de trabalho.

A primeira onda de crises teve natureza cambial e atingiu, em choques devastadores, as economias chamadas emergentes. Começou na Tailândia, em 1997, afetou dramaticamente as economias da Ásia e parou na baía de Hong Kong, porque o governo chinês despejou enorme volume de reservas cambiais na Bolsa para segurar o índice Hang Seng e bancar o dólar local (HKD). Afetou, em seguida, as economias emergentes da América, entre elas, mais profundamente, as do Brasil, Argentina e México. O colapso cambial dos países emergentes teve impacto significativo no capital financeiro globalizado e vários bancos enfrentaram crises severas, com pesadas perdas nas moedas e nos papéis dessas economias em suas carteiras. Não faltaram especialistas prevendo a crise da Ásia, entre eles o economista Paul Krugman, que, em dezembro de 1994, alertou em artigo para a revista *Foreign Affairs* para o entusiasmo exagerado com o rápido crescimento das economias asiáticas, o que merecia uma ducha de água fria. Esse crescimento seria efêmero porque se baseava exclusivamente no uso muito intensivo de recursos. Era uma bolha.

A segunda onda de crises começou com elevado nível de investimento especulativo em ações de empresas de tecnologia e comunicações, dando origem a outra bolha, que se formou no fim de 1997 e teve seu clímax em março de 2000. Entre 1999 e 2000, o crescimento do valor dessas ações foi estimulado por forte demanda especulativa, incentivado pelas baixas taxas de juros resultantes da resposta anticíclica às crises cambiais precedentes. Empresas que praticamente só existiam no papel abriam seu capital e viam suas ações atingir valores impensáveis meses antes. Entre o clímax de 2000 e o estouro de 2001, uma grande parte dessas ações virou pó, muitas empresas desapareceram, outras perderam muito valor de mercado e levaram anos para voltar aos níveis de 2000. Sobreviveram as que tinham base econômica real. Todo o mercado sofreu duras perdas com o rompimento da bolha high--tech. Essa explosão-colapso de preços dos papéis de empresas de tecnologia de informação ficou conhecida como a "bolha das pontocom". Ela se explicava pela necessidade de remuneração acima da média dos mercados, já deprimidos pelas crises cambiais na Ásia e pelos juros muito baixos para enfrentar a recessão delas decorrente. Foi um movimento fundamentalmente especulativo, que inflou os preços de empresas sem base econômica real. É certo que houve fraudes contábeis, negligência das agências regulatórias e das empresas de avaliação de risco, como também apostas tecnológicas embrulhadas em sonho mas com alta probabilidade de fracasso. Essas práticas confundiram alguns investidores. Muitos analistas, todavia, alertaram para o fato de que os valores atribuídos às empresas estavam inflados por expectativas que dificilmente se cumpririam e muito acima do valor econômico real delas.

Apesar dos alertas e das perdas com as duas ondas, esse descolamento entre valor financeiro e valor real, entre mercado financeiro e economia real, só aumentaria a partir daí. Essa debacle produziu novas crises bancárias e rearrumações na estrutura de controle do capital financeiro globalizado.

Após o ataque às torres gêmeas do World Trade Center de Nova York, no 11 de setembro de 2001, as autoridades governamentais passaram a se preocupar com a possibilidade de um forte efeito recessivo. Para evitá-lo, aumentaram deliberada e profusamente a liquidez no mercado. Formaram-se novas bolhas especulativas, a partir desse ano, para reciclar essa liquidez nos patamares de rentabilidade demandados pelo mercado financeiro. A maior delas assentou-se na criativa geração de derivativos, cada vez mais opacos e complexos, principalmente no mercado de dívidas imobiliárias de alto risco nos Estados Unidos — dívidas podres transformadas em papéis aparentemente bons. Ficou conhecida como a crise das *subprimes*, quando no início de 2007 a bolha especulativa imobiliária estourou. Ela se propagou por toda a economia global. A União Europeia entrou em prolongada recessão, da qual começou a se recuperar apenas em finais de 2015. A crise europeia provocou ondas regionais sucessivas, que atingiram praticamente todos os países, com gravidade particular na Espanha, na Grécia e na Itália, e tiveram fortes reverberações sociopolíticas. Vários desses países persistem em situação socioeconômica frágil. A economia dos Estados Unidos também entrou em recessão e só começaria a se recuperar do trauma que atingiu duramente seu sistema bancário em 2014. O estouro das hipotecas *subprime* custou uma fortuna aos contribuintes americanos e europeus. O próprio referendo pela saída do Reino Unido da União Europeia, ou Brexit, está, em parte, ligado às sequelas dessa crise.

Esse foi o mais contundente exemplo dos efeitos colaterais destrutivos da financeirização selvagem dos mercados globalizados. O epicentro da crise concentrou a maior carga de sofrimento nos proprietários de imóveis, sem capacidade de negociação ou pressão. Pôs por terra o mito da virtude dos "espíritos animais" em competição, buscando o lucro e as melhores oportunidades, que promoveriam o crescimento e ampliariam o bem-estar. Na bolha construída pelos artífices do esquema das *subprimes* não se competia para tornar melhor a vida das pessoas em busca da casa própria; competia-se para ganhar o máximo de rentabilidade no mínimo de tempo, mesmo que da pior maneira e com o maior dano colateral para a sociedade. Mercadores da ilusão de riqueza e de dívidas baratas, na verdade impagáveis, os "espíritos animais" não eram mais que predadores vorazes. Empacotaram hipotecas podres em papéis financeiros supostamente rentáveis, alimentando uma bolha imobiliária que mergulhou o mundo quase inteiro na recessão. A retração da economia europeia foi um de seus graves danos colaterais. Pôs em sério risco toda a engenharia do euro e as bases institucionais da União Europeia, que, deixada à sua dinâmica interna, pode evoluir rumo a uma federação multinacional e cosmopolita com características historicamente inéditas.

O sofrimento humano com a crise foi enorme: famílias violentamente despejadas; desemprego; perdas patrimoniais; refugiados econômicos buscando eldorados inexistentes. A única punição séria nos Estados Unidos foram as ordens de despejo, executadas com força policial. Puniram as vítimas, muitas das quais não tinham meios para obter outra moradia, e não os mercadores de ilusão que as induziram à armadilha do endividamento. A maioria havia sido seduzida para refinanciar suas hipotecas por valor maior, para consumir mais ou trocar os imóveis por outros de maior valor. Era mais uma vez o mercado da ilusão de riqueza. Esse refinanciamento de dívidas propiciava a criação dos papéis especulativos. Sua natureza tóxica era camuflada juntando poucas partes boas a muitas partes podres. Teria sido mais humano e racional renegociar as hipotecas, deduzidas do sobrepreço especulativo. Mas o mercado escolheu um tsunami de ações de despejo, que deixou milhares de famílias desabrigadas. Ficaram ruas, bairros inteiros com as casas vazias, deteriorando, porque não havia quem as comprasse, nem quem financiasse os que porventura se aventurassem a comprá-las. O preço dos imóveis caiu a uma fração do que eram no auge da febre hipotecária. Foi a terceira onda da crise financeira global, que quase levou os Estados Unidos a um colapso como o de 1929. Isso na mais poderosa economia do globo. Imagine-se nas outras.

A hegemonia do capital financeiro globalizado significou a captura do braço financeiro-monetário do Estado e do capital industrial, que hoje se dissolve numa malha intrincada de serviços industriais, com drástica redução do espaço da manufatura de hardware na estrutura industrial. Grande parte da manufatura se resume à montagem final, com peças e partes produzidas ao longo da cadeia global de suprimento, e a quantidade de conhecimento e informação contida no produto final supera a quantidade de matéria-prima física. Esse conteúdo estratégico da informação continua sob controle das corporações centrais e longe dos fabricantes de partes e peças e dos montadores dos produtos.

Estado e capital não financeiro dependem do mercado financeiro globalizado para suprir suas necessidades de financiamento. Esse domínio hegemônico alterou a cultura do Estado e do mercado em dois sentidos principais. O primeiro, estabelecendo a primazia da saúde financeira dos bancos sobre todos os outros valores econômicos. Tanto o Estado quanto o mercado devem atender prioritariamente aos interesses reprodutivos do capital financeiro globalizado. Este definiu novos e mais altos patamares de rentabilidade, ao mesmo tempo que encurtou o ciclo da rentabilidade, efeito fortemente criticado por Michael Porter, celebrado especialista em competitividade industrial. Hoje, a "virtude econômica" é estar estritamente conforme aos determinantes do mercado financeiro, que define o nível de atratividade e risco dos papéis e o que constitui, na sua ótica, saúde fiscal e financeira. Esta é uma das dimensões da imunidade do capital financeiro globalizado e de sua lógica de acumulação ampliada, que tem um tempo e uma dinâmica muito específicos. A outra dimensão dessa blindagem está na cristalização da ideia de que, se um grande banco quebrar, provoca uma crise sistêmica, um efeito dominó, capaz de mergulhar a economia em uma depressão igual à de 1929, ou pior. Ela está contida na expressão já batida, sempre usada no momento de decidir o que fazer nas crises: "*too big to fail*", grande demais para fracassar. Parte desse mito foi concretizada no entrelaçamento de papéis dos bancos e corretoras, na "troca de chumbo", mediante a qual cada um assume parte do risco do outro, criando um potencial efeito dominó se uma das peças da engrenagem falhar. Foi a justificativa desse efeito dominó que usaram para salvar, com dinheiro público, bancos dos Estados Unidos que, por sua imperícia, imprevidência e sentimento de impunidade, provocaram a crise das *subprimes*.

A imperícia e a imprudência dos agentes do capital financeiro globalizado, amparadas nessa dupla imunidade, terminam por provocar rombos gigantescos em cadeia, capazes, sem dúvida, de quebrar os bancos. Entra, então, a mão salvadora do Estado, injetando dinheiro dos contribuintes para salvar os bancos, com a justificativa de evitar o apocalipse de uma crise sistêmica que seria desastrosa para toda a coletividade. Dessa forma, os bancos e as financeiras internam os lucros artificiais do período de enchimento da bolha e transferem para o Estado — logo, para a sociedade — as perdas decorrentes do inevitável estouro das bolhas. Um caso típico da clássica privatização dos ganhos e socialização das perdas, acobertadas pela transformação em verdade absoluta do mito do "*too big to fail*". E assim se estende a rede iníqua de proteção estatal à imprevidência e à ganância do mercado financeiro globalizado.

Essa situação se assemelha muito à descrita por Jacques Rancière, em outro contexto, de "superlegitimização". O resgate do capital financeiro globalizado se justifica porque se defronta com um grande mal e se assenta em um consenso construído sobre uma ameaça ou inimigo invisível percebidos como horríveis. No caso, uma crise sistêmica avassaladora que mergulharia milhões de pessoas no desemprego e na pobreza. O que acabou ocorrendo, apesar das operações de salvamento, e foi agravado pela austeridade imposta aos países endividados no processo, aumentando o custo social da crise. A "crise sistêmica", sempre vagamente definida e jamais demonstrada concretamente, legitima qualquer ação do Estado, sobretudo a de transferir recursos fiscais para o sistema financeiro. Ou seja, em nome de uma ameaça vaga e não comprovada de crise social e pobreza, aumentam-se concreta e significativamente os custos sociais da gestão macroeconômica e a desigualdade por transferências diretas de riqueza da sociedade, via Estado, para a esfera financeira, que hoje monopoliza os superlucros e as maiores fortunas. Não nego a possibilidade de crises sistêmicas que podem, de fato, existir. Mas discuto as fabricadas como álibi para a especulação desmedida e para impedir regulação adequada do sistema financeiro que proteja o restante da sociedade e crie mecanismos de prevenção dessas crises.

O Estado financia-se diariamente nesse mercado, da mesma forma que as empresas industriais e comerciais. Assim, ajustam-se todos à mesma lógica, perdendo a capacidade de planejamento e a visão de mais longo prazo. Os agentes especulativos do capital financeiro agem para induzi-los a se endividar nas épocas de expansão das bolhas. Mas, quando elas estouram, trazendo a retração das economias e a contração das receitas fiscais, esses agentes passam a insistir na austeridade e usam a mão pesada da repressão financeira para os que não a adotam. O resultado é que, estimulados pela voragem do capital financeiro globalizado, Estados e empresas são induzidos a se superendividar. Quando esse superendividamento põe em risco sua capacidade de continuar remunerando o capital financeiro, são forçados por ele a doloroso ajuste, à austeridade, com forte desemprego, cortes de investimentos e despesas essenciais à realização de seus fins. Os Estados vivem em permanente anemia fiscal. As mudanças da transição já sobrecarregam a agenda fiscal dos Estados, sem condições políticas para eliminar os privilégios e os subsídios que beneficiam as forças poentes da economia e da sociedade. Esse ciclo recorrente de endividamento/ajustamento decorrente da lógica do capital financeiro globalizado agrava cronicamente a situação fiscal do Estado. Cria-se um "desequilíbrio fiscal dinâmico", no qual a condição mais permanente é o déficit, recortado por ciclos curtos de equilíbrio, obtido a duras penas. Ao ser limitado por esse ciclo nascido da especulação financeira, o Estado já se encontra capturado por interesses particulares e corporativistas há muito enquistados no seu aparelho fiscal. Esses interesses se perpetuam como beneficiários privilegiados do orçamento público pela via da inércia política, legitimada por outro mito importante: o de que a democracia precisa de estabilidade das políticas. Em consequência, a margem de manobra fiscal do Estado para atender aos despossuídos e desprotegidos é drasticamente reduzida.

## O DOMÍNIO DO NEOLIBERALISMO

A hegemonia financeira globalizada mudou a cultura do mercado e do Estado ao estabelecer o curto prazo como único aferidor da rentabilidade e da atratividade do investimento e a "capacidade de pagamento" como a máxima virtude. Diferentemente do liberalismo clássico, para o qual o longo prazo tem um papel importante na dinâmica do sistema capitalista, para o neoliberalismo financista o longo prazo não existe. No liberalismo clássico, no mais longo prazo, o sistema tendia a seu fim.[96] O exemplo típico é o do modelo de Ricardo dos rendimentos decrescentes. Mas, no horizonte de viabilidade do sistema, tudo se resolveria porque vícios privados no curto prazo se transformavam em virtudes públicas mais adiante. O sistema tendia ao equilíbrio. Havia assim, pelo menos até o limite de exaustão do sistema econômico, mecanismos de compensação que levavam ao equilíbrio dinâmico. Para o capital financeiro globalizado, porém, não há longo prazo. Ele só se interessa por ganhos correntes crescentes e só reage a riscos imediatos ou quase imediatos. Os riscos que estão fora do horizonte do presente de suas operações são desconsiderados. Portanto, concretamente, deixam de existir no cálculo dos agentes econômicos. E essa negação do risco futuro alimenta a imprevidência e a imperícia. Tudo isso acobertado por uma ideologia de hipercompetição, hipereficiência e hiper-rentabilidade que serve tão somente para justificar e legitimar ações predatórias, em benefício de uma ínfima minoria da sociedade e com evidente irresponsabilidade corporativa e social.

Vale aqui uma digressão sobre a noção de neoliberalismo. É um termo usado principalmente pela esquerda dogmática de forma pejorativa, como uma acusação. Como se fosse um crime ter ideias "neoliberais". Do mesmo modo que a direita dogmática acusa pensadores genericamente no campo socialista ou estruturalista de "comunistas". Como se fosse crime ter ideias socialistas. São extremos equivalentes de intolerância ideológica, hostis à conversação democrática construtiva em busca de rumos para o século XXI. Como termo ideológico, prescinde de fundamentação conceitual. Para existir um quadro de pensamento *neo*liberal, é preciso que ele se distinga do liberalismo e represente uma versão nova que contenha e transcenda princípios do liberalismo clássico.

Em muitos casos, o neoliberalismo tem sido confundido com o liberalismo da modernidade madura, provavelmente porque o vocábulo teria aparecido pela primeira vez no Colóquio Walter Lippmann, em Paris, em 1938, quando um grupo de intelectuais discutia uma alternativa ao keynesianismo e ao ativismo governamental na economia e na sociedade. Foucault é um dos que aderiram a essa equiparação entre o liberalismo maduro e o neoliberalismo.[97] Mas o fato é que nenhum "neoliberal" reconheceu o corpus de suas ideias como parte de uma doutrina neoliberal. Esta tomou corpo como um conjunto de políticas "ultraliberais" após o surto inflacionário dos anos 1970 e a crise fiscal do Estado capitalista das economias centrais. Sua primeira expressão concreta foram as políticas de Ronald Reagan, nos Estados Unidos, e Margaret Thatcher, no Reino Unido, chamadas de políticas "pelo lado da oferta". O neoliberalismo tem mais existência concreta como prática do que como teoria. Mas teria a prática levado a um modelo mais conceitual? A uma teoria?

O que distinguiria o neoliberalismo do liberalismo, para justificar sua aplicação como um novo conceito ou um novo modelo teórico? Primeiro, é preciso reconhecer que é um conceito muito mais ambíguo. É mais ambíguo porque foi concebido por seus adversários, não por seus proponentes. A maioria esmagadora dos textos que falam de neoliberalismo foi escrita como interpretação crítica, e não como proposta de um modelo conceitual.

O historiador Philip Mirowski qualificou-o como "um movimento político que não ousa dizer seu próprio nome".[98] Muito distinto do liberalismo, teoria que se autodenominou e tinha absoluta convicção de que seus valores e axiomas faziam parte de uma filosofia moral que consideravam superior. O liberalismo foi um produto intelectual íntegro de seus proponentes, como alternativa ao mercantilismo e à fisiocracia. Um pensamento muito mais propício à economia manufatureira emergente. Exatamente por sua paternidade adversária, o neoliberalismo é usado de forma arbitrária, para atacar a todos que pensam diferente de quem brande o conceito como um tacape ideológico. Segundo, o Estado, o governo e as limitações à liberdade e às realizações individuais às quais o liberalismo se contrapunha diziam respeito a uma ordem na qual esses valores nem sequer existiam. As bases morais do liberalismo eram inovadoras, revolucionárias. O neoliberalismo é reformista, refere-se a valores já existentes, a um Estado do qual precisa manter e usar certas funcionalidades, a um governo do qual pode utilizar determinados recursos para realizar seus objetivos e a uma sociedade que demanda mais individualismo e mais discricionariedade pessoal. Não obstante, tendo a concordar com Mirowski que o neoliberalismo é uma prática que se tornou dominante entre os pensadores do capitalismo globalizado com hegemonia financeira e adquiriu os contornos, ainda que *à outrance*, de uma filosofia geral da sociedade de mercado financeirizada, transcendendo o status de conjunto de instrumentos de política econômica.

Ele tem características doutrinárias marcadamente distintas do liberalismo, entre as quais considero as mais relevantes a financeirização e a decorrente visão de curto prazo; a desregulação integral da economia e da integração globalizada dos mercados; a supremacia da austeridade fiscal, garantia da adimplência junto ao mercado financeiro e seu resgate nas "crises sistêmicas"; a ausência de valores associados à solidariedade social e a consequente redução ao mínimo da rede de proteção social, a primazia do indivíduo por conta própria, seguindo Ulrich Beck; e o privatismo extenso. Na questão social, o liberalismo, mesmo quando não era igualitário, como era em Rousseau — que separava a indesejável desigualdade socialmente construída da desejável diversidade de aptidões e talentos —, admitia a necessidade de redução das distâncias e de proteção social aos despossuídos.[99] O liberalismo conservador pré-neoliberal admitia uma rede de proteção social robusta e suficientemente ampla para cobrir os despossuídos. O neoliberalismo se caracteriza, nesse aspecto, por valores que apareceram desabridamente, pela primeira vez, na campanha vitoriosa de Margaret Thatcher, sintetizados no mote "o direito de ser desigual". Esses valores estão hoje bem mais disseminados. A nova direita, a extrema direita, não é, porém, neoliberal, é autoritária, ultranacionalista, e mais excludente na sua reação aos imigrantes e às novas diversidades. O neoliberalismo, nesse sentido, guarda mais coerência com a teoria da democracia constitucional, de ampla vigência dos direitos civis e mínima participação política e social. Suas ênfases são na hipereficiência econômica, na eficiência governamental, que quer ver mimetizando as práticas de gestão privada, e na qualidade decisória de uma democracia que deseja "racional". A tal ponto que essa democracia liberal constitucional poderia ser chamada de democracia neoliberal.

Como argumenta o sociólogo William Davies, o neoliberalismo transcende a política econômica para alcançar o modelo da "boa sociedade" e do "bom governo".[100] Está certo ao salientar a capacidade dos neoliberais de gerar ou obter elevado grau de consenso social e político, pelo menos de 1989 até a reação à austeridade que se segue às crises pós-2008. Nesse sentido, merece o status e a respeitabilidade de um novo modelo teórico da economia política. Na questão da globalização, o neoliberalismo mostra sua face mais "pós-moderna", ou de transição, paralelamente ao cosmopolitismo do socialismo democrático. É a expressão do pensamento da nova centro-direita, democrática e neoliberal.

A CRISE FISCAL DA TRANSIÇÃO

A crise fiscal do Estado, hoje, é predominantemente determinada por uma estrutura de gastos, incentivos e subsídios que atrasa a transição para a nova ordem econômica e social em nascimento porque remunera e protege indevidamente setores ineficientes do capital, que geram mais custos que benefícios coletivos. Essa estrutura se mantém por força da inércia política de setores socialmente poentes e por um desenho institucional que privilegia os grupos de veto. A estabilidade, transformada em virtude democrática, condena o processo decisório ao incrementalismo, ao *muddling through*. Todo o sistema democrático se arma contra as rupturas. É desenhado para cristalizar grupos de veto que impeçam mudanças bruscas e descontinuidades de políticas, que desestabilizariam a ordem política democrática. Não nego que a continuidade político-administrativa seja um elemento importante de estabilidade democrática, em momentos históricos específicos. Mas, como o sistema social é dinâmico, a continuidade forçada das políticas e o consequente incrementalismo das decisões de toda natureza, se transformam em instrumentos para perpetuar o statu quo, oligarquizar o processo decisório e manter interesses obsoletos no controle de fatias fiscais do Estado. No plano mais geral, assegura a persistência da dominação política de setores poentes na sociedade e no mercado. Esse incrementalismo sobrecarrega a agenda fiscal e torna ainda mais dolorosa e longa a austeridade imposta pela nova lógica do capitalismo financeiro globalizado. A política descola-se da sociedade e aumenta o mal-

-estar da transição, além de promover sobrecarga incontornável na capacidade fiscal do Estado, forçado a manter os privilégios do passado e a atender às necessidades do presente complicado e do futuro em construção.

As decisões alocativas ficaram tão distantes da sociedade, tão opacas a ela, que já não se pode dizer que sejam resultado de escolhas coletivas. Resultam de escolhas seletivas de oligarquias que dominam o processo fiscal, no contexto ainda mais restritivo de hegemonia ideológica do capital financeiro. Os partidos tradicionais de centro-esquerda e centro-direita se aproximaram perigosamente em sua visão fiscal. Nenhum governo social-democrático foi capaz de formular uma política de responsabilidade fiscal que começasse pela eliminação dos subsídios ao capital e dos privilégios corporativistas de setores que já não são socialmente majoritários, muito menos desprotegidos. Para o neoliberalismo, a manutenção desse tipo de privilégio também não faz sentido. Nisso, o neoliberalismo e o novo pensamento socialista democrático podem até concordar. Em tudo o mais, separam-se radicalmente. Não há como os socialistas democráticos aceitarem a estrutura vigente de gasto público, embora também admitam a necessidade de uma reforma fiscal radical, só que distinta da austeridade neoliberal. O neoliberalismo aplica a mesma receita para todos os países: cortes lineares, duros com os benefícios de setores de renda média e lenientes com subsídios ao capital, obsoletos e regressivos, inclusive e sobretudo nos setores de alto carbono. O gasto público, na maioria dos países de democracia capitalista, redistribui a renda da sociedade para setores obsoletos, da base para a elite, dos emergentes para os poentes, de baixo para cima. A anemia fiscal do Estado decorre da provisão de benefícios e privilégios a setores da elite e da classe média que não representam nem atendem a qualquer prioridade coletiva. Ela reduz persistentemente a capacidade de responder satisfatoriamente a necessidades reais da coletividade, a gargalos estruturais, e de impulsionar novas atividades, que permitam a continuidade do vigor econômico da sociedade e do bem-estar coletivo no curso da transição. Essa sobrecarga da agenda fiscal pela persistência de privilégios ao passado, urgências do presente e necessidades da construção do futuro só encontra saída no excessivo endividamento.

A solução da crise fiscal passa, necessariamente, pela eliminação de gastos, subsídios e incentivos que beneficiam atividades, setores e grupos que representam uma ordem econômica, social e política superada. Eliminar as camadas de gastos velhos e tóxicos que compõem a estrutura fiscal do Estado permitiria investir nas atividades emergentes que serão parte da nova estrutura econômica. Mais importante ainda, criaria condições para reestruturar a rede de proteção social e novas medidas redistributivas que reduzam verdadeiramente as desigualdades e protejam melhor os mais frágeis e despossuídos. Seria o caminho socialmente justo para adequá-la às novas necessidades criadas pela dinâmica demográfica contemporânea, de maior longevidade e decrescimento populacional. Para evitar custos sociais enormes e desnecessários, o Estado teria que regular e amortecer os efeitos da vasta destruição de empregos dos setores que deixarão de existir com a avassaladora mudança científica e tecnológica que já começou e com o enfrentamento do desafio da mudança climática. Haveria, ainda, que atender à demanda por novas habilitações e conhecimentos, avanço da pesquisa básica e das atividades de pesquisa e desenvolvimento. Não há como acomodar essas novas necessidades e manter os elevados subsídios ao capital, a combustíveis fósseis, à agricultura de baixa produtividade e benefícios que no passado tinham função social e hoje se tornaram privilégios.

Como o neoliberalismo, distanciando-se do liberalismo, afasta a solidariedade social como virtude, o que surge como reforma fiscal no manual do capitalismo financeiro globalizado é a austeridade pura, necessariamente regressiva.[101] Esta não passa de um conjunto de ajustes uniformes, não raro lineares, que nem sequer tocam a superfície desses nódulos de interesses incrustados na ordem fiscal do Estado, mas atingem pesadamente a rede de proteção social. Dada a desigual capacidade de resistência dos grupos sociais, a austeridade causa mais danos aos setores mais frágeis. Esses ajustes não têm especificidade de espaço ou tempo. Seja Itália, Grécia, Espanha, Irlanda ou Brasil, a receita é sempre a mesma. Não se propõe o exame profundo das estruturas de gasto, cujo desmonte poria por terra parte considerável do sistema de dominação econômica e política. São ajustes que desajustam, que recriarão os mesmos problemas adiante, pedindo novos ajustes da mesma natureza, em um processo em bola de neve. Cada crise é pior que a precedente. A cada ciclo de ajustes, as sociedades ficam com menor capacidade fiscal, maior número de pobres e mais desiguais, portanto maior pressão por mais gasto no futuro. O que chamo de austeridade é esse ajuste regressivo permanente, com objetivos de curto prazo, que apelidam de reforma estrutural. Ele desajusta mais no futuro, com enorme e recorrente sacrifício da parcela majoritária da sociedade, que vive apenas surtos de ilusão de riqueza. A minoria que surfa nessas ondas de especulação, embora aqui e ali sofra algumas perdas, que podem ser bem pesadas em alguns casos individuais, no conjunto sempre sai ganhando.

Todavia, a crítica da austeridade, como remédio-padrão universalmente aplicado, não significa negar a necessidade de gestão fiscal prudente. Nem apoio à superada ideia desenvolvimentista de que o Estado pode ser sempre o demiurgo do progresso e da justiça social. Muito pelo contrário. A gestão prudente dos recursos públicos é um requisito da legitimidade democrática. Mas a gestão prudente significa, no campo progressista, adotar prioridades socialmente orientadas e livrar o orçamento público dos privilégios corporativos e corporativistas enquistados no orçamento fiscal. Implica regular o capital financeiro para forçá-lo a também adotar regras de prudência que evitem a formação de dívidas impagáveis, públicas e privadas, e o risco de crise sistêmica. Um dos caminhos teria sido impor a criação de mecanismos privados de seguro para os bancos, proibindo o Tesouro de socorrer agentes econômicos ou financeiros, em caso de romperem a barreira da prudência na gestão de seus fundos, obrigando o setor financeiro à autorregulação. Uma forma de regulação estatal que elimine os numerosos incentivos hoje existentes no mercado à imprudência do capital financeiro, muitos criados pela facilidade com que pode produzir suas bolhas especulativas, sempre que precisa elevar sua rentabilidade para escoar a liquidez acumulada nos *safe havens*, isto é, nos papéis de mercados seguros, porém de baixa rentabilidade.

O problema central da obsessão neoliberal com a austeridade é a estreiteza do raciocínio, em parte contaminado pela visão ideológica. Mas ela não faz justiça, por exemplo, a casos como o da Irlanda e da Espanha, que estavam ajustadas, com superávit fiscal e baixos níveis de endividamento público, na antevéspera da crise das *subprimes*. Na Espanha, por exemplo, a dívida pública era de 36% e o superávit fiscal de 2% do PIB, em 2007. Esse quadro fazia da Espanha um mercado de baixo risco para os capitais financeiros globais, em um país emergente dentro da Europa, portanto capaz de gerar taxas de rentabilidade superiores às dos mercados maduros. Quadro perfeito para inversões especulativas. No caso espanhol, os alvos foram o mercado imobiliário, *et pour cause*, com forte concentração na construção residencial e nos equipamentos de turismo. O resultado só poderia ser a bolha imobiliária, o artifício em voga dos investidores. Em 2007, o setor de construção civil representava 22% do PIB espanhol, resultado de espantosa expansão do setor de construção residencial, sustentada pela ampliação do crédito imobiliário. Esse alargamento do crédito imobiliário foi fortemente alavancado pelo mercado financeiro. A repercussão da crise das *subprimes*, ou seja, o estouro da bolha imobiliária nos Estados Unidos, alcançou a Espanha com uma sobreoferta de imóveis residenciais e elevada dívida imobiliária fortemente alavancada. Bolha cujo estouro transformou investidores generosos em credores altamente exigentes e intransigentes. A recessão, em um contexto de ausência de política monetária e cambial e de política fiscal com margens estreitas de discricionariedade — como membro da União Europeia, o país não tem moeda e obedece a fortes restrições no manejo da política fiscal —, foi gigantesca. A política contracíclica baseou-se na transformação de boa parte da dívida imobiliária em dívida pública e em subsídios ao capital, com redução de impostos e estímulos à exportação. A recessão foi das mais longas, drenou toda a capacidade fiscal do Estado e tornou o país vulnerável à pressão irredutível dos credores para promover a austeridade, não atacando as causas da fragilidade econômico-financeira, mas reduzindo a rede de proteção social. Essa narrativa, trocando-se os nomes e adequando-se o nexo causal às especificidades locais, políticas, sociais, econômicas e de política econômica, serve para Irlanda, Portugal, Grécia e vários outros países, hoje reféns da demanda por austeridade. Abro esse parêntese puramente factual para insistir no ponto de que não é a demanda por prudência fiscal que caracteriza o desvio ideológico conservador e elitista. Não é a crítica aos erros de política macroeconômica — embora vários deles convalidados pelos analistas do mercado financeiro que dita as regras do jogo —, nem a evidente necessidade de redefinir a rede de proteção social, mas a adequação dela às mudanças na estrutura social e a não abertura de espaço para mais subsídios ao capital. É a leniência com os excessos especulativos dos capitais financeiros globalizados, ancorados na desregulação do mercado financeiro, e a imposição de uma receita única de austeridade para o reequilíbrio fiscal. Isso, sem nenhuma admissão das causas da crise fiscal associadas à lógica do mercado globalizado, e não apenas à gestão das políticas públicas — macroeconômicas e sociais — dos países. Ao mesmo tempo que deslegitima todo gasto social, força a transferência de recursos públicos para salvar a solvência dos bancos, a começar pelo monumental auxílio financeiro do Tesouro dos Estados Unidos aos bancos (alguém sabe quanto realmente foi transferido aos bancos para resgatá-los, um prêmio por seus erros especulativos e papéis fraudulentos?).

Na Irlanda, por exemplo, o governo iniciou imediato ajuste fiscal, com apoio social, assim que começou a crise. A indignação social ocorreu quando ficou claro que a austeridade servia para transferir recursos aos bancos, para resgatá-los da insolvência. A maior parte da crítica de esquerda à austeridade se faz por argumentos superados ou por viés ideológico, tão infundado quanto os que justificam a receita neoliberal. Todavia, há um evidente desequilíbrio político nas democracias, hoje, que dá pesos diferentes à lógica do capital financeiro e do neoliberalismo e às propostas de vias alternativas para o enfrentamento dos desequilíbrios fiscais. O caminho proposto pelo economista Yanis Varoufakis, então ministro das Finanças da Grécia, para consolidação fiscal, reestruturação da dívida e retomada do crescimento, foi desprezado como mera heterodoxia populista voltada para perpetuar a irresponsabilidade fiscal. O fato de, posteriormente, sua proposta ter sido revista e expandida com auxílio de um time internacional de economistas respeitados foi igualmente desconsiderado. Não há espaço político para o pluralismo nesse contexto de hegemonia fechada.

A reforma verdadeira e progressista, para eliminar a estrutura de gastos, incentivos, subsídios e privilégios da velha economia e da velha sociedade, ainda não encontrou formulação coerente e factível no socialismo democrático, que se mantém prisioneiro de concepções do socialismo clássico ou foi capturado pela lógica do capital financeiro globalizado. Sem suficiente clareza da sociedade sobre como mudar, o sistema termina por não mudar, dando sobrevida fiscal aos interesses das velhas elites. A democracia passa a garantir a sobrevivência desses velhos interesses parasitários, aderidos ao tecido do Estado, alimentando-se dos fluxos recorrentes de subsídios. E essa é uma razão poderosa do desencanto com a democracia. É difícil imaginar uma saída desse *cul de sac*, sem ruptura. Reformar a estrutura de incentivos e desincentivos, que é parte integrante do padrão fiscal vigente, corresponderia a subverter a ordem política dominante. Não é o Estado que garante o bem-estar, é a sociedade política, a comunidade de cidadãos, ao escolher a alocação progressiva, redistributiva, e não regressiva e concentradora, dos recursos públicos. Os recursos são públicos, não estatais. Públicos, não privados. Portanto, dar orientação social ao gasto público, nesse sentido, corresponde a subverter a ordem. E a subversão da ordem não se faz incrementalmente, faz-se sempre com ruptura. A democracia precisa desenvolver mecanismos suficientes para promover rupturas dessa natureza, dentro da ordem constitucional.

O "curto-prazismo", a ortodoxia fiscal e a persistência do statu quo estão em estreita correlação. A reforma da estrutura fiscal do Estado demandaria tempo, porque seria necessário o enfrentamento político dos interesses enquistados no Estado. Uma operação política complexa, conflituosa e longa. Daí o apelo de técnicas como o "orçamento zero", que promoveria o desmonte imediato dessa estrutural fiscal e a criação de uma nova agenda para alocação distributiva do gasto público, com seu respectivo sistema de financiamento tributário. Mas essas propostas desconsideram a magnitude da operação política que isso envolve. É, na verdade, um processo quase constituinte de múltiplas escolhas conexas entre si e que dizem respeito a uma malha densa e conflituosa de interesses. O ajuste, como austeridade, corte linear de gastos no orçamento corrente, é infinitamente menos complexo e pode ser resolvido no curto prazo, pela política convencional. Principalmente quando feito pela pressão da ameaça de colapso econômico-social que decorreria do corte dos fluxos de financiamento e do isolamento do país "irresponsável", "perdulário". Daí seu apelo, independentemente de seus custos sociais e políticos. É a manifestação, no campo econômico, do que Rancière denominou "lei do consenso". Ela implica renunciar a toda política que não seja de "gestão das consequências". Essa lei do consenso tende a se aplicar a todos os campos, dificultando muito a busca de soluções estruturais e progressistas para as grandes crises de nosso tempo.

Com a revolução nas comunicações e as novas tecnologias financeiras desenvolvidas pelo capital financeiro, sua velocidade de circulação aumentou exponencialmente e ele ficou muito além do alcance da capacidade de regulação do Estado nacional. Daí a necessidade de maior poder de governança global das entidades reguladoras multilaterais, que force a adoção de suas regras pelos países. O horizonte de decisões do capital produtivo foi, também, dramaticamente limitado e encurtado. Ambos, Estado e mercado, tornaram-se mais vulneráveis às crises da transição e relativamente impotentes para dar respostas estruturais aos desafios de adaptação criativa a essa grande transformação estrutural. Outra decorrência dessa hegemonia do capital financeiro globalizado e da quase universalização da "lei do consenso", dessa lógica das consequências, é que a economia global se tornou extremamente sensível a qualquer sinal de mudança ou descontinuidade. Mudança brusca pode significar risco para empresas ou para o próprio mercado financeiro, desajuste fiscal, monetário ou cambial. O mercado se retrai, foge para seus oásis seguros, *safe havens*, e produz um novo ciclo de crise econômica. Dessa forma, o que vivemos hoje é uma crise econômica e financeira global permanente, que não se resolve, apenas tem breves surtos de melhora. Os ciclos recorrentes de crise afetam economias que ainda estavam imunes à crise maior, provocam uma recaída dolorosa nas que ainda lutavam para reemergir e reduzem a velocidade de recuperação das que já haviam superado o pior. A "lei do consenso", que hoje limita as democracias, determina o viés pelo statu quo, e a preferência pelo ajuste à mudança estrutural impede a formulação de políticas locais e globais que permitiriam navegar de forma menos traumática nessa irreversível transição.

Admito, contudo, a proposição de Touraine de que a globalização da economia, apesar da hegemonia do pensamento neoliberal financista e do poder desse mercado, não destrói nossa capacidade de ação política. Também concordo que a insatisfação social não diz respeito apenas à dominação, mas também às barreiras aos direitos que ele chama culturais, em sintonia com as mudanças na sociedade. Touraine lembra que a ordem institucional é ineficaz — em sentido radicalmente distinto do neoliberal — e até repressiva, se não está sintonizada com a promoção da igualdade e da solidariedade.[102] O que o pensamento progressista precisa formular são respostas inovadoras e democráticas para "o que fazer" e "como fazer".

OS DUROS FATOS

Nesse entrementes revolucionado que vivemos, o consenso é impossível. Essa impossibilidade na política e na sociedade é a antítese da lei do consenso neoliberal no mercado. Experimentamos essa impossibilidade entre intelectuais, na política e na vida cotidiana das mais variadas formas. Somos sociedades polarizadas e fragmentadas. Não há ponto de concordância possível em situações de polarização em crescente radicalização. Na política, esse é um fato inarredável. Estamos condenados ao pluralismo e às soluções plurais.

As ciências sociais não são imunes à contaminação das paixões e das convicções pessoais, sobretudo nesses contextos de divisão política e ideológica. Digo isso para deixar claro que não considero viável a formação de consenso majoritário sobre a transição que atravessamos em um contexto de risco econômico, social e existencial. A instabilidade e o conflito na política estão correlacionados às múltiplas manifestações dessa transição. Saber que o consenso não é possível e que as opiniões não se fundam nem na razão pura — uma impossibilidade objetiva — nem nas evidências empíricas não pode nos impedir de tentar entender o que se passa e a dinâmica subjacente a esse confronto irremediável de paixões e interesses. A impossibilidade do consenso não deve nos inibir, nem de pensar, nem de expressar o que pensamos, nem de tentar propor caminhos.

A inviabilidade de interpretações concordes vale para todas as dimensões, a política e a intelectual, em particular. Não existem mais bases para demonstrações irrefutáveis. Como disse o filósofo Bertrand Russell, as controvérsias mais ferozes se dão sobre matérias para as quais não há evidências indisputáveis para qualquer um dos lados. Na política, a dificuldade de formar consensos é boa para a construção democrática. Como percebeu Rancière, a democracia se funda no desentendimento, não no consenso. Mas faltam ingredientes decisivos para fazer do dissenso uma conversação democrática construtiva. O principal deles é a aceitação da diferença. Tudo o que se pode prever é que se formem maiorias efêmeras, muitas insensatas — sob intensa contestação das minorias. A polarização não se dissipará e, muito provavelmente, não se desradicalizará tão cedo. O confronto radicalizado transbordará para as casas das famílias, para as escolas, para os locais de trabalho e para as ruas. A existência de maiorias não elimina a polarização radicalizada. Ela se alimenta de perspectivas antagônicas, informadas por um misto muito variável de ideologia, desacerto, interesse, conveniência e preferências pessoais. A disputa pelo poder é da vida política. Se há política e o contexto é democrático, há conflito e desentendimento. A democracia é sobre a divergência, não sobre o consenso. Mas, no momento, a ambiência e a incerteza — o desconhecimento mesmo — do que está em jogo são propícias ao confronto extremado e à intolerância. A democracia murcha nesse cerco sem saída visível.

Kafka escreveu, em *O processo*, que a compreensão correta de uma coisa e a má compreensão dessa mesma coisa não se excluem completamente. Tão verdadeiro nessa grande transformação tumultuada. Está difícil ver, com clareza, o mundo mutante. Refugiamo-nos no pedaço conhecido de nosso mundo. Vivemos um momento bem descrito por Schopenhauer na tentativa de conhecer o mundo. Cada pessoa toma os limites de seu próprio campo de visão pelos limites do mundo. É um erro do intelecto, diz ele, tão inevitável quanto o daquele olhar que nos faz imaginar que no horizonte o céu e a terra se encontram. A única saída possível é a conversação aberta. Cada um pode ter um excelente julgamento sobre muitas circunstâncias e questões e errar muito nas circunstâncias e questões nas quais está pessoalmente envolvido. Porque, explica Schopenhauer, nesse ponto, a vontade interfere e desconcerta o intelecto de vez.

Se esse raciocínio estiver correto — e por tudo que argumentei até aqui é improvável que seja admitido como tal consensualmente —, teremos diante de nós muitas escolhas críticas em um ambiente sociopolítico e intelectual suscetível a que façamos escolhas insensatas. Situação que me traz à memória uma passagem do escritor Haruki Murakami, em *Kafka à beira-mar*: "na vida de todos há um ponto sem retorno. E, em muitos poucos casos, um ponto a partir do qual tampouco se pode ir mais adiante. E quando atingimos esse ponto, tudo que podemos fazer é calmamente aceitar os fatos". Mas aceitar os fatos, em nosso caso, não pode significar o conformismo. Eu, particularmente, sou de uma geração que sempre renegou os conformistas. Aceitar os fatos dessa grande mutação global e do inevitável pluralismo de visões deveria nos levar à consciência de que a saída é adaptarmo-nos aos duros fatos de que não há mais consenso possível, de que a diferença será mais que nunca a regra, e lançar mão de novos modos, como aconselha Ésquilo, em *Prometeu acorrentado*. Não há possibilidade de recuo ou regresso, só podemos avançar. Encontrar novos modos de exercício da tolerância, do diálogo e da circulação de ideias. Num mundo sem paradigmas assentados, em meio a uma revolução do conhecimento, somos todos portadores de hipóteses efêmeras.

## A CONTRARIEDADE ENTRE O MERCADO E A POLÍTICA DEMOCRÁTICA

As interdependências e a maior vulnerabilidade do capitalismo contemporâneo às crises não são fortuitas nem passageiras. Marcam o estágio final desse modo de organização do capitalismo, que vem se transformando e evoluindo, pelo menos desde os anos 1980, buscando mais agilidade, mais mobilidade e formas de financiamento mais baratas e abundantes que o crédito bancário. São parte da grande transição. A necessidade de bolhas especulativas e investimentos de risco é parte da lógica de hiper-rentabilidade do capital financeiro globalizado, nesse contexto. É próprio das grandes transições que a forma econômica dominante seja intrinsecamente instável e propensa a crises recorrentes. É importante ressaltar que não estou falando do fim do capitalismo, como previa a economia política no século XIX e na primeira metade do século XX. Trata-se do fim do capitalismo tal como ele existe hoje. As vastas transformações pelas quais ainda passará o padrão de produção e circulação de mercadorias mudarão completamente as bases sociais, econômicas e financeiras do capitalismo. As relações de trabalho também sofrerão transformações radicais com a robotização, as revoluções tecnológicas em curso e a chamada economia do conhecimento.[103] O imperativo do enfrentamento das mudanças climáticas, da adoção da economia circular, gerando resíduos mínimos, da sustentabilidade, da biodiversidade e da sociodiversidade contribuirá decisivamente para redefinir os padrões de produção, consumo e circulação de mercadorias. As classes sociais que alimentaram nossas análises do conflito perderam seus contornos conhecidos. As divisões sociais do futuro não serão as mesmas. Ao final, o capitalismo pode se tornar, realmente, "outra coisa", outro modo de produção, mas que fisionomia e dinâmica ele terá não é possível prever. O movimento estrutural e as escolhas que definirão os modos de produção do futuro ainda estão no início de seu curso. Todavia, a falta de alternativas políticas social-democráticas ou democrático-socialistas, vale dizer, progressistas e solidaristas, torna o processo mais doloroso para a maioria.

As cicatrizes deixadas pelas crises políticas da transição jamais se fecharão por inteiro e nunca serão esquecidas. Todavia, a sociedade humana mostrou enorme resiliência e capacidade de recuperação. A África, abandonada por praticamente todo o século XX, hoje se beneficia da revolução da comunicação móvel digital e abre um novo horizonte de possibilidades para o progresso de seus povos. Grande parte desse progresso ainda se dá no velho modelo de exploração e dependência, tendo, agora, a China como protagonista. Mas, pela primeira vez em muitas décadas, há sinais positivos. Está nascendo uma nova África, que não emerge mais igualitária nem menos violenta, mas é mais rica e gera melhores empregos. Nesse avanço que se vê hoje em vários países africanos, de Angola e Moçambique ao Quênia, da África do Sul ao Zimbábue e Zâmbia, a telefonia móvel tem um forte peso, é um dos motores da mudança.

Mulheres africanas se afirmam como escritoras de sucesso global, conscientes das formas desumanas de dominação e mutilação feminina em suas culturas nativas, e buscam enfrentá-las dentro e não fora dessas culturas. Há casos extraordinários de vitórias nesse sentido, usando as próprias formas tribais de deliberação coletiva para persuadir a comunidade da necessidade de mudar. Ocorre uma explosão inédita de formas de expressão cultural na África. É aí que se vê, mais claramente, o poder político transformador da tecnologia móvel, que promove mudanças profundas em toda a sociedade, inclusive nas relações tradicionais de poder.

Os países africanos tinham péssima infraestrutura de comunicações, que foi quase totalmente destruída pelas guerras civis. Com a comunicação móvel e os troncos de fibra óptica ligando o continente à Europa, esse atraso foi removido rapidamente e esses países puderam se integrar ao processo de globalização. É o que o economista Alexander Gerschenkron chamava de vantagens do atraso. O atraso, nesses casos, permite que se salte para a mais avançada tecnologia, evitando a adoção da última geração da velha tecnologia, como costumava acontecer com os países subdesenvolvidos.[104] Sem falar no salto do isolamento para a convivência global. A influência recíproca, por exemplo, sobre a qual José Eduardo Agualusa escreve com frequência, na música e na literatura, entre os países de língua portuguesa — Angola, Moçambique, Cabo Verde, Portugal e Brasil —, é intensa, de múltiplas mãos e riquíssima.

Não se deve, porém, desprezar os sinais contidos nas crises nascidas da indignação e da revolta, que têm agitado e mudado o panorama político e social de países em diferentes continentes do globo. Em alguns casos, desafortunados, essas crises da transição desembocaram em violência de massa, guerra civil, guerras entre vizinhos, ódio étnico e religioso. Em outros, esvaíram-se, frustrando a possibilidade de mudança, voltando a um padrão similar ao statu quo anterior, como no Egito. Na Espanha e na Grécia, levaram ao fortalecimento de partidos novos — Espanha, com o Podemos e o Ciudadanos — ou à vitória da coalizão de movimentos e legendas que gravitavam fora do centro do poder, reunidas em uma rubrica partidária — Syriza, na Grécia. A violência, a instabilidade e a dissolução das maiorias são parte dos traumas da transição. Não é possível dizer se os episódios de maior violência e radicalismo podem ser evitados. É pouco provável que se possa evitá-los, se não são sequer previsíveis, no contexto de ambivalência, perturbação e insegurança que caracteriza o período de interregno entre as velhas e as novas formações sociais. Tampouco é possível dizer se partidos como o Syriza, o Podemos e o Ciudadanos são apenas eventos da transição, portanto efêmeros. É possível que sim. Não há nada que indique que os instrumentos de representação da futura democracia digital se assemelharão aos partidos políticos, tal como os conhecemos.

Os movimentos de indignação presentes em todas as democracias nascem da percepção de que elas estão falhando. Não atendem mais aos anseios da maioria. O desencanto com as democracias é uma grave consequência das crises e dos traumas da transição, com implicações planetárias e uma clara vocação cosmopolita em seus desdobramentos. Mas sua causa primária é a oligarquização dos partidos e a degenerescência da representação. A padronização das soluções políticas para os desequilíbrios cíclicos e a ausência de alternativas inovadoras no campo progressista, que vem se tornando reacionário, aumentam o sofrimento decorrente da austeridade. Este amplifica a insatisfação com a falta de horizontes nesse entrementes, em que a parte decadente das economias não tem mais dinamismo para atender às demandas por emprego e renda, e a parte emergente não tem ainda escala suficiente para oferecer-se como alternativa geral. Contudo, esse desencanto não se transforma necessariamente em apoio majoritário a soluções autoritárias.

O descontentamento com as formas autoritárias de governança também se generaliza, pois os governos não conseguem mais desempenho eficaz o bastante para compensar a falta de legitimidade oriunda da supressão de liberdades e direitos. Há um claro esgotamento da capacidade dos regimes autoritários em produzir a quantidade necessária de bem-estar material, para assegurar a estabilidade pela via da satisfação econômica, mantendo dentro do manejável o grau de repressão necessário para conter a insatisfação. É preciso notar que esse grau de repressão continua elevado demais, tende a aumentar e é absolutamente inaceitável por qualquer padrão democrático de observância dos direitos humanos. Sempre foi essa a trajetória desses regimes.

Mas, evidentemente, o risco está na insatisfação com o modo de operação contemporâneo das democracias representativas. A filósofa Simone Weil escreveu um quase lamento, em 1934, que, lido hoje, poderia ser entendido como a descrição dessa perigosa *malaise* política contemporânea. Ela dizia que

> o período presente é um daqueles nos quais o que parece constituir normalmente uma razão de viver se dissipa, nos quais devemos, sob pena de soçobrarmos na desordem ou na inconsciência, repor tudo em questão. Que o triunfo dos movimentos autoritários e nacionalistas arruina um pouco por toda parte as esperanças que as pessoas corajosas haviam posto na democracia e no pacifismo; mas esta é apenas uma parte do mal que nós sofremos; ele é bem mais profundo e mais extenso.[105]

O desafio novo a enfrentar é o do desencanto e da irritação com a perda de qualidade das democracias representativas, sua oligarquização, levando a crises de legitimidade cada vez mais agudas e a rompantes de indignação e revolta cada vez mais frequentes. Esse evidente desgaste da representatividade das democracias e da qualidade de seus atributos essenciais, no mundo inteiro, põe em risco toda a construção iluminista. As democracias, nesta fase da grande transição, estão sempre na franja de uma crise aguda de legitimidade.

Esse depauperamento dos modos atuais de governança está correlacionado à grande transição que vivemos. De um lado, resulta da visível perda de eficiência e eficácia dos vários modelos de governança econômica, política e social associados à ordem poente. Insuficiência de resultados sustentados para a maioria que é agravada, nas democracias, pela capitulação dos governos às políticas de austeridade, para as quais o socialismo democrático ainda não ofereceu alternativas novas, persuasivas e eficazes. De outro, ele é potencializado pelas mudanças nas tecnologias de comunicação digital e móvel trazidas pela emergência da nova ordem. A transição tecnológica, que já mudou nosso cotidiano, encurta distâncias e amplia o espaço de informação da sociedade. Cria instâncias de diálogo coletivo, polifônico e plural e linhas novas de influência e formação de opinião, ao largo do sistema político convencional, que permanece analógico. Quem não tem democracia pode ver, agora, os graus de liberdade pessoal e coletiva conquistados pelos que vivem em democracias. Estes podem comparar democracias e avaliar a sua criticamente, além de terem informação cada vez mais completa das disfuncionalidades de todas as democracias contemporâneas. Tudo em tempo real e em massa. Antes, para comparar os países era preciso uma pesquisa, ou uma viagem longa e custosa, possível para poucos. Hoje se pode fazer isso em menos de uma hora e a custo zero. Quem tem democracia pode verificar que seu descontentamento é compartilhado por pessoas de todas as partes e descobrir como estão reagindo. Esse compartilhamento da indignação mobiliza vontades e estimula a ação. O que eles não encontram são boas propostas de mudança, que criem uma agenda política menos difusa, mais contemporânea e mais solidária. Alguns terminam aderindo a propostas à esquerda cujo prazo de viabilidade já se esgotou. Outros, de fato, aderem aos nacionalismos extremistas.

Os sinais de descontentamento popular com o sistema representativo, a burocratização e a oligarquização dos partidos políticos e a captura do processo democrático por grupos de interesses restritos — em contraposição ao interesse coletivo — são abundantes em todos os continentes onde há regimes democráticos, maduros ou emergentes. O sociólogo Robert Michels não poderia vislumbrar toda a extensão pela qual sua "lei de ferro das oligarquias" avançaria. O descontentamento está diretamente associado ao desconforto econômico prolongado e recorrente. O desemprego de jovens, em proporções muito maiores ao desemprego médio na economia, na maioria dos países, agrava a inquietude e a insatisfação típicas da passagem da adolescência para a juventude e da juventude para a maturidade. Mas há outros fatores em jogo na produção da revolta.

No caso das novas gerações, é visível que elas não se veem representadas, de nenhuma forma, pelas oligarquias que dominam o sistema político convencional. Parte desse estranhamento tem a ver com a rebeldia natural de quem está na fase de expansão dos limites de sua autonomia e da resistência à autoridade, típicas dessa etapa da vida das pessoas. Mas uma boa parte está na opacidade desse mundo convencional às aspirações e perplexidades das novas gerações. O estranhamento não atinge apenas os jovens, mas todos os setores da sociedade sem representação adequada e que conseguiram novos graus de inserção social e informação. A entrada no mundo da informação agudiza a consciência da situação socioeconômica precária e marginal na qual se encontram, de rejeição de seus padrões culturais, de falta de representação e voz, do grau de destituição, não apenas material, mas cultural e política. O mesmo é verdade para setores das novas classes médias, em todos os seus escalões, baixo, médio e alto, mais ligados às formas emergentes da sociedade em transição. Nenhum desses setores tem voz ou representação autênticas no sistema político vigente. O mundo político está quase integralmente sintonizado com o "velho mundo", com a sociedade poente, com os velhos segmentos sociais, do operariado à burguesia industrial.

O descolamento entre Estado e sociedade está chegando aos limites da ruptura. A sociedade digitalizada e em rede vive a instabilidade do presente e a aflição de um futuro incerto. O mundo político continua ancorado em velhos e estreitos interesses, insensível e surdo às necessidades, aflições e aspirações das novas camadas sociais. Muitos dos que se sentem frustrados não conseguem, todavia, separar a classe dirigente, o sistema de forças que domina a política, do modo de governança. Veem na falência da geração que manda um mal quase terminal da própria democracia. De fato, as instituições estão estreitas e rígidas demais para uma sociedade tão fluida. Há, portanto, grande mal-estar com a economia, a sociedade e a política, alimentando o desencanto com a democracia.

O sociólogo Wolfgang Streeck diz que há um desequilíbrio básico nas democracias capitalistas relacionado ao conflito entre dois princípios distributivos que convivem mal entre si.[106] Um se baseia na produtividade marginal sancionada pelo mercado e o outro, na necessidade social, derivada das escolhas coletivas por meio dos canais da democracia representativa. Os governos deveriam, em princípio, observar os dois simultaneamente, embora eles raramente sejam compatíveis. Quando os governos não atendem às demandas por proteção e redistribuição, agravam as desigualdades e carências, provocando insatisfação social. Quando não atendem à demanda por deixar o mercado livre para distribuir seus prêmios de produtividade, provocam reações adversas dos agentes econômicos e disfunções sistêmicas, gerando crises macroeconômicas que impedem a observância do primeiro, produzindo desconforto social e econômico. O resultado seria a crise de governança e, no limite, a crise de legitimidade. Uma contradição, portanto, insolúvel nos limites das possibilidades do que ele chama de "capitalismo democrático" e que determina um ciclo crônico de crises sequenciais e soluções temporárias, que embutem novos desequilíbrios futuros. Streeck afirma, com razão, que a busca do equilíbrio seria infrutífera. No tempo que corre, essa busca é ainda menos promissora. Na era da grande transição, a fluidez das estruturas torna o desequilíbrio dinâmico e a instabilidade regras e não exceções. Tenho simpatia por essa tese de que há uma tensão estrutural básica na configuração político-econômica do capitalismo globalizado com hegemonia do capital financeiro.

Parte significativa dessa turbulenta dinâmica evolutiva tem realmente a ver com uma contrariedade endêmica entre o mercado e a política democrática. Os agentes econômicos demandam liberdade de ação, mas rejeitam a contrapartida que seria a proteção da sociedade contra as falhas do mercado. O risco inerente de crises de governança e legitimidade aumenta exponencialmente com a oligarquização da democracia, que se observa em todos os países. Nesse caso, embora persista a contrariedade entre os dois princípios distributivos, o princípio da necessidade social, filtrado pelo viés grupal e oligárquico dos partidos e dos parlamentos, não exerce mais a função de corrigir as distorções distributivas e as falhas de mercado. A desigualdade gerada no plano do mercado, em vez de ser corrigida pelo princípio social, é por ele agravada, como argumentei sobre os componentes teórico-ideológicos do neoliberalismo. Esse é o fator político determinante do aumento contemporâneo da desigualdade, como alertam os economistas Piketty, Bourguignon, Atkinson, entre outros.[107]

## RADICALIZANDO O ILUMINISMO

Alguns comentaristas da cena contemporânea sustentam que estamos vivendo o fim do ideal iluminista. Talvez o iluminismo liberal, de Mandeville, Adam Smith e Locke, que reificou o mercado como centro de todas as virtudes, a propriedade privada como pilar da ordem social e a racionalidade individual como único parâmetro moral, esteja mesmo se exaurindo. Mas, durante muito tempo, ele não foi mais que uma versão extremada do pensamento liberal. Há um sentido mais preciso no qual se pode dizer que o paradigma iluminista se esgotou política, econômica e socialmente. Mas não porque tenha fracassado. O extraordinário repertório de conquistas da humanidade, desde o Renascimento, é um legado histórico indelével. Foi capaz inclusive de perceber que seu próprio desenvolvimento poderia causar-lhe danos irreparáveis. Contratamos, nesse processo, uma quantidade nada desprezível de dores e desventuras. Não estavam nas fronteiras do paradigma iluminista as soluções que permitiriam restabelecer as condições do progresso social e adaptar a democracia aos novos tempos digitais. São cada vez mais visíveis os sinais de esgotamento do modo econômico de progresso capitalista, que teve seu auge no século xx, e do desenho político que o amparou.

O paradigma econômico, em todas as suas ramificações, não consegue determinar com precisão todas as causas dos sucessivos episódios de crise sistêmica, nem identificar o ponto de virada que poderia levá-lo ao colapso. Tampouco conseguiu desenvolver mecanismos adequados de autocorreção das falhas de mercado, principalmente aquelas associadas à reprodução ampliada das desigualdades e às causas humanas da mudança climática e da extinção das espécies de nossa biodiversidade. Até agora, a sociologia e a política também se mostraram incapazes de pensar caminhos "fora da caixa", além dos limites de seus modelos convencionais, para ultrapassar a crise de legitimidade das democracias. Está fora do alcance cognitivo dos paradigmas dominantes. Novos paradigmas, que retenham os elementos comprovadamente funcionais desses que se esgotam, mas inovem em tudo o mais, poderão eventualmente desenhar o mapa para chegarmos a novos modos de produção e de democracia.

Provavelmente, a grande transição do século XXI criará as melhores condições possíveis para a busca e a realização do ideal iluminista radical, do iluminismo democrático, de Spinoza, Rousseau, entre outros. Esse ideal, na versão contemporânea, é crítico do processo de individualização padronizada própria do capitalismo financeiro globalizado e da sociedade de consumo de massas, bem como da oligarquização da democracia. Mas continua a pressupor a individuação, isto é, a plena consciência de si, a realização das potencialidades individuais na sociedade em rede, a produtividade e a eficiência na economia, em novo padrão produtivo, e a radical representatividade das instituições democráticas para realizar a soberania popular. A plena individuação e a representatividade ampliada requerem a radicalização da sociabilidade, sob todas as suas formas. As mudanças que já se tornaram possíveis com a revolução digital e das telecomunicações alargaram o espaço de interação interpessoal, social e política em rede e sem fronteiras nacionais. O espaço político, porém, permaneceu nos limites da sociedade da ordem em esgotamento. Na economia, o dinamismo do mercado, não obstante as crises cíclicas em cadeia, tem permitido a emergência de segmentos no caminho de um novo padrão sustentável que produza mais bem-estar e menos efeitos colaterais. A radicalização do Iluminismo é o caminho progressista de sua superação.

O iluminismo radical, um ideal utópico até agora, prevê o alargamento do espaço público e de ação política e o aprofundamento da democracia. O modelo democrático radical viabiliza-se com a interconexão entre a ágora social digital em formação e a ágora política a ser constituída como eixo dominante do sistema político, da nova *polis* digital, recondicionando os subsistemas de representação e governança. Um ideal que se situa entre a utopia e a anarquia, dirão os céticos, com alguma razão. Há nessa visão iluminista radicalizada um elemento inescapável de utopia, em contraposição ao hiper-realismo que turva a visão de longo prazo e nos aprisiona na extrapolação das conjunturas e no incrementalismo decisório. Há, também, um elemento de anarquismo, tanto na defesa da centralidade do indivíduo em sociedade, como parte de uma rede autônoma e solidária, quanto na crítica à delegação quase absoluta da soberania popular ao Estado e à representação sindical e partidária, cada vez mais opacos e alheios à vontade dos cidadãos e aos interesses coletivos. A defesa da devolução da soberania à sociedade de cidadãos é compartilhada pelo socialismo democrático e pelo anarquismo. Talvez se trate de uma democracia "pós-iluminista" e "pós-liberal", com o máximo de autogoverno pela comunidade dos cidadãos livres. Desde que o "pós" não seja tomado como "anti". Seria pós-iluminista e pós-liberal no sentido de conter, radicalizar e transcender o paradigma constituído a partir do Iluminismo e do liberalismo clássico.

Esse iluminismo radical, para tomar emprestada a expressão de Jonathan Israel[108] referindo-se a uma das linhagens do pensamento iluminista, e democrático busca um novo "momento constituinte" que, como descreve Jason Frank, invente um novo espaço político e torne aparente um povo invisível, que nunca esteve produtivamente em harmonia consigo mesmo. É um momento que transcende a estrutura legal do Estado, mas se dá integralmente dentro dos limites da autoridade democrática da soberania popular, estabelecendo um novo sujeito político democrático ao dar visibilidade e voz ao povo. Ele rompe com a mera prática ritual da lei, transgredindo seus limites formais. Frank argumenta que pode se dar por meio de autorrealizações micropolíticas das aspirações populares, no discurso e na prática política cotidiana. Não são apenas grandes mudanças macropolíticas. Antes do *tipping point*, da virada definitiva, uma série de ações micropolíticas vai pavimentando trilhas para chegar à mudança macropolítica. É desta última que trata o presente argumento, o momento constituinte radicalmente democrático, em sintonia com o pleno amadurecimento da comunidade de cidadãos em rede. Ele diz respeito a um movimento simultaneamente transformador e fundacional. Ultrapassaria os limites da democracia representativa convencional — hoje mais estreita que a sociedade que deveria representar, não mais expressando, nem aproximadamente, a vontade popular soberana —, mas sem abandonar o ideal da democracia plenamente representativa. Ele seria aprofundado e complementado por mecanismos de deliberação coletiva e decisão participativa, que as novas tecnologias e as redes digitais viabilizam, e de vigilância, denúncia e impedimento. As críticas que tenho visto à democracia deliberativa e à democracia participativa não consideram nem as novas tecnologias, nem novas modalidades que podem ser institucionalizadas. São feitas com lentes analógicas.

O cidadão dessa sociedade em rede sem fronteiras está em estado de emergência, em formação. Portanto, esse processo constituinte é criador do próprio sujeito político novo. Ele se dá em nome de um povo que ainda não é sujeito, que está em processo de vir a ser o novo sujeito dominante do espaço político. Como dizia Tolstói, em passagem famosa, mas raramente lida com convicção, os indivíduos são como os rios, todos são feitos dos mesmos elementos, mas ora são estreitos, ora rápidos, ora largos, ora plácidos, claros ou turvos, frios ou tépidos. Se as pessoas são um fluxo, não uma entidade estática, os cidadãos haverão de ser um fluxo também e a democracia não deve ser imaginada como um desenho fixo que possa ser rigorosamente igual independentemente do momento histórico. Vivemos uma época que aponta para uma era na qual, para sobreviver, a democracia, embora retendo os elementos que lhe dão a identidade inequívoca, terá que ser rápida, larga e clara. Evidentemente que os termos poéticos de Tolstói têm sua correspondência na teoria democrática. Nós podemos ter regimes democráticos, mas não somos governados democraticamente. É esse grande hiato entre o regime constitucional e a prática do governo que alimenta o desencanto e o desalinhamento atuais.[109]

O estreitamento da democracia representativa é decorrência da assincronia entre o processo social e o processo político. A política, ao longo do século XX, nas democracias representativas convencionais, buscou sistematicamente a estabilidade, considerada uma virtude democrática. Essa natureza virtuosa da estabilidade das políticas é, por exemplo, o fundamento do influente raciocínio do politólogo George Tsebelis sobre o poder de veto, em grande medida incorporado ao acervo instrumental da ciência política.[110] A estabilidade das políticas, somente passíveis de mudanças por consenso unânime dos grupos de veto, afastaria radicalismos e promoveria o balanço interno de poder, evitando que mudanças bruscas alterassem a estrutura de preferências já inscrita no receituário de políticas públicas "autorizadas". Nas democracias emergentes ou jovens, o alvo é também a estabilidade política, a preservação das instituições da democracia representativa obtida com sangue, suor e lágrimas. Mas a correlação de forças presentes na economia e na política funde o desejo geral de estabilidade democrática com o interesse privado de estabilidade das políticas que beneficiam os donos do poder. A ordem democrática confunde-se, dessa forma, com o statu quo, e a vontade geral de preservação da democracia passa a instrumentalizar o interesse oligárquico na conservação do statu quo. As democracias tornaram-se muito conservadoras, pondo em risco a própria legitimidade da Democracia. Como alertam o jurista Bruce Ackerman e o filósofo político James Fishkin, em todas as democracias, o privatismo erodiu os ideais centrais da cidadania democrática de um modo que é incompatível com o funcionamento satisfatório do governo democrático. O bom governo, dizem, não requer uma cidadania hiperativa, mas tampouco pode prosperar em um mundo estreitamente privatista.[111] É a privatização da cidadania, que eles denominam "privatismo cívico", que solapa as bases da democracia representativa, retirando-lhe representatividade e caráter coletivo e gerando, no limite, grave crise de legitimidade. Em outras palavras, a representatividade e a participação dos cidadãos foram sacrificadas para assegurar a estabilidade das políticas.

Essa privatização da cidadania, gêmea da individualização uniformizadora do mercado de consumo de massas, leva a confusão entre estabilidade democrática e conservação do statu quo. A estreiteza da representatividade que espelha o statu quo e a correlação de forças preexistente levam à perda de confiança e, em última instância, à crise de legitimidade das próprias instituições democráticas. Ackerman e Fishkin ressaltam os danos à democracia causados por esse privatismo que fragmenta a cidadania. Meu problema com o argumento dos dois é quando propõem uma solução face a face, por considerarem que as redes sociais podem agravar a segmentação do debate público, reforçando as tendências do privatismo. Até aí, tudo bem. As redes também podem exacerbar o consumismo e a individualização uniformizadora da sociedade de consumo de massas. Mas esse não é um vício das redes, apenas sua captura pela mesma lógica que domina a sociedade, como argumentei anteriormente. Isso não significa que não possam ser — e não estejam sendo em alguma medida — usadas como instrumentos de socialização da cidadania e dos indivíduos e, sobretudo, de "conversação", de debate público das escolhas de políticas feitas pelos partidos e pelos governos. Boa parte das mudanças micropolíticas que podem resultar em mudanças macropolíticas está se dando no contexto da ciberesfera, pelas redes e mídias sociais, com rebatimentos concretos na socioesfera.

## DO INDIVIDUALISMO PRIVATISTA À SOCIEDADE DE IGUAIS

O indivíduo está desentranhado da velha ordem industrial-manufatureira e é recém-chegado à transição, na qual só pode se situar precariamente. Não está só, mas está por conta própria. Desprotegido. Seu eu está fracionado em múltiplas e contraditórias visões do próprio ser, numa sociedade que se desfaz. Não é por acaso que a sociologia tem falado em "categorias zumbis", que já estão mortas para a nova formação emergente, mas continuam a se mover no tecido social em mutação e a assombrar os vivos. Ele já não é parte efetiva de uma classe; as classes estão se dissipando em meio às mudanças estruturais no modo de produção, como argumentam os sociólogos Ulrich Beck e Elisabeth Beck-Gernsheim.[112] Mas esse individualismo, nascido da mudança estrutural, da crescente complexidade, da diferenciação social progressiva e da emancipação, não impede, antes possibilita, a integração do indivíduo à comunidade de cidadãos livres. Esse indivíduo só encontra sua identidade coletiva como cidadão. Ele é mais livre e mais autônomo. Seu desejo é que a política se ajuste às novas realidades que percebe, que o representem. A individualização, nesse contexto, não é superável por formas antigas de socialização. Não sem perdas irreparáveis. É uma forma de democratização cultural e de tomada de consciência pessoal da sociedade em transformação. A socialização desse indivíduo, na formação da comunidade de seres livres e diferenciados, só é viável respeitando integralmente a liberdade individual e para promover a liberdade política e coletiva. Isso implica democratizar a democracia, aprofundá-la, não a limitar.

Há uma dimensão de padronização desse indivíduo recém-desentranhado e imerso nas formas da transição. Ela ocorre em determinadas dimensões da cultura e das subculturas contemporâneas e está associada à globalização e à fusão de culturas que se reconhecem como iguais nas redes. É uma padronização integradora e formadora de novas identidades globais, complementares — não substitutas — das identidades locais, que já se expressa, de forma visível, em manifestações culturais. Eu até preferiria chamá-lo, parafraseando Edgar Morin, de mestiçagem identitária. É o caso do grafite, do hip-hop e do rap, por exemplo, que estão em Los Angeles, em Miami, em Paris, em São Paulo, no Rio de Janeiro, na Cidade do Cabo, em Casablanca, Rabat, Iaundê, Nairóbi. São a mesma coisa e são diferentes, são manifestação coletiva e afirmação individual.

Vi, há alguns anos, dois rappers discutindo amigavelmente suas diferenças. O que era de São Paulo dizia do outro, do Rio de Janeiro, que este fazia o "rap sujo", de Miami, e que ele era do "rap autêntico" de LA. O *dirty rap* é, de fato, de Miami e de algumas outras cidades do sul dos Estados Unidos. Tem características musicais distintas em seu *blend* de ritmos afro-americanos e caribenhos. O "rap autêntico", o *gansgta rap*, nascido na Califórnia — San Francisco e Los Angeles —, tem outra fusão rítmica, saída do encontro entre os ritmos afro-americanos e latinos da Costa Oeste. Ambos diferem também nas temáticas centrais. São subgêneros da cultura hip-hop que se disseminou no país. Com os brasileiros ocorria o mesmo. Um era paulista e o outro, carioca, embora carregassem as influências dessas duas vertentes do hip-hop dos Estados Unidos. Expressavam suas comunidades culturais locais, mas a linguagem geral que os individualizava como rappers era mais próxima musicalmente do rap de Los Angeles, num caso, e do rap de Miami, no outro. Numa reunião com rappers de todos esses lugares — o hip-hop está em comunidades de cidades espalhadas pelo mundo todo —, eles saberiam identificar-se como iguais e, ao mesmo tempo, diferenciados. Uma identidade rapper mestiça.

Essa padronização individualizada não existe sem tensão. Ela é um mosaico de percepções, papéis e realidades contraditórias entre si. É parte indissociável do estresse da transição, da "doença de nosso tempo", de nossa inquietude. Ela expressa revolta e abuso, nas mais variadas situações histórico-culturais. De novo, nasce da padronização e da especificação contextual. Vê-se uma mestiçagem cultural, ora paralela à mestiçagem global, ora parte dela. Só para manter-me no exemplo da cultura do hip-hop, lembro, como exemplo dessa revolta ressentida, o título de um álbum do rapper marroquino Mouad Belrhouate, ou El Haqed (O Enraivecido) — *Somos todos indignados*. Por sua visão crítica e seu grito de inconformidade, El Haqed é recorrentemente perseguido pelas forças de segurança de seu país. Não é mera coincidência que os levantes de rua espanhóis também fossem conduzidos por Indignados.

Quem quiser usar padrões éticos do passado para avaliar essa cultura incorrerá em grave erro de simplificação. Nela, o amálgama cultural contém o bem e o mal, o passado, o presente e o futuro, numa mistura amarga e revoltada. Não há como evitá-la, reprimi-la ou eliminá-la. Não se trata disso. Essa cultura se move por sua própria conta no tumulto em que todos estamos imersos, tentando processar suas dores, sonhos e reveses. Ela se move, e sua única esperança é encontrar o caminho da mudança que permita superar a condição estrutural que produz a revolta e, no processo, transformá-la. Não se trata de negá-la ou censurá-la, mas de ouvi-la com toda a atenção, porque ela tem o que dizer.

O indivíduo da transição experimenta a transitoriedade, a

vida e a ação não lineares, radicalmente, em sua máxima intensidade e extensão. Ele vive em um mundo de eventos efêmeros, de aceleração do tempo de vida e da história. A aceleração do tempo de vida não nega o aumento da longevidade alcançado nos últimos estágios da ordem anterior. Convive com ela. Mas, nesse mundo de guerras urbanas, atentados, guerras civis e guerras étnico-territoriais, a aceleração do tempo de vida também assinala como a vida é precária todo dia. Basta ver as estatísticas de mortalidade por violência ("causas externas") de jovens, principalmente negros, do sexo masculino, nas capitais do Brasil, para se ter uma medida macabra da face negativa dessa aceleração do tempo de vida.

O outro lado está no fato de que as biografias dos indivíduos da transição são autoconstruídas por pessoas não lineares, sem tempo para refletir mais profundamente, propensas ao improviso e à ação imediata. Essas biografias deixam de ser dadas e passam a ser eletivas. Como descrevem Beck e Beck-Gernsheim, o ser da transição, o indivíduo, é um combinador. Ele combina redes, constrói alianças, faz acordos, sempre por conta própria. Ele tem que viver e sobreviver numa atmosfera de risco permanente, na qual o conhecimento e as mudanças de vida são de curta duração e se multiplicam no tempo. O conhecimento que acessa e usa tem alta taxa de obsolescência. Suas experiências de vida mudam rapidamente. Há muito mais liberdade para a experimentação — as artes contemporâneas têm refletido isso — e, ao mesmo tempo, o desafio sem precedentes de ter que lidar, em tempo praticamente real, com as consequências de suas ações e das ações dos outros. Não há tempo de decantação. É a voragem da grande transição. É esse o indivíduo portador e agente da transição.

Na sua introdução ao livro desses dois autores, o sociólogo Scott Lash levanta uma hipótese instigante,[113] a de que esse indivíduo talvez não seja exatamente um ser *a*nômico, e sim *auto*nômico. Em outras palavras, não propriamente *des*regrado, mas *auto*rregrado. Na ausência, ainda, das regras constitutivas da nova ordem vindoura, emergente, e diante de regras obsoletas que operam contra ele, esse indivíduo vive uma fase de ensaio e erro, de regras pré-constitutivas, portanto efêmeras, autodefinidas e de transgressão às regras constituídas. Vive, portanto, uma espécie de código pessoal que define tanto as regras que valem quanto as que não valem, baseando-se em sua utilidade e efetividade. Esse código de regras de conduta individualizado lhe permite apenas mínima e precária normalidade no caos da transição. Basta ver os vários exemplos desse novo tipo de ator social nos seriados de sucesso no Netflix ou nas TVs a cabo, como *Mr. Robot, Orphan Black, Sons of Anarchy*, só para nomear alguns mais recentes. Diante desse desfazimento da ordem, e para não viver em plena desordem, os indivíduos se autorregulam e provavelmente adquirem nesse processo o difícil aprendizado da liberdade em comunidade, da real autonomia responsável. Restam-lhe apenas barreiras morais pessoais para definir os limites de sua transgressão. Formam-se códigos de ética diversos, por conta própria, de distintos grupamentos de indivíduos. Estes vão dos códigos das gangues aos códigos do hip-hop, do grafite, do jiu-jítsu, e se substituem aos códigos sociais, nos quais não se veem representados, aos quais não se veem obrigados, pelos quais não se sentem protegidos, mas ameaçados.

    Esse ciclo autonômico, do ensaio-erro, é cheio de fúria e violência. Não é pacífico nem indolor. Nem para os agentes, nem para os que são colhidos despreparados nesse cada um por si. Mas não se trata de uma sociedade de dominância do "eu primeiro". Essa é apenas uma das faces desse contraditório processo que atinge todas as dimensões da sociabilidade. Há também a face heterônima, altruísta, que aponta para a possibilidade de produção de uma nova ética do individualismo cooperativo. Quase uma ressonância do *individualismus pro sibi communisticum* de Kropotkin, que levava a individualidade a seus máximos limites e assumia, a partir dessa consciência radical de si e para si, corresponsabilidades comunitárias.

Esse indivíduo autonômico não tem nada a ver, também, com o ser humano autárquico dos neoliberais e ultraliberais. Estes presumem que o indivíduo é plenamente capaz de assegurar-se uma vida plena por si só. Esse princípio, o do "sua vida, seu risco", metamorfoseia as crises estruturais, portanto coletivas, em risco pessoal, "sua vida, seu fracasso".[114] Essa metamorfose do risco estrutural em responsabilidade pessoal justificaria ideologicamente as novas formas de exclusão. Trata-se, no caso do indivíduo autonômico, do individualismo cooperativo, do oposto desse princípio: esse indivíduo autonômico, que se autorregula, por falta de regras que façam sentido para ele, só tem chance de realização plena coletivamente. Aqui, voltamos à socialização do indivíduo de Rousseau, queira-se ou não, ainda que em outra e mais complexa concepção. Eles não têm muita liberdade de escolha, "mas compreensão da incompletude fundamental do eu, que está no coração da liberdade individual e política" de hoje.[115] A diversidade e a tolerância com o diferente, com as culturas e comportamentos estigmatizados pelos grupos hegemônicos da ordem em dissolução, são a base da convivência entre indivíduos que assumiram a tarefa de viver a própria vida por conta própria. É também o fundamento da autonomia que, uma vez alcançada em sua plenitude por indivíduos que se tornaram capazes de se autorreconhecer e se autoafirmar e, a partir daí, de ver o outro diferente como igual, permite a integração à comunidade de cidadãos livres, iguais e diferenciados. Essa autonomia não é singular, é plural, ela combina a autorrealização e a justiça e permite a fusão entre o interesse individual e o coletivo. Daí podem nascer as novas instituições da sociedade democrática de iguais.

Estamos em um momento histórico de identidades perdidas,

melhor dizendo, no qual desaparecem as identidades dadas pelas categorias sociais bem estruturadas e pelo convívio social regulado da velha ordem. Mas há também um movimento de recomposição dessas identidades perdidas, por meio da segmentação do sentimento de proximidade, do apartamento seletivo. Quando um indivíduo senhor de si, morador de uma favela, chama seu lugar de comunidade, ele está dizendo a todos que, em seu meio, rompeu com a solidão e a exclusão urbanas. Esse movimento é, porém, um desvio na rota da igualdade geral de condições. A igualdade de condições se fragmenta e dá origem a similaridades socioculturais "seletivas e segregativas".[116] O fenômeno sociológico novo que caracteriza a sociedade contemporânea é esse separatismo social que se generaliza e se manifesta de forma aguda no espaço urbano, e não o progresso difuso e invasor do individualismo. As novas identidades têm que ser construídas. O individualismo, nesse sentido, se torna também um processo de definição de identidades. Ou, como diz Bauman em sua introdução ao ensaio de Beck e Beck-Gernsheim,[117] o que sai da ordem em escombros, de normas sociais em dissolução, é um ego nu, amedrontado e agressivo em busca de amor e ajuda. Esse ego é o mesmo, em parte, que sai desse jogo de improvisos e experimentação livre. Mas sua interpretação se detém na face pessimista desse processo — que existe, sem dúvida —, o que o faz ver esse indivíduo autonômico como incompatível à cidadania republicana.

Todavia, há um caminho viável para a plena cidadania republicana que passa por esse indivíduo nu, mas autonômico, e leva à equivalência entre as autonomias conquistadas individualmente, uma vez eliminadas as velhas barreiras da exclusão. Essa transformação da liberdade sufocante em liberdade emancipatória permite que o processo de individualização leve à superação dos obstáculos, à individuação, à capacidade de autoafirmação que fundamenta o sentido da obrigação para com os outros. A igualdade constituinte da sociedade que se forma na transição se dá entre indivíduos autonômicos, coagentes da construção possível de uma sociedade de cidadãos livres, iguais e diferenciados. Essa hipótese — o futuro haverá, talvez, de nos abrir outras possibilidades positivas e negativas — permite conciliar a sociedade dos indivíduos de Elias e a sociedade dos iguais de Rosanvallon.

A cidadania não se resolve unicamente em sua dimensão jurídica — da igualdade de direitos políticos — e dos direitos humanos; ela constitui uma forma social. Nela, o cidadão não é apenas um indivíduo portador de seus direitos pessoais, ele se define em relação aos outros. Ele realiza sua cidadania como concidadão. A cidadania é uma comunalidade que confronta a similaridade segmentada. Na formação social da cidadania, os concidadãos constroem um mundo comum.[118] O próprio Bauman reconhece na introdução já mencionada que, por meio do ensaio e do erro, reflexão crítica e ousada experimentação, precisaremos aprender a resolver coletivamente os problemas postos por nossa realidade. Ulrich Beck, falando da reinvenção da política, diz que precisaremos de uma nova Reforma que nos leve a radicalizar a modernidade, o que demandaria invenções sociais e coragem coletiva nas experimentações políticas.[119] Tudo isso, hoje, está muito longe ainda de obter apoio majoritário, ou seja, consenso social e político. A questão central é como esse processo contraditório e caótico de individualização e individuação pode ser canalizado para novos procedimentos democráticos, capazes de originar novos regimes de democracia.

AS DUAS FACES DA TRANSIÇÃO

Estamos, novamente, diante das duas faces da transição. Uma, ainda predominante, constituída pela infiltração da velha lógica política e econômica no novo modo de diálogo público em rede. Aí residem as críticas de Ackerman e Fishkin. Esse processo tende a ter efeito similar àquele que Bauman atribui à sociedade nos tempos líquidos. A cidadania se fragmenta ainda mais. Reforça-se a sociedade de indivíduos atomizados, padronizados e reunidos em comunidades segregadas. A única dimensão que lhes permite se "re-unirem" é o espaço virtual das redes. Contudo, as redes ainda não se politizaram, não se tornaram uma dimensão de ação coletiva consciente e livre dos aparelhos de intermediação. Hoje, uma boa parte do debate político nelas é mediada, refletindo posições de interesses especiais, de facções partidárias, e assim por diante. As redes não se constituíram integralmente, ainda, em espaço público realmente aberto a todos, com base na igualdade absoluta dos cibercidadãos, independentemente das diferenças entre eles, capazes de expressar visões formadas por convicção própria na dinâmica da conversação.

A outra face da transição, também expressa nas redes, é emergente e foi vislumbrada por Castells. Ela aponta para a constituição da *polis* digital e da ágora digital, a assembleia de cidadãos iguais e conscientes de seus interesses e do interesse coletivo, a partir do novo espaço público radicalmente democrático de conversação e deliberação. As redes permitem a articulação dos que se sentem fora do jogo político convencional. O levante nas praças, não importa sua orientação político-ideológica, é sobretudo dos que se veem como estranhos ao jogo político, como os "de fora", os "indignados". A rebeldia, como estágio pré-revolucionário, só pode se manifestar como transgressão ao statu quo, à estrutura institucional-legal dominante. Mas sua natureza ainda imatura, emergente, faz com que seja um movimento desarticulado, fragmentado e heterogêneo. Não tem ainda visão comum e força enraizada para deflagrar um momento constituinte.

Os cidadãos em rede são capazes de mobilização espontânea para a ação, mas só conseguem articular a negação da ordem, não conseguem ainda articular demandas constitutivas da vontade coletiva que permitiriam o estabelecimento de uma nova ordem democrática mais eficaz e legítima. É preciso ter a aguda noção de que esses momentos de explosão de criação e descontentamento têm seu desfecho aberto. Se eles terão sucesso em criar uma nova ordem ou fracassarão depende da força relativa dos lados em confronto. Toda transição torna os conflitos mais agudos. Como esses conflitos serão resolvidos e a favor de que interesses depende da constelação de poderes e do entrechoque dessas forças. Essas ondas de indignação e esperança, para usar a expressão de Castells, são efêmeras. Mas são ondas. Vão e vêm, com intensidade distinta, provavelmente crescente, e a se propagar. Ao mesmo tempo, nesse fluxo e refluxo da indignação, vão amadurecendo ideias e lideranças que permitirão a articulação futura das demandas pela mudança efetiva, com rumo e horizonte.

Há, todavia, uma tensão visível entre o modo pelo qual os indivíduos se reúnem nesses movimentos e o que eles têm a dizer, quando têm sua força reconhecida. Os exemplos do Egito e da Líbia são claros nesse sentido, embora com narrativas diversas: são capazes de provocar a derrubada de governos, mas não de constituir governos em um novo modo, que expressem a representatividade das ruas e a soberania popular. O caso do Podemos e do Ciudadanos, que se transfomaram em partidos vitoriosos na Espanha, saídos do movimento social, ainda não evoluiu o suficiente para sabermos se terão condições de oferecer vias efetivas para a renovação do sistema partidário e o aprofundamento da democracia. Hoje, seu principal papel é mostrar como os velhos partidos, PSOE e PP, se parecem em seus defeitos, por terem perdido as virtudes que os diferenciaram. A situação dos dois partidos que se alternaram no poder no Brasil, PT e PSDB, é muito parecida. Mas ainda não surgiram novas forças para denunciar a decadência dos velhos partidos brasileiros.

## NOS LIMITES DA DEMOCRACIA

O politólogo Peter Mair argumenta, de modo bastante persuasivo, que se discute muito a democracia, o que ela significa e a necessidade de renová-la, no momento mesmo em que os cidadãos se afastam das formas convencionais de engajamento democrático. Essas discussões não têm maiores consequências porque, longe de buscar maior participação dos cidadãos comuns, a maioria delas favorece opções que restringem ou desencorajam o engajamento popular. Sua crítica aplica-se tanto às discussões sobre reformas institucionais quanto às controvérsias em torno da teoria democrática. Mair vê um exemplo concreto dessa fuga da participação na ênfase que se dá ao envolvimento de grupos diretamente afetados pelas decisões (*stakeholders*) em lugar de maior participação eleitoral e política. Essa substituição da participação da comunidade de cidadãos pelo envolvimento de grupos específicos segmenta e separa, em lugar de agregar e mobilizar. Essa fragmentação da participação retira conteúdo verdadeiramente democrático das propostas de democracia associativa e de governança participativa. O esvaziamento da democracia dos cidadãos, ou do conteúdo de soberania popular, está também evidente na valorização da legitimidade exclusivamente pelo resultado, por critérios de eficiência, estabilidade e continuidade. Da preocupação com a indiferença dos cidadãos não deduzem a necessidade de maior mobilização de interesse e engajamento participativo.

Para quem vive em uma democracia jovem e cheia de vícios deve parecer estranho ler ou ouvir sobre déficit de democracia na

Europa, no Canadá ou nos Estados Unidos. A questão é que se experimenta, globalmente, desconforto com o desempenho das democracias, nos mais distintos ambientes socioeconômicos e variados regimes de governança. Em praticamente todos os países as pesquisas indicam que os políticos estão entre os que têm menor confiança dos cidadãos. Entre os que querem um sistema político aberto, de liberdades amplas, a maioria não quer o fim da democracia. O que se discute, sem muito sucesso até agora, é como aperfeiçoá-la. Poucos se propõem a encontrar formas de alargar o espaço democrático, aumentar a representatividade e a transparência do sistema democrático. A não ser como retórica. Muitos querem, ao contrário, limitá-lo, para reduzir o escopo da democracia apenas a seus fundamentos constitucionais, tornando a participação dos cidadãos e a soberania popular um elemento residual. Essa, talvez, seja hoje uma das principais distinções entre a direita liberal e a esquerda democrática.

A democracia não é um corpo fixo de instituições replicável em toda parte. É um processo. Faz mais sentido falar em democratização e graus de democratização do que falar em democracia. É um sistema móvel, com um alvo móvel. Quando se chega a determinado arranjo sistêmico, que parecia ideal da perspectiva do ponto de partida, constata-se que é preciso ir mais adiante, pois sempre há um déficit democrático remanescente.[120] Rosanvallon lembra que a democracia, historicamente, sempre se manifestou simultaneamente como promessa e como problema.

Tive essa percepção da promessa e do problema da democracia logo depois do doutorado, na década de 1980, quando fui a um seminário sobre democracia comparada, no Helen Kellogg Institute for International Studies, da Universidade de Notre Dame. Fazia parte das atividades de um grupo que mantínhamos para discutir as relações entre Estado e democracia na América Latina, Europa e Estados Unidos. Era, portanto, uma reunião de cientistas sociais que se conheciam, de idade e estágio na carreira distintos, que moravam em diferentes partes do mundo e discutiam com intimidade o mesmo tema já fazia algum tempo. No rico debate que tivemos, falei da estranha sensação que sempre tive sobre a relatividade e a parcialidade da democracia toda vez que chegava aos Estados Unidos.[121]

Quando saía do Brasil, à época ainda sob regime autoritário militar, e chegava aos Estados Unidos, ficava aliviado e impressionado com o regime de liberdades democráticas que seus cidadãos haviam construído. Após alguns dias lendo os jornais e acompanhando o noticiário na TV, eu reavaliava minha impressão daquela democracia, que parecia quase uma utopia comparada ao sistema autoritário brasileiro. Dava-me conta de que ela não era suficientemente democrática, na melhor das hipóteses era parcialmente democrática. Ou, na feliz expressão de Peter Bachrach, uma democracia elitista.[122] Foi quando firmei a convicção de que não existe um estado final de democracia. Existe uma diferença crucial entre ter e não ter democracia.

A democracia pressupõe certos requisitos mínimos, de liberdades e direitos, de participação e contestação do poder vigente, que são essenciais. Mas ela se completa com um amplo conjunto de liberdades e direitos que não são fixos, são dinâmicos, devem se ajustar às mudanças na sociedade e na própria política. Ela é sempre uma construção em processo, sempre precisando melhorar, pedindo a adição de novas peças ao conjunto. Para usar uma expressão do momento, toda democracia requer *retrofits* sucessivos e sempre pensados a partir do que ainda não se tem, para assegurar que a soberania popular seja mais sustentável. É um alvo móvel, é sempre possível e necessário ter mais democracia e fazer novas conquistas democráticas.

Há um elemento inarredável de insaciedade no ser democrático. A democracia é, também, um processo permanente de constituição da soberania popular, em dois sentidos principais. O primeiro, da constituição do próprio povo como sujeito coletivo, quase uma impossibilidade sociológica diante das divisões sociais e da recorrente fragmentação da sociedade, à medida que vai se tornando mais complexa. O segundo, da constituição dos meios de exercício da soberania, a dimensão política dessa construção sociológica do povo soberano.

O politólogo Robert Dahl já havia percebido conceitualmente, pelo lado liberal, essa natureza móvel do sistema democrático, levando-o a concebê-la em um contínuo da autocracia à poliarquia. Mais recentemente, sobretudo em relação à crise da União Europeia, passou-se a falar em déficit de democracia, ou déficit democrático. A noção de déficit compartilha essa visão geral relativista, pois sempre haverá diferentes níveis de déficit. Mas é uma ideia perigosa, porque contém a possibilidade, teoricamente inevitável, de um superávit democrático, um excesso. É essa ideia de democracia em excesso que alimenta o conservadorismo da direita liberal-democrática hoje e faz o jornalista e ensaísta Fareed Zakaria, entre outros, dizer que "precisamos de menos, não de mais democracia".[123] Seria a consagração do "povo semissoberano" do politólogo Elmer Schattschneider, do povo cujos direitos constitucionais são garantidos por uma elite que se julga neoiluminista. É a expressão contemporânea da desconfiança liberal, que suspeita do poder popular e sempre temeu os resultados do sufrágio universal. É também parte de um longo processo histórico, de "assepsia" liberal das categorias de república e democracia, para mantê-las nos limites estritos dos governos liberal-representativos.[124] Uma atualização, como lembrou Peter Mair, da distinção feita por Dahl, no passado, entre a democracia "madisoniana" e a democracia "populista". É, igualmente, herdeira da "democracia vertical", do politólogo Giovanni Sartori, que valorizava a qualidade da liderança e do processo seletivo de elites — minorias

— competindo pelo poder e que depreciava a participação de massa da "democracia horizontal".[125]

O pensamento liberal-conservador aderiu a um neoelitismo que enfatiza o constitucionalismo democrático e minimiza a soberania popular. Zakaria chega a falar em "democracias iliberais", nas quais as eleições poderiam ser consideradas justas e corretas, mas os governos eleitos retiram os direitos e as liberdades constitucionais do povo. Essa constatação lhe permite concluir que "a democracia está florescendo, mas o liberalismo constitucional não está" e que as democracias iliberais ganham legitimidade e força porque são "razoavelmente democráticas".[126] É isso que o faz desejar inverter o jogo, assegurando os direitos e as liberdades constitucionais e reduzindo a participação e a representação populares, para consagrar a "democracia liberal". Essa redução do conteúdo democrático a meras eleições formais é, realmente, um dos pontos de clivagem política essenciais entre a centro-direita e a esquerda democrática. Ele tem razão em dizer que eleições por si sós não expressam democracia, mas não creio que existam regimes "razoavelmente democráticos". Se os direitos constitucionais não estão garantidos não se pode falar em eleições "justas". A ditadura militar brasileira permitiu, todo o tempo, eleições para o Congresso, enquanto sequestrava, torturava e matava em seus porões, além de manipular as regras eleitorais para não correr o risco de ver a oposição ganhar. Nem por isso pode ser considerada democrática, em qualquer medida.

A democracia é um sistema e um processo com múltiplos elementos. Os regimes aos quais Zakaria se refere não são democráticos, são autoritários ou estão transitando para o autoritarismo. A distinção entre democracias participativas e democracias elitistas faria mais sentido, não houvesse a primeira noção sido apropriada por uma corrente específica. Hayward fala em democracia populista, mas com uma conotação negativa para "populismo", no sentido bem conhecido do público latino-americano, de manipulação autoritária em nome do povo. "Democracia popular" foi apropriada pelos regimes comunistas, que são tudo menos democráticos. A China se autodenomina uma "democracia do povo" até hoje, em uma situação na qual até a liberdade de ir e vir é limitada. A própria dificuldade para encontrar um nome adequado para as democracias que privilegiam a realização da soberania popular mostra como nos distanciamos desse ideal.

A expressão de Schattschneider se refere ao que, em linguagem atualizada, se poderia denominar soberania regulada das democracias elitistas. Ele fala de um mundo no qual grupos de defesa de políticas públicas (*policy groups*) e grupos de interesses têm alcance político abrangente, constituindo verdadeiras jurisdições setoriais de poder. Os partidos políticos respondem mais a suas oligarquias que a suas bases, frequentemente manipuladas pelas milícias arrecadadoras de votos e favores, a serviço dessas oligarquias. Os sindicatos monopolizam a representação funcional dos interesses dos trabalhadores, mas apenas daqueles com suficiente escala organizacional. A autonomia de escolha e ação dos eleitores e o próprio papel das eleições são severamente condicionados por essas intermediações. A cidadania é mediada, não exercida autonomamente pelas pessoas. A socióloga Theda Skocpol mostrou como o processo decisório estatal está imbricado com a ação de ampla gama de forças políticas. Isso em um contexto no qual a organização e a mobilização de grupos, a formação de identidades e as estratégias políticas estão descoladas da comunidade dos cidadãos.[127] Constituem elementos do que eu classificaria como uma democracia oligarquicamente regulada, na qual prevalecem elites não apenas partidárias, mas também sindicais, patronais e filantrópicas. Do ponto de vista da representação partidária, a oligarquização generalizada favorece o domínio dos partidos-cartel, para usar a expressão do presidente do Centro de Estudos sobre o Governo Democrático, em Oxford, David Hine.[128]

A desigualdade de acesso à educação e à informação e de "custos de oportunidade" para obtê-los e usá-los impõe obstáculos à participação nas deliberações e justifica a necessidade de elites esclarecidas para "representar" os interesses do povo. Pior ainda, todas as elites, à esquerda e à direita, confundem educação, particularmente a educação cívica, com doutrinação. Há pouquíssima disposição em fazer avançar a educação pluralista, que libera, confere poder de julgamento próprio, dá autonomia e é um recurso poderoso para os indivíduos participarem das deliberações coletivas como cidadãos integrais. Tanto o argumento quantitativo da impossibilidade numérica da consulta a todos — que o avanço tecnológico vem confrontando — quanto o argumento qualitativo do "despreparo" das massas para "decidir bem"— uma reverberação do preconceito elitista — são usados para justificar e valorizar a democracia mediada.

A democracia regulada ou mediada mostra que nunca haverá democracia demais e que a democracia representativa, cuja propensão natural é a oligarquização, precisa ser enfrentada com outros mecanismos constitucionais de participação e contestação. Rosanvallon fala da democracia representativa que se degrada em aristocracia eletiva para justificar mecanismos de desafio ou contestação popular do poder político. É uma proposta que estaria contida na noção enunciada pelo filósofo Johann Gottlieb Fichte de interdição do Estado. O politólogo Jack Hayward afirma que o ideal democrático continua a ser o envolvimento direto de cidadãos iguais no governo, reduzindo o peso e a importância de uma "liderança representativa". Essa é a premissa do pensamento libertário, para o qual me inclino, ainda mais diante da constatação da "representação real", isto é, tal como ela existe na realidade prática: oligarquizada e cartelizada.

O objetivo de máxima participação com o mínimo de representação, que se aproximaria do ideal de autogoverno, da democracia horizontal, assim como o ideal democrático, talvez jamais seja plenamente realizado. Uma utopia que anima e demanda que se tenha uma visão crítica dinâmica da democracia, como processo de autonomização da sociedade e das pessoas. Em palavras mais simples, sempre é possível pedir mais autonomia e mais participação, aprofundando e alargando a democracia.

Para quem acredita na possibilidade de avanços na consciência e na soberania popular, na busca do autogoverno, o problema da democracia não é de excessiva participação popular, mas de escassa participação. A participação, hoje, se dá sem autonomia, sem autogoverno. Ela é mediada, regulada e manipulada. Os defensores da democracia representativa orientam-se por um modelo ideal de representante, que atende às demandas e conhece as necessidades que deve suprir para garantir o bem-estar de todos. Vale adicionar que a representação irrestrita — e, quanto menos participação, menor o controle sobre os representantes — se torne rigorosamente irresponsável diante da sociedade e por seus próprios atos. Representação implica ser responsável *à* e ser responsável *por*. Ser responsável *à* coletividade e *ao* eleitorado e ser responsável *por* seus atos, tanto do ponto de vista substantivo, de correspondência com o interesse social e do eleitor, quanto do mérito, da qualidade da representação, de sua condução ética. São pressupostos da responsabilidade na qual se baseia a confiança dos cidadãos.[129] Portanto, o cidadão deveria ter o poder de afastar o representante e o governante de má-fé que traia o compromisso que o elegeu; o representante ou governante incompetente que exerça mal seu mandato público; e o representante ou governante corrupto que venda seu mandato.

Mesmo estritamente no campo liberal-democrático, o caminho não seria menos democracia, como quer Zakaria, mas o aprofundamento da democracia. A desconfiança democrática objetiva assegurar que o poder legitimamente constituído pelo sufrágio universal persista fiel a seus compromissos e que os meios de governança atendam à exigência original inarredável de servir ao bem comum. O socialismo democrático e outras vertentes libertárias defendem esses mecanismos de desconfiança e postulam contrapoderes sociais, buscando "ressincronizar" democracia e povo, discurso e ação, tanto na representação quanto na participação popular nas decisões públicas. Democratização também no sentido de universalização da educação e da informação.

Democracia não é só uma questão política, nem principalmente social. É um sistema que se baseia na igualdade política e social dos cidadãos, com diversidade. Isso não significa uma sociedade de pessoas indiferenciadas em seus desejos, preferências e aptidões. Significa apenas que essas são diferenças individuais, nascidas da individualização, da construção autônoma da personalidade de cada um, e não desigualdades socialmente construídas nas relações sociais. Essa democratização tem a ver com a socialização do conhecimento que permite romper com sua segregação e manipulação, que formam "constelações de consciências segregadas", como as chamou o sociólogo Peter Berger.[130] A individualização gera a divisão do eu entre o "eu anônimo" e o "eu pessoal", produzindo uma individuação quebrada, cujo preço é a alienação. Essa separação é também evidente nas redes, onde o anonimato protege a pessoa da exposição a interações que lhe pareçam vexatórias, constrangedoras ou atritosas. Ou serve para acobertar os autores do discurso do ódio, de desqualificação dos outros.

Com a ressocialização do indivíduo, ele pode reunificar suas experiências existenciais segmentadas e se desvencilhar da fragmentação e da padronização que o tornam anônimo, realizando-se plenamente como indivíduo em sociedade, como diria

Rousseau. A ressocialização corresponderia à superação da natureza fragmentada, isolada do indivíduo por sua plena integração à sociedade. Em sociedade ele consolidaria sua identidade individual, como pessoa e cidadão. Essa reapropriação de si pela eliminação das barreiras sociais e pela autonomia dotaria as pessoas dos recursos necessários para tornarem-se indivíduos integrais e cidadãos.

O sociólogo C. W. Mills identificou essa destituição das massas, que as tornava manipuláveis pelas elites.[131] Essa é a diferença política que separa a direita liberal da esquerda democrática e esta da esquerda tradicional, estatista e sindicalista. A esquerda democrática quer uma sociedade de cidadãos livres e iguais, individualmente diferenciados, capazes do máximo de autogoverno e do máximo controle sobre a parte do poder que delegam a terceiros em seu nome. A democracia pressupõe consenso apenas sobre regras e procedimentos, inclusive para mudá-los, para que permitam a livre manifestação da diversidade e do desentendimento. Não apenas no sentido de respeitar e proteger as minorias e evitar a ditadura da maioria, mas no sentido mais profundo de estimular a diversidade de perspectivas e visões e evitar hegemonias ideológicas, para manter a capacidade criativa na política. A democracia radical valoriza a contestação permanente das ideias majoritárias na conversação coletiva. Do mesmo modo, pressupõe o controle efetivo da representação, sua responsabilização.

As teorias clássicas podem ajudar nessa busca de caminhos para o aprofundamento da democracia no século XXI. Muitos de seus conceitos eram vistos como românticos ou utópicos, porque não havia meios para realizá-los. A revolução digital está resolvendo isso. O anarquismo é um desses casos. Tecnicamente propunha ausência de governo, ou melhor, o autogoverno. Um sistema político sem Estado, no qual a sociedade é formada por cidadãos igualmente livres e corresponsáveis pela *polis*, que pode ser pensado como uma das modalidades de aprofundamento radical da democratização, no novo contexto tecnológico da democracia digitalizada. A noção de anarquia como desordem é autoritária e preconceituosa. Não se trata da falta de ordem, mas da minimização dos controles dos aparelhos de Estado sobre a sociedade. O que se tornou efetivamente necessário, com o crescimento do Estado-vigilante.

Ordem é sempre uma questão que remete a disciplina, a obediência e, portanto, à redução dos graus de liberdade da ação das pessoas em sociedade. Frequentemente a ordem se refere a limites à ação coletiva, à ação de massas ou a surtos de violência ou revolta civil. Em todos os casos, "desordem" significa perda de controle pelo Estado sobre os indivíduos ou um grupo de indivíduos. A noção de manutenção da ordem está sempre associada a vigiar e restringir as liberdades, especialmente de expressão, reunião e organização. Nessa acepção, ordem faz parte do âmbito da segurança e da razão de Estado. Do ponto de vista da sociedade, ordem remete à consciência da presença, à igualdade de direitos e à necessidade de respeito aos concidadãos, à convivência em segurança e cooperação. A segurança da ordem sempre significará reduzir alguns graus de democracia. Sempre haverá contradição entre os imperativos da ordem e os direitos à liberdade individual e grupal.

Por isso, na concepção libertária, ordem significa, sobretudo, autolimitação e o mínimo de repressão externa. A concepção libertária só pode ser entendida, portanto, com a visão alongada, mirando o futuro, para além da fronteira tecnológica que levará à digitalização integral da sociedade. Ela não tem nada a ver com a tentativa nostálgica de resgatar formulações históricas e românticas do anarquismo clássico. Não é uma busca reacionária, é futurista. É argumentar pela "reapropriação social da esfera pública", como diz Gómez-Muller, que permite a repolitização do social. A ênfase na segurança e a invasão do espaço da soberania popular pelo Estado, pela esfera privada e pelas oligarquias políticas despolitizam a sociedade civil, condicionam e limitam a participação e regulam as escolhas coletivas. Quanto da razão de Estado em nome da ordem e da segurança nacional tem mesmo a ver com os interesses e as necessidades da coletividade? Cada vez menos.

Como o sociólogo Johan Galtung sempre insistiu, há uma confusão fundamental entre conflito e violência, na busca de ordem e estabilidade. O conflito é necessário para que a sociedade se mova. A violência é indesejável, e as formas extremas de violência, intoleráveis em uma civilização democrática, liberal ou radical. O que se deve combater é a violência, não o conflito. A ideia de sociedades sem conflito, portadoras de valores-padrão, é tirânica, em qualquer circunstância, doméstica ou global.

Essa é uma das principais razões pelas quais a obediência não se justifica sempre. A desobediência à ordem tirânica é parte das virtudes cívicas. Desobedecer a quem manda sem razão ou quer se impor pela força não é desvio comportamental, nem postura radical. Essa desobediência é uma prerrogativa da cidadania. É legítimo revoltar-se contra o uso privado do aparelho de Estado. Se as escolhas dos governantes são injustas ou abusivas, a desobediência e a revolta se justificam. Mas nunca valem como álibi para desobrigar cidadãos e governantes do comportamento cívico e, portanto, respeitoso dos outros, da diversidade de valores e da democracia. Diante do abuso do poder, a desobediência civil é coerente com os princípios de justiça nos quais se fundamenta a democracia.[132] O poeta e ensaísta Henry David Thoreau já havia definido de forma convincente a legitimidade do direito à rebeldia, de suspender a obediência e a lealdade, para resistir ao governo, quando sua tirania é demasiada e intolerável.[133] É a contrapartida do monopólio do uso legítimo da força que só se justifica como recurso de última instância em defesa do interesse da coletividade.

As mídias digitais, a conversação em rede permitem que indivíduos díspares avaliem determinada situação e concluam que seus governantes mandam mal, de forma exorbitante, e, portanto, devem desobedecer-lhes. E a ciberesfera lhes dá os instrumentos para se articularem e transformarem a desobediência individual em desobediência coletiva. Esses instrumentos são parte do arsenal que também viabiliza, a longo prazo, a expansão do autogoverno e da autorregulação.

## A DEMOCRACIA NA SOCIEDADE DE RISCO

As noções mais recentes de qualidade e, principalmente, déficit da democracia, embora possam contemplar a questão das liberdades, estão mais associadas ao tema do desempenho corrente. A tese liberal-conservadora da democracia constitucional, na qual as decisões ficam a cargo da tecnoburocracia ou de organizações "não majoritárias", combina a preocupação com desempenho ao objetivo de conter as massas no limite da constitucionalidade.[134] Essa, digamos, democracia constitucional não participativa tem como objetivo central os binômios ordem/estabilidade e eficiência/qualidade. Todavia, nem o binômio da ordem nem o da eficiência são determinados pelo povo, e sim pela elite ilustrada. É apenas uma derivada atualizada às circunstâncias contemporâneas da teoria da democracia elitista.

De qualquer forma, a capacidade de democracias concretas proverem bem-estar e promoverem correspondência entre as demandas da sociedade e as respostas do sistema político é uma questão posta tanto para conservadores quanto para progressistas. Essa dimensão substantiva, de eficácia material, sempre esteve presente nas análises da democracia, tanto de autores liberais como de autores socialistas. O sociólogo liberal-conservador Seymour Martin Lipset fala da importância do atendimento às necessidades materiais dos cidadãos para a estabilidade democrática. O teórico socialista Antonio Gramsci trata da relevância da capacidade de dar respostas estruturais às necessidades da sociedade como condição para a legitimação (hegemonia moral) de uma nova ordem política.[135] São termos equivalentes de paradigmas polares. Um busca a estabilidade, o outro, a mudança, mas os dois reconhecem a necessidade de respostas políticas concretas em sintonia com as necessidades materiais e culturais da sociedade.

Há, hoje, cisão nítida entre o universo da política e o universo da sociedade. Uma continua fortemente ancorada na parcela incorporada e organizada que ainda representa da socioesfera. A outra flutua cada vez mais nas ondas da mudança nas periferias e fronteiras da economia e da socioesfera, com enorme contingente fora das organizações e da economia tradicionais, interagindo na ciberesfera e sem representação na política. Uma persiste analógica, a outra se tornou digital, na acepção mais complexa dos termos. A ciberesfera opera em tempo real, ou quase real; é muito mais rápida. Tem mais mobilidade, mais informação e é muito mais pluralista do que a socioesfera. Descontem-se todos os vícios e todas as distorções da ciberesfera nascente e, ainda assim, ela é mais ágil, mais móvel, mais adaptável do que a socioesfera e, sobretudo, muito mais do que o sistema político da socioesfera. Pela ciberesfera transitam necessidades e categorias sociais que estão à margem das oligarquias e das bases das oligarquias que dominam o sistema político. A ciberesfera pode não ser ainda a resposta para a atualização da democracia. Mas é certo que a política analógica já não é representativa, operante e capaz de satisfazer os interesses da sociedade cuja amplitude, com as mudanças ocorridas, extravasou seus limitados meios de alcance. Não há como ela se refazer da crise de legitimidade que vive há algumas décadas, com os instrumentos da democracia analógica de representação limitada. Tampouco o estreitamento da participação com garantias mais sólidas de respeito aos direitos constitucionais, vislumbrado pelos liberal-conservadores como a melhor via democrática, a levará a ter a estabilidade com a qual sonham. Mas é preciso reconhecer que as versões mais novas tanto no campo democrático-conservador quanto no campo progressista-libertário reconhecem a existência dessa cisão e sabem que a crise de legitimidade não será superada sem mudanças muito profundas no processo político. Se pensarmos nos modelos sociopolíticos como "aplicativos", como analogia argumentativa, veremos que as duas versões mais atuais partem de diagnósticos semelhantes, para chegar a soluções polares: um, preocupado com a ordem, diminui a participação; o outro, focalizado na cidadania, aumenta a participação.

Há pelo menos três dimensões fundamentais de contrariedade política, se não contradição, no processo de democratização: a dimensão das liberdades; a dimensão da ordem, que podemos chamar também de segurança e autoridade, que leva à regulação da democracia; e a dimensão substantiva, do desempenho. Essas três dimensões interagem de forma complexa e, não raro, antagônica e estão no centro dos conflitos políticos mais relevantes de nosso tempo. A dimensão libertária pede amplidão. A dimensão da ordem demanda restrição. A dimensão substantiva cobra qualidade, que pode ser entendida nas duas vias: da representação e das decisões públicas, e da participação e das escolhas coletivas e individuais.

A demanda pela ordem ameaça as liberdades, principalmente quando manifesta o "horror das ruas", a que o antropólogo Alfredo Gómez-Muller se refere. O pensamento libertário e o anarquismo contemporâneo não postulam a negação da autoridade ou a afirmação da liberdade individual sem limites. Fazem a crítica da autoridade-com-dominação e demandam o exercício não autoritário da autoridade.[136]

O baixo desempenho ameaça a estabilidade e a instabilidade ameaça as liberdades. Tudo isso está presente em toda teoria política, com menor ou maior sofisticação, de Maquiavel a Hobbes, Locke, Stuart Mill; de Stuart Mill a Robert Dahl, Robert Putnam, David Held; de Gramsci a Habermas, Offe. Trata-se de um lado da insuficiência do que Gramsci chamava de soluções estruturais para as necessidades da maioria. Na transição, todas as respostas são insuficientes, e no reino da escassez sempre domina a razão do poder político e econômico. Mais ainda, a política analógica, à esquerda e à direita, nem sequer vê, ou se vê não reconhece, a maioria das novas necessidades criadas pela transição. Daí o estrangulamento das vias de oferta de soluções para a maioria, a rejeição conservadora aos imigrantes, em lugar de absorção social e plural da imigração voluntária e adequada resolução das causas perversas da imigração forçada e de ondas de refugiados.

O estreitamento das oportunidades econômicas e a distribuição para cima dos benefícios, ainda que não apenas para a elite, alcançando os incluídos de todas as camadas, evidentemente provocam desconforto, medo e reações defensivas. Esse processo adaptativo gera rejeições imediatas e cada vez mais violentas da presença dos "outros", que veem como ameaça. Daí também a aderência da esquerda tradicional aos interesses de setores já incorporados, cuja sobrerrepresentação e atendimento serial se transformam em privilégios. Se, no passado do capitalismo, não havia aristocracias nas categorias populares, o que é duvidoso, hoje sem dúvida elas existem. A esquerda, sob vários aspectos conservadora, também contribui para o estreitamento das oportunidades e não consegue entender como para isso contribuem seus próprios mecanismos de representação. A atualização do aplicativo teórico das esquerdas tem produzido híbridos inoperantes, cheios de *bugs* do passado, e, por isso, tendem a agravar, ao invés de superar, as limitações e os problemas associados à decadência da ordem em vigor. Não conseguiram ainda articular paradigmaticamente os elementos emergentes que são os embriões do novo. No caso dos imigrantes, essa falta de visão paralisa a esquerda e a faz portadora de soluções superadas e inviáveis, análogas, em sua ineficácia estrutural, ao que propõe o campo conservador.

Essa revolta contra os semelhantes que chegam ao ecossistema de sobrevivência já desertificado explica o aumento do racismo e da rejeição popular aos imigrantes e a emergência de grupos de ultradireita com apoio social e eleitoral. O racismo e o extremismo hipernacionalista resultam da incapacidade de criar canais de manifestação da identidade cultural, social e política, de responder ao estranhamento das novas diversidades, originárias da mestiçagem global, como lembra Morin. Incapacidade compartilhada pela direita e pela esquerda. Tudo leva ao desencanto com a democracia, que alimenta a intolerância. Os que estão integrados se sentem ameaçados pelos que chegam buscando posições que antes eram descartadas, mas que agora fazem parte das estratégias de sobrevivência dos "de dentro", em um ambiente socioeconômico marcado pela redução das oportunidades nas crises recorrentes da grande transição. A adaptação defensiva nesse ambiente os faz ver os que chegam como "invasores", "exóticos" e "predadores". Os resultados desse processo de adaptação a um ecossistema social que se tornou mais hostil são o estresse econômico, social e político significativamente maior, o aumento da desigualdade e a deslegitimização crescente das instituições democráticas.

Essa transformação sistêmica gera atitudes discriminatórias generalizadas, verticais e horizontais. Infelizmente, esse é o cenário dos próximos anos, de aceleração da obsolescência das estruturas cadentes e fragmentado amadurecimento das estruturas emergentes. Nele, o que mais faltarão são defesas da democracia, enquanto abundam defesas da segurança institucional, nacional e global. Não por acaso, hoje, o substantivo mais usado é segurança, seguido do adjetivo pertinente: ambiental, econômica, energética, alimentar, sanitária, nacional, global e assim por diante. E segurança é exatamente o que a grande transição não pode oferecer. Ela é toda risco. Risco implica insegurança. Insegurança traz medo. A busca da segurança em um mundo estruturalmente inseguro, de risco e medo, vira uma rosca sem fim no torniquete repressivo e discriminatório, agravada pela confusão entre conflito e violência.

A transição é contraditória por definição e as contradições elevam o grau de conflito. A questão crítica é descobrir mecanismos para evitar que esses conflitos gerem violência. O caso dos imigrantes e refugiados, embora tenha paralelos na história, é um fato emergente, ou seja, radicalmente novo, pela dominância de características em sua dinâmica que não encontram precedente. A resistência aos imigrantes convive em antagonismo, como propõe Morin, com a mestiçagem cultural propiciada pela globalização. O aumento dos casais transculturais, transétnicos e transgêneros cria novas células de identidade sociocultural que não estavam dadas. Em muitos casos, havia barreiras intransponíveis entre culturas que foram rompidas pela mobilidade globalizada. A vida na ciberesfera criou um forte pluralismo de valores entre a maioria dos mais jovens, eliminando as barreiras morais e culturais à mestiçagem e a outros modos afetivos. Mas isso não os livra do medo, porque a socioesfera e seu sistema político não abriram espaço para a incorporação dessas novas diversidades. O processo jurídico-político é bem menos adaptável a essas novas diversidades do que a socioesfera.

O estreitamento do mundo político e a consequente perda de desempenho da democracia impedem a adequada incorporação política desses novos grupos socioculturais, nascidos da mudança de valores, da mestiçagem e da mobilidade global. Esse deslocamento é fonte de forte tensão política, intolerância e muita angústia pessoal. A angústia pessoal se manifesta de muitas formas. Em reação à rejeição, não raro violenta, dos "outros", dos quais a pessoa é, em parte, parte. Em reação à violência de alguns contra a parte integrada ou nativa, à qual ela também pertence, em parte. Esses seres mestiços da transição se encontram sem lugar, vivendo a permanente aflição de uma identidade que não se enquadra inteiramente em nenhuma das culturas-padrão. Há em germinação, entretanto, uma sociedade global aberta e mestiça, como diz Morin, que, para amadurecer, depende da aceitação coletiva e global das diversidades, inclusive das novas diversidades, objeto de perplexidade, estranhamento e contrariedade em todas as culturas às quais estão parcialmente ligadas.

Nessa incapacidade de compreender e aceitar o que há de novo nesse processo da chegada em grande número dos "outros", promove-se confusão, com consequências morais e políticas significativas, entre os refugiados, que são transientes por necessidade, portanto compelidos a se deslocarem de seu território nativo, e os imigrantes, que estão em relocalização voluntária. Nesse contexto caótico, onde os contrários se misturam, mas com sinais de potência trocados, combinando numerosos arranjos possíveis entre velho e novo, tradição e inovação, conservação e recriação, em terreno móvel ou líquido, não há lugar para posições nem convicções sólidas e permanentes. Na transição, nada é ou pode ser sólido ou permanente.

Se há alguma virtude nos vícios da prática política, ela é teórica ou vem da teoria. A democracia liberal é, sem dúvida, a grande contribuição do pensamento dito ocidental — fundamentalmente europeu e anglo-saxão — à cultura humana. Do ponto de vista de sua formulação filosófica, dos fundadores do pensamento democrático, de Maquiavel aos pensadores mais contemporâneos, com destaque para Robert Dahl e David Held, a teoria do liberalismo ocidental é a máxima expressão libertária possível naquele tipo de ordem capitalista. Na prática, encheu-se de vícios, do racismo ao etnocentrismo, da obsessão com a ordem e a segurança do Estado à sacralização da razão, para usar uma expressão do ensaísta catalão Josep Ramoneda.

Bauman examinou criticamente essa obsessão pela segurança, sem descartar inteiramente sua necessidade. Diz ele que liberdade e segurança são dois valores igualmente centrais, indispensáveis para a vida humana decente. Mas são difíceis de reconciliar, e um equilíbrio perfeito entre eles ainda está para ser descoberto. A liberdade tende a coexistir com a insegurança, e a segurança tende a limitar a liberdade. Na medida em que nos ressentimos tanto da insegurança quanto das limitações à nossa liberdade, qualquer combinação existente entre liberdade e segurança será insatisfatória. Só novos meios de conciliação entre esses dois termos em contrariedade satisfarão à comunidade de cidadãos iguais, livres e diferenciados. Parece-me implausível encontrá-los fora do espaço teórico que incorpore ampla parcela de autogoverno à equação democrática.

As abordagens dessas questões críticas para o futuro da democracia distinguem as novas versões, mais próprias da transição, de esquerda e direita, conservadorismo e progressivismo, autoritarismo e libertarismo. Não por acaso as teorias da maturidade são mais "limpas", mais redondas, fazem mais sentido. As teorias nascidas da transição têm mais ruído, para empregar uma expressão usada para avaliar a qualidade das fotos digitais de menor resolução. Elas têm mais pontas soltas, são mais tentativas, menos conclusivas. Como todos os seres da transição. As transições realçam as disfunções das velhas estruturas, as imperfeições e a incompletude das conjunturas, antes de mostrar as virtudes e as feições acabadas do novo.

Como argumenta Ramoneda, o principal traço diferencial da civilização ocidental é ser portadora de um programa emancipatório. Um programa universal que pertence a todos e que foi "assumido em todas as partes por pensadores de todos os continentes — de Amartya Sen a Achille Mbembe, de Dipesh Chakrabarty a Nilüfer Göle, que, reconhecendo-se herdeiros do patrimônio das Luzes, só reclamam o direito de aportar sua leitura particular". Segundo Ramoneda, a tradição iluminista encalhou em seus "desvarios utópicos e crenças e começou a mistificá-los. Dessa aventura surgiu a democracia liberal, mas também os grandes totalitarismos, fruto da sacralização do que nunca pode ser sagrado: a razão". Em decorrência, as democracias ocidentais perdendo qualidade parecem rumar diretamente para o totalitarismo da indiferença. Contra esse destino se pode recorrer à razão crítica.[137] Mas a razão crítica não pode, ao revelar o que há de mistificação nas crenças derivadas da tradição iluminista, desprezar os elementos utópicos que poderiam parecer desvario aos olhos "pré-transição". Eles podem se tornar viáveis na prática, na transição e na pós-transição, com sua transferência para a ciberesfera, ao longo de seu amadurecimento, permitindo aprofundar e estender a democracia.

A CIDADANIA PARTIDA

> *Toujours en contradiction avec lui-même, toujours flottant entre ses penchants et ses devoirs, il ne sera jamais ni homme ni citoyen, il ne sera bon ni pour lui ni pour les autres. Ce sera un de ces hommes de nos jours; un Français, un Anglais, un bourgeois, ce ne sera rien.*[138]

A controvérsia entre individualidade e coletividade, entre participação e representação, está nas fundações do pensamento moderno. A passagem acima, do *Émile* de Rousseau, identificava essa contradição muito importante nas sociedades liberal-democráticas. Embora o sistema constitucional admita uma série de direitos ao cidadão — considerados instrumentos necessários e suficientes para atender às necessidades da pessoa e satisfazer suas expectativas como ser humano integral —, a formação social contém elementos que tornam esses direitos ineficazes ou insuficientes para cada cidadão individualmente. Para Rousseau, a natureza humana só pode realizar-se integralmente dentro e através da sociedade. Assim, não podendo ser cidadãos nem seres livres, os indivíduos na sociedade liberal-democrática, embora tenham direitos formalmente garantidos, precisam, muitas vezes, ceder sua soberania a diferentes organizações coletivas a fim de verem materializados os benefícios associados a esses mesmos direitos. Essa cessão de soberania significa restrição da vontade e da liberdade das pessoas e, ao mesmo tempo, "recorta" a sociedade em categorias, não representando jamais o conjunto social na integridade. Essa fragmentação social será a marca de toda a chamada "modernidade política".

Rousseau estava mais preocupado com o que chamava de desigualdades morais do que com a perda da liberdade individual imposta pela sociabilidade. Para ele, a sociedade era o contrário da liberdade individual e a sociedade civil, anátema à liberdade na igualdade. Locke, por exemplo, via a restrição da liberdade individual como processo muito mais gradual e relativo. Na verdade, ele ampliou o alcance do estado de natureza tanto quanto pôde, a ponto de admitir nela o início de uma ordem econômica. A situação de pré-contrato já implicava algum grau de sociabilidade.

Para a imaginação liberal, é o governo, mais que o contrato social, que ameaça a liberdade individual. Rousseau desenvolve outra concepção de sociedade civil. Nela, o padrão de sociabilidade é o principal fator na determinação da perda da liberdade e o principal obstáculo à realização da natureza humana. Pois ele seria marcado pela contradição entre o conteúdo social real — coletivo — da sociedade civil e a efetivação individualista e atomizada dos direitos e deveres do cidadão.

A sociedade liberal democrática abriga contradições que em muito limitam os meios para promoção da liberdade e da justiça social. A principal delas se dá entre a natureza individualista e atomizada da cidadania e a dimensão coletiva e organizada das ações políticas indispensáveis ao atendimento das necessidades e expectativas dos cidadãos. Como Rousseau já havia detectado e Marx transformou em ponto focal de seu sistema, a sociedade civil liberal impõe severas restrições estruturais à liberdade e ao bem-estar de grande parte de seus membros. Restrições que não podem ser removidas, quer pela mão invisível do mercado — que, de fato, ajudou a produzi-las, em primeiro lugar —, quer pela ação ou omissão individual. Enquanto Adam Smith dizia que, muitas vezes, para cumprir todas as regras da justiça é melhor manter-se quieto e não fazer nada, Rousseau propunha uma nova *polis*, que permitisse a conquista coletiva da soberania e na qual a individualidade pudesse ser resgatada de suas formas perversas, isto é, do individualismo não social ou antissocial. Resgatar a individualidade, obviamente, não significa negá-la ou eliminá-la.

O individualismo liberal radicalizou também a separação entre o Estado e a sociedade e reduziu drasticamente o escopo do político, pela ampliação das fronteiras do mercado. Essa separação radical entre Estado e sociedade despolitizou a cidadania. Transformou, assim, as pessoas em indivíduos solitários, desamparados quando enfrentam as forças coletivas postas em movimento pela soma total de suas individualidades, alimentadas por seus apetites e paixões particulares. Vem daí a conexão inescapável entre o liberal-capitalismo e o fetichismo do consumo, para usar a expressão de Enzensberger, já identificada pela economia política clássica.[139] A identidade forçada entre cidadão e consumidor. À medida que o capitalismo se desenvolveu, a crescente complexidade social, econômica e institucional aguçou essa contradição entre o caráter individualista da cidadania e a natureza coletiva dos meios para sua realização.

Adam Smith fez outra diferenciação significativa no pensamento liberal: entre a participação ativa do cidadão nos assuntos sociais e políticos e a representação. A representação tornou-se progressivamente aceitável, mas jamais se admitiu que pudesse ter resultados positivos. Essa dissociação entre o ato em si e seus resultados, associada à condenação da participação, tornou-se ainda mais nítida no pensamento liberal-pluralista e no pensamento liberal-democrático conservador de nossos dias. Desde Hobbes, a abdicação da ação era vista como condição necessária do bom governo. A partir de Smith, o único tipo de ação legítima passa a ser a busca individual do interesse próprio, isto é, a ação privada. Locke admitia alguma ação política, mas de natureza essencialmente negativa. Ações para desfazer o que resultara na ampliação demasiada do escopo do político. Sua noção de participação estava claramente vinculada a sua teoria do consentimento, na qual o consentimento dos governados não exige, antes limita, a plena participação dos cidadãos no processo político.

Os liberais queriam as coisas privadas, não politizadas. Cidadãos inativos e relativamente indiferentes que delegam suas vontades a seus representantes. Como disse Bastiat, é necessário evitar exagerada preponderância da política. O modelo liberal de sociedade é caracterizado pela individualização da cidadania e a privatização da vida social. Ele faz a separação clara entre as esferas pública e privada, na qual aquela deve ter seu alcance minimizado, enquanto se ampliam ao máximo os limites do privado. O modelo liberal sempre desaconselhou a ação social e política, com base na concepção de que apenas a ação econômica privada pode conduzir ao bem-estar coletivo. A personalidade do cidadão era absorvida pela persona do produtor e trocador de mercadorias, enquanto a ação política se tornava mecanismo puramente defensivo.[140] A sociedade civil era vista por todos os liberais, de Locke a J. S. Mill, apenas como proteção às atividades centradas no interesse privado contra a interferência de outros indivíduos também buscando promover seus interesses particulares. "Desse ponto de vista, a virtude da ação coletiva é principalmente a virtude negativa de proteger o indivíduo de malefícios diretos resultantes do comportamento de outros indivíduos e de impedi-lo, por sua vez, de prejudicar os outros na busca de seu interesse próprio."[141] A "autoridade não autoritária", na concepção adotada por Gómez-Muller, pode ser interpretada como outro modo de ver a mesma questão dos limites à ação individual.[142]

Quando J. S. Mill enunciou sua "crítica interna" a alguns dos pressupostos do modelo liberal, o paradigma liberal dominante já consolidara um sistema acabado, não havendo mais espaço para a ideia de uma comunidade política, quer no sentido da *polis,* quer no sentido de Rousseau, que combina algo semelhante à *politeia* grega a uma ordem social livre do que chama de desigualdades morais ou institucionais. Aquelas que são socialmente determinadas. Ficou como um paradigma alternativo, em contraposição ao paradigma central, e serviu de matriz ou inspiração para propostas que se distanciaram não apenas do liberalismo, mas da própria ideia de democracia. A visão negativa da representação cristalizou-se e foi retomada de forma categórica pelo liberalismo democrático conservador.

Rousseau, como todos aqueles que se inspiram no modelo da democracia ateniense, desconsiderava que, na prática, ele se assentava na escravidão e na exclusão. Os negócios públicos eram tarefa dos homens, a economia doméstica e a religião, das mulheres, o trabalho cabia aos escravos e o comércio aos metecos. Uma divisão social e política das obrigações e dos direitos que negava o ideal democrático de base igualitária. Mas o modelo ficava de pé como construção teórica e somente assim tinha sentido moral, como utopia ou modelo ideal, independentemente de sua prática. Até pelo distanciamento histórico do mundo iluminista dos liberais em relação à antiguidade clássica. Ellen Wood tem uma interpretação distinta. A seu ver, o que garante a democracia ateniense não é a escravidão, mas a cidadania estendida aos trabalhadores livres. Os gregos, diz ela, não inventaram a escravidão, mas, em certo sentido, inventaram o trabalho livre. Seu argumento é de que a cidadania teve profundas consequências, na antiga Atenas, para camponeses e artesãos, mas reconhece que uma mudança no status jurídico dos escravos e das mulheres teria transformado inteiramente a sociedade.[143]

O ESPELHO DE ATENAS

Essa outra forma de conceber a sociedade democrática e justa, que se originava no modelo ideal da *polis* ateniense, foi adotada por Rousseau em sua crítica da sociedade civil, ou seja, da sociedade chamada "burguesa", por outras tradições do pensamento político. Na política clássica grega, tanto o *demos* como a *polis* tinham significado coletivo e eram organizados politicamente. O governo e o Estado repousavam no fato mais abrangente da cidadania. A *politeia* representava a unidade dos cidadãos, não apenas a soma dos indivíduos — que corresponde à noção da sociedade civil —, mas uma comunidade viva. Não importa aqui a correspondência entre o modelo e a realidade. A democracia ateniense real, volto a lembrar, era concretamente excludente e vivia da escravidão, além de excluir da *politeia* os metecos — os estrangeiros —, que podiam contudo ter seu comércio. As mulheres tampouco tinham cidadania política, embora tivessem voz ativa na religião doméstica. Antígona expressa a crítica, brilhante diga-se, dessa exclusão real da mulher. Na concreção da história, tudo isso aproveitava à *politeia*, na qual dominava uma elite masculina e altamente ilustrada. Portanto, o modelo só pode ser examinado como expressão de um ideal de sociedade democrática e comunitária, não como exemplo de prática da "boa democracia", mesmo levando em consideração os argumentos da historiadora Ellen Wood sobre a relação entre democracia e trabalho livre na *polis* ateniense.

O uso da mesma palavra para a participação do cidadão na comunidade política e para a estrutura geral da própria comunidade política reflete a integração do indivíduo à sociedade política. Assim, a *polis* é a comunidade política e seus cidadãos (*politai*). Há, também, uma ligação clara entre a comunidade de cidadãos (*politeia*) e o sistema de normas que regulam a ação dessa comunidade (*nomoi*).[144] A distinção adotada pelo pensamento liberal, na qual uma se tornou a constituição do Estado e a outra a lei privada, é uma invenção da teoria política posterior, alheia à organização original e ao significado da *polis*, assim como ao uso linguístico.[145] Público e privado jamais existiram na *polis* ateniense como duas esferas separadas e significativas de ação. As duas principais esferas de ação eram a política *(polites)* e a particular ou doméstica (*idiotes*). A ação e o discurso de uma pessoa são políticos ou "particulares", isto é, voltados para o coletivo ou autocentrados, autocontidos e inconsequentes em si mesmos para a coletividade. Há algum espaço para a ação familiar entre *polites* e *idiotes*, mas todas as esferas de ação com qualquer consequência extraindividual são, claramente, assunto da *polis*, dizem respeito a toda a *politeia*.[146] A *polis* integralmente constituída corresponde a uma sociedade politizada, na qual a esfera pública ocupa todo o espaço consequente para a vida social e situa-se num plano muito mais elevado de importância do que os assuntos particulares dos indivíduos. Estes se resumem à organização doméstica, à religião e, por decorrência, à liberdade de credo e pensamento e à forma como cada família se organiza como unidade econômica.[147]

Essa politização da sociedade não correspondia necessariamente à ampliação do governo ou do Estado como entidades administrativas separadas, fora da sociedade, como concebido pelos liberais. *Polis* e governo não são a mesma coisa: a distinção entre governantes e governados dá-se no interior da *polis*. O tipo de governo depende do número e da qualidade dos cidadãos. O conflito entre governantes e governados é socialmente regulado e a representação é condicionada tanto pela participação plena do cidadão nos assuntos públicos — embora não no governo — como pelo status do *demos*, da soberania popular, como real recurso de última instância no processo de deliberação política. Isso explica por que as dicotomias governantes/governados e maioria/minoria apareciam como as antíteses liberais mais familiares Estado/indivíduo e Estado/mercado.[148]

A contradição entre indivíduo e cidadão começa a ter lugar na Antiguidade clássica somente com a lei romana. A *polis* baseia-se na ação coletiva, portanto na liberdade coletiva. A cidadania resulta da integração do indivíduo à coletividade política. A lei romana rompe com a tradição da cidadania política, isto é, coletiva, e prescreve direitos individuais. Talvez estejam aqui as origens primevas da separação entre o público e o privado. As esferas privada e pública da vida tornam-se diferenciadas e igualmente significativas em si mesmas, tanto na teoria como na prática, na *civitas* romana. Que não é a mesma coisa que a *polis* grega. A lei romana regulamentou tanto a *res publica* como a *res privata* como atividades independentes, com um significado próprio real. As atividades individuais, econômicas e políticas foram assim devidamente separadas e codificadas. Criou um *ius civile*, que alguns até chamam direito dos cidadãos, que prescreve deveres e direitos de caráter inteiramente privado, como o direito ao matrimônio, que por sua vez compreende diversos outros direitos familiares privados importantes, como o de *patria potestas*, o direito de sucessão, entre outros; os direitos comerciais e correlatos e o direito de testamento. E contempla, ainda, os direitos políticos, o direito de ser eleito e o direito ao sufrágio, ambos acompanhados de certas garantias políticas contra as autoridades governamentais.

A cidadania romana está mais próxima da cidadania liberal moderna. Primeiro, ela é mais civil do que política; segundo, ela representa uma coleção de direitos, alguns referentes aos assuntos privados e familiares, outros concernentes aos assuntos econômicos e sociais, e, finalmente, os que asseguram participação mais ou menos consequente na vida política.[149] A cidadania ateniense engloba a comunidade e a participação. Não é externa ao indivíduo, algo que ele precisa usufruir como direito. A cidadania romana, ao contrário, é externa aos indivíduos, uma questão de direitos e usufruto, ao invés de pertencimento. Numa, o indivíduo é um cidadão. Na outra, ele tem direitos de cidadania. Faz muita diferença. A cidadania liberal também pode ser vista como um conjunto de direitos, naturais e contratuais. Todavia, ela não pode ser interpretada, sem violência para com a teoria e a prática liberais, como participação na comunidade política. Deve-se observar, entretanto, que a *civitas* romana, embora não seja uma comunidade política integral como a *polis* grega, está longe de ser o modelo da sociedade civil individualista da era liberal. Nela, os cidadãos, como indivíduos, dispõem ainda de um amplo território de atuação pública que deveria restringir fortemente quaisquer possíveis apetites individualistas. Evidentemente, vale para a *civitas* romana como modelo a mesma cautela que expressei para a *polis*. Vale o modelo para reflexão, não sua realização histórica concreta.

Existem, pois, duas tradições políticas distintas. Uma baseada na comunidade política, que não fornece garantias explícitas à liberdade privada. Sua expressão teórica clássica foi a *polis* grega, especialmente no pensamento pré-aristotélico, mais precisamente no modelo da democracia ateniense.[150] A outra, baseada na liberdade privada como direito universal, sem nenhuma garantia à liberdade política ou à soberania coletiva, é expressa classicamente pelo modelo da *civitas* romana.[151] O liberalismo anglo-saxão e algumas vertentes do liberalismo continental europeu seguem mais de perto Montesquieu, que se valeu mais do exemplo romano que do ateniense. A exceção, na Inglaterra, é o republicanismo clássico, cuja maior expressão talvez tenha sido Algernon Sidney. Rousseau também se refere muito a Roma, mas está claramente mais próximo do modelo ateniense. A diferente concepção de liberdade, em cada um deles, talvez ilustre melhor que qualquer outra essa diferença. Para Montesquieu, como para Hobbes, a liberdade está no silêncio da lei. A liberdade é o direito de fazer tudo o que a lei não proíbe. Para Rousseau, o conteúdo da liberdade não é definido pelo silêncio ou pela afirmação da lei, mas pela convivência em comunidade. A liberdade consiste menos em realizar a vontade do indivíduo e mais em não ser submetido à vontade do outro. Em ambos os casos, é uma noção igualitária, mas, em Montesquieu, a liberdade está no que o legislador, supostamente em nome do povo, não proibiu, e, em Rousseau, na não submissão de um ao outro no contexto da sociabilidade. Nos dois casos, a liberdade nunca é fazer o que se quer, ela é regulada. Em Montesquieu, constitucionalmente. Em Rousseau, socialmente.

## A *POLIS* E A CIDADANIA ORGANIZADA

A admiração de Rousseau pela *polis* grega não é surpreendente, e ele pôde utilizar coerentemente exemplos da cidadania ateniense no *Émile*, como ilustrações do que ele chamava "les bonnes institutions sociales", as boas instituições sociais.[152] As afinidades entre seu modelo de boa sociedade e o ateniense são várias. Ele também conferia preponderância ao político. Sua crítica à sociedade civil baseava-se precisamente na reivindicação da socialização dos indivíduos numa comunidade política. Ele situava os males do ser humano na ordem social. Como não haveria mais caminho de volta ao mundo do *beau sauvage*, a única esperança era levar a sociabilidade a seus limites mais extremos e politizar a vida social da humanidade. A interpretação de seu desencanto com a sociedade civil como um sentimento nostálgico e reacionário do estado primitivo é inadequada. No discurso sobre a desigualdade, Rousseau responde categoricamente: "Que fazer, então? Devemos destruir as sociedades, anular o 'teu' e o 'meu', voltar a viver nas florestas com os ursos? Esta é a conclusão à moda de meus adversários, que tanto me dá prazer evitar como deixar-lhes a vergonha de tê-la enunciado".[153]

O filósofo político Lucio Colletti argumenta que Rousseau jamais propôs que o estado de natureza pudesse ser o lócus para a realização da natureza humana. Se para Locke o estado de natureza era um estado moral perfeito, em que o homem realizava sua humanidade antes e independentemente de qualquer relação social, para Rousseau essa humanidade só pode ser integralmente realizada dentro e por intermédio da sociedade.[154] Rousseau pensava dialeticamente o desenvolvimento da natureza humana. A pessoa natural é um ser absoluto e integral em sua medíocre solidão. A pessoa civil é um ser fracionado, mas com maior potencialidade para realizar integralmente sua humanidade. Esse potencial estaria na própria sociedade. A pessoa social resultaria da total socialização e completa politização da pessoa civil, restaurando sua integridade, mas em um plano mais elevado de realização humana e como cidadão.

Em *Émile*, diz ele que a pessoa natural é tudo para si mesma

— "é a unidade numérica, o inteiro absoluto que não tem relação senão consigo ou com seu similar" — mas a pessoa civil "não é mais que uma unidade fracionária que está no denominador e cujo valor está na relação com o todo que é o corpo social". As boas instituições sociais são as mais aptas a "desnaturalizar o homem, tirar-lhe sua existência absoluta para lhe dar uma relativa e transportar o eu para a unidade comum".[155] Em outras palavras, mais aptas a socializar o indivíduo. Essa integração na comunidade representaria a real conquista da cidadania democrática. Em conclusão a essa análise, segue-se o parágrafo que utilizei como epígrafe, no qual Rousseau diz que quem deseja manter o primado dos sentimentos da natureza na ordem civil será sempre apanhado nessa contradição paralisante, não conseguindo ser pessoa nem cidadão, oscilando sempre entre o instinto e a coação, a inclinação e o dever, a emoção e a razão. Incapaz de ser boa para si mesma ou para as outras.[156]

Desse ponto de vista, Rousseau inaugura uma visão da cidadania como expressão livre mas social do indivíduo, que estará no anarquismo histórico, no marxismo democrático e no socialismo democrático contemporâneo e que contrasta com a liberal. Para ele a liberdade não pode jamais ser a libertação do indivíduo dos nexos sociais. Deve, ao contrário, ser liberdade obtida na sociedade e através dela, pela integral identidade entre indivíduo e cidadão ou pela socialização do indivíduo e pelo reconhecimento recíproco da igualdade em liberdade e em comunidade. Como bem percebeu o crítico cultural Lionel Gossman, Rousseau, "o explorador do indivíduo em toda sua riqueza, descobriu que o indivíduo poderia realizar-se apenas nas relações com os outros, somente como parte de um todo mais amplo (social) além dele mesmo".[157]

Essa concepção está próxima da ideia contemporânea de individualização autonômica de Ulrich Beck, Anthony Giddens e

Zygmunt Bauman, como oposta ao individualismo massificante. É próxima, também, da perspectiva de Peter Berger, em um veio interpretativo distinto, pelo menos nominalmente. Berger fala da solidão do indivíduo na busca insaciável pela liberdade individual, autonomia e autodeterminação. Para ele a cultura global emergente — que eu caracterizaria como de transição — amplifica a independência do indivíduo da tradição e da coletividade. Ela implica o desenraizamento do indivíduo da ordem social. Admitindo-se a contraposição entre o individualismo massificado, a individualização (no sentido que Berger dá à subjetivação) e a individuação, é possível identificar o caminho para a construção de uma coletividade de seres livres e diferenciados. Ela se dá na passagem da subjetivação para a individuação. Dessa forma, a individuação, contraposta à individualização padronizada, implicaria que o indivíduo se liberasse da ordem social alienante, para realizar plenamente sua autonomia individual em sociedade e ter consciência de si e dos outros como iguais nos direitos e diferentes nas aptidões e propensões. Esse eu liberado deixaria a "solidão da modernidade" para viver em uma comunidade de seres livres, iguais e diferenciados.

A alienação do indivíduo no processo de modernização social foi claramente antevista por Rousseau. Ele reagia criticamente ao padrão perverso de sociabilidade, alienante e desumanizador, que testemunhava e experimentava. Sua crítica da sociedade civil antecipou, sob muitos aspectos, a de Marx e a de analistas contemporâneos da esquerda não marxista. A diferença é que Marx partia da economia política liberal como raiz da alienação. Rousseau, embora rejeitasse a economia política fisiocrata e liberal, não via a alienação como um processo derivado das relações sociais de produção, e sim como a expressão cultural das relações sociais enquanto constitutivas da vida da sociedade civil. Nesse sentido, aproxima-se da sociologia do conhecimento contemporânea. Ele não diferenciava a sociedade em geral da sociedade civil. É, em parte, essa integração das duas que levou a interpretações de seu pensamento como defesa reacionária do abandono da sociedade e volta à vida primitiva.[158] Para Rousseau, o contrato liberal existente era um contrato negativo: um pacto para a busca dos interesses individuais, nos limites da lei, e não um acordo a favor da sociabilidade. É um contrato antissocial, porque constituído apenas por interesses particulares pré-sociais e não por interesses coletivos. Há, todavia, toda uma sequência de argumentos críticos desenvolvida por ele sobre a natureza alienante e exploradora da sociedade civil, que corresponde ao que Marx diria mais tarde.

Não é de surpreender, portanto, que Marx fizesse eco à análise de Rousseau sobre a condição dividida do ser civil, mostrando sua natureza dupla e contraditória como burguês e como cidadão:

> o homem leva uma vida dupla, uma vida celestial e uma vida terrena, não apenas em pensamento ou consciência mas na realidade. Na comunidade política, ele se vê como um ser comunal; mas na sociedade civil ele age como um indivíduo privado, trata os outros homens como meios para a realização de seus próprios fins, reduz a si mesmo a um meio e se torna o brinquedo de poderes alheios.[159]

Rousseau também via a sociedade civil como aquela na qual a pessoa usava as outras para promover seus próprios interesses, de forma muito semelhante a Marx: "o homem deve ter sido astucioso e engenhoso em seu comportamento com alguns e imperioso e cruel para com outros; agindo sob uma espécie de necessidade de abusar de todas as pessoas das quais tivesse necessidade, quando não pudesse amedrontá-las para aquiescerem e não julgasse do seu interesse ser útil a elas". Em outro ponto do discurso sobre a desigualdade, o nascimento da sociedade civil é visto como o momento no qual surgem a rivalidade e a competição, de um lado, e os interesses conflitantes do outro, junto com um desejo secreto de lucrar às expensas dos outros. Todos esses males aparecem como os primeiros efeitos da propriedade e a base da crescente desigualdade. Rousseau pressentiu que a tensão entre igualdade e diferença constituiria um dos grandes problemas da modernidade, além mesmo de sua expressão nas formas de oposição entre indivíduo e cidadão.[160] A conclusão de Rousseau, em sua crítica à sociedade civil, foi a de que, como a sociedade não é natural, mas é o único meio para a realização integral do ser humano, deve ser, desde o início, uma comunidade artificial e moral instituída pelas pessoas como ordem radicalmente nova vis-à-vis o estado de natureza. Nessa comunidade moral a pessoa integra-se totalmente a seu ser humano e a sua vontade.[161] Ele defende a socialização do indivíduo e a politização da sociedade, ambas indissoluvelmente ligadas a sua concepção de liberdade.

Berger diz que a modernidade, a sociedade nascida do Iluminismo, é marcada pela expansão do pluralismo de crenças e valores. Essa pluralidade, que está claramente correlacionada à fragmentação da sociedade, determina conflitos normativos que tendem a se intensificar e globalizar. A ordem normativa define o modo pelo qual um grupo humano constrói sua identidade coletiva e determina como viverá em comunidade. Os conflitos normativos estão ligados à escolha entre os modos possíveis de construção da identidade coletiva e da vida em comunidade, portanto aos limites morais da soberania individual. Há uma tensão permanente entre os mecanismos de individualização massificada — uma contradição nos termos que se realiza na prática uniformizadora — e a sociabilidade. A socialização do indivíduo e a politização da sociedade desejadas por Rousseau não se dão, portanto, sem conflitos severos. São processos que requerem novos mecanismos de "mediação horizontal" para a superação negociada das polaridades. Essas polarizações tornam a vida em comunidade incompatível com a autonomia individual e a tolerância com a diversidade de crenças e valores culturais. A questão-chave é o modo mais democrático e livre possível de compatibilidade entre liberdade individual e vida em comunidade. Em outras palavras, o ponto central é o modo de convivência cooperativa, igualitária e justa entre seres livres. Mas, como bem nota o politólogo Leopoldo Múnera Ruiz, nada garante que a ajuda mútua vença a concorrência e que a sociabilidade neutralize os mecanismos de individualização fragmentada ou outros ainda mais destrutivos da solidariedade que surjam na sociedade por vir. A hegemonia do paradigma liberal-individualista torna essa possibilidade ainda mais improvável. Daí a importância da abertura a outras visões, para aumentar a tolerância intelectual e teórica às alternativas que se apresentam. Muitas delas não conseguiram ainda ultrapassar suas bases históricas e superadas, exatamente por terem sido postas à margem e estigmatizadas pelas várias vertentes do paradigma dominante. Romper com o sistema de interesses, crenças e valores imperante não significa ter uma solução melhor ou de qualidade equivalente. E esse é o erro fundamentalista mais comum hoje, julgar-se portador da única e verdadeira solução. Não é tarefa fácil ou trivial contrapor-se ao paradigma dominante.

Foi o que Rousseau fez. Rompeu com a tradição liberal de seu tempo e apresentou uma nova versão da *polis*, da cidadania coletiva, política e não apenas civil. Essa tradição foi seguida, em parte, por Marx, pelo menos em seus primeiros trabalhos. Sua definição do ser humano como animal político ou social — *zoon politikon* — não apenas provém diretamente dessa tradição, mas sustenta, claramente, que a individuação só é viável através da sociabilidade, depende do intercâmbio coletivo. Só é possível a uma pessoa se individualizar em relação a outras. A verdadeira individualidade só pode ser alcançada por meio da socialização integral, quando, então, se atinge a real igualdade entre os indivíduos. Essa concepção rousseauniana é partilhada por anarquistas e socialistas, particularmente os socialistas liberais ingleses. Foi retomada pelos anarquistas contemporâneos e pelo socialismo democrático pós-marxista.[162] É bastante sintomático da hegemonia liberal conservadora que todas as correntes que adotaram uma noção de cidadania diferente da sua, nos séculos XIX e XX, tenham tido pouca influência sobre a teoria política, até muito recentemente.

Rosanvallon vê nesse *zoon politikon*, nesse ser social, a mesma noção de eliminação da política, de despolitização do indivíduo, que se atribui ao individualismo. Ele vê Marx como parte crítica da linhagem do liberalismo individualista, na vertente de Rousseau e com noções bastante próximas às de Godwin. Que Marx é herdeiro da economia política liberal de Smith e da tradição liberal-anarquista do "fim do Estado", e as retoma criticamente, é indisputável. Ao longo do tempo, refiz minha leitura de Marx e firmei a convicção de que ele via o fim do Estado como parte do processo de superação do capitalismo. O pensamento liberal, anarquista e socialista — na tradição clássica de Marx — tem a mesma matriz. Rosanvallon considera, diferentemente, que o alvo é o fim da política e não do Estado, o qual vê como reduzido a meras funções administrativas, na proposta marxista. Talvez não haja contrariedade entre o que pensamos. Minha interpretação é que Marx previa o fim do Estado como expressão da dominação do capital. Isso não exclui a possibilidade de persistência de funções administrativas como serviço público.

O processo de socialização e politização do indivíduo, na tradição de Rousseau, tem ambiguidades ainda não resolvidas. Rosanvallon tem razão ao afirmar que, de qualquer forma, a tradição do liberalismo democrático investe contra a política como separação entre sociedade e Estado, como dissociação entre indivíduo e cidadão. Vejo a linhagem, mas considero que há uma revolta dos herdeiros, que rompem com os aspectos não democráticos, ou elitistas, do liberalismo individualista.[163] A sociedade de indivíduos independentes, cuja noção é introduzida pela modernidade, a sociedade dos iguais, remete a uma relação social. A autonomia do indivíduo, no sentido de não se submeter a nenhum outro, não se confunde com o individualismo, entendido como uma separação dos outros. Ela não é um atributo individual; tem o sentido do que Rosanvallon denomina capacidade social. É o poder de inventar sua vida, de ser responsável por si mesmo. É por esse argumento que ele volta a Rousseau, segundo o qual essa independência é a condição de uma vida plenamente social.[164]

A diferença entre individualismo e individualidade e a conexão entre esta e a comunidade estavam expressas de modo semelhante no pensamento anarquista histórico. Bakunin é muito claro a respeito disso, quando diz que a futura organização da sociedade deve ser levada a efeito inteiramente de baixo para cima, pela livre associação dos indivíduos. Só então a ordem verdadeira e revigorante da liberdade e da felicidade geral será estabelecida, a ordem que afirma e harmoniza os interesses dos indivíduos e da sociedade.[165] Embora haja divergências entre os anarquistas "fundadores" no que se refere ao significado da individualidade, são mais diferenças de grau. Noto essas diferenças de grau, por exemplo, entre a visão da individualidade de Godwin e Proudhon — como traços de personalidade partilhados por toda a humanidade, por exemplo a racionalidade e a sensibilidade emocional — e a noção mais elaborada de Kropotkin, da individualidade como personalidade estruturada e distinta, a expansão total do que é original, que une uma variedade infinita de capacidades, temperamentos e energias individuais. Kropotkin critica o "individualismo burguês", de Mandeville a Nietzsche, aos jovens anarquistas franceses, em termos fortes, por ser estreito e egoísta, nada oferecendo de grande e inspirador. "O que se chamou de 'individualismo' até agora foi apenas um egoísmo tolo que diminui o indivíduo", escreveu.[166] O "verdadeiro individualismo consistirá numa espécie de *individualismus* ou *personalismus* ou *pro sibi communisticum*, a individualidade que atinge o maior desenvolvimento possível através da prática da mais elevada sociabilidade comunitária, no que concerne tanto a suas necessidades primordiais quanto a seu relacionamento com os outros em geral".[167] Para ele, a igualdade deveria ser completa, com o espaço mais amplo possível para o desenvolvimento das características individuais, nas capacidades que não prejudicam a sociedade.

O anarquismo contemporâneo retoma essa tradição liberal de crítica da modernidade. Gómez-Muller refere-se à "forma capitalista da modernidade política", que se estrutura em torno de dois eixos "principais e interdependentes", o Estado como poder separado da sociedade e o político como esfera diferenciada a priori da esfera econômica. Ele vê o Estado assumindo o monopólio não apenas da violência, mas também da política, que passa a regular, controlar e reprimir. O anarquismo se inscreveria em uma "lógica alternativa" que visa repolitizar a sociedade civil e restaurar a capacidade do povo, a capacidade política coletiva.[168] Repolitizar a sociedade civil significa restituir-lhe a dimensão política que o estatismo tenta eliminar, adotar uma "lógica de afirmação do político", contrapondo-se à ideia de supressão do político enquanto tal. É o ponto de Rosanvallon sobre a despolitização. Leopoldo Múnera Ruiz vai mais longe e propõe que, a partir de Spinoza, se afirma a possibilidade de uma institucionalidade fundada na liberdade, na esperança e na plena realização dos diferentes sentidos da vida, diante da institucionalidade hobbesiana, baseada no medo, na coerção e no absurdo da morte. Essa alternativa não escapa do conflito inevitável entre as propensões dos indivíduos à sociabilidade e ao egoísmo, mas tampouco se rende à inevitabilidade de uma organização social que se assenta na conquista, na dominação e na violência. Ela não se define pela simples negação e rejeição ao Estado, mas pela afirmação de uma proposta alternativa, que permite vislumbrar a possibilidade de construção de uma ordem social que garanta a liberdade do singular e do coletivo, sem negar a luta permanente entre a sociabilidade e o individualismo. Esse caminho levaria, no limite, à plena realização dos princípios da solidariedade, criando as bases de uma sociedade materialmente igualitária, sem sufocar a subjetividade e a liberdade individual. Como lembra Irène Pereira, esse modelo teórico contribui para a análise das relações de dominação, como exemplo da viabilidade de reconhecer as capacidades de emancipação individuais e coletivas, o princípio da liberdade, sem descurar da existência de relações sociais limitadoras, do princípio da autoridade.[169]

O anarquismo progressista contemporâneo distingue-se do anarquismo conservador contemporâneo, como o do filósofo Robert Nozick, que, apropriadamente, denomina sua versão de "anarquismo individualista".[170] A principal distinção entre o anarquismo progressista e o conservador — são numerosas as diferenças — está relacionada à questão da desigualdade social. Nozick acredita, por exemplo, ao contrário dos progressistas, não haver razão moral alguma para mitigar a desigualdade social e econômica.

Os socialistas liberais tinham visão semelhante à anarquista sobre o relacionamento entre a comunidade e a individualidade. Não obstante virem de um veio comum e compartilharem numerosas convicções, tornaram-se adversários sanguíneos. A crítica sistemática ao individualismo da economia política liberal era questão central para os socialistas, levando-os a pôr mais ênfase no lado coletivista e, assim, à representação corporativista e à intervenção estatal.

Os escritos de J. S. Mill sobre o socialismo, embora já defendessem a ampliação da capacidade de controle coletivo das ações sociais, ainda estão muito marcados pelo individualismo liberal, especialmente pelo individualismo utilitarista. Os socialistas fabianos, por sua vez, viam no individualismo a expressão da propriedade privada e também criticavam duramente os anarquistas. Viam neles uma expressão do "individualismo possessivo", para usar a expressão posterior do politólogo C. B. MacPherson. George Bernard Shaw, em *The Impossibilities of Anarchism*,[171] apresenta o individualismo — em cujo âmbito localiza o anarquismo — como a defesa da propriedade privada e da competição no mercado e oferece como alternativa a posse socialista e a regulação estatal. Sidney Webb, em *The Difficulties of Individualism*,[172] definiu o socialismo como a convicção de que a saúde social e, consequentemente, a felicidade humana são algo à parte e acima dos interesses isolados dos indivíduos, exigindo ser conscientemente perseguidas como um fim em si mesmas. A produção e a distribuição da riqueza, como qualquer outra função pública, não podem ser entregues, com segurança, à liberdade indiscriminada dos indivíduos, mas devem ser organizadas e controladas para benefício de toda a comunidade. G. D. H. Cole[173] distancia-se um pouco desse estatismo ao falar sobre o ideal de felicidade humana. Para ele, o socialismo significa que a todas as pessoas deve ser dada a mesma oportunidade de desenvolverem as virtudes que porventura possuam e de serem razoavelmente felizes em sua vida. O que faz o indivíduo bom e feliz também ajuda a fazer os outros bons e felizes. Sua noção de liberdade democrática reflete a conjunção entre individuação e socialização características da tradição da comunidade política de cidadãos livres: a sociedade deve ser organizada de forma a encorajar a diferença e não apenas a tolerá-la. O progresso democrático resultaria do choque de perspectivas e opiniões em disputa. Seria desastroso impor a uniformidade, embora a sociedade precisasse de alguma comunidade básica de maneiras e modos para manter sua integridade. Numa sociedade saudável, argumentou, essa comunidade básica se estabelece quase espontaneamente: há muito mais perigo em acentuá-la em demasia e terminar por esmagar a individualidade do que em evitar excessos a seu favor. Dessa geração de socialistas, a concepção do indivíduo na sociedade de Cole é a que mais se aproxima da visão socialista contemporânea, ou "pós-moderna".

Se a noção liberal da cidadania revela certo preconceito contra a participação, a noção coletivista leva à desvalorização da representação. Isso é verdade para o anarquismo e para o socialismo. Não constitui afastamento da tradição da *polis*, que admitia alguma representação, mas é distinta da que se cristalizou como parte indissociável da democracia no século XX. A representação clássica era considerada uma delegação parcial da soberania, relativamente livre de risco, uma vez que a *polis* era mais forte que o governo e o poder último residia no *demos*. Volto a chamar a atenção para o fato de que o modelo grego, especialmente na idade de ouro da democracia ateniense, desconsiderava os fundamentos sociais nos quais se baseava a *politeia*, na sociedade real. Para que os cidadãos se dedicassem inteiramente aos assuntos públicos, havia uma multidão de servos e não cidadãos atendendo a todas as suas necessidades mundanas. Entretanto, se o *demos* não era constituído inteiramente por iguais, a *politeia* tendia a sê-lo, e, portanto, a delegação entre poderes iguais seria relativamente segura e qualquer um podia obtê-la, bastando-lhe ser cidadão. Essa segurança decorria, em grande medida, do fato de que cidadania e participação eram indissociáveis. Nessa visão, a delegação parcial da soberania numa sociedade muito desigual constituía um risco significativo de perda completa da soberania.

O CIDADÃO PERDIDO ENTRE O MERCADO E O ESTADO

Aqueles que pertencem à tradição da cidadania individualista têm nítida preferência pela representação baseada no mandato virtual. Este não exige, o consentimento expresso dos representados, para seu exercício rotineiro, e não tem limitações durante sua vigência. Exceto nos sistemas que admitem o recall, ou revogação eleitoral, esse mandato é renovado apenas a cada termo. A principal justificativa dessa posição é a redução do escopo do político, que deve ser mínimo e operar apenas em observância estrita dos direitos individuais. Limita-se o escopo da ação política dos representados e amplia-se a delegação que deveria expressá-la. É apenas na esfera privada, no mercado, que se requer o envolvimento direto e a diligência permanente dos indivíduos. Nela estariam localizadas as questões mais decisivas para o bem-estar individual e de toda a sociedade. Seus limites deveriam, portanto, ocupar o maior território possível na geografia da sociedade humana.

Por outro lado, aqueles que consideram a cidadania um fato coletivo demonstram suspeita natural em relação à representação, na qual veem limitação à soberania do cidadão. Rousseau, por exemplo, não admitia espaço para a representação porque esta não passaria de uma forma de dominação. Para ele, o governo não podia ser a expressão da soberania delegada, mas apenas comissão limitada. Pode-se ver nessa posição um traço do governo grego contido na *polis* abrangente. Diz Rousseau no *Contrato* que o governo é muitas vezes confundido erroneamente com o soberano, que é o poder superior. Ele é apenas uma comissão conferida a simples funcionários do soberano. O soberano pode modificar e limitar esse poder delegado, de acordo com sua vontade e a seu prazer. O soberano é o povo, o *demos*. A soberania popular seria inalienável, intransferível e indivisível. Essa é a base de sua defesa da democracia direta.[174] A negação da representação provém diretamente de sua tentativa de estabelecer a comunidade política dos cidadãos como poder último na sociedade. Como demonstrou o jurista Otto von Gierke há muito tempo, a soberania do povo, estabelecida pelo contrato social, pertence, sempre e necessariamente, só e exclusivamente, à comunidade, e sua usurpação pelo governo dissolve todo o Estado por uma ruptura do pacto social.[175] Por isso mesmo Rousseau afirma que a soberania não pode ser representada, pela mesma razão que ela não pode ser alienada; ela consiste, essencialmente, na vontade geral, e essa "vontade não se representa jamais".

É bom lembrar que essa vontade espelhada na representação conflitaria com sua concepção de liberdade como não subordinação à vontade de outrem. Wanderley Guilherme dos Santos lembra o dilema não resolvido da contrariedade entre a vontade particular e a vontade geral. Rosanvallon aponta um dos problemas não resolvidos na questão da complexa relação entre soberania popular e representação. Seu argumento separa duas formas de entender a soberania. Uma vê a representação como expressão da soberania. A outra assinala contradição insolúvel entre as duas. Essa segunda corrente, comunitarista, vê o povo, detentor da soberania, como um todo que não pode ser fracionado. Todavia, ele é formado por indivíduos com diferenciações necessárias. Essa interpretação "totalizante" é avessa ao pluralismo, somente possível no contexto da representação, que é por natureza partida. De fato, nos tempos da Montanha, da Revolução Francesa e Robespierre, ver o povo como uma unidade implicaria mesmo tomá-lo como uma massa indistinta. Mas não precisa ser assim na sociedade digital, sobretudo na sociedade digital que pode ser construída a partir da matriz emergente da sociedade em rede. Há, evidentemente, um requisito de igualdade nessa construção. Falta à sociedade concreta de hoje, como faltava na França de 1789, a igualdade de educação e status político dos cidadãos que existia na Atenas abstrata da ágora democrática. Esse requisito é, de fato, um imperativo da democracia pluralista com soberania popular. Ele se assenta na diferenciação feita por Rousseau entre desigualdade, que é socialmente determinada, e diversidade, a diferença natural de aptidões. Concordo com Rosanvallon, quando ele diz que ainda se carece de uma abordagem adequada na filosofia política que resolva a contradição inerente entre a soberania popular e o pluralismo nascido da diferenciação entre os indivíduos. É claro que a relação conceitual entre indivíduo e povo, vontade particular e vontade geral, ainda está por ser estabelecida de maneira menos ambivalente e problemática.[176]

Jacques Rancière faz a crítica contemporânea mais radical da representação. Segundo ele, lembrando Heródoto, o *demos* é o "todo no múltiplo", o múltiplo como um, a parte como um todo. Ele é mais e menos que ele mesmo. A política é a esfera de atividade de uma comunidade que só pode ser litigiosa, a relação entre as partes é sempre desigual no todo, sua racionalidade é a própria racionalidade do desentendimento.[177] O consenso anula a política ou a torna inoperante. Política sempre envolve distribuição, portanto, conflito distributivo, comunidade e divisão, o diálogo estressado dos interesses concretos. O problema está no fato de que, nessa conversação conflituosa, cresce o número de sujeitos que não se identificam com as categorias legitimadas para o entrevero político. O conflito extravasa os meios de tratá-los politicamente segundo as regras dadas.

Há em Rousseau e naqueles que desenvolveram a vertente da comunidade política uma clara preferência pela deliberação coletiva. "Para poder combater a natureza ou as instituições sociais, deve-se optar entre ser um homem e um cidadão; porque não se pode ser ao mesmo tempo um e outro. Toda sociedade parcial, quando é estreita e unida, se aliena da grande",[178] diz ele no *Émile*.

Na versão radical da comunidade política, que se expressa em algumas propostas de democracia participativa e direta, a ação coletiva só poderia ser a ação de toda a comunidade, não havendo lugar para a representação, quer por organizações setoriais (corporativista), quer por partidos. Como vimos, o socialismo e o anarquismo optam pela representação corporativista. Nela, o indivíduo se insere numa categoria que expressaria sua vontade comum. Não é uma solução para a contrariedade entre cada um e o todo em sociedade. O dilema estaria em encontrar a síntese que superasse a antítese entre pessoa e cidadão.

A ruptura entre participação e representação ocorre em ambas as tradições do pensamento liberal-democrático. Os liberais separam as duas, apenas para descartar a participação e instituir a representação como o único meio de influência dos indivíduos nos assuntos públicos. A maioria dos defensores da comunidade política de cidadãos condena a representação, vista como dominação ou farsa, e institui a participação política direta como o único instrumento de soberania do cidadão. A condenação absoluta de Rousseau a qualquer tipo de organização política parcial dos cidadãos não é, em geral, compartilhada inteiramente pelas outras vertentes dessa corrente democrática. Os socialistas não chegam a rejeitar de todo a representação partidária. A solução participativa varia. Os pontos de vista de Marx sobre a atuação do trabalho organizado são bem conhecidos e não estavam confinados à ação revolucionária. Sua defesa da atuação sindical em favor de certos direitos fundamentais, como a redução da jornada de trabalho, continha elementos importantes para uma teoria da ação corporativista na sociedade capitalista, além do levante revolucionário. Todavia, a ênfase maior era sempre na ação e na participação, nunca na representação.

Os anarquistas também se opunham a qualquer forma de representação. Diziam que o "conselhismo" era incompatível com a representação recortada partidariamente. Mas consideravam a organização política dos trabalhadores um passo necessário na luta contra a opressão do Estado. Como afirmava Bakunin, "a aliança da maioria dos operários numa associação livre, a organização dessa aliança com vistas a uma ação coordenada e poderosa" deveriam ser os objetivos básicos.[179] A organização para a ação era absolutamente necessária. "Nós atuaremos em conjunto. Aí está nossa força. A organização do conjunto do movimento operário é a única via que leva à realização de nossos objetivos." A defesa da ação direta e organizada era acompanhada por um ataque enfático à representação, tanto como farsa quanto como instrumento para a centralização estatista e a sujeição efetiva do povo soberano à minoria intelectual que o governa.[180] Kropotkin também tinha pontos de vista semelhantes, assim como a maioria dos anarquistas da época. As versões contemporâneas do anarquismo mantêm essa rejeição à representação e também acreditam que o "conselhismo" seria a alternativa à democracia representativa. Esta seria construída sobre falso universalismo e a ideia abstrata de povo, associada à concepção formalista do cidadão como puro indivíduo político igual nos direitos.

A crítica dos vícios da democracia representativa toca em pontos-chave concretos que levaram, de fato, à sua oligarquização. Difícil é imaginar que os conselhos sejam blindados da captura pelos "poucos ativos", pela elite da militância, cuja tendência é, igualmente, a oligarquização. Foi o que ocorreu com a chamada representação corporativista e com toda a estrutura sindical. Essa aderência ao anarcossindicalismo e as versões atualizadas do mesmo aplicativo político, na forma de conselhos populares, não escapam da armadilha da lei de ferro das oligarquias. Tampouco consigo ver qualquer forma de "conselhismo", passado ou contemporâneo, que, de fato, possa ser visto como um instrumento para a circulação desimpedida dos poderes na sociedade. A eliminação da democracia representativa e a adoção, como alternativa, do "conselhismo" não apontam caminho que conduza efetivamente à reconciliação entre liberdade e solidariedade social, nem à "organização autogerida da sociedade como alternativa política". O próprio recurso à expressão "assembleia de trabalhadores organizados" já remete à exclusão dos que não cabem nas categorias de "trabalhadores" e "organizados". A persistência da defesa de organizações de tipo sindical e conselhos de trabalhadores não avança em relação ao anarquismo histórico, nem mesmo em relação ao "anarquismo selvagem" ou vulgar.

Alguns autores contemporâneos veem criticamente a prática anarquista atual, porque ela se assemelha muito à ação organizada em partido. Essa persistência do corporativismo anarquista ou do "conselhismo" tem a ver, em parte, com a não solução da contradição entre os instintos de sociabilidade e de autoafirmação egoísta do indivíduo.

Os socialistas, particularmente os da escola inglesa, foram os únicos, nessa tradição política, que não separavam participação de representação. Na verdade, aceitavam a representação parlamentar como mecanismo político válido, embora defeituoso, e propunham ainda a representação funcional/setorial/sindical, de tipo corporativista. A preferência pela representação corporativista, de tipo sindical e associativista, aparecia com nitidez em vários tratados fabianos. Eram, portanto, diferentemente de Rousseau, favoráveis à segmentação e viam a participação ativa dos cidadãos como condição sine qua non do controle democrático. Mas uma participação organizada, logo regulada corporativamente. Todos os instrumentos políticos teriam alguma função no processo de socialização e politização. Sua oposição ao apreço liberal pela representação foi determinada por uma dupla crítica. De um lado, mais do que os liberais, eles viam inconvenientes e imperfeições nos mecanismos de representação. De outro, manifestavam fortes desconfianças quanto à delegação ilimitada expressa no mandato virtual. O mandato livre era visto como uma forma de distorcer os interesses, especialmente nas organizações funcionalmente orientadas, mas também em assuntos diversos sobre os quais o Parlamento tinha que deliberar. Eles concebiam um papel mais significativo e necessário a ser atribuído ao mandato imperativo.[181] Mais ainda, viam a necessidade de outras formas de representação e participação como complemento à representação parlamentar e à participação eleitoral.

Um ponto de vista que os socialistas partilhavam, dentro de certos limites, com liberais como Hobhouse e mesmo Mill. Este, no ensaio sobre o governo representativo, já reconhecia a necessidade de a ação política condicionar o comportamento dos indivíduos, para disciplinar seus interesses em nome de princípios coletivos. Hobhouse, em seu conhecido *Liberalism*, chamava a atenção para a alienação do eleitor individual, que se dá conta de que seu voto solitário pouco pode afetar as decisões, especialmente numa situação na qual ele dispõe de informações fragmentadas e não está suficientemente familiarizado com os tortuosos e desmesurados problemas diários. Para Hobhouse, o que pode proporcionar apoio e orientação a esse eleitor é a organização com vizinhos e companheiros de trabalho. Ele pode, por exemplo, compreender melhor os assuntos de seu sindicato. O desenvolvimento do interesse social — parte de sua noção de democracia — depende não apenas do sufrágio universal e da supremacia do Parlamento legitimamente eleito, mas também de todas as organizações intermediárias que ligam o indivíduo ao todo.[182]

Nas teorias liberais contemporâneas, como o pluralismo, as organizações intermediárias ganham ainda maior relevo e a contradição entre a cidadania individual e os meios coletivos de ação se aprofunda, embora diminua a consciência de sua existência. A solução que o pluralismo liberal deu ao problema, que ele não podia reconhecer como tal, foi privatizar e despolitizar a política de grupos, transformando-a em um arremedo da competição no mercado. O pluralismo liberal acentuou a confusão entre o político e a ação governamental, abandonando qualquer ideia de dominação. Tornou participação e representação praticamente coincidentes ao adotar a ideia de que outras formas de participação produziriam instabilidade política, sendo portanto prejudiciais à democracia. A defesa ampliada da "política de grupos" não busca a realização da comunidade política de cidadãos. Ela se baseia na premissa de que a identificação das pessoas com grupos e organizações voluntárias é estimulada pelo desejo individual de defender interesses particulares e constitui-se em um ato privado e temporário. Na verdade, a proposta pluralista da política de grupos baseia-se mais na noção de representação que de participação. Pertencer a organizações voluntárias implica muito mais a adesão, a solidariedade e a delegação dos indivíduos a elas do que a ação direta e a participação.

A atitude liberal pluralista em relação à política de grupos corresponde a um passo adiante na privatização e na despolitização da ação coletiva. Em vez da ação política coletiva, haveria novas formas de organização, fragmentação e representação. O exercício da cidadania passou a ser regulado e mediado por organizações *privadas* setoriais (corporativistas) institucionalizadas e por agências estatais. A implementação dos direitos do cidadão tornou-se dependente dessas organizações, que passaram a definir o conteúdo específico desses direitos. As distinções entre controle político/público e controle governamental/estatal dos assuntos e atividades com consequências coletivas, feitas por aqueles que reclamavam o primado da cidadania política, foram quase totalmente perdidas nas democracias liberais contemporâneas.

Haveria uma associação histórica entre a ampliação do controle *político* e a extensão do controle *estatal* sobre as relações sociais e de mercado. Para os socialistas fabianos, essa associação era clara. A primeira se daria por meio da emergência generalizada de organizações privadas e voluntárias que ligavam o indivíduo não ao todo, como queria Hobhouse, mas ao Estado. A segunda seria feita pela via da regulação estatal e do crescimento diversificado das agências de "bem-estar social", que correspondiam à efetivação de maior capacidade de intervenção pública na operação do mercado, de um lado, e na afirmação da dimensão social da cidadania, de outro.

Essa associação porém só ocorreu, de fato, em algumas circunstâncias históricas específicas. Na maior parte das vezes, nem a regulação significou maior controle *público*, nem o welfare proporcionou a plena realização dos "direitos sociais". A captura do Estado por interesses particulares, de frações de classe ou grupos sociais foi mais frequente, tanto através da apropriação de agências reguladoras por parte de interesses privados, que deveriam ser os regulados, quanto pela política de grupos de pressão, sindicais e patronais, ou lobbies. Em outros casos, mediante a internalização, pelo Estado, da lógica de mercado, isto é, da lógica privada. Ou ainda por meio da implementação dos direitos sociais do cidadão, seja como direitos privados, individuais, seja como privilégios dependentes de alguma forma de lealdade política, como o clientelismo político-partidário ou sindical. O crescimento da irresponsabilidade estatal e da discricionariedade de seus poderes reduziu a influência do cidadão nas questões de Estado. O "estatismo autoritário" é apenas um exemplo extremo do poder estatal ampliado, que se dá em um contexto de sérias limitações ao controle social, logo político, do Estado e da sociedade, senão de sua total ausência. Ainda não foram desenvolvidos mecanismos que permitam, na prática, o controle social do mercado, do Estado e do governo. O primeiro problema dificilmente se resolverá "reestatizando o Estado"; isso só agravaria o segundo problema, da irresponsabilidade da tecnoburocracia estatal, transformada em *nomenklatura* todo-poderosa. Novamente, o desafio é imaginar novos modos de controle social, não estatal e não oligárquico, da economia, da sociedade e do governo.

O capitalismo já não é liberal, em qualquer sentido do termo, há muitas décadas. O elevado grau de concentração e centralização do capital, a generalizada intervenção do Estado nos assuntos de natureza econômica e na própria produção o foram descarnando do conteúdo liberal que porventura tenha tido. As consequências cada vez mais coletivas das decisões tomadas na esfera privada praticamente anularam as possibilidades de ação e soberania individuais no contexto do mercado. É bom lembrar que a maioria das decisões ditas privadas é tomada por grandes organizações empresariais com o controle difuso do capital, que é o padrão no capitalismo centrado no capital financeiro. Decisões privadas, portanto, raramente são decisões de indivíduos isolados, como sonhavam Adam Smith e Mandeville. São decisões corporativas de enorme consequência geral, como o impacto ambiental da atividade econômica baseada no combustível fóssil e na petroquímica, principal causa do aquecimento global. Ou no impacto econômico, social e político das decisões de entrada e fuga do capital financeiro globalizado nas economias nacionais. As leis de mercado são hoje um eufemismo que designa a combinação entre controle oligopolista crescentemente globalizado, regulação estatal e hegemonia do capital financeiro. Um número relativamente pequeno de atores coletivos controla o movimento da acumulação. A intervenção estatal se dedica a garantir a execução e a estabilidade de acordos não entre indivíduos, mas entre grandes burocracias privadas e estatais. As burocracias sindicais e patronais incluem-se entre as privadas.

Os grupos menos privilegiados e "os sem organizações" têm menor capacidade de utilizar os instrumentos políticos de ação disponíveis para contrabalançar a oligopolização globalizada do poder econômico e a oligarquização do poder político. Qualquer indivíduo, para reivindicar e fazer valer seus direitos, precisa ter acesso a recursos institucionais que só estão disponíveis a uma minoria, doméstica e globalmente. Três filósofos políticos examinam criticamente a relação entre legitimidade, hierarquia e limitação da soberania nas democracias contemporâneas. Stefano Petrucciani vê a crise de confiança e de legitimidade que elas atravessam como consequência da "reelitização" e "re-hierarquização", que reduzem o conteúdo democrático da democracia.[183] Yves Charles Zarka alerta para o risco da substituição da legitimidade democrática fundada na ideia da soberania do povo por um poder que se baseia exclusivamente na expertise e na manipulação. E sugere repensar a legitimidade democrática, para verificar se o voto e a representação não precisariam ser complementados por outros mecanismos que tornem os cidadãos mais ativos e os engajem mais diretamente nas escolhas e nas decisões políticas, desenvolvendo novos meios para ampliar a democracia. O risco é que a "pós-democracia", sem a soberania popular, se torne a "antidemocracia".[184] Francesco Saverio Trincia fala do esvaziamento da soberania popular e do domínio da casta de políticos de profissão, cada vez mais estrangeiros à vida real da sociedade, e, ao mesmo tempo, da rebelião difusa das massas. Processos que estão associados à despolitização da sociedade, à corrupção crescente dos partidos e ao consumismo.[185]

A política transformou-se em um processo de formação de coalizões e contracoalizões, barganhas e negociações entre grupos e facções controlados por oligarquias que tendem a atravessar as fronteiras entre as jurisdições estatal e privada. A representação parlamentar passou a se dar, em todas as democracias, por meio de partidos oligarquizados. O objetivo dessas oligarquias é conseguir alguma influência sobre as decisões econômicas e alocativas para atender a sua clientela. Não raro, seus públicos são dois e bem segmentados: seus financiadores, que têm maior influência sobre, e seus eleitores de base, cuja influência é residual e episódica. Aumenta o número dos "sem voz", recorrentemente tentados a sair do sistema, ao qual já não têm lealdade, porque dele não obtêm respostas estruturais satisfatórias para suas necessidades.[186]

Foi esse padrão de evolução que levou ao corporativismo como forma dominante de representação e ligação entre o indivíduo e o Estado, no capitalismo pós-liberal, ou iliberal, em muitos países europeus e latino-americanos. Ele expressa a crescente necessidade de nexos e mediações na representação de uma cidadania fragmentada, que perdeu a capacidade e a liberdade de ação. Mediação por organizações setoriais sempre implica desvios e o risco de limitação e controle dos interesses e da liberdade de escolha dos cidadãos. Para ser eficaz, a organização deve subordinar os indivíduos a suas próprias estratégias, portanto à vontade de poucos. Foi-se a liberdade dos cidadãos, transformados radicalmente em pessoas privadas e dependentes, diria Rousseau. Vai-se, junto, a igualdade entre os cidadãos. Cria-se a separação entre os que têm e os que não têm acesso às organizações intermediárias mais poderosas, ou aos lobbies. A própria divisão de classes clássica vai se esfumando, no capitalismo globalizado, com hegemonia financeira e preponderância dos serviços. Forma-se ampla maioria social que não tem acesso a essa política fechada, cartelizada, embora muitos declarem falar "a favor" dela.

Esse modo dominante de representação no capitalismo de transição revela a substituição da ação individual, característica das situações competitivas liberais, pela política de grupos, mediada e regulada. Os indivíduos têm poucas oportunidades de sucesso na promoção de seus direitos substantivos sem a mediação dessas organizações "credenciadas". A representação parlamentar passa a ser controlada por oligarquias partidárias, cada vez mais alienadas da massa eleitoral e afinadas com grupos financiadores e intermediadores eleitorais. Desdemocratiza-se a democracia, esvaziando seu lado "*demos*" e inflando seu lado "*kratos*". Tira-se o povo e amplia-se o governo, reforçando o controle de cima para baixo. Do mesmo modo, o capitalismo foi despido dos vestígios de liberalismo — o qual só sobrevive como ideologia de conveniência — e regulado por uma interação arestosa entre o mercado oligopolizado sob controle do capital financeiro globalizado e o Estado. As correntes de esquerda tradicional cometem erro equivalente, ao reduzir o povo a sua fração operária ou "trabalhadora".

A representação tornou-se a única forma de acesso às decisões políticas, e para ser represcntado "adequadamente" o indivíduo depende de um número impressionante de "representantes" em diferentes aspectos e níveis: o líder sindical, os vários níveis de representantes parlamentares, diversas organizações locais, de rua e de vizinhança, de interesses específicos e movimentos sociais. Os custos e as dificuldades de obter representação "adequada" induzem à apatia e à alienação, em vez de estimular o interesse pela política. Contribuem decisivamente para a despolitização e a privatização dos indivíduos. Número crescente de pessoas opta pela vida privada, pelo individualismo padronizado e consumista e pela saída da vida social e política em comunidade. Tribaliza-se, diante dos custos e das barreiras praticamente intransponíveis à socialização e à politização da vida. À concentração de poder nos monopólios e oligopólios econômicos e políticos corresponde a individualização fragmentada e padronizada. Essa concentração econômica e política produz o consumismo padronizado de massa e a alienação eleitoral. A soberania popular torna-se uma ficção igual à soberania do consumidor. As organizações políticas e econômicas controlam a demanda através do suprimento planejado. Elas criam demandas, estabelecem a agenda decisória e impõem ao cidadão/consumidor seus pacotes prontos. Ainda assim, como persistem e, na verdade, ampliam-se os focos contestatários dos excluídos, há quem queira restringir ainda mais as possibilidades de participação e protesto, ou seja, qualquer forma de politização dos indivíduos. Permanece, à esquerda e à direita, a aversão pela "massa" e pelo protesto "difuso", que precisam ser organizados e orientados. Daí a ideia de *menos* democracia, compensada pela ampliação dos direitos constitucionais a todos, ou à maioria. A constitucionalização, depurada da participação, é o preço que aqueles no topo e que lá querem permanecer consideram racional pagar para obter maior aquiescência dos de baixo. À esquerda, a dominância das ligações entre sindicato e partido termina por cumprir o mesmo objetivo. Os "de fora" continuam sem voz.

A despolitização da representação partidário-parlamentar tem sido evidente em todas as democracias. Para manter seu poder, os partidos tornaram-se grandes organizações especializadas, nas quais, além dos militantes, em declínio, e dos políticos profissionais, cresceu a importância de estamentos técnicos, responsáveis pela "modernização" dos partidos e pelo marketing político. A organização partidária foi levada a adquirir nova competência técnico-organizacional, para ser capaz de assumir o governo, para liderar a oposição, para influenciar na representação intermediada ou a ela se associar. A sustentação dos partidos encareceu proporcionalmente a essas transformações. Simultaneamente, os partidos se faccionalizaram e se oligarquizaram de forma ainda mais intensa e eficaz, exatamente pela utilização desses novos meios técnicos e mercadológicos.

A fragmentação da cidadania, em substituição a sua politização e sua coletivização, é acompanhada pela crescente segmentação e compartimentação das estruturas decisórias, tornando quase impossível estabelecer nexos satisfatórios entre as demandas filtradas pela burocracia representativa e as demandas coletivas por mudanças nas ordens econômica, social e política. As agendas da sociedade e da política "não batem", a justaposição entre elas se tornou mínima, quando devia ser máxima.

A redução do conflito e a manutenção do statu quo são obtidas com maior facilidade pelo controle organizacional do que pela repressão. Não fosse o aumento considerável dos "não incluídos", já decorrente da grande transição. Os elos local/nacional, indivíduo/coletividade, cidadão/*polis*, representante/representado, partido/eleitor desvaneceram-se todos. E esses elos desaparecidos não podem ser recuperados em uma ordem compartimentada, fragmentada e despolitizada. A redescoberta da comunidade política, da cidadania coletiva e da ação política livre está no caminho crítico da reconstrução da democracia.

O eleitor solitário perdeu ainda mais poder. O consumidor, padronizado e só, assediado por todo tipo de manipulação para consumir mais, também é destituído de qualquer poder. Dos eleitores e dos consumidores se espera que votem e consumam sem fazer perguntas incômodas. Os consumidores, porém, estão descobrindo como incomodar, por meio das redes sociais, organizando boicotes, expondo empresas e produtos a mensagens negativas com alta capacidade de disseminação. Os eleitores insatisfeitos ainda preferem sair do jogo. Mas cresce o número de pessoas que encontram nas redes sociais os meios para manifestar inconformismo, indignação e rebeldia, permitindo que saiam da política partidário-eleitoral-sindical sem abandonar a conversação política. Assim como os consumidores, também, encontraram as vias para criar imagens públicas negativas dos políticos. Aumenta o número dos insatisfeitos que vão para a rua manifestar seu descontentamento, formando um mosaico de desgostos diversos e demandas difusas. Tanto empresas como políticos começam a sentir a pressão.

Esse parece ser o ponto de auge da democracia analógica inaugurada com a modernidade. A crise de legitimidade e desencanto é um dos muitos aspectos da grande transição que aparecem como crise, antes de amadurecerem as soluções.

A REDE ATIVADA

Estou convencido de que não existe um "estado final de democracia". Democracia é um processo de luta e aperfeiçoamento constantes. É um alvo móvel. A busca por meios de aprofundar o controle coletivo sobre a vida social e evitar que a politização da sociedade implique a anulação do indivíduo e a opressão de identidades particulares por identidades coletivas. O esforço permanente de eliminação de focos de arbítrio que emergem ciclicamente assim como a defesa intransigente da diferença, como queria Rousseau, são parte desse processo. Mas há cada vez menos espaço e porta-vozes legítimos, no território político controlado pelas oligarquias, que estejam em conexão com os interesses que se formam na base. Essa qualificação faz muita diferença, porque a grande transição amplia o universo dos que estão fora desse território, em todos os estratos da sociedade. A borda vai crescendo desconectada do centro.

Rousseau acreditava que, para enfrentar a alienação e a opressão intrínsecas à sociedade, era preciso levar a sociabilidade a seus limites extremos, promovendo a socialização do indivíduo e a politização da sociedade. A crítica da sociedade civil não deveria levar ao abandono da sociabilidade. Existe, hoje, a possibilidade de incorporar a sociedade em rede ao processo político, ampliando significativamente os limites da participação política direta e de complementação e atualização dos mecanismos de constituição e controle popular da representação parlamentar.

Não é um processo fácil nem isento de perigos. Não tenho respostas na ponta da língua sobre como fazê-lo. E, se tivesse, seriam efêmeras e transitórias como é próprio aos seres da transição. Estou convencido, porém, de que a crítica da mediação política não deveria levar à recusa da participação e da militância em organizações políticas de toda natureza nem ao abandono da representação. A saída em massa pode produzir grandes crises, mas não boas soluções. Parece razoável dizer que o partido deveria ser reinventado, como parte da democracia representativa ampliada. Pode ser que se transforme em algo muito diferente do que é hoje, ao longo dessa transição. Mas, talvez, o alvo central da democratização seja o mandato, e, na maioria dos casos, é inescapável que, quando a delegação de soberania for necessária, em questões críticas, de amplo alcance coletivo, o mandato seja imperativo ou regulado de alguma forma pelos cidadãos. Com a digitalização democrática da política, pode ser possível ter uma ágora digital, para definir os limites dessa imperatividade. Abre-se a possibilidade de uma mão de várias vias, sobretudo se a interveniência do marketing manipulador for reduzida nesse processo, permitindo que a informação sem viés, mas com os matizes da diversidade de preferências, oriente escolhas mais livres e conscientes das diretrizes a dar aos representantes. Essa modalidade de controle, dadas as possibilidades da tecnologia, parece ter mais eficácia potencial que o recall ou o referendo pela via eleitoral, nos casos em que se torna necessário o controle mais imediato do cidadão sobre escolhas decisórias específicas. A política continua analógica, enquanto a sociedade se digitaliza aceleradamente. Pensar a política da perspectiva digital e das virtualidades das redes sociais na ciberesfera permite rever possibilidades que, até recentemente, pareciam utópicas ou simples nostalgia do passado, sem abandonar as virtudes dos processos de consulta, recall, desconfiança e impedimento.

Nessa altura da grande transição, a comunidade política de cidadãos livres, iguais, diferenciados e politicamente ativos só pode ser imaginada em rede, física e virtual. Existe efetivamente a possibilidade de sonhar com a ágora digital. E por que não? A democracia digital em rede resolveria o principal entrave físico à construção de uma ágora democrática e igualitária, que é de natureza demográfica. Na sociedade de massas, é fisicamente impossível reunir e ouvir a todos. Mas virtualmente é possível. Por outro lado, parece-me mais plausível resolver os problemas de agregação de preferências pela via da comunicação digital do que pelos caminhos analógicos. A comunidade política de cidadãos livres em rede resolve, também, a oposição entre cidadania individual e coletiva. É indiscutível que houve considerável melhoria nos direitos individuais e sociais do cidadão, desde que Rousseau escreveu sua crítica à sociedade civil. Mesmo considerando as críticas dos primeiros marxistas, anarquistas e socialistas à sociedade burguesa, há argumento suficiente para sustentar a necessidade de garantir os direitos individuais ou privados já conquistados. Em outras palavras, a democracia analógica deu bons resultados, durante um bom tempo. Mas essa fase se esgotou e suas virtudes praticamente desapareceram.

Outra dificuldade importante que o recurso às redes pode ajudar a resolver está na separação entre participação e representação. A ação coletiva direta não é, necessariamente, o único meio de obter decisões democráticas. Há espaço bastante para diversas formas de representação, no contexto da comunidade política de cidadãos livres em rede. A participação virtual reduz drasticamente os custos de participação. A vertiginosa expansão do acesso à comunicação móvel praticamente elimina as barreiras à participação política. Os problemas de agregação se resolvem com mais facilidade e rapidez. No plano da micropolítica, já se faz isso, por exemplo, via grupos de WhatsApp para resolver problemas comuns de vizinhança, locais de trabalho, avaliar serviços púbicos e privados, para organizar *flash mobs* e protestos. Há muitos outros exemplos nas diferentes redes e mídias sociais disponíveis, uma pálida amostra do que surgirá no futuro.

A necessidade de encontrar formas de ampliar o controle dos cidadãos sobre os assuntos coletivos e o governo resulta do esvaziamento do conteúdo de representação real do mandato virtual. Ele é inteiramente livre e oligarquizado nas democracias contemporâneas. Criou-se um fosso intransponível entre os supostos representantes e os que deveriam ser representados. Nem os eleitos se julgam na obrigação de representar os eleitores, nem os eleitores se sentem representados pelos eleitos. Em lugar de regular o cidadão, como se quer hoje, é preciso regular o mandato dos representantes.

Todavia, o potencial negativo das redes e da digitalização não pode ser desprezado. É um risco concreto. As mesmas ferramentas podem ser usadas para o conluio entre interesses especiais, redes de corrupção política e tráfico de influência. A coleta de informações permitirá que se conheça melhor as preferências e as visões dos eleitores potenciais, ajudando a formatar mensagens específicas para eles nas campanhas eleitorais e no processo de captura de lealdades. Mas, diferentemente do mundo analógico, é possível pensar um mundo digital no qual o acesso às ferramentas seja mais igualitário. Nele os cibercidadãos poderão usar as mesmas armas com que tentam manipulá-los e controlá-los, para vigiar e impedir os abusos do poder. Os consumidores aumentarão o poder, que já estão experimentando em pequena medida, de pressionar as empresas pela qualidade e segurança dos produtos e trocar informações entre si para se proteger dos abusos empresariais.

Nem é preciso dizer que, para isso são indispensáveis a universalização do acesso de qualidade à ciberesfera, a neutralidade e a liberdade da rede.[187] Com exclusão digital e controle da ciberesfera, essa possibilidade deixa de ser real e virtuosa e passa a ser ilusória e viciosa. Cairíamos em plena submissão da cidadania e na política do *big brother* de *1984*, a ficção premonitória de George Orwell. Hoje, com as revelações das atividades de espionagem digital da Agência de Segurança Nacional dos Estados Unidos no fluxo global de comunicações digitais, a censura chinesa e as intervenções manipuladoras na Rússia de Putin, temos boas amostras das possibilidades reais e concretas do pesadelo orwelliano. Mas a democracia digital é, também, uma resposta a esse perigo, embora tenha que ser protegida dele, a priori, para que possa ser constituída e amadurecer. Ela pode inverter esse jogo do controle e da vigilância dando meios aos cidadãos de vigiar e controlar os governos e os representantes.

Aqueles que imaginam que isso produziria ineficiências subestimam a capacidade já adquirida de inovação técnica e institucional que forneceria soluções operacionais e eficientes ao exercício dessas formas de mandato imperativo e de outras modalidades de deliberação coletiva. Subestimam, também, a inoperância e os efeitos antidemocráticos do mandato virtual, tal como é exercido hoje, sob controle das oligarquias partidárias. A reconciliação entre participação e representação, como elementos constitutivos da cidadania, deveria ser vista como parte da reconstrução democrática. Ela expressaria a instrumentalidade da igualdade política e da soberania popular, inerentes à democracia fundada na comunidade de cidadãos livres, iguais e diferenciados, em rede.

A igualdade se dá pela via da participação e da representação como formas complementares da voz dos cidadãos. Uma *voz* que pressupõe *respostas* efetivas, simbólicas e estruturais, do sistema decisório.[188] Uma das raízes do desencanto com a democracia é a fraqueza desse recurso de voz dos cidadãos e a consequente escassez de respostas efetivas, a crise da representação. As respostas simbólicas foram substituídas por mensagens formatadas pelo marketing político e por mentiras publicitárias. O simbólico com efetividade política, que é um fator de legitimação, corresponde à afirmação real de valores que os cidadãos estimam e compartilham.[189] As respostas substantivas devem promover soluções estruturais, isto é, mudanças no padrão societário que atendam de maneira sustentada às necessidades expressas pelos cidadãos. Sem respostas, o cidadão desvaloriza o exercício dessa voz e opta por sair do circuito político, como diria o economista Albert Hirschman. Essa reconciliação pode ser o melhor caminho para o aperfeiçoamento do controle democrático da política pela comunidade de cidadãos livres, utilizando os novos meios criados pela transição científica e tecnológica. No mínimo, revaloriza a voz dos cidadãos, ampliando o escopo do debate sobre reformas políticas e constitucionais que se trava em todo o mundo e se tem resumido às opções analógicas. Estas oferecem soluções cujos termos de validade são muito restritos, quando já não estão vencidos.

Parece haver um sentimento geral de que a democracia está a pedir novos instrumentos para o controle público/político sobre o Estado e para que as ações das corporações tenham qualquer consequência, resultado ou implicação coletiva. O que não há é consenso sobre quais seriam os instrumentos mais apropriados. Sem falar, como vimos, que o maior dissenso se dá em relação à própria natureza da democracia. É um conflito político sobre como distribuir poder ou soberania política. Do ponto de vista democrático radical, a maioria desses instrumentos se refere ao estabelecimento de garantias para a liberdade e a participação coletivas, objetivando a reapropriação da soberania pela comunidade de indivíduos livres, iguais e diferenciados. Portanto, para a constituição de uma comunidade política de cidadãos completos, onde *polis* e *politai* adquiram realidade e integridade.

Em outras palavras, essa mudança passaria por um momento constituinte, que refundaria o *demos*, devolvendo-lhe sua soberania. Esse processo é indissociável da necessidade de fortalecimento das garantias à liberdade e à identidade individuais. É um processo de criação de condições para a plena realização do ser humano como indivíduo, com redução da desigualdade, local e globalmente. Seu alvo é sempre mais igualdade na diversidade. O processo de democratização deve admitir e estimular tanto a socialização e a politização da cidadania quanto a diversidade social e individual. Rosanvallon vê a igualdade a ser construída como plural, nascida da afirmação das singularidades, da atenção à reciprocidade e ao desenvolvimento da comunidade. Essas três dimensões podem ser aprofundadas sem entrar em contradição, reforçando os nexos sociais entre elas, tornando possível a construção de uma sociedade de iguais. Só o diverso e plural progride satisfatoriamente em comunidade e em paz. Democracias verdadeiras são coletivas e respeitosas da diversidade, tendo por fundamento a liberdade, a identidade e a felicidade individuais em um regime de igualdade na diferença. São palavras contemporâneas para o ideal republicano clássico de "igualdade, liberdade e fraternidade".

A não conclusão dessa incursão na teoria política da cidadania aponta para a necessidade de especular sobre novos meios para promover a socialização dos indivíduos, a politização da sociedade, a busca da justiça social e a plena individualização do ser humano. Principalmente considerando que a grande transição, por seus desequilíbrios, tem elevado custo social. O economista político Charles Lindblom disse, certa vez, que a poliarquia, para permanecer poliárquica, talvez tivesse que se tornar mais coletivista. Essa afirmação representa uma dentre as muitas que já refletiram a constatação da importância estratégica de recuperar a comunidade política de cidadãos livres, iguais e diferenciados. Por outro lado, marxistas e socialistas, que admitem a perversão dos ideais coletivos nas experiências socialistas autoritárias e estatistas, têm consciência de que a coletivização da política deve conter elementos explícitos para a garantia do que chamaram no passado de "direitos individuais burgueses". E mais, a coletivização da democracia não se confunde jamais com estatização.

Marx, os anarquistas e os socialistas compartilhavam com Rousseau a tradição da comunidade coletiva dos cidadãos. Eles viam na socialização do indivíduo e na politização da sociedade o único caminho para realizar a essência humana na liberdade e na igualdade. Mas a transfiguração do socialismo marxista em formações históricas concretas correspondeu a uma trágica deformação estatista e totalitária. Não foi libertária nem socialmente justa. Foi apenas tirânica. O socialismo democrático e o socialismo corporativista, de inspiração fabiana, derivaram, na prática, para o social-liberalismo, no caso dos social-democratas, ou para o autoritarismo corporativista ou estatista, no caso das demais correntes socialistas. As práticas anarquistas também têm frequentemente negado os fundamentos centrais da teoria libertária. De forma análoga o liberalismo e as várias versões do liberal-socialismo negaram, na prática, o conteúdo de liberdade e igualdade de suas teorias fundadoras.

A confrontação desses modos de considerar e promover a cidadania mostra ser necessária uma revisão conceitual e prática que promova a reconciliação entre as várias dimensões do processo político, entre comunidade política e ação privada e a clara distinção entre controle social e controle estatal. A crítica ao individualismo, a preservação e o enriquecimento da individualidade na sociedade, por meio da constituição real de um padrão público ou político de sociabilidade, estão presentes e atualizados nas vertentes contemporâneas do socialismo democrático. Refiro-me a alguns setores da social-democracia europeia, do comunitarismo democrático, do anarquismo e do cosmopolitismo. Está, também, *in nuce*, na concepção da cidadania do liberalismo igualitário. Por essa visão, a cidadania, que só pode existir em estado de igualdade política entre os indivíduos, contém o ser individual — concreto, específico — e o ser comunitário — social. Ela é o elemento geral de cada indivíduo. Ao mesmo tempo, essa propriedade geral das pessoas particulares determina uma equivalência radical entre os humanos, como parte de uma comunidade de cidadãos iguais, livres e diferenciados. Essa equivalência é um direito constituinte que produz a própria sociedade. O que é evidente é que essa igualdade política, que se realiza em sociedade, conflita com as desigualdades sociais — no sentido rousseauniano. Elas limitam e particularizam a cidadania. Daí ser impossível um projeto democrático sem a significativa redução, de preferência anulação, das desigualdades socialmente criadas. Todos os seres humanos devem ter os meios necessários e suficientes para que sejam independentes, não precisando submeter-se à vontade de qualquer outro. Isso equivale a dizer que só é possível ter um projeto plenamente democrático se ele for, também, rigorosamente igualitário e pluralista.

Essa construção exigiria a diferenciação radical entre controle social e controle estatal. Os anarquistas gostariam de ver o controle estatal inteiramente abolido. Os socialistas e social-democratas veriam no aperfeiçoamento e na ampliação do controle social, ou seja, na politização efetiva da sociedade civil, o melhor meio de estabelecer limites mais precisos e legítimos à ação estatal. Mas essa visão do socialismo democrático não pode se confundir com o preceito estatista que identifica o direito do cidadão como aquele expresso em um dever do Estado. Um direito tutelado pelo Estado, que, mesmo nascendo na cidadania, só se realiza pelo Estado não é um direito democrático. Nisso, os anarquistas sempre tiveram mais razão. O direito democrático dos cidadãos nasce e se realiza *na* cidadania, que é seu princípio constituinte. O aprofundamento da democracia, além de envolver genericamente a repolitização da sociedade e a ressocialização da política, requer mudanças e progressos na estruturação política da sociedade, redefinindo radicalmente o papel do Estado e o padrão social de governança. A cidadania é predominantemente um fundamento de igualdade política. Ao mesmo tempo, o alargamento da democracia, para o que Rosanvallon denomina democracia indireta, operada por meio de mecanismos de vigilância, denúncia, fiscalização, pesos e contrapesos à tendência de esvaziamento da soberania, pressupõe certa despolitização da democracia.

DEMOCRACIA CONTESTANTE

A grande transição agravou a crise de legitimidade das democracias. Ela exacerbou a perda de eficácia da presença dos cidadãos na política ativa. Levou ao limite a contradição entre a consciência e a intensidade dos conflitos, de um lado, e a busca de consenso, de outro.[190] Determinou, simultaneamente, a redução dramática da capacidade do Estado e dos governos de atuarem para evitar, mitigar ou superar as crises econômico-financeiras e regular a atividade econômica globalizada. Esses desdobramentos políticos e econômicos da grande transição estão tornando cada vez menos pertinentes e menos efetivas as respostas estruturais às necessidades da sociedade. A deterioração do desempenho da política e do governo alimentou essa crise de descrença, o desencanto com a democracia, logo uma crise geral de legitimidade típica das transições disruptivas. A crise de ruptura tem um momento de negação e um momento de criação que não ocorrem, necessária ou frequentemente, em sucessão. Nas grandes transformações históricas, tendem a ocorrer de modo assincrônico. São independentes. Um processo não interfere no outro. Os movimentos da destruição e da criação, mesmo quando eventualmente simultâneos e justapostos, não são visíveis como coetâneos na consciência dos agentes sociais e políticos. Esse fato estrutural impõe um tremendo desafio à democracia, justamente quando estamos diante da tarefa de reafirmá-la, alargá-la e aprofundá-la. Reabre toda a discussão clássica sobre cidadania e democracia, liberalismo, anarquismo e socialismo. Novamente nos confronta com os dilemas do indivíduo em sociedade e as contrariedades entre individualização massificada e individuação emancipatória.

Aprofundar a democracia, hoje desacreditada por toda parte, fonte de desencanto e decepção, pode ser o caminho para transformá-la de contestada em contestante. As manifestações emergentes "impolíticas" da democracia contestante estão impregnadas de elementos velhos e novos. Elas surgem da formação de contrapoderes sociais que vão além dos limites da democracia eleitoral. São manifestações complexas, porque emergentes. Misturam o fortalecimento desses poderes sociais, que dão nova feição à cidadania e que podem ser politizados, e inclinações "populistas-reativas", que levam à despolitização.[191] Daí a insistência na natureza ainda problemática dessas formas "salutares de vigilância cívica", que tornam o poder constituído mais atento às demandas sociais, contudo podem também alimentar formas destrutivas de desqualificação e negação. A ciberesfera é hoje o principal canal dos mecanismos da democracia contestante, de desconfiança, refutação e resistência aos abusos e desvios do poder eleitoralmente constituído. A fiscalização dos eleitos, por sua vez, é um contrapeso necessário à formação de oligarquias partidárias e parlamentares. Daí a importância da rotinização e do fortalecimento de mecanismos como o impeachment, o recall, o voto de desconfiança e, até mesmo, o mandato imperativo. A este está associada a perda do mandato por descumprimento da vontade expressa do eleitor, em relação a determinadas questões críticas para a sociedade. O recall, que é o mais claro mecanismo político de "retificação do voto" pelo eleitor, com base no desempenho efetivo do representante eleito, é uma forma de devolução do mandato a seu legítimo dono, o povo, no curso do exercício do próprio mandato. É similar à dissolução do Parlamento, com a diferença de que pode se aplicar também nos regimes presidencialistas. O impeachment responsabiliza o chefe do Executivo por seus atos contrários à ordem constitucional, à lei e à probidade político-administrativa. O voto de desconfiança, sua contrapartida no parlamentarismo, desfaz o governo que perdeu a confiança da maioria. É um mecanismo parlamentar, não da sociedade, que pode ser complementado pela dissolução do Parlamento e por eleições gerais, retornando o controle à sociedade. Nenhuma dessas ferramentas, nem seu conjunto, apropriadamente adaptado à forma de governo, é suficiente para o que Rosanvallon denomina efetivação da desconfiança democrática. Esta vai além das formas liberais de desconfiança e transcende a democracia eleitoral-parlamentar.

Um dos instrumentos lembrados por ele, a denúncia, é parte integral da liberdade de imprensa e carece hoje de relegitimização e do reconhecimento coletivo de seu papel como instrumento da democracia revigorada. Esse reconhecimento está ameaçado pela crise do modelo de negócio que tem sustentado o bom jornalismo, independente, investigativo e pluralista. A função de denúncia dos escândalos políticos — da corrupção ao desvio de finalidade das decisões governamentais e da ação estatal — ganha realce com a individualização associada à crise ideológica. Já não há aceitação coletiva da explicação geral que dispõe no "sistema de poder" a origem desses atos. A sociedade demanda a exibição dos indivíduos que, por suas escolhas morais, se corromperam ou desvirtuaram as ações governamentais e do Estado, ou ambas as coisas ao mesmo tempo. Portanto, a preservação do jornalismo enquanto ocupação e instrumento democrático transcende a simples questão do modelo de negócios. Se o "negócio" não sobreviver à grande transição, o essencial é que o "jornalismo", como ocupação e função sociopolítica, persista, ainda que absorvido por outros modelos de negócio ou novas formas econômicas. Esse desafio é parte indissociável do desafio democrático e não se resolve pela estatização ou pelo chamado "controle" da mídia ou dos meios, uma forma travestida de censura ou de monopólio ideológico. Pluralismo e liberdade de imprensa são propriedades indissociáveis uma da outra, no contexto desse "jornalismo de denúncia" e do "jornalismo investigativo". Ao resgatar o papel decisivo da denúncia de escândalos na concretização da transparência e na educação moral e política das pessoas, Rosanvallon retira o escândalo de interesse coletivo da sombra da sociedade do espetáculo. A revelação do escândalo não é um espetáculo, é um ato de transparência democrática.[192]

A exigência social ampliada de transparência das ações públicas leva à multiplicação dos escândalos. Esse volume aumentado não denota a falência moral da política. Revela mais amplamente a extensão dos erros de determinados indivíduos, grupos, facções, partidos. Não é invenção da mídia nem de conspirações adversárias. É a resultante do alargamento da transparência, da emergência da política do desafio, do confronto. Em sua particular evolução, imersa na grande transição, rejeita a política e deslegitima a representação. Antes do amadurecimento da cidadania crítica e ativa, que aceita o campo político como legítimo, há surtos crescentes de despolitização, de esvaziamento do ideal democrático-republicano que só pode se realizar socialmente, em comunidade, ainda que por meio da política. Faz parte dessa sociologia política da grande transição que revela o movimento na direção de maior complexidade, fragmentação e heterogeneidade das sociedades. Cada sociedade entra nessa grande onda de mudança com suas especificidades e sua particular combinação de passado-presente-futuro, com suas distintas fusões de anacronismo e vanguardismo. Mas, ao contrário da visão pessimista do fim das ideologias, da política ou da história, anunciam, junto com outros processos, a possibilidade de transformar a democracia contestada em democracia contestante, um movimento de mudança progressista. Toda mudança assusta e repele, ou atrai e extrema. É uma vertigem e, nela, há os que se atiram, os que se retraem e os que deliram.

A democracia contestante é uma democracia dos cidadãos, em que o povo, embora ainda não possa exercer plenamente sua soberania, pode contestar, na prática concreta, aqueles que a exercem em seu nome, praticando uma soberania de repulsa, em lugar de uma soberania de iniciativa. Uma democracia, portanto, de transição, que ainda não realiza integralmente o ideal democrático libertário nem a eliminação das desigualdades socialmente determinadas.

Rosanvallon também chama a atenção, com razão, para o fato de que os líderes políticos passam a ter que renunciar ao segredo e expor-se inteiramente ao público, demonstrando sua honestidade e sua proximidade ao povo, não apenas a grupos ou correntes. Se não as demonstram, são forçados a deixar claros sua dissimulação e seu afastamento do povo. A exposição midiática da vida privada de lideranças públicas, muito condenada pelos elitistas de toda espécie, se torna, dessa forma, uma peça central da passagem para a nova democracia, ainda que não a constitua. Ela redefine os limites das virtudes políticas. Demarca a fronteira entre a privacidade, que protege o indivíduo e sua intimidade, e o segredo, que esconde as conexões entre a vida privada e as responsabilidades públicas das lideranças políticas. É evidente que o espaço da privacidade das lideranças públicas é, por definição, na democracia, menor do que a privacidade das pessoas de vida exclusivamente privada. Cada ocupação traz associado a si o espaço legítimo da privacidade individual, mesmo na vida privada. Este depende das consequências sociais potenciais da atividade de cada um. Uma pessoa cujas atividades não tenham impacto coletivo se distingue, nesse aspecto, de outra que dirige uma grande empresa. O CEO toma decisões que têm impacto sobre os que trabalham sob seu comando, os que consomem os produtos ou serviços da empresa e sobre o ambiente e o clima. Há um divisor de águas efetivo entre os indivíduos que exercem seus papéis principais de vida no âmbito exclusivamente privado — particular — e aqueles cujos papéis centrais de vida se dão no âmbito público — político.

Pela imprensa, idealmente pan-óptica, os cidadãos, na política atual, controlam os governantes. Ela mira na reputação dos políticos, antes garantida pela filiação partidária. Mas os partidos, esvaziados da moral ideológica que os guiava no controle de seus filiados, de garantidores da retidão ideológico-política, tornaram-se cúmplices da corrupção. A reputação, regulada pela relação de confiança entre o cidadão-eleitor e o político-representante, no Legislativo ou no Executivo, não admite saldo médio de comportamento cívico. A reputação deve se renovar permanentemente pela exposição e pela investigação. As últimas ações dos políticos valem tanto quanto suas ações pretéritas. O passado pode condenar um político, mas jamais redimi-lo de seus desvios presentes. A denúncia apurada com o rigor do bom jornalismo torna-se um recurso político poderoso. Quando diz respeito a comportamentos ilegais, é recurso político auxiliar ou complementar ao processo judicial, por procuradores com autonomia para exercer adequadamente, ao lado dos juízes, o controle jurisdicional em nome da sociedade. É sempre bom relembrar que, quando se atribui natureza política a um recurso ou instrumento, esse atributo não é sinônimo de "militante" ou "politizado", que pertencem ao domínio da parcialidade e da adversariedade.[193]

A dimensão mais crítica dessas instituições de controle é a regulatória. Da mesma forma que as falhas de mercado demandam regulação, as "falhas de Estado" precisam ser objeto de fiscalização e controle. Esse controle público[194] sobre mercado e Estado se tornou componente essencial do processo democrático, que vai além das instâncias representativas. Se mercado e Estado funcionassem perfeitamente bem, sistemas de vigilância corretiva seriam desnecessários. Mas ambos falham. Há duas questões a resolver em relação à regulação: o escopo da autonomia dessas agências e sua legitimidade. Creio haver resposta funcional para a primeira, mas para a segunda só consigo perceber mecanismos de legitimação ex post, pelo desempenho efetivo. Todavia, é possível generalizar para as duas instâncias regulatórias, do mercado e do Estado, um princípio fundador de legitimidade. Elas devem examinar as ações do mercado e do Estado do ponto de vista da sociedade, dos consumidores e dos cidadãos. É certo que há aspectos operacionais e tecnológicos, de natureza técnica, que devem estar sob o escrutínio dos reguladores, mas é o interesse da sociedade, portanto dos cidadãos, que deve ser o critério determinante, em última instância, das decisões regulatórias. Daí a visão "para fora" que os ombudsmans e os reguladores deveriam ter. É o caso, em particular, do controle social das corporações, como a polícia. A perspectiva regulatória não pode ser capturada pela visão da corporação. Esse problema existe, também, na regulação do mercado. Os italianos cunharam a expressão *"controlato controlatore"*, exatamente para designar a captura dos reguladores pelos regulados. Isso é bastante comum na fiscalização tanto das empresas estatais quanto das empresas privadas.

Há vários caminhos para formatar agências reguladoras que

atendam às especificidades de cada sistema político. Mas a "alteridade" do regulador em relação ao regulado é um requisito universalmente válido. A questão do estatuto de autonomia dos reguladores tampouco é simples. Escrevi, há décadas, sobre o tema da autonomia da empresa estatal.[195] Essa autonomia relativa envolve dois níveis igualmente problemáticos de ambiguidade, ambos de natureza estrutural, ou seja, decorrentes da natureza mesma do ente. A primeira, que caracterizei de ambiguidade estrutural, dizia respeito a sua dupla inserção, no Estado e no mercado, o que a faz oscilar — quase sempre por conveniência alheia ao interesse social — entre sua face estatal e sua face empresarial. Essa ambiguidade a torna mais esquiva ao controle do governo e, mais importante, à vigilância da sociedade. A segunda, que chamei de ambivalência operacional, dizia respeito a sua dupla função, de produtora de bens ou serviços e de formulação de políticas — muitas vezes indiretamente, via política de preços ou de compras. Tanto a ambiguidade quanto a ambivalência são estruturais, portanto por definição não têm solução técnica única. A solução só pode ser política. É fácil ver que tanto a ambiguidade estrutural, nascida da dupla inserção, quanto a ambivalência funcional da regulação, imprensada entre a proteção das regras econômicas e os interesses do consumidor, constituem também dilemas políticos. Há nitidamente uma dupla inserção no Estado e na sociedade. É evidente, da mesma forma, a contrariedade entre a função regulatória e a função de formulação de políticas que se justapõem em uma larga área de ação. Ela pode levar a decisões que se confundem, ainda que por seus efeitos indiretos, colaterais, antecipados e não antecipados, com a formulação de políticas. Há, portanto, uma dupla ambivalência da regulação econômica, em relação à proteção ao consumidor e à formulação de políticas. Do ponto de vista democrático, que me interessa aqui particularmente, esses dilemas têm a ver diretamente com a natureza e o escopo do mandato regulatório, indissociáveis da questão da legitimidade das agências reguladoras.

Há um paradoxo a enfrentar. As ações do mercado e do Estado têm uma propensão natural à disfunção, à exorbitância e à introversão. Para se contrapor a essas falhas, aparentes no desvio de função, no abuso de poder e na promoção a ferro e fogo de interesses endógenos ou autocentrados, propõe-se o remédio da regulação externa, extrovertida, isto é, voltada para a sociedade, focalizada e democrática. Mas ela também é propensa a falhas, cuja correção estaria na fiscalização e no controle do regulador, por outra instância externa e por mecanismos de correção político-institucional autoaplicáveis. Entre eles, o mandato fixo e não renovável, as vedações ao exercício de dupla função, os filtros seletivos no recrutamento dos reguladores, e assim por diante. Não quero me estender nas firulas técnicas. No plano geral, estamos diante de um duplo desafio: definir como regular socialmente Estado e mercado e encontrar uma boa resposta para quem regula o regulador, adequada a cada modelo concreto de democracia e adaptável a sua dinâmica interna e externa. Teoricamente, da perspectiva democrática, o controlador em última instância é sempre o detentor da soberania, o povo, ou a comunidade de indivíduos livres, iguais e diferenciados. Significa dizer que os mecanismos da democracia contestante devem estar sempre definidos da perspectiva dessa comunidade. Pressupondo-se que nem mercado nem Estado se confundem com ela ou têm por objetivo atendê-la, essa contestação se faz em seu nome e a perspectiva da visão regulatória deve partir do interesse dessa comunidade. Em poucas palavras, a regulação é um mandato emitido pela comunidade de cidadãos e em seu nome deve ser exercido. Esse princípio, sem mecanismos que o concretizem, reduz-se a uma afirmação retórica. A concretização se dá, como lembra Rosanvallon, sob três formas, pelo menos, como função, ética e atividade social.

Como vigilância, controle e correção, ela não se dá exclusivamente por meio de agências regulatórias formais, nem exclusivamente por meio de mecanismos de controle interno e externo, ou da mediação profissional. Inclui a investigação da sociedade pela imprensa, pela mídia social, por ONGs, observatórios e *think tanks*, todos potencializados pela sociedade em rede que se forma.

Todavia, esses mecanismos da democracia de vigilância têm um componente de despolitização, que requer também seus contrapesos. Eles são vários e todos tentativos, dada a própria natureza emergente das possibilidades de extensão e aprofundamento da democracia. Passam por elementos da democracia participativa, da democracia deliberativa e de controle social sobre o próprio exercício da democracia indireta. Há tanto o risco do populismo quanto o perigo do deslocamento absoluto do centro gravitacional da democracia, da soberania popular para a prevalência da democracia indireta, que terminaria, no limite, numa democracia com objeto mas sem sujeito. Nesses extremos, esses mecanismos podem mesmo ser absorvidos ou cooptados pelo statu quo. O único antídoto para essa cooptação desmoralizante, que leva ao conformismo e à acomodação, seria a mobilização das pessoas para o exercício consciente, deliberado, programado e estratégico das três formas de expressão da cidadania crítica. São elas a rebeldia, a resistência e a dissidência. Não é uma atividade da comunidade como um todo, mas de suas vanguardas ativas. Extrapolo, sem trair, a análise que Rosanvallon faz dessas três formas históricas de inconformidade com a ordem estabelecida.

Partimos de um ponto comum, a inspiradora visão de Albert Camus sobre a pessoa revoltada, que se afirma pela ruptura, que se recusa a aceitar o estado dado de coisas. Essa pessoa é rebelde, e sua rebeldia se manifesta de várias formas, sem jamais abandonar a causa da liberdade. Ela a defende sempre, contra todo tipo de autoritarismo, das microtiranias cotidianas à macrotirania dos governos e regimes autoritários. Essa pessoa desobedece pacificamente às imposições injustas, opressivas ou alienantes dos poderes estabelecidos. Vai além e radicaliza sua rebeldia, para chegar ao rompimento com os velhos modos e indicar a possibilidade da mudança. É uma rebeldia transformadora. Não é necessariamente papel dos rebeldes definir novos modos. Eles são revolucionadores, não revolucionários. Os rebeldes são os agentes de um momento crítico, de recusa, ruptura com os modos vigentes, mesmo que não tenham clareza sobre quais serão os novos modos. A rebeldia restabelece o movimento da mudança, não é uma ação teleológica, satisfaz-se com a subversão dos modos vigentes. É uma recusa, não uma oferta de um bem ou valor prontos. Rebeldia pede inovação.

A resistência é portadora da "esperança ativa", é uma ação organizada contra a ordem estabelecida, especialmente contra os autoritarismos, as imposições de valores que são estrangeiros à comunidade de indivíduos livres, iguais e diferenciados. Para usar a expressão poética de Rosanvallon, os agentes da resistência se recusam a ceder ao fatalismo e mantêm acesa na noite a chama do futuro. Dão mais organização e mais foco à rebelião. Têm uma visão mais finalista, mas não predeterminada. Ao contestar permanentemente o poder, essa resistência se afirma como uma "atividade democrática construtiva". É convite à construção, à criação, anfitriã da conversação cívica plural, polifônica. A resistência está no domínio da *poiesis*. Ela permite a cada indivíduo encontrar seu próprio espaço no mundo e exercer sua própria voz. Ela concretiza no dissenso independente a natureza revolucionadora da rebeldia. Esse construtivismo pode ser fonte poderosa de inovações.

O dissidente é uma pessoa que não aceita as ortodoxias, os absolutismos, os consensos incontestados, o totalitarismo. Recusa-se a aceitar a crença dominante. É, em grande medida, portador do "espírito da reforma" e, nesse sentido, desavém-se com a tradição, desqualifica o poder e a sabedoria convencional. É o contestador, o protestante, o vanguardista. Como na frase brilhante de Millôr Fernandes, o dissidente acredita que livre pensar é só pensar. Ele também pode ser importante indutor de ações criativas transformadoras.

Esses três modos de contestação política se complementam. Juntos, recuperam a visão crítica e a ação política, recusando-se à passividade da cidadania liberal, ou imposta por uma ordem autoritária e pela censura ao livre pensar. A cidadania ativa e crítica legitima a rebeldia, a resistência e a dissidência como formas democráticas de contestação das tendências oligárquicas e do confinamento da democracia a seus contornos puramente liberais. São modalidades de ação contestadora que correspondem ao exercício pleno da soberania dos indivíduos, da igualdade e da diversidade. São antídotos para a progressiva degradação da democracia em oligarquia e para o esvaziamento liberal do princípio da soberania ativa dos cidadãos. Juntos reúnem enorme potencial inovador.

Presumo — questão que pede mais investigação — que os mecanismos de vigilância e fiscalização (*checks*), quando funcionam apropriadamente, asseguram, em medida variável, a integridade dos mandatos e o legítimo exercício do poder. Sua funcionalidade é política e moral. Já os mecanismos de desafio e contestação, junto com os procedimentos institucionais de contrapeso (*balance*), quando livres de constrangimentos espúrios, denunciam os processos de degradação da representação e dos próprios mecanismos de vigilância. Garantem e protegem a soberania, sobretudo focalizando os elementos que se constituem em formas de usurpação. Sua funcionalidade é democrática, porém impolítica, e seu objetivo primordial é assegurar a liberdade e a soberania da sociedade de indivíduos livres, iguais e diferenciados.

Esse ativismo é parte integrante da soberania crítica, que sofreu forte declínio nas décadas finais do século xx e nos primeiros anos do século XXI. Houve uma reação conservadora, nem sempre liberal, aos movimentos que, embora pacíficos, insistiam em ficar à margem das instituições domesticadas da democracia, cada vez mais formal e menos real. Deu-se com a democracia algo similar ao que ocorreu com várias periferias de grandes cidades, a *gentrification*, no sentido dado à palavra como um processo de "refinamento", "polimento". A discriminação está implícita nessa ideia de refinamento. Está havendo, aparentemente, o ressurgimento das vozes impolidas das ruas, das novas periferias, em movimentos com inspiração difusa e variada, mas que têm em comum o desencanto com essa democracia abrandada, docilizada, cada vez mais distante do povo. Vozes inconformadas com a usurpação da soberania, entendida de múltiplas formas. As revoltas expressam a clara consciência da perda de representatividade, liberdade e igualdade de oportunidades e o não reconhecimento das pessoas como iguais na diversidade. Essa explosão de indignação e rebeldia alerta para os limites da democracia na prática atual. Ecoa as formas históricas de rebelião, como a Comuna de 1871 ou a *chienlit* de maio de 1968 em Paris, o Occupy, o movimento dos Indignados, a ocupação da praça Tahrir. É ainda uma busca sem compasso e sem bússola, ou, para usar expressão mais contemporânea, uma jornada por territórios não identificados pelo GPS nem mapeados pelo Google. É a busca de uma terra ignota da democracia, que estaria na confluência entre a ciberesfera e a socioesfera, no cruzamento entre mecanismos históricos da democracia contestante com as novas tecnologias digitais. A busca do eldorado democrático, de uma ágora digital, igualitária e aberta, dedicada à cidadania crítica e à defesa vigilante da liberdade.

A despolitização tem uma dimensão diretamente relacionada à democracia representativa, que está no esvaziamento do conteúdo de representação efetiva dos partidos. Esse esvaziamento resulta da oligarquização e consequente perda de legitimidade e credibilidade. Não creio na restauração dos partidos como meio político-democrático de representação. O desafio nessa dimensão vai mais longe, porque se refere à recriação da representação política, com a invenção de novos meios e modos. Insistir nos partidos é insistir em um mecanismo analógico e anacrônico da política que se tornou mais que disfuncional, um agente oligárquico de dominação e da crise democrática. Mas a descrença nos partidos não deve se transformar em recusa da representação, e sim em sua reinvenção.

O aprofundamento da democracia passa, necessariamente, pela pluralidade de meios, formas e caminhos. Contempla a conversação, a participação, a deliberação, a vigilância, o impedimento — todos os componentes "contrademocráticos" ou de democracia indireta —, a inovação nas formas da representação e de manifestação da soberania. Não pode haver democracia fora do pluralismo, nem ela admite a despolitização. Seu aprofundamento depende, crucialmente, da reconstituição e da reafirmação radical da política, em todas as suas acepções, como organização do domínio da sociedade, como ação concreta e, voltando a Weber, como vocação e profissão. A democracia se assenta em três pilastras: a eleitoral-representativa; a dos pesos e contrapesos; e a da conversação dos opostos. A pilastra dos pesos e contrapesos tem se fortalecido e se beneficia dos novos meios de transparência e disseminação de informação providos pela ciberesfera. Do mesmo modo, a conversação dos opostos ganha novos recursos ao incorporar-se à ciberesfera. Embora vivamos um momento em que o discurso do ódio e da desqualificação tem competido, às vezes intoxicado e até mesmo impedido a conversação democrática. Mas é uma questão de melhor apropriação político-democrática desses meios, portanto já na esfera operacional, ou da prática concreta. Logo, a pilastra que está abalada e não encontrou ainda, nesse estágio da transição, novos modos para se renovar e robustecer é a eleitoral-representativa. A meu ver, o problema democrático tem seu epicentro na dimensão representativa da democracia. A ele se soma a busca de meios e modos de repolitizar o social e a democracia, que é o objeto central da nova via para o socialismo democrático na transição e para além dela.

A soberania, diante da realidade sociológica inarredável da heterogeneidade, deve abraçá-la, apropriar-se dela e transformá-la em diversidade social, denunciando e buscando eliminar suas manifestações como desigualdade social. Ou, como argumenta Rosanvallon, aprofundar é repolitizar a democracia, fazendo do cidadão seu sujeito e seu objeto. O objetivo da democracia é tornar possível a construção de uma história comum; e a soberania não é apenas o exercício de um poder, é "domínio de si e compreensão do mundo".[196] Essa concepção de soberania deriva do correto entendimento da vontade na política, não na vertente voluntarista, que é autoritária, mas na da vontade política como consciência ativa de si, seguindo os filósofos Cornelius Castoriadis, quando diz da ação que decorre da vontade com conhecimento de causa, e Søren Kierkegaard, para o qual a vontade significa ter-se a si mesmo. A constituição do sujeito político como senhor de si e dotado de uma vontade consciente e crítica de si e dos outros. Um sujeito político que, porque tem plena consciência de si, não se investe de poderes individuais, não se submete. Ele se realiza, como dizia Rousseau, como pessoa livre e dona de si, somente socialmente, apenas em comunidade. Esse exercício da soberania realiza a diversidade, mas condena a desigualdade. Ele começa por tornar visíveis e abrigar na cidadania plena os setores hoje invisíveis da sociedade, por discriminação, preconceito ou submissão. A repolitização da democracia pressupõe a simultânea repolitização do social, o enfrentamento ativo das desigualdades e a garantia efetiva das diferenças. É nesse processo que se constrói a comunidade de indivíduos livres, iguais e diferenciados.

A revolução digital amplia o território das possibilidades para condicionar decisões críticas e de amplo alcance coletivo ao consentimento ativo e expresso dos cidadãos. Há diversos assuntos coletivos que não deveriam ser resolvidos, em uma democracia ampliada, por indivíduos ou organizações com mandatos indiscriminados, livres e gerais. A tecnologia disponível permite imaginar formas de definir a natureza do mandato pela questão em pauta. Essa possibilidade se abre não apenas aos mandatos parlamentares, mas a todas as formas de representação na sociedade digital, inclusive partidos e outras organizações "voluntárias". Sem mencionar a pauta que se pode resolver pelos meios digitais de deliberação em rede. Não seria muito difícil demonstrar que grande parte do desestímulo e dos custos da ação coletiva reside nos aspectos alienantes e repressivos dos padrões organizacionais e representativos oligárquicos atuais. E eles poderiam, como comentei, ser eliminados pelo uso de tecnologia. Nesse sentido, a política não difere da economia. Em ambos os casos, a tecnologia pode reduzir custos, eliminar barreiras à entrada e aumentar a competitividade e a qualidade do desempenho do processo e de seus "produtos". A nova sociedade digital tornou mais possível, na interação dialética e dialógica entre a ciberesfera e a socioesfera, a refundação sociológica e política da sociedade democrática. A sociedade em rede confere aos indivíduos novas ferramentas e um novo espaço social, um ciberespaço, para o processo de autorreconhecimento, reconhecimento do outro e repolitização da democracia. Ela expande o horizonte da comunidade de cidadãos, permitindo que se torne uma comunidade de indivíduos livres, iguais, diferenciados e em rede.

## NO LIMITE DE NOSSAS ESCOLHAS

A grande transição que vivemos tem um componente inédito em relação à modernidade. Um desafio existencial, de causa humana, mas de natureza física. Está na mudança climática e na grande extinção de biodiversidade. Corresponde à exaustão progressiva e acelerada de nossa biosfera.[197] Incorporar questões cruciais para a vida humana e a ordem social, associadas à exploração muito além da taxa de reposição dos recursos naturais, a danos profundos à terra, aos rios, aos mananciais, ao mar e ao ar e, principalmente, à transição climática, tornou-se um imperativo irrecusável para todo analista social, político e cultural. A mudança climática e a exaustão da biosfera aceleradas pela atividade humana tornaram-se um dos eixos de referência estrutural para a economia política do século XXI. A questão fundamental para a humanidade neste século será como assegurar sua sobrevivência, como garantir a persistência da biosfera de modo que permita nossa coabitação. A luta pela sobrevivência — muito além da simples subsistência — se vê diante da acumulação de desafios. Aos desafios não resolvidos no século XX, como pobreza, desigualdades extremas, descrédito da democracia, conflitos intratáveis, bioterrorismo, danos ambientais não climáticos, falência de estados, soma-se o desafio da transição climática e da ameaça à biosfera. Grande parte dos desafios anteriores era local, embora com possíveis repercussões globais. A dinâmica da crise que marca o capitalismo de transição leva a danos colaterais crescentes. Uma delas é a persistência de formas poentes de produção que mantêm em níveis altamente nocivos as emissões de gases de efeito estufa, agravando os cenários de aquecimento global, com danos, neste caso, em boa parte irreversíveis. A transição climática é global, com impactos locais severos.

A centralidade da transição climática na análise da sociedade contemporânea está contida na afirmação mais geral de Norbert Elias, segundo a qual, "na teoria e na prática, o processo social de uma humanidade que se integra ou se autodestrói com alguma velocidade constitui o enquadramento universal para a investigação de todos os processos sociais específicos".[198] Continua, contudo, a ser possível manter a tese otimista de Rousseau em relação à espécie humana segundo a qual as pessoas são naturalmente boas e corretas. Mesmo admitindo as variações de índole, são as relações sociais e os interesses por elas engendrados, as carências de valores e educação, que produzem os desvios comportamentais mais graves.[199] Os indivíduos informam-se na rede de relações de que fazem parte, voluntária ou involuntariamente, processam essa informação com base em seus valores, suas referências culturais, o conhecimento obtido por meio da educação a que tiveram acesso, para fazer escolhas e tomar decisões. Dessas interações surgem as decisões coletivas, que são mais do que a soma das decisões individuais. Elas são, também, determinadas pelos contextos culturais em que são tomadas. Nesse caso, certamente, o todo é maior do que a soma das partes e diferente dela.

Mais ainda agora, com as redes sociais, que potencializam interações simultâneas em muito maior número, mais rápidas e mais diversas. Elas vão desde aquelas que se dão apenas no plano físico, face a face, até as inteiramente virtuais. Essa capacidade de virtualização da "vida ativa", como Maquiavel descrevia a vida dos cidadãos participantes, acelera processos, magnifica ações e reações. Põe um fim definitivo à dúvida sobre a globalização. O mundo conectado se tornou uma aldeia global, diversa, múltipla, complexa, contraditória. Uma aldeia enorme e muito populosa. Nela são ainda mais rápidas e fáceis a troca de informações e a combinação de ações do que era numa aldeia do passado, onde as comunicações eram limitadas ao plano físico. O boca a boca digital é infinitamente mais poderoso, tem muito mais alcance e repercussão do que o boca a boca físico, de porta em porta, pessoa a pessoa. A população da ciberesfera cresce a taxas exponenciais, principalmente a população móvel. A velocidade de penetração das novas tecnologias é muitas vezes maior do que nas ondas de inovação das comunicações do passado. E ela está em aceleração. Em breve, toda conexão móvel será o passaporte automático para a ciberesfera. É um sinal positivo. Cria-se um poderoso canal de transmissão da mudança comportamental.

Voltando à natureza humana. Há instintos predatórios e de sobrevivência que não são intrinsecamente maus. Os piores impulsos não são instintivos, mas adquiridos na convivência social. Somos todos, de alguma forma, caçadores por instinto. Nossos ancestrais eram caçadores. Mas eram também coletores de grãos, raízes, frutos e folhas. Eram capazes de se organizar coletivamente e dividir o trabalho de reprodução e sustentação do grupo. De caçadores e coletores passaram a criadores e produtores. Faz uma enorme diferença o fato de o ser humano se ter desenvolvido como caçador, não como caça. Portanto, somos da tribo animal dos grandes predadores. No estado de natureza, o predador não é mau nem bom. O sociobiólogo E. O. Wilson afirma que somos uma espécie conflituosa. Mas temos, adicionalmente, maior capacidade para desenvolver mecanismos de resolução de conflitos. É fato que trouxemos para o novo século vários conflitos que permanecem intratáveis. Mas o que separa a família humana da tribo dos grandes predadores é que fomos capazes de desenvolver formas de reprodução social que nos permitem educar esse instinto matador. Temos a capacidade de nos educar para manter sob controle nosso instinto original de predador. Não o temos feito com total sucesso, é verdade. Além das grandes guerras históricas e do Holocausto, colecionamos, do fim do século passado ao fim da primeira década deste novo século, um número estarrecedor de genocídios, todos com nomes próprios: Ruanda, Kosovo, Darfur, Timor Leste. Parece que não aprendemos nada com o Holocausto na Segunda Guerra. Mas hoje já não é possível esconder ou adiar esses eventos hediondos. Basta uma testemunha com um celular na mão. As redes também oferecem, cada vez mais, um canal de crítica de comportamentos, individuais e coletivos, públicos e privados, que pode se transformar, rapidamente, em fonte inédita de pressão coletiva sobre indivíduos, empresas e governos. A revelação, em tempo real ou quase real, desses horrores nos permite ajustar contas com o passado recente, ou presente-passado, quase de imediato, fazendo as pazes com o futuro. Isto é, criando mais e melhores oportunidades para que sejam erradicados de nosso futuro. O reconhecimento e o conhecimento são pré-requisitos da prevenção eficaz.

A vida como um processo evolutivo, de adaptação das espécies para aumentar seu potencial de sobrevivência, tem certamente um componente de luta darwinista pela sobrevivência, para usar os termos mais conhecidos da tese evolucionista. Aplicada à sociedade, para ser realista, ela tem que admitir a existência de alguma modalidade de darwinismo social, que favorece os mais capazes e aptos, estimulando a competição e propiciando a emergência de predadores sociais. Thomas Hobbes[200] já havia alertado para essas tendências sociais em seu clássico *Leviatã*. Daí a justificativa da necessidade de regulação e autorregulação, de governança e autogoverno, de uma ordem política e legal democrática que coíba as manifestações ilegítimas, violentas e destrutivas do darwinismo social exacerbado. Exacerbação usualmente propiciada pelo acesso privilegiado aos canais de distribuição de renda, riqueza, educação, conhecimento e poder. Domesticado, como diria Rousseau, ele se transforma em legítima diferença de aptidões e propensões inatas. O mundo globalizado pressupõe o desenvolvimento de instituições de governança global, sem governo global, e a acumulação de recursos do que o politólogo Joseph Nye chama *soft power*, para manter sob relativo controle esse espírito predador inerente a nossa espécie. Mas, no mundo do *soft power* e do *smart power*, subsiste o problema do acesso desigual aos recursos-chave dessa modalidade de poder: educação, conhecimento, ciência, tecnologia, ferramentas de persuasão. As redes sociais podem permitir, todavia, acesso mais igualitário a alguns recursos do *soft power*, coisa impensável na era do *hard power*. Essa transição da centralidade do hardware para o software, que teve início nas últimas três décadas do século passado, vai se aprofundar no âmbito da transição científica e tecnológica que vivemos.

A hipótese evolucionária não supõe avanços adaptativos sem custos ou destruição. Muito ao contrário. Há muito trauma, catástrofe, violência e extinção na evolução. A diferença fundamental dos seres humanos é que sua margem de escolha é muito maior, e, como espécie, têm mais controle sobre os movimentos adaptativos, podendo escolher diferentes trajetórias que influenciam no processo evolutivo. Aqui se abre clara divergência com o biólogo Richard Dawkins. Por afirmar essa possibilidade de certo grau de livre-arbítrio no processo de evolução da espécie humana fico mais próximo das teses do também biólogo Steven Rose. Para ele, nós humanos não somos organismos vazios, espíritos livres constrangidos apenas pelos limites de nossas imaginações ou por determinantes sociais e econômicos, no contexto em que vivemos, pensamos e agimos. Tampouco podemos ser reduzidos a nada mais que máquinas para replicar nosso DNA. Somos o produto de uma dialética constante entre o "biológico" e o "social", pela qual os seres humanos evoluíram, fizeram a história e se desenvolveram como indivíduos.[201] Somos seres biossociais. Rose sustenta que a liberdade humana decorre da natureza de sermos um organismo vivo. Nós fazemos nosso próprio futuro, embora não em circunstâncias de nossa total escolha. É por sermos um organismo biológico que somos livres dessa maneira e não de outra. O futuro é radicalmente indeterminado e vivemos na interface em que operam múltiplos fatores dados por nossa biologia e pelo contexto social no qual vivemos. Rose diz que não há nada em nosso futuro que seja prefixado por nosso presente estado biológico. Somos e vivemos em um sistema complexo, como organismos vivos. Nossa própria natureza, enquanto tal, nos dá a habilidade de influenciar nosso futuro e garante que não há nada predeterminado por nossos genes ou por qualquer outro fator isoladamente. Nós, seres humanos, somos internamente complexos, da perspectiva de nossa biologia, e externamente da perspectiva de nossa sociedade. É essa complexidade biossocial essencial e as complicações dela decorrentes que nos dão a liberdade com a qual agimos. Qualquer raciocínio redutor sobre a natureza humana me parece incabível. O ponto central de Rose é que, embora nossa liberdade possa ser deduzida, em princípio, das propriedades de nossas células cerebrais, das propriedades de nossos genes, de nosso sistema imunológico e de nosso contexto social, o indeterminismo é parte inerente desse conjunto de sistemas complexos. O grau de controle do ser humano sobre os impactos de suas escolhas adaptativas no ambiente físico e social é, todavia, limitado. Do mesmo modo que seu grau de controle sobre o resultado coletivo das ações humanas. Esse grau é tão menor quanto maior e mais diversificada for a sociedade humana.[202] Desse descompasso entre a posição de agente principal na construção (ou decomposição) da formação social e a incapacidade de controlar totalmente as reações sistêmicas e ecológicas às ações coletivas nascem as tragédias sociais, como a violência urbana e as guerras; os processos de alteração ambiental, como as mudanças climáticas, as extinções de espécies, a desertificação de vastas áreas antes com cobertura vegetal e água; os novos vírus resistentes a antibióticos de última geração; as pandemias e endemias de quase impossível contenção; as catástrofes associadas ao encontro entre fenômenos naturais extremos e o ambiente socialmente construído. A capacidade adaptativa humana nos leva adiante e nos permite conviver com as mudanças e rupturas, mas nunca sem custos.

Richard Dawkins diz que todos os seres vivos herdam seus genes de seus ancestrais e que esses ancestrais são todos vencedores. Tiveram sucesso biológico e social — escaparam da mortalidade infantil, das doenças infectocontagiosas, dos ataques de seus inimigos. São, portanto, a elite bem-sucedida de cada geração. Mesmo havendo brutais diferenças entre eles, todos se mostraram aptos a sobreviver às distintas instâncias da vida, que dizimaram parte significativa de seus contemporâneos. As espécies evoluem para graus maiores de organização, habilidades e autopreservação. Há um movimento no universo em direção à maior complexidade, e ele é ainda mais visível e apreensível no mundo social, construído coletivamente pelos seres humanos. Dawkins diz, também, que os genes não se aperfeiçoam com o uso. Mas, se fôssemos pura cópia de nossos antepassados, não haveria tanta diversidade. "Os caracteres do DNA são copiados com uma precisão que rivaliza com qualquer coisa que os engenheiros modernos possam fazer. Eles são copiados através de gerações, com erros ocasionais mínimos, apenas suficientes para introduzir variedade", diz ele.[203] Parte desses erros é fatal. Outra parte leva à evolução: permite o surgimento de novas habilidades e capacidades adaptativas. A diversidade, nascida desse erro divino, é o principal recurso para a evolução rumo a patamares de maior complexidade, adaptabilidade e organização. É particularmente interessante o "cooperativismo" com o qual Dawkins explica a razão do sucesso desses genes ancestrais vitoriosos na sobrevivência e na reprodução de suas espécies. Ele diz que os genes sobrevivem "apenas se são bons na construção de corpos que são bons para viver e reproduzir no modo particular de vida escolhido por sua espécie". E adiciona: "para ser bom em sobrevivência, um gene tem que ser bom para trabalhar em conjunto com os outros genes da mesma espécie — do mesmo rio. Para sobreviver, no longo prazo, um gene tem que ser um bom parceiro".

Há dois pontos fundamentais que essa perspectiva evolucionária permite. O primeiro é que escolhemos um modo particular de vida. Somos seres históricos. Isso Dawkins contesta. Pode não ser necessariamente verdade para os genes, mas é certamente verdade para a espécie humana. O outro é a sociabilidade, isto é, a ação cooperativa e até certo ponto solidária ou empática como chave para a sobrevivência a longo prazo. Isso Dawkins vê no plano dos genes e é também um elemento essencial no plano social. Maquiavel conceituaria essa ação solidária como vida cívica; Rousseau diria que é a boa sociedade. O filósofo Daniel Dennett sustenta que, pela primeira vez em bilhões de anos de história, nosso planeta é protegido por sentinelas que podem ver longe, nós seres humanos. Somos capazes de antecipar o perigo no futuro distante. Somos o sistema nervoso do planeta. Se seremos capazes de realizar essa tarefa a contento é a questão a que responderemos ao longo das próximas décadas. Podemos destruir a biosfera, como podemos salvá-la, exatamente porque somos exploradores e aventureiros, dotados de livre-arbítrio e criativos, muito diferentes dos milhões de outras espécies "escravas" que compõem nosso organismo biológico. Podemos entrar em acordo cooperativo e evitar a tragédia. Como no processo evolutivo, embora o pedigree seja um bom preditor de competência futura, é a competência futura que conta, em última instância, independentemente do pedigree.[204]

A tese evolucionista que Richard Dawkins contribuiu para divulgar não se perde na batalha ideológica que divide os biólogos.[205] Não compartilhar integralmente essa visão do ser humano sobredeterminado por seus genes, uma espécie de robô teleguiado por sua carga genética, não implica negar a premissa evolucionista. Há espaço na evolução humana para o livre-arbítrio, balizado pela herança genética, como propõe Rose. Uma versão mais complexa e contemporânea da famosa dialética entre fortuna e *virtù*, formulada por Maquiavel, na alvorada do Iluminismo. As objeções a esse ser humano dominado por seus genes se assemelham às críticas das versões mais radicais do determinismo econômico na teoria da história, para as quais a política e a escolha seriam epifenômenos, teleguiados pelos processos econômicos "objetivos". Hoje são muito poucos os pensadores que ainda subscrevem determinismos tão extremados. Há clara consciência de que há lugar para o livre-arbítrio, para escolhas, lideranças e para o inesperado na construção social da história.

O intenso e emocionado debate intelectual entre os biólogos tem muitas semelhanças com os embates entre o funcionalismo e o estruturalismo (com sua vertente mais extremada no marxismo), nos anos 1960-70. Desde a penúltima década do século passado, cientistas sociais de variada formação e diversa persuasão ideológica começaram a construir pontes que permitissem um diálogo frutífero entre essas correntes, a favor do conhecimento. Hoje, nenhum sociólogo sério negaria a importância capital de um Talcott Parsons para o avanço do conhecimento sociológico. Certamente, nenhum herdeiro sério da tradição funcionalista deixaria de reconhecer o papel fundamental de Karl Marx na construção do conhecimento sobre a sociedade humana. O conhecimento não prospera tão bem quando essas diferenças isolam e formam guetos de intolerância intelectual, impedindo o diálogo entre elas na busca de sínteses inovadoras. A noção que Marx expôs, na transição dos textos de juventude para os da maturidade, segundo a qual a humanidade só se propõe problemas que esteja pronta para resolver, continua filosoficamente válida. Não é uma frase trivial. Ela embute em sua complexidade toda uma teoria geral da mudança social. Está nos *Grundrisse*,[206] um texto claramente evolucionário,[207] que sustenta que o capitalismo seria um extraordinário avanço civilizatório para a humanidade. Como, de fato, foi. "Daí a grande influência civilizatória do capital; a produção de um estágio da sociedade, em comparação ao qual todos os outros aparecem como meros desenvolvimentos locais da humanidade..." A globalização, nesse raciocínio, em lugar de ser uma exacerbação do mal, é um estágio avançado desse processo, que mostra que o capitalismo do qual Marx falava ainda era um momento de desenvolvimentos locais ampliados da humanidade.

A teoria da mudança concebida por Marx continua válida, sob muitos aspectos, como recurso heurístico, como instrumento para compreender as conjunturas históricas e as transformações estruturais no modo de produção. O que ele diz por inteiro é que

> nenhuma ordem social desaparece antes que toda sua força produtiva tenha se desenvolvido completamente e novas relações de produção, mais avançadas, nunca aparecem antes que as condições materiais de sua existência tenham amadurecido no ventre da velha ordem. Portanto, a humanidade sempre enfrenta os problemas que pode resolver, uma vez que, olhando para a questão mais de perto, veremos que o problema em si só emerge quando as condições materiais para sua solução já existem ou, pelo menos, estão em processo de formação.

Esse entremeio, no qual as condições materiais da nova formação social, já se formando no ventre da velha, ainda não estão completamente dadas, é o ponto em que estamos hoje da nossa grande transição.

A mesma capacidade tecnológica que hoje ameaça o macroambiente planetário contém praticamente todo o conhecimento necessário para estancar e reverter esse processo autodestrutivo. Quando o risco nuclear, por exemplo, assumiu proporções globais e a capacidade de retaliação automática pôs, presumivelmente, em risco a sobrevivência da sociedade humana, as potências nucleares souberam desenvolver os mecanismos de governança, no caso de deterrência, suficientes para evitá-lo. Noção que nos ajuda a compreender o processo pelo qual a humanidade encontrará as respostas para os desafios do século XXI e da grande transição em curso. Uma premissa importante sobre a possibilidade de encontrar, em meio a um complexo e turbulento processo de mudança, soluções plausíveis e factíveis para esses desafios.

Pensando, por exemplo, na transição climática e ambiental, desde o início da organização social humana os padrões técnicos de produção foram ambientalmente agressivos. Porém, o ambiente só impunha então limites locais. Hoje, contudo, o limite e o desafio são globais e coletivos. A humanidade nunca se impôs, até agora, um limite autodestrutivo, senão localmente. Povos desapareceram, civilizações foram dizimadas, sem que isso pusesse em risco a sobrevivência da espécie humana. Agora a espécie está sob ameaça crescente e a biodiversidade, da qual ela depende, já vive sua sexta grande extinção. O que a proposição de Marx indicaria é que, quando o ser humano cria ameaças à própria sobrevivência da espécie, esse movimento já deveria conter seu antídoto, sua antítese, em emergência. As capacidades de destruir e reconstruir, de ameaçar a sobrevivência da espécie e de autopreservação, estariam contidas no mesmo movimento de avanço material. As formas sociais que produziram essa ameaça planetária se mostram em esgotamento. O padrão de desenvolvimento que seguimos até agora está chegando a seus limites ambientais e estruturais. As crises econômicas globais que se sucedem, em grande medida determinadas pelo descolamento dos requisitos estruturais da economia real das necessidades de remuneração do capital financeiro, estão nos limites exteriores da ordem vigente. No processo de circulação global da moeda em tempo real, as estruturas convencionais do capitalismo foram extrapoladas pelas novas matrizes financeiras da transição.

As formas sociais que dão sinais visíveis de esgotamento trazem em seu interior suas sucessoras, em estado de latência ou emergência, e os novos meios que permitirão redefinir os limites da existência humana. As forças sociais que alterarão a correlação de poderes em favor dos novos modos estão em formação nesse processo de emergência. O novo brota no terreno fertilizado pela decomposição das velhas formas. As formações sociais anteriores foram, certamente, bem-sucedidas, no sentido dado por Dawkins à ideia de sucesso, até esgotar seu potencial e encontrar seus próprios limites. Produziram o maior avanço material da história da humanidade. Não conseguiram, porém, erradicar a pobreza e tiveram elevado custo humano e ambiental. As novas formações têm grande probabilidade de sucesso também. Enfrentarão, simultaneamente, os desafios da adaptação e mitigação da transição climática, preservação da biodiversidade, erradicação da pobreza e preservação da sociodiversidade. Todos supõem a profunda transformação dos padrões de produção, consumo e distribuição.

Dessa maneira, é possível encarar a transição climática e ambiental por um prisma não catastrófico. Não é provável que a humanidade vá se autodestruir. Ela enfrenta, hoje, um desafio tremendo, um conjunto sistêmico de problemas, que põe em risco a própria biosfera, da qual faz parte. Mas, ao mesmo tempo, domina as capacidades técnicas, gerenciais e organizacionais para enfrentá-lo e resolvê-lo. A transição científica e tecnológica em curso já ofereceu e, muito provavelmente, continuará oferecendo em escala ampliada novos meios para enfrentar esse desafio de forma progressivamente mais eficaz. É um desafio hercúleo no qual está envolvida a sobrevivência da biosfera planetária. Seu enfrentamento só pode ser, portanto, tarefa coletiva e global.

Marx não via essa solução dos problemas como algo automático e inexorável. Por isso desenvolveu uma teoria da ação e da mudança. É uma decorrência das escolhas que fazemos sobre como, quando e em que extensão usar os meios de que dispomos. Zygmunt Bauman argumenta que Kant já havia previsto que

> desenhar, elaborar e pôr em operação regras de mútua hospitalidade deverá em algum ponto se tornar necessário para a espécie humana, porque nós todos habitamos a superfície de um planeta esférico e esta previsão agora se realizou. Ou melhor, essa necessidade se tornou o desafio seminal de nosso tempo, o que demanda nossa resposta mais urgente e mais completamente considerada.[208]

O kantismo tem vários problemas. Mas essa intuição sobre a necessidade de cooperação global para levar adiante e em paz o progresso da humanidade, o cosmopolitismo kantiano, visto criticamente, ganhou contemporaneidade e viabilidade a partir da revolução digital. Pode ser parte da resposta a desafios que vão dos refugiados e mestiços transculturais às mudanças climáticas.

Se temos capacidade, por que não fazemos? A resposta a essa questão começa pela seguinte afirmação: apesar de termos os meios técnicos, a maior parte da solução do problema não é científica ou tecnológica. É política e sociológica. Requer mudanças na correlação de forças entre os interesses na sociedade que determinam os rumos da política e mudanças comportamentais profundas e abrangentes. Demanda escolhas e decisões sobre como, quando e em que extensão usar os meios que já temos e desenvolver novos meios para reduzir nossas emissões de carbono progressivamente, até o ponto de equilíbrio, ou para alargar a democracia e torná-la mais aberta à expressão da vontade geral. Quanto mais demorarmos a iniciar esse processo e quanto mais lento ele for, maiores serão as dificuldades e os sacrifícios para reduzirmos o risco de entrarmos em uma zona perigosa demais de transição climática. Hoje há ainda vastas possibilidades de gerarmos benefícios desse esforço, compensando seus custos. Quanto mais demorarmos a reverter a perda de substância da democracia representativa, maior será a ameaça de migração das maiorias insatisfeitas para opções não democráticas. E maior a propensão à crise, à violência e à saída trágica para a situação dos migrantes, refugiados e mestiços transculturais.

HÁ SAÍDA FORA DO CONSENSO

Examinando o mundo contemporâneo dá para ver que ainda há um desequilíbrio significativo entre os exércitos dos predadores e as forças da preservação e recuperação do ambiente. Existe também uma guerra de ideias em que duas posições fundamentalistas, radicalmente polarizadas, se enfrentam. Uma sempre apresenta os objetivos de preservação e defesa do ambiente como antagônicos ao combate à pobreza, à fome e ao que chamam de desenvolvimento. A outra, sociocética, defendida pelos "verdes" mais extremados, diz que a sustentabilidade só é possível revertendo a humanidade a padrões econômicos e sociológicos de "decrescimento", para diminuir radicalmente a demanda sobre os recursos disponíveis da sociedade global. Uma proposta deseja manter e ampliar o padrão de desenvolvimento do século XX, para supostamente solucionar tanto os problemas sociais não resolvidos quanto os que ele agrava, antes de enfrentar qualquer outro desafio. Como se o mundo obedecesse à cláusula de *ceteris paribus*. Como nada permanece como antes ou constante, como tudo muda e, nesse caso, para pior, escalonar desafios no tempo pode se mostrar um curso autodestrutivo. A outra proposta, por desacreditar das possibilidades científicas e técnicas para superação dos limites do carbono, defende a tese de que "decresçamos". Essa versão mais reacionária da tese ambientalista, sociocética e ecocética, alimenta a posição antagônica radical que se prefira sempre o progresso à preservação. O desenvolvimentismo a qualquer custo da outra fortalece a crença de que só parando de crescer o mundo terá chance de sobreviver. Como sempre ocorre, os extremos se promovem reciprocamente. Decrescer é econômica, social e politicamente inviável. Tão inviável como continuar no padrão de crescimento do século XX.

As duas propostas extremistas confundem bem-estar e crescimento. Uma defende o crescimento sem limites e transfere para o avanço tecnológico a tarefa de compensar seus efeitos sobre a biosfera. Está implícita a ideia de que o crescimento em si é bem-estar. Como apropriadamente sintetizou Edgar Morin, a fé no progresso constituiu o fundamento comum à ideologia democrático-capitalista, prometendo bens e bem-estar materiais, e à ideologia comunista, prometendo um futuro grandioso. Essa, porém, jamais foi uma correlação perfeita no mundo real. A oferta ininterrupta de bens e serviços, desprendida do valor efetivo de uso, gerou uma sociedade desigual, do desperdício e do lixo. A outra, que lhe é oposta, desconsidera as realidades do poder e da política e promete um futuro ascético e monótono. Confunde a redução da desigualdade com uma forma de privação para todos. Nenhuma das duas imagina a possibilidade de descolar a noção de expansão material da equalização e da universalização do bem-estar — saúde, educação, cultura, entretenimento, satisfação —, respeitando os limites da biosfera e com uma economia descarbonizada. Nenhuma dessas duas visões leva a bom futuro. A polarização radicalizada, que realimenta falácias e preconceitos de parte a parte, esteriliza a controvérsia e provoca impasses que terminam por levar à ruptura. O que, diga-se, vale também para as discussões sobre austeridade fiscal e para a crise de legitimidade das democracias. No caso do clima, a ruptura, dada a velocidade assumida pelos processos climáticos e de perdas ambientais, pode levar a um quadro catastrófico, antes que se dê uma mudança no paradigma societário. Essa polarização radicalizada cria contrariedades paralisantes, não contradições criativas. Impede que surja uma síntese, reunindo a melhor capacidade intelectual, técnica e científica que a humanidade acumulou para dar origem a uma organização social sustentável, a outro salto civilizatório, como o propiciado pelo capitalismo, a que Marx se referiu nos *Grundrisse*.

A síntese a ser produzida pela sociedade do conhecimento, usando suas armas digitais, poderá nos levar à economia de baixo carbono e à democracia ampliada, à comunidade global de cidadãos livres, iguais e diferenciados, ao longo do século XXI. Síntese que depende de ações coletivas locais e globais, em todos os campos. Ações fundadoras de uma dialética capaz de orientar a grande transição para novas ordens sustentáveis, que administre esse salto de qualidade rumo a um novo padrão de progresso coletivo, social, político, econômico e ambiental. Se os extremos levam ao fracasso, provavelmente há uma via alternativa que permita resolver os dois objetivos: bem-estar e descarbonização com preservação ambiental; soberania popular com segurança. É a busca de novos meios e modos, de outra maneira de desenvolver a sociedade e realizar o bem-estar coletivo. Um salto sociopolítico que pressupõe cooperação global e que as nações sejam boas parceiras para dar respostas adequadas, embora distintas entre si, ao maior desafio e à maior transição que a sociedade humana já enfrentou, que definirá a história do século XXI. Essa síntese uniria, de forma orgânica, o abandono dos combustíveis fósseis, a preservação do ambiente, o enfrentamento dos hiatos sociais que persistem como nódoa mais grave e profunda ainda que as chagas ambientais, o aprofundamento da democracia e o cosmopolitismo como resposta ao padrão dominante de globalização. Nossa incapacidade para dar respostas definitivas às desigualdades extremas e à miséria está na raiz dos comportamentos que nos levaram ao impasse ambiental e climático; ao impasse democrático e às restrições à liberdade dos cidadãos.

Há, realmente, no momento presente, uma série de escolhas cruciais a fazer no curso da grande transição e diante do desafio inédito da transição climática. Parte dessas escolhas diz respeito às possibilidades de revigoramento da democracia, para permitir decisões mais representativas e justas sobre os novos modos e meios que cada sociedade adotará. Em todos os casos, somar-se ao lado mais fraco é sempre a escolha moral recomendável. Até porque aos poderosos nunca faltou quem queira representar e defender. Mais que isso, a causa da recuperação e da preservação de nosso ecossistema é uma causa moral, porque estabelece os princípios e os limites necessários para enfrentar, também, os outros grandes desafios do século XXI: pobreza, fome e liberdade.

Está além de nossas possibilidades antecipar as soluções que, por sucessivas adaptações ou emergência no processo de transição global, se tornarão vencedoras no futuro. As respostas que teremos serão transitórias e plurais e devemos entendê-las como tais, para não transformar em ortodoxia o que é reflexo do momento que vivemos. Os desafios deste início de século XXI podem ser vistos como derivados de fracassos, limitações e efeitos colaterais do modelo de desenvolvimento do século XX, nos planos ambiental, econômico, político e social. Não há como vencer o desafio ambiental sem eliminar a pobreza. A pobreza compartilha algumas das causas fundamentais da tragédia ecológica que já vivemos. Essas causas têm a ver com a incapacidade de exercer a parcimônia e com conflitos distributivos entre forças desiguais. Desigualdade, pobreza, esvaziamento da democracia e ameaça ecológica são produtos da ordem sociopolítica do século XX. O desenvolvimento no século XXI só encontrará condições de viabilidade com novos meios e modos, outra maneira de desenvolver a sociedade e buscar o bem-estar coletivo. Não há também como enfrentá-los sem mais democracia e sem a democratização da sociedade global. No mínimo para que haja concorrência leal e legítima entre modelos distintos para a nova sociedade.

Esses novos meios para construí-la são objeto de escolha, embora objetivamente estejam emergindo em paralelo ao esgotamento da ordem vigente em decadência. Podem, portanto, ser politizados, permitindo a diferenciação de agendas que reflitam as várias opções abertas pela nova realidade e suas limitações. Como ocorreu com os padrões próprios da ordem que se vai esgotando. Os modos e os meios dessa ordem que se exaure permitiram várias e bem-sucedidas ondas de progresso científico e inovação tecnológica, por meio de configurações sociopolíticas distintas. O resultado conjunto foi o desenvolvimento de recursos técnicos avançados que agora viabilizam a transição para a nova formação social. Mesmo imaginando que haja convergência em torno do novo modelo básico futuro, como sendo democrático, de baixo carbono e de bem-estar geral, haverá várias maneiras distintas de alcançá-lo, diferenciadas não apenas em ritmo e amplitude, mas também no foco nas categorias sociais que serão mais valorizadas e no desenho das novas redes de proteção social. O conflito de interesses não desaparecerá. A base para a politização das agendas e a luta democrática por sua prevalência na formulação de políticas públicas continuarão tendo profunda relevância para a qualidade e a representatividade da democracia.

É rigorosamente falsa a noção de que há agora um consenso inarredável sobre como resolver os problemas econômicos e sociais e que o melhor é entregá-los a esferas técnicas e despolitizá-los. Há maior consciência, por exemplo, dos limites fiscais do Estado por parte de quase todos os agentes sociais. Mas não há consenso algum sobre como apropriar e distribuir os recursos fiscais, respeitando o equilíbrio orçamentário. Tampouco existe unanimidade ou mesmo concordância majoritária, intelectual, econômica e política em torno da ideia da sustentabilidade. Como também não temos consenso sobre o diagnóstico e o melhor enfrentamento das causas da pobreza ou do desencanto geral com a democracia. As ideias para responder a esses enigmas da pós-modernidade avançam melhor juntas que separadamente. São parte do mesmo desafio e não questões antagônicas. Mas prosperam melhor na diversidade do que na unanimidade.

A sustentabilidade deixa de ser uma ideia força viável se for condicionada à noção de que é preciso parar o progresso, ou voltar a padrões menos técnicos de produção menos ainda se a sustentabilidade significar aceitar limitações ao combate da pobreza e ao avanço das condições gerais de bem-estar. Ao contrário, somente um padrão técnico superior poderá levar a um modo de produção, consumo e distribuição sustentável, ou de baixo carbono. É questão de mudar o modo de produção, em sua base técnica e de consumo de matérias-primas não renováveis ou nocivas ao ambiente. O desenvolvimento sustentável é tecnicamente viável e, mais que isso, é o único padrão factível capaz de evitar o amadurecimento terminal das contradições entre o progresso material e os recursos disponíveis do planeta. Mas pode haver vários modos de chegar a ele.

A resposta à transição climática e ambiental depende, em grande parte, das respostas aos desafios de revigoramento da democracia e da possibilidade de governança cosmopolita e democrática. Há uma enorme diferença entre aqueles que veem a resposta ao desafio climático e ambiental como uma questão técnica e isolada e aqueles que entendem que ela é parte de um desafio articulado: social, que envolve também o combate à pobreza e a redução da desigualdade; econômico, que requer novos modos de produção, que sejam também socialmente responsáveis; e político, da democracia ampliada e aberta às decisões coletivas e não dirigida por decisões tecnoburocráticas.

Muito desse raciocínio anterior é objeto de acesa controvérsia. Faz parte dos argumentos de transição. Da controvérsia pode nascer o conhecimento analítico e prático de que precisamos para o esforço coletivo que nos permita romper o impasse civilizatório, de base socioambiental, que vivemos em escala global. O ideal é que proliferem visões alternativas do novo progresso, dos modos de alcançar outro patamar global de civilização. Nas grandes transições, o futuro se constrói com um misto quase indecifrável de inesperado e escolhas coletivas. Raramente as revoluções desse tipo são percebidas por seus contemporâneos, como observou Bauman. É mais provável que se consiga reconstituir o futuro como história, uma vez transformado em presente-passado, do que percebê-lo em seus momentos iniciais, os quais podem durar várias décadas. Por essa razão, as utopias e as distopias, técnicas e de ficção, e as visões teóricas das grandes transformações ou aspectos centrais delas têm maior potencial para guiar nosso olhar para o futuro do que a maioria das análises baseadas na observação concreta desses momentos. Essas análises tendem a ser muito influenciadas pelo que já está visível e que podem ser eventos e artefatos transitórios, isto é, próprios de conjunturas locais da transição e com expectativa de vida relativamente efêmera.

A busca de novos modos de desenvolvimento levará a novos padrões de produção, circulação e consumo. O comportamento individual e coletivo vai se alterando, sem que se saiba exatamente o desfecho efetivo de processos sociais tão complexos. Mais imprevisível, também, é o curso de processos ainda mais complexos que têm causas sociais e naturais, como a transição climática e ambiental. Sustentabilidade é uma ideia difícil de definir, sobretudo de definir consensualmente, exatamente porque só saberemos o que ela é de fato à medida que a buscarmos.[209] Essa busca, porém, não requer definições operacionais. Precisa mais da ideia geral de um mundo social ou humano que progrida em harmonia com a capacidade de autorregeneração da biosfera e com as gerações que se sucedem. Ela está indissoluvelmente associada ao processo de revigoramento da democracia e ao novo paradigma científico e tecnológico em formação.

### NEM A MÃO INVISÍVEL, NEM AS VIRTUDES PRIVADAS

O rumo geral desses processos depende das escolhas feitas em cada sociedade e globalmente. Essas macromudanças, da mesma maneira que o esgotamento da formação social em que vivemos, dramatizam o dilema da conciliação entre interesses particulares e interesse geral. Dilema central da filosofia política desde Maquiavel e que Rousseau trouxe para o centro de suas preocupações com a sociedade moderna, então em formação. É o problema nuclear recorrente das experiências políticas concretas de construção de governança democrática e que tem interesse vital para esse momento de fluidez e esgotamento. A diversificação contemporânea dos interesses, em escala local e global, ampliou, ao invés de reduzir, a distância entre os interesses individuais e empresariais e o interesse coletivo. Essa contradição já havia mostrado as limitações insuperáveis da visão liberal de Adam Smith e sua "mão invisível" e de Mandeville, segundo a qual "vícios privados" se transformam em "virtudes públicas".

> *Assim cada parte era cheia de vícios*
> *a massa no seu conjunto, porém, um Paraíso [...]*
> *tais eram desse estado os benefícios;*
> *seus defeitos se somavam aumentando sua potência,*
> *e a virtude, que da política*
> *aprendeu milhares das mais finas tricas*
> *se tornou, pela mais feliz influência,*

*amiga íntima dos vícios*
*e, em continuada sequência,*
*tudo que o povaréu podia fazer de mal*
*terminava por algo fazer pelo bem geral.*[210]

Para Mandeville, com o olhar de um cidadão da elite do século XVIII, não havia contradição entre o interesse individual e o coletivo porque a soma das ações individuais, ainda que inspirada pelos sentimentos mais egoístas, acabaria resultando em felicidade geral. Ele nem sequer suspeitava que o equilíbrio entre as necessidades de sobrevivência e os recursos disponíveis tende a se romper pelo excesso de demanda da população em crescimento. O que Mandeville previa era uma soma sempre positiva, ainda que de partes podres: "cada parte era cheia de vícios, porém o conjunto virava um paraíso". Ele tinha bons álibis para pensar dessa forma. O *Ensaio sobre a população*, de Thomas Malthus,[211] é de 1789, 75 anos depois da primeira edição do poema completo de Mandeville, já com o título famoso de *Fábula das abelhas*. Quando veio à luz, o pessimismo demográfico de Malthus ainda era uma hipótese, em um mundo subpopulado, ignorante não só da finitude de seus recursos, mas dos próprios limites e possibilidades de seu universo e das potencialidades do engenho, arte, ciência e técnica da humanidade. Parecia uma distopia distante demais. Mais distante para seus contemporâneos do que está para nós a transição climática. O alerta de Malthus continha, porém, duas lições fundamentais: a inação pode levar à catástrofe e há contradição inexorável entre a satisfação generalizada de desejos crescentes e a finitude dos recursos para tanto.

Matematicamente, sabe-se que a equação de Mandeville só é possível se vício privado e virtude pública forem realmente iguais. Se não forem iguais, resulta impossível maximizar a ambos, como muito bem lembrou o ecologista Garrett Hardin, ao alertar a humanidade para a fábula singela e terrível da tragédia dos comuns.[212] O enredo básico é simples, mas contém uma armadilha, da qual é preciso engenho e arte para escapar. Um grupo de pastores compartilha a pastagem. Todos querem aumentar seu rebanho. A cada ovelha que cada pastor adiciona, a pastagem se degrada e exaure um pouco. No princípio, todos ganham com a adição de suas ovelhas. No final, o colapso da pastagem deixa a todos em situação muito pior do que a inicial.

Há uma escolha a fazer. Ela parece simples, mas não é. Cooperar e preservar o bem comum. A fábula trágica pastoril é recriada para alertar a *polis* global da consequência inexorável de suas escolhas, as quais têm agravado, e não resolvido, a antinomia entre privado e público. O mais inquietante é que a tragédia dos comuns tem uma solução ótima evidente: a cooperação para preservação e uso sustentável do bem comum. Pastores que usam o pasto coletivo e o destroem porque cada um busca o máximo para seu rebanho, levando a capacidade de recuperação da pastagem ao esgotamento, evitariam a tragédia cooperando para assegurar a sustentabilidade geral, preservando a saúde dos campos. Não haveria prejuízo individual e o ganho coletivo seria traduzido em ganho particular sustentável para a vida humana e para a terra comum. O contrário da fábula de Mandeville e suas abelhas viciosas. O desvio de comportamento resulta da alienação, da falta de conhecimento, da incapacidade de prever o resultado maléfico da soma das ações maximizadoras individuais.

Embora só se tenha transformado em um modelo lógico na segunda metade do século XX, a tragédia dos comuns certamente se manifestou concretamente, não poucas vezes, no mundo de Mandeville e em toda a economia pastoril. Foi manifestação dessa lógica de uma coletividade que destrói os meios de sua própria sobrevivência, por tê-los explorado além dos limites da sustentabilidade, que levou ao extermínio numerosas culturas e sociedades ao longo de toda a história humana.[213] Estudos arqueológicos e paleoclimáticos contemporâneos mostram que, muito antes dos tempos de Mandeville e Malthus, sociedades inteiras haviam desaparecido, seja por exaurirem os recursos necessários à sua reprodução, seja por enfrentarem fenômenos climáticos extremos e destruidores.[214] Porém, mesmo sendo passível de ocorrer debaixo do nariz de qualquer observador da época, bastando que pastores dividissem pasto comum em terra limitada, não passaria de evento circunscrito a características locais específicas. Como diria Marx, manifestação local, não geral.

Naquela sociedade, com inúmeros graus a menos de complexidade e muito menor capacidade de exploração dos limites da sustentabilidade planetária, manifestações localizadas de escassez não suscitavam, necessariamente, hipóteses gerais sobre a capacidade de sobrevivência da espécie. Boa parte do escândalo causado por Malthus, à sua época, tinha a ver com essa ignorância geral dos limites.

Havia solução trivial para a tragédia dos comuns. Não era ótima porque não era sustentável a longo prazo. Destruída a pastagem comum, bastava deslocar a produção para outra área. Desde a Idade Média, na Europa, a transumância, a livre passagem do rebanho, era assegurada por poderosos interesses políticos. Na Espanha, por exemplo, o Consejo de La Mesta, que representava os pastores e ganadeiros, tinha apoio absoluto dos reis católicos, sobretudo por causa do domínio de Castilla sobre a produção de lã merina. Seu poder estendeu-se até a primeira década do século XVIII. Ele tinha o controle do direito de transumância dos rebanhos. Os privilégios da Mesta foram responsáveis pela grande destruição das florestas espanholas, porque, onde chegavam para fazer os pastos, os pastores queimavam árvores para melhorar as pastagens. É um dos exemplos clássicos da era em que sequer se suspeitava dos limites naturais à expansão humana sobre a biosfera.

Toda a economia política dita clássica, de Adam Smith a David Ricardo e, obviamente, Marx, considerava a hipótese do fim do capitalismo, portanto do esgotamento da capacidade de expansão e sustentação do modo de produção que levou a humanidade ao mais elevado patamar de complexidade e desenvolvimento de suas capacidades até agora.[215] Mas não se pode retirar dessa hipótese sobre o esgotamento da ordem econômica a ideia de fim do mundo. A hipótese do fim do capitalismo demarcava somente o fim de uma era, de um ciclo socioeconômico histórico, do modo de produção. A transição de uma forma de organização da produção material, das relações sociais que a viabilizam e do modo de governança que a sustenta para uma nova ordem que nasce de suas entranhas, como mutação. Havia, na hipótese de Ricardo sobre os rendimentos decrescentes da terra, uma primeira ideia de limite. E da discussão dessa hipótese ricardiana surge a ideia concorrente do uso da tecnologia como forma de elidir essa limitação. A tecnologia se tornaria a saída para todos os limites, e é apresentada hoje como a solução indolor para mitigar os efeitos negativos da transição climática. Escolhe-se não reconhecer os limites da terra como reais e manter a convicção prometeica de que é sempre possível transgredir esses limites e assumir o controle absoluto da natureza, à maneira dos deuses. O complexo de Prometeu, de que podemos controlar a natureza e submetê-la a nossa vontade, é uma escolha, não uma sociopatia. O futuro não é sobredeterminado pela natureza. Os limites da natureza se impõem, por excesso, por causa das escolhas dominantes de elidi-los ou desprezá-los. O que determina o resultado da relação ser humano/natureza são as articulações entre as transformações estruturais na sociedade e as escolhas das forças sociais em interação a cada momento histórico.

Escolhas podem ser trágicas ou virtuosas. Há muito que se aprender sobre escolhas com as tragédias, as da história e as da ficção. Afinal, as tragédias podem ter sido pensadas para ensinar sobre as escolhas e suas consequências. O esgotamento de um ciclo histórico, no alvorecer da grande transição, pode ser visto como tragédia, sem se tornar, necessariamente, uma distopia ou uma fatalidade. Pensar a natureza das escolhas que temos pela frente e o potencial trágico que certas combinações de escolhas contêm pode ser um recurso importante para a produção de conhecimento sobre a natureza, a sociedade de transição e as opções ainda abertas para nós.

De todos os elementos centrais da grande transição em curso, aquele que tem sido mais interpretado como uma tragédia anunciada, no sentido de um destino prefixado e catastrófico, é a transição climática. Tanto a transição científica e tecnológica quanto o dilema da democracia contemporânea, contestada em sua qualidade e representatividade, são vistos com mais positividade. É natural. A mudança científica e tecnológica sempre teve, na modernidade, um forte apelo visionário. Sempre foi vista como "progresso". Apesar das distopias da ficção científica e dos alertas dos "tecnocéticos" e reacionários, que tendem a enxergar mais ameaças que promessas de avanço na fronteira das descobertas e inovações, elas são apreciadas com otimismo pela maioria. Inspiram visões utópicas do futuro tecnotrônico, que conseguem uma grande coorte de adeptos, como é o caso dos apóstolos da singularidade e do transumanismo Ray Kurzweil e Nick Bostrom.[216]

A LÓGICA DA TRAGÉDIA

A noção de tragédia levada totalmente a sério, e não como metáfora para o fatalismo, pode ser entendida como narrativa cuja lógica postula cenários futuros alternativos, um dos quais equivale ao desastre pessoal ou coletivo. Hoje, usamos o termo "trágico" para indicar apenas o desastre como único desfecho. A tragédia, contudo, como proposta intelectual, pedagógica, literária e teatral não se resumia ao enunciado de uma fatalidade inexorável. Era um exercício sobre a virtude cívica em contraponto à ação impensada ou movida por interesses estreitos e paixões incontidas. A tragédia termina em desastre: perda, dor, sofrimento irremediáveis (páthos). Mas esse desfecho resulta da ação "torta" e arrogante, ou autocomplacente (*hybris*), daqueles que constroem a trama trágica. A tragédia contém em seu enredo a pedagogia da escolha cívica.

Nietzsche, por exemplo, vê no mito de Prometeu a essência do destino trágico. O "pressuposto do mito de Prometeu é o valor transcendente que uma humanidade ingênua atribui ao fogo como o verdadeiro paládio de toda cultura em ascensão", diz ele.[217] Os humanos, porém, continua, "não queriam recebê-lo apenas como um presente dos céus, na forma de raios ou do brilho aquecedor do sol, mas, ao contrário, queriam controlá-lo segundo sua própria vontade". Esse desejo era visto como sacrilégio ou usurpação da natureza divina. O melhor que o ser humano pode conseguir, ele obtém apenas por meio de um crime e deverá, portanto, arcar com as consequências: "toda a torrente de sofrimentos e arrependimento com os quais as divindades ofendidas têm que retaliar a nobre raça humana". Nietzsche vai muito além desse desfecho, para mostrar que ele não é uma predestinação. Esse antagonismo entre deuses e seres humanos aparece na forma de uma tensão entre o desejo humano e a necessidade de contenção, para não extrapolar os limites do humano. É a lógica dual da dialética entre as culturas dionisíaca e apolínea, entre o destempero dionisíaco e a temperança apolínea.

Mas o destempero não é um ato de pura irresponsabilidade, ele nasce da síntese contraditória entre a atração da alegria e a consciência do absurdo da existência. O regramento apolíneo, por sua vez, nasce da atração da beleza e do autoconhecimento. A embriaguez dionisíaca é mais complexa e atormentada do que o sonho apolíneo. A tragédia ocorre quando o indivíduo, "com toda a sua contenção e proporção", termina por sucumbir à autoalienação do estado dionisíaco, esquecendo os preceitos de Apolo, que nascem do autoconhecimento. A disciplina apolínea não vem de uma ordem externa, é autodisciplina, noção dos limites. Nietzsche é claro, Apolo busca acalmar as paixões da alma que enredam Dionísio, desenhando seu perímetro admissível e observando esse limite autodefinido com os requisitos derivados do autoconhecimento e do autocontrole. Trágico, portanto, é o desfecho de sofrimento resultante da indisciplinada busca de algo além dos limites humanos. Castigo dos deuses ou da natureza, pelo erro moral (*hybris*). Apesar de ter um coro que o alerta e aconselha com sensatez, o herói trágico, ícone da humanidade, persiste nessa busca arrogante. Ao "clímax da fruição" sucederão "o horror e a lamentação" (*páthos*). O pecado de Prometeu nasce da "necessidade do crime imposto a um indivíduo que faz um esforço titânico para progredir" e leva inexoravelmente a um final pessimista. Esse "elemento não apolíneo", o desregramento, é o pilar da representação pessimista.

O desfecho trágico, embora descrito na forma de desastre inevitável para o herói, ressalta seu contrário: a possibilidade de solução, redenção e emancipação. De todos os grandes pensadores, só Goethe via a tragédia como um roteiro sem saída. Ainda assim, o "destino cego" decorria da ignorância do ser humano sobre suas próprias limitações e deveres, resultava da alienação. Por isso, para ele, o conflito trágico, a contradição inerente à tragédia, não permitia resolução: "da pura tragédia vos entrego o triste perigo do desejo cego; o homem pleno, poderoso, compelido e voluntarioso, não conhece seu próprio ser, nem sabe seu dever".[218] Pode-se presumir que a pessoa humana, que conhece seu próprio ser e seus deveres, tem domínio sobre sua vontade, seus apetites, e poderia escapar ao triste perigo do destino cego. Voltamos, então, a Nietzsche e ao equilíbrio necessário entre os componentes dionisíacos e apolíneos da personalidade, como forma de escapar à tragédia.

A tensão entre as paixões dionisíacas e a disciplina apolínea é uma fonte de energia para o movimento da sociedade rumo a um equilíbrio dinâmico entre esses dois polos. Uma sociedade totalmente apolínea seria espartana demais, intolerável àqueles menos dispostos a considerar a disciplina um valor acima de todos os outros. Uma Esparta radicalizada. Uma sociedade puramente dionisíaca seria anárquica, delirante e efêmera. Os preceitos de Apolo moderam os exageros dionisíacos, mas os apetites dionisíacos atenuam os excessos disciplinares da cultura apolínea. A melhora resultante desse entrechoque permanente mantém limites apolíneos e assegura suficiente maleabilidade para a criatividade e a fruição dionisíacas. O mundo não faria sentido sem um quê de delírio e seria inviável sem um grau de sobriedade. Os preceitos de Apolo não determinam o fim das paixões, as quais, porém, são calibradas pela autodisciplina e pelo autogoverno. Em equilíbrio com a liberdade dionisíaca, a disciplina apolínea passa a ser inteiramente compatível com a ideia de autogoverno de pessoas livres, iguais e diferenciadas.

Vale aqui lembrar a maneira pela qual Thomas Mann interpretava o atributo apolíneo. Ao se referir à arte épica como apolínea, justificava: "Apolo, o flecheiro infalível, é o deus das terras longínquas, o deus da distância, da objetividade, o deus da ironia. Objetividade é ironia…".[219] Significaria dizer que a visão apolínea, no caso presente, representaria apor aos impulsos dionisíacos a visão de longo prazo, de maior distância, mais objetiva, menos subjetiva e mais crítica. Algum foco para a dispersão vital. Ironia para provocar a precaução. Essa percepção de Mann ajuda, também, a compreender por que Nietzsche atribuía a Apolo a simplicidade e a Dionísio a complexidade. A consciência do presente, essa visão mais curta e mais profunda da condição humana e do absurdo da existência, é complexa por natureza. Porém, quanto mais longe se olha, menos detalhe se vê. O arqueiro foca o alvo com precisão, perdendo a noção do seu entorno.

Garrett Hardin fala da impossibilidade da aspiração de Jeremy Bentham[220] de uma sociedade que realize "o máximo bem para o máximo de pessoas". A esse desejo "dionisíaco" seria preciso aplicar a objetividade "apolínea", nascida da consciência de que um mundo finito não pode satisfazer desejos sem fim. Esse contrapeso da consciência dos limites do mundo finito à busca do máximo bem é fundamental para a visão contemporânea da transição climática e ambiental e está no cerne da tragédia dos comuns. Contudo, diria um socialista dionisíaco, nada nos impede de buscar o máximo bem possível, nos limites de reposição ampliada da biosfera, para o máximo de pessoas, igualmente distribuído.

Que lógica é essa que empurra as pessoas a um destino trágico? É a lógica nascida da tensão entre o geral e o particular, entre vontade e limite. Voltamos ao paradoxo de Rousseau. O crítico cultural George Steiner, em seu monumental ensaio sobre a *Antígona* de Sófocles,[221] ressalta a natureza mais geral dessa narrativa, que não se resume à simples contrariedade entre o dever da heroína para com o irmão e as leis de seu país. A história é emblemática. Após a expulsão de Édipo, destituído por seus abusos no poder, seus filhos Etéocles e Polinices entram em conflito pelo revezamento no reino de Tebas. Com a recusa de Etéocles em ceder o comando ao irmão, este, ressentido, casa-se com a filha do rei vizinho de Argos, para obter sua ajuda e invadir Tebas. A guerra resultante não resolve a disputa. Diante do impasse, os irmãos decidem enfrentar-se em duelo e se matam. Aqui começa a história de

Antígona. Assume, então, o tio, Creonte, que proíbe que Polinices receba as honras fúnebres, pois o considera inimigo de Tebas. Isso condenaria sua alma a permanecer vagando nas margens do rio infernal, o Estige. Cabe a Antígona o respeito aos preceitos religiosos de sua casa (*oikós*) e, diante do horror eterno a que o irmão seria condenado, desobedece a Creonte, que ultrapassa com esse comando os limites legítimos da ação do governante.

Steiner argumenta que Antígona, dessa forma, "dramatiza a oposição entre a consciência privada e o bem-estar público". Por isso, a tragédia ocuparia posição tão central no desenvolvimento do pensamento de Hegel, criando um "cenário dialético para sua lógica". Ela o ajuda a enfatizar "a historicidade concreta e a natureza coletiva das escolhas éticas que o indivíduo é compelido a fazer". Paralelamente à tensão entre o desejo dionisíaco e a temperança apolínea presente na tragédia, Steiner chama a atenção para o fato de que sai do miolo de Antígona a colisão entre o estado de guerra e o direito privado. Vou mais além: Antígona revela com força os limites do exercício legítimo do poder e a necessidade da desobediência civil nos casos em que o governante lhes desobedece.

Essa forma de ver tensões trágicas em uma tragédia em particular, superposta à maneira pela qual Nietzsche descreve o jogo de sentimentos da tragédia em geral, nos leva a duas polaridades. A primeira, entre desejo e limite. A segunda, a dificuldade enunciada no paradoxo de Rousseau na expressão de Wanderley Guilherme dos Santos: a difícil reconciliação entre interesses particulares e o interesse coletivo. Essas contrariedades fundamentais estão também em Freud e são o objeto central de *Civilização e seus descontentes*.[222] Estão no coração do dilema contemporâneo relativo ao revigoramento da democracia e à transição climática e ambiental. Elas nos remetem a dois temas essenciais: a educação cívica para a ação livre e os limites da regulação legítima da ação individual. Estão no cerne da construção democrática, que não tem fim. É a busca permanente do melhor equilíbrio possível entre liberdade e ordem, entre o livre-arbítrio e o interesse coletivo, entre governo e autogoverno.

A lógica da tragédia contém um elemento de aprendizado na prática, de sabedoria prática (*phronesis*), que permite a não repetição do erro e a mudança de comportamento, ainda que negativo. Como diz a filósofa Amélie Rorty,[223] as tragédias têm uma dimensão ética e política, elas promovem um sentido de vida cívica compartilhada. É crucial, continua ela, que na vida cívica os indivíduos, agindo por si mesmos e como cidadãos em nome da *polis*, compreendam as estruturas geralmente invisíveis de ações importantes para seu progresso. Escolher e agir com sabedoria. A tragédia teria a função de revelar esses padrões típicos das ações e interações que levam a resultados determinados, de ilustrar as pessoas para a ação por escolha. Um desses padrões de ação deriva da contraposição trágica entre as paixões e seus limites.

A linguista e especialista em literatura comparada Froma Zeitlin[224] diz que a tragédia grega estabelece, inclusive geograficamente, a oposição entre ideal e real, coletivo e privado, definindo Tebas como o local onde se passa a ação trágica, sob os olhos de Atenas. Tebas, "o outro lugar", seria o espelho de Atenas, ofereceria o modelo negativo da imagem que Atenas faria de si mesma, com base em suas noções de governo adequado da cidade, da sociedade e do indivíduo. Tebas seria o palco no qual Atenas levantaria de forma dramática questões cruciais para o desenvolvimento e a preservação da *polis*, para a felicidade das pessoas, a integridade da família e o desenvolvimento da sociedade. Esse "contracenário" seria uma espécie de simulação em forma poética, confrontando a cidade idealizada Atenas ao espaço trágico Tebas, a anti-Atenas. Este faria a demonstração persuasiva dos pecados privados e coletivos que levariam a um destino cruel. O confronto entre Atenas e Tebas permitiria ver em ação os múltiplos dilemas que devem ser objeto de escolha na construção da boa sociedade: democracia versus tirania; cidade/Estado versus família/indivíduo; solidariedade coletiva versus particularismo; desejo versus restrição; força versus direito. Sua encarnação em heróis, deuses e vilões permitiria desvendar de forma dramática e suprarreal as escolhas que trazem em si o germe da tragédia. Tebas seria o espaço trágico onde impera o destino como castigo pelas escolhas erradas. Atenas seria onde se "pode escapar ao trágico e onde a reconciliação e a transformação se tornam possíveis". É uma inversão interessante: Tebas, imaginária, é a distopia, o cenário negativo; Atenas, real, é a utopia, ou o cenário virtuoso.

A função da ação trágica em Tebas seria educar os cidadãos e os governantes de Atenas sobre as consequências trágicas das escolhas erradas. A tragédia não é sobre destino e fatalidade, é sobre livre-arbítrio, liberdade de escolha. É sobre poder escolher até mesmo o fracasso e a infelicidade. Sempre lá estarão os oráculos, o coro, para lembrar ao herói trágico que ele tem escolha. Há momentos, como em *Antígona*, em que a escolha "certa" pode ser a perda individual, inclusive da vida, por um princípio ou pelo bem geral, nesse caso o direito ao livre-arbítrio sobre a vida particular e a desobediência à decisão arbitrária e tirânica do governante. Quantas vezes o ser humano não esteve, individual ou coletivamente, diante dessa escolha trágica, entre a vida e a liberdade, entre a existência e a dignidade? A tragédia maior seria deixar prevalecer o mal, o predomínio da autoridade estatal discricionária sobre todas as ações individuais, inclusive as estritamente privadas ou de consciência, como a liberdade de culto e de expressão. Como disse o sociólogo Barrington Moore Jr., os oprimidos devem se opor à autoridade moral daqueles que os submetem à injustiça e ao sofrimento. Devem constituir sua própria identidade.[225]

Sua força pedagógica está na ênfase dramatúrgica de que ela se passa "noutro lugar". Sua realidade é separada para suprimi-la, como disse Rancière do teatro. Tebas é Atenas destituída de sua virtude, estrangeira, contrária. A tragédia se transforma na mediação que objetiva sua própria supressão.[226] Ao transformar os atenienses em espectadores e mostrar-lhes a tênue distância que separa Tebas de Atenas, torna-os conscientes de seu destino, se adotarem escolhas semelhantes ao que veem ocorrer no "outro lugar". O confronto os prepara para mudar a realidade ou para não aceitar a realidade cujo desfecho seria trágico. Não obstante levar seus personagens a um curso fatalmente determinado, a tragédia é sobre a liberdade de escolha e a possibilidade de outro destino, não sobre a fatalidade e a subordinação da vontade pelo fado (ou fortuna). Os coros e os oráculos alertam os personagens centrais da tragédia todo o tempo sobre outros caminhos possíveis e os perigos de persistir nas escolhas trágicas.

Esse elemento de positividade, que nasce de seu contrário, é uma das chaves para o potencial cívico da tragédia. Só é possível educar e persuadir verdadeiramente pela demonstração do bem. Raramente a demonstração do mal convence as pessoas a mudar seu comportamento. Só por coação. Mas a coerção, levada ao limite da coação, interrompe o fluxo democrático das vontades. A limitação voluntária dos apetites se faz pelo investimento em um bem maior, dificilmente para obter um mal menor. Liberdade e direitos só podem deixar de ser absolutos e se tornar relativos por escolha, como um ato contratual, voluntário e compartilhado, cuja contrapartida deve ser mais bem-estar geral. Dado o contrato voluntariamente estabelecido, pode haver coerção legítima, na forma de governança regulatória, de vigilância e limite para cumprimento do contrato, embora o ideal seja sempre a autorregulação e a autodisciplina. Essa demonstração da força pedagógica da tragédia revela que a ausência de contrato em Tebas ou a desobediência dele só fazem sentido porque o verdadeiro contrato social, o contrato legítimo e solidário entre as partes constituintes da *polis*, está em vigor em Atenas. Sófocles procurava mostrar qual seria o desfecho do rompimento desse contrato, ou pela tirania, ou pela destemperança. A experiência de Atenas era o bom exemplo.

Há liberdade de escolha na tragédia clássica, da mesma forma que na tragédia contemporânea dos comuns. Nesta última, ela pode assumir a forma do reconhecimento da necessidade, como afirma Hardin, recuperando a velha noção de liberdade do jovem Marx. Ficou popularizada na ideia de que o constrangimento da necessidade sem a consciência é incontrolável e opressor. A percepção objetiva da necessidade seria libertadora. O processo de desalienação, de tomada de consciência da necessidade, seria educacional e emancipador. A dramaturgia grega tinha função educativa e libertadora, de desalienação dos cidadãos. Sua natureza eminentemente moral e política a fazia o instrumento primordial de construção da cultura cívica, do ideal democrático da *polis*. Talvez aí esteja a virtude principal da dramaturgia clássica, que levou Steiner a falar de seu caráter essencialmente fecundo, em contraposição ao destino, que comportaria "o páthos da alienação estéril". A educação deve sempre confrontar a alienação. Em simultâneo, ensinava sobre os momentos nos quais os preceitos de Apolo deveriam apaziguar as paixões dionisíacas, em que o cálculo deveria prevalecer sobre o rompante, o plano sobre o improviso, a sobriedade sobre o delírio.

O TEMPO E O JUÍZO

As narrativas ficcionais contemporâneas não dispõem do "cenário ideal". Perdemos nossa Atenas, não temos um modelo da "boa sociedade" reconhecível pela maioria. Parece que nos restou apenas Tebas. Os que poderiam dizer como deveria ser a nova sociedade, o novo modo de bem-estar, o novo "progresso", o bom governo, estão muito emaranhados no agora e na dinâmica contraditória da grande transição. Pior, não há o "bom exemplo". É difícil ter clareza sobre o que seria a "sociedade virtuosa" e quais seriam os cenários futuros alternativos às distopias correntes. O que se tem de mais preciso é o alerta sobre as catástrofes que se anunciam. A ameaça dos extremismos. Os avanços da ultradireita. Um aviso ameaçador que pode paralisar, à falta de cenários positivos para superação dos perigos terminais. O continuado desencanto com o desempenho da democracia representativa, sua crise de legitimidade, faz crescer o desejo de seu contrário, não apenas e necessariamente a consciência de que ela pode recuperar suas origens virtuosas e ser revigorada e ampliada.

Não faltam demonstrações científicas convincentes das consequências de nossas ações e da repetição da tragédia dos comuns. Estou convencido de que não temos um problema de pouca informação, mas de capacidade de processamento de enorme volume de informação, uma sobrecarga. Não nos falta informação, falta-nos sabedoria. O problema, como identificou Flusser, está na baixa capacidade de compreensão do público dessas mensagens cifradas no código de comunicação científica ou da "mediação ilustrada". A comunicação desses alertas é hierárquica, piramidal, marcada pela "autoridade" do emissor. Ela exclui a possibilidade do diálogo. As mensagens se tornam indecifráveis pela sociedade como um todo. Vivemos a solidão da dificuldade crescente de entrarmos em diálogo nesse plano do discurso contemporâneo (Flusser). A tragédia continha essa capacidade de estabelecer o diálogo na "arena", de pôr o espectador em uma posição de responsabilidade por seu próprio destino e pelo destino da comunidade por meio do "diálogo circular".[227]

Houve um aumento gigantesco da informação disponível a custo quase zero, e temos uma gama de possibilidades de processamento dessa informação a custo variável. No topo da escala de custos está o processamento da informação que nos dá conta das consequências de nossos atos, de forma a gerar responsabilidade e não negação ou alienação. Há muitas possibilidades para promover essa mediação por meio do que Flusser chamou de "diálogos em rede", que quebram a hierarquia na comunicação, que transformam em diálogo a comunicação hierárquica, unidirecional, da "autoridade" para o leigo. Essas possibilidades estão se multiplicando. Há várias ferramentas para usar e aperfeiçoar filtros que ajudam as pessoas a decifrar os códigos das mensagens e a separar a informação que buscam daquela que não lhes interessa. Numerosos curadores conquistaram credibilidade como fonte confiável de informação relevante ou interessante. O curador é um tipo emergente de gestor da informação nas redes e mídias sociais. Garimpa o enorme e mutante estoque de informação disponível e dissemina a seleção que considera de maior valor intelectual, informativo ou de entretenimento. Muitos, porém, ainda não desenvolveram o suficiente essa capacidade de decifração interativa das mensagens, coisa que vários jornalistas fazem muito bem. Geralmente especializado, o curador se dedica a disseminar a melhor informação sobre conflitos, direitos humanos, meio ambiente, mudanças climáticas, questões raciais ou de gênero, arte, design, cinema, celebridades.

Sociologicamente não há surpresa no aparecimento de novos papéis sociais, nesse universo de comunicação que se renova e se expande para a ciberesfera e nela. Curadores, blogueiros, influenciadores, cidadãos-repórteres são papéis emergentes na mídia social e nas redes e estão se institucionalizando. Criam-se procedimentos para determinar a credibilidade, a reputação e o poder de penetração desses atores no desempenho desses novos papéis. Muitos são papéis de transição e tendem a desaparecer. A sociedade em rede é uma obra coletiva em construção, em mutação, e, como todo empreendimento coletivo, enfrenta dilemas de governança, credibilidade e confiança, custos e benefícios de envolvimento. Como construção social, ela constitui um ambiente propício ao surgimento de novos papéis e novas formas de liderança.[228] Além disso, essa construção é necessariamente global, cosmopolita, dado que é impossível contê-la nos limites do Estado nacional, mesmo que vários países, como a China, tentem isolar sua sociedade da rede.[229]

O que se observa no fluxo de informações sobre as crises da transição ainda é a preferência dos curadores pela informação que ameaça, atemoriza, mais do que pela informação que educa e ilumina rumos alternativos. A maioria das mensagens sobre alternativas faz a defesa de soluções específicas ou vem de curadores e plataformas especializados em negócios. Os cibercidadãos não têm informação completa sobre a sociedade e seu futuro. Menos ainda os cidadãos que ainda não entraram, por exclusão ou por opção, na ciberesfera.

Os heróis trágicos, ao contrário, tinham informação perfeita sobre as forças que podiam levá-los à destruição. Esta era transmitida de modo enfático pelos oráculos e recorrentemente relembrada pelos coros e marcada ao longo do desenrolar da trama. Mas a demonstração do perigo se dá em Tebas, "a outra", e a rota alternativa para o bem-estar coletivo está dada em Atenas ou na idealização de Atenas como a *polis* virtuosa. A função da tragédia é reforçar no cidadão ateniense sua lealdade à *polis* e a necessidade de manter o padrão de comportamento que levou o povo à democracia e à solidariedade coletiva. Nós somos informados de que nossa sociedade não tem a virtude necessária e é ela mesma, não "a outra", que marcha para a ruína. Os "oráculos" contemporâneos, que detêm o conhecimento crítico sobre as ameaças que enfrentamos, se comunicam de forma cifrada, mais indecifráveis que os enigmas que continham os vaticínios trágicos. Muitos jornalistas e curadores especializados acabam adquirindo o mesmo viés dos cientistas e se esforçam mais para atender aos princípios estabelecidos pela ciência para a produção da informação do que para se fazer entender pela maioria leiga. Submetem-se ao mesmo código discursivo acadêmico, mantendo as mensagens indecifráveis para a maioria.

A predominância de mensagens catastróficas pode estimular a negação ou a recusa de ver, exatamente porque a tragédia se desdobra em nosso próprio espaço vital e não em "outro lugar". Não temos uma Tebas para examinarmos, com tons de veracidade mas seguro distanciamento, o curso de eventos que deveríamos evitar ou o impacto de nossas escolhas trágicas. Não são "os outros" que estão sendo ameaçados, somos nós, os agentes concretos de nosso presente.

Só a ficção e, particularmente, a ficção científica podem recorrer ao recurso de levar a simulação da tragédia para "outro lugar". Mas a ficção não tem mais, infelizmente, em nossos tempos o papel central que tinha o teatro na era de auge da tragédia grega. Vivemos sob o domínio da ciência e da não ficção, da mensagem indecifrável sem decodificação. Na arena contemporânea, a informação dominante é de base científica, não poética ou literária, e não é decifrável por todos. Não é simples escrever sobre temas complexos da ciência de forma clara e compreensível para o grande público. Somente uns poucos são capazes de transitar com facilidade pelas "duas culturas" a que se referiu C. P. Snow: a das ciências e a das humanidades, que inclui a literatura e as artes.[230] A informação científica tampouco se dissemina com a mesma rapidez com que o vaticínio trágico percorria a narrativa. O enquadramento de temas como o da transição climática é mais complexo. A tragédia era determinista: a consequência das escolhas erradas era inequívoca e inapelável. As ameaças que enfrentamos hoje têm certo grau de incerteza, são probabilísticas, e a maioria delas não é linear nem direta. São parte de um complexo sistema de interações, retroalimentações e intercorrelações. A incerteza quanto ao prazo e à extensão das consequências da ameaça catastrófica implícita nos cenários climáticos, por exemplo, induz ao impulso da negação ou da procrastinação. Sobretudo entre as pessoas — provavelmente a maioria — que não querem carregar o peso de uma tragédia coletiva desproporcional, além das cargas que já suportam na vida cotidiana. Em um mundo de mais estresse, mais competição, maiores complicações econômicas, maior instabilidade e menos segurança, as pessoas não querem mais razões para temer o futuro. A negação tem sua sedução reforçada pela natural rejeição psicológica a ameaças tão avassaladoras como o fim do mundo ou o fim da espécie humana, em um futuro já não muito distante.[231] O medo absoluto alimenta o impulso de negar, de não querer ver. A associação entre o medo da morte e a negação é presença constante na filosofia e na psicologia, não por acaso. Mas o tempo é escasso. O processo corre mais rápido que a consciência coletiva. E não haverá um semideus salvador ao final para fazer o papel de Hércules na libertação de Prometeu.

A comunicação entre oráculos e coros e os heróis trágicos era direta e em tempo real. A comunicação no mundo contemporâneo também se dá, cada vez mais, em tempo real, e amplia-se, gradualmente, o escopo da comunicação direta. A conversação pública foi totalmente mediada durante a maior parte do século XX, passou a ser em tempo real neste século, com a abrangência global das mídias e redes sociais. Mas ainda não se pode falar propriamente em comunicação direta, quando se trata das redes sociais e do fluxo de informação que flui perene e crescente pela ciberesfera. Tampouco ela é mediada, como no passado. Esses dois estágios do processo de comunicação se diferenciam muito. O primeiro era analógico e mediado; o segundo é digital e virtualizado. A comunicação virtual ainda não é totalmente direta nem totalmente transparente. Não é o mesmo que a interação física, face a face.

São interações entre avatares, alguns pessoais ou institucionais identificados, outros não identificados, anônimos e, mesmo, falsos. Há um jogo de máscaras muito mais complexo nessa interação. Há falsos avatares, sob controle de pessoas ou grupos de pessoas, ou de empresas, ou de comunicadores a soldo, com um projeto, uma agenda de comunicação não revelados[232] e que não são facilmente identificáveis nem transparentes para a maioria. Para um indivíduo obter informação de credibilidade e criar confiança em suas interações com o mundo dos avatares, ele tem que incorrer no custo de navegar por esse jogo de máscaras e identificar os interlocutores nos quais pode confiar. Daí predominarem as "microrredes" que se formam em cada uma dessas redes, reunindo "seguidores e seguidos", "amigos", parentes ou pessoas que mantêm relação entre si no mundo real, colegas de trabalho ou profissão, celebridades e jornalistas, escritores e cientistas de reputação. Mas não precisa ser assim para sempre. A ciberesfera tende a adquirir maior amplitude de interações mais transparentes e confiáveis.

As profecias, os alertas e as acusações no curso da tragédia se cumpriam no destino dos personagens. O espectador ateniense via tudo e tinha conhecimento total do contexto, das escolhas e dos resultados das escolhas. Os oráculos e o coro tinham autoridade e credibilidade, mesmo quando mascarados. Eles constituíam um esplêndido artifício pedagógico para a audiência ateniense. O herói trágico se caracteriza por não ouvir ou interpretar mal o oráculo e desprezar ou contestar o coro de alertas. O exemplo pelo avesso. Informação e tempo promovem uma distinção crítica. A particular combinação de tempo e espaço presente na tragédia lhe dava muito mais eficácia comunicativa. Hoje, a aceleração da circulação da informação e a capacidade de, imediatamente, associar um evento a sua explicação científica ou a seu contexto de significado mais amplo dão à cidadania presente um horizonte informativo que não estava disponível uma década atrás. Mas ainda não há ferramentas para decifrá-los e torná-los plenamente disponíveis à sociedade como um todo, dando aos cidadãos a oportunidade de fazer escolhas informadas. Há um hiato entre o conhecimento disponível sobre os riscos e aquele sobre novos modos de organização da sociedade capazes de satisfazer necessidades humanas de forma mais plena e menos destrutiva do que a sociedade de consumo de massas. Esta, como Bauman mostra, é perdulária, e a necessidade de renovação quase instantânea dos desejos de consumo torna praticamente impossível manejar a contento sua pegada ecológica e seu impacto climático. No caso das escolhas sobre como revigorar os modelos de democracia, há muita dúvida e uma cacofonia de opiniões, a maioria delas ancorada na conjuntura e na comparação de modelos existentes, todos analógicos e todos marcados para serem superados na grande transição. A marca da imprecisão ronda todos os diagnósticos e todas as previsões, sociais, econômicas, políticas, geopolíticas e climáticas. Quando um cientista, por exemplo, diz que não é possível atribuir à mudança climática um desastre de proporções inéditas derivado de extremo climático, ele não está oferecendo uma explicação nem apenas respeitando a precisão científica. Está dando um álibi para a negação ou a fuga.

O tempo sempre foi um componente central da tragédia. Como diz Édipo a Teseu,[233] "o tempo todo-poderoso confunde todas as coisas". Mais adiante, Édipo o alerta para as surpresas que o "tempo infinito", a "sucessão interminável das noites e dos dias" podem trazer. Mas, mesmo admitindo a existência de um "tempo incontável", o fim da história se dá no espaço de existência dos personagens da tragédia. O fim da história coincide com o fim da estória. A tragédia retira parte de sua força do fato de que o destino se revela na finitude dos atores em presença. Com o destino trágico dos heróis tem fim todo um ciclo da história do povo.

Hoje, as previsões científicas, os cenários, as simulações, os ensaios futuristas — os oráculos e os coros da tragédia contemporânea — referem-se a eventos que podem não se cumprir no curso da vida dos atores sociais presentes na grande transição. Os eventos climáticos extremos, por exemplo, se repetem em intervalos cada vez menores e com intensidade maior. Mas as previsões ainda dizem respeito a um tempo mais longo, longe das aflições cotidianas, embora cada vez mais próximo. Já se mediu em século, depois em muitas décadas, hoje em poucas décadas. Na política, as soluções de mudança da democracia prometem resultados para muito depois das exigências do dia a dia. O enredo da crise socioeconômica se repete tediosamente: o país marcha para a estagnação, as instituições fraquejam, não há confiança em nenhum agente político, mas nada se resolve sem "reformas", sobre cujo conteúdo e eficácia não há mínimo acordo ou certeza.

É vasta nossa ignorância, muito mais que nosso conhecimento, sobre todo o complexo conjunto de processos que animam a biosfera. No caso do descontentamento com a democracia é até mais grave. Nossa quase completa ignorância sobre modelos viáveis para transitar rumo à democracia digital, mais justa e mais representativa, e para mitigar as tendências oligarquizantes da democracia analógica, confronta-se com o desencanto real e crescente, alimentado pelas falhas recorrentes de desempenho. A história, nesse caso, não serve de exemplo, porque as soluções que oferece são todas analógicas, ultrapassadas. O risco é a sedução de soluções não democráticas ou tecnocráticas, que se imagina mais eficazes. O custo em liberdade e sofrimento é enorme, mas não é perceptível para quem não tem a experiência concreta das ditaduras e de outras formas de tirania. Em todas as formas tirânicas, no médio e no longo prazo, o resultado foi o contrário: não houve eficácia, e sim a exacerbação de todos os males que se dizia combater, mais aqueles associados à falta de liberdade.

Como Antígona adverte, a tirania, entre outros privilégios, dá aos tiranos o privilégio de fazer e dizer sem restrições o que quiserem. Talvez por isso tenha mais apelo hoje a noção de um *cul de sac* existencial, à la Goethe, do que visões mais otimistas, como a de Kierkegaard,[234] para quem o desfecho trágico não é real ou necessário. Depende da perspectiva do indivíduo na situação. No pensamento contemporâneo, predomina a visão pessimista, que se aproxima da tragédia sem saída, como na previsão cáustica de John Gray, partindo da visão de E. O. Wilson quando este diz que entramos na era da solidão, que nossa presença devastadora no planeta produzirá a extinção em massa das outras espécies e ficaremos sós. Gray vai além e afirma que "os humanos transformarão o planeta na extensão deles mesmos. Quando olharem em volta do mundo, nada encontrarão senão seus próprios detritos".[235] Mas Gray acredita que há boas razões para pensar que nunca chegaremos à era da solidão. Otimista? Não. Hiperpessimista. Para ele não chegaremos a esse ponto porque, em um mundo marcado pelo aumento da escassez de recursos naturais, o número de seres humanos será reduzido por guerras, genocídios e colapso generalizado das sociedades, em várias regiões. Dessa forma, reencontraremos um ponto de equilíbrio sustentável entre necessidades humanas e os limites da biosfera. É, digamos, o pior cenário: o genocídio, em lugar da extinção da espécie, o hiperdarwinismo social. Um cenário no qual a tecnologia opera sempre contra a sustentabilidade, nunca a favor. Muito diferente da visão mais equilibrada e não menos atual de Schopenhauer. Não há por que discutir o passado em busca dos autores iniciais da tragédia: "esse antagonismo se torna visível no sofrimento da humanidade que é produzido, em parte por erro e acaso", diz o filósofo alemão. Mas completa, "esse antagonismo também procede, em parte, da própria humanidade, por meio dos esforços conflitantes da vontade dos indivíduos, da maldade e perversidade de muitos". A tragédia, entretanto, traria um conhecimento, que viria da própria vontade humana, como "meio de preservar tanto o indivíduo quanto a espécie".[236] Se o futuro será mais próximo da suposição catastrófica de Gray ou das premissas positivas de Kierkegaard ou Schopenhauer dependerá das escolhas, dos erros e dos acertos dos agentes da mudança. Nós mesmos.

O conhecimento liberado do jugo da vontade humana se estabelece como arte — e a tragédia é uma das formas superiores da arte cênica — e se torna "um claro espelho do mundo". Tebas é o espelho onde Atenas pode se ver, antes de realizar seu próprio destino. Essa talvez seja a vocação dos neoiluministas na grande transição: encontrar as formas de educar, pelo conhecimento, livre das vontades imediatas, construindo um espelho em que as pessoas possam ver com clareza suas opções, antes de exercer seu pleno direito de escolha e se condenar ao desfecho trágico. Um espelho virtual no qual vejamos não apenas nossa *Guernica* ambiental ou política, mas um caminho que elida e supere a catástrofe e, pelo menos, indique um novo mundo, ainda que na linha mais distante do horizonte. Crises dessa magnitude tendem a provocar a criatividade, e essas soluções provavelmente virão da literatura, do cinema e dos games. Antes de chegarmos a soluções concretas inovadoras, de preferência revolucionárias, precisamos dessas intuições, desses olhares para a frente sem censura ou constrangimentos disciplinares.

## MUDANÇA DE TEMPO

As profecias em Tebas, como eu disse, se cumprem no curso da vida dos personagens. As previsões dos novos oráculos não se referem ao tempo biológico dos atores sociais. A ciência não é um espelho tão claro quanto a arte. Mesmo sabendo que estamos encurtando a vida das gerações futuras e da biosfera, a perspectiva de tempo que nos apresentam é indecifrável pela consciência da maioria. Simplesmente não conseguimos entender e processar os tempos do planeta, ainda que os mais curtos, que podem levar mais de um século para se manifestar inteiramente. Mesmo olhando para o passado, para os exemplos da paleoclimatologia, que reconstroem a história de povos que desapareceram por causa de eventos climáticos extremos ou porque levaram sua terra, antes fértil, à desertificação, são longínquos demais e, não raro, inverossímeis para a maioria.[237] Além de terem sido, como argumentei, todos locais, agora falamos de fenômenos globais. O mesmo ocorre com as guerras. Todo o horror narrado pela literatura, exposto no cinema e até mesmo em noticiários e documentários não cria apoio majoritário irrefutável à solução pacífica e negociada dos conflitos e das diferenças. Diante de uma agressão ou ameaça, a maioria opta por apoiar a guerra ou por silenciar, delegando a decisão aos governos e ao establishment militar. Os exemplos abundam em todo o mundo e têm se agravado com o aumento da frequência de atos de violência e terrorismo.

A humanidade experimentou, ao longo do século XX, mudanças em larga escala, em tempo muito mais curto que os cidadãos dos séculos XVIII e XIX. Rios caudalosos que desapareceram, campos que viraram deserto, regiões geladas que se aqueceram e descongelaram. A dissolução da União Soviética e do bloco comunista, a cisão da Iugoslávia e da Tchecoslováquia. Toda a mudança tecnológica e política do pós-guerras e pós-Guerra Fria. Os cidadãos do século XXI estão destinados a experimentar mutações em escala ainda maior, em tempo ainda mais curto. A história da humanidade acelera. Portanto, a urgência de decisões coletivas aumentou. Mas também aumentou a complexidade da sociedade e dos processos políticos pelos quais se darão as escolhas sobre os meios de corrigir e coibir a destruição ambiental. Não caminhos fáceis nem bem mapeados para mudar a governança das sociedades, levando a digitalização e a democratização aos limites de suas possibilidades. O controle democrático do uso de novas tecnologias, com potencial de se transformarem em ameaças de destruição em massa, continua uma equação aberta. Mas, para definirmos o controle democrático global dessas novas tecnologias, é preciso que antes tenhamos sido capazes de aprofundar e tornar mais representativa e operacional a democracia em nossos países. Em síntese, ficou mais urgente e mais difícil. Simultaneamente, nossa capacidade técnico-científica para lidar com questões de alta complexidade se desenvolveu significativamente e continua a avançar em velocidade exponencial. O uso de *big data* para orientar várias dessas decisões, a qualidade dos modelos de análise e o potencial de consultas populares ampliam nossa capacidade de tomar decisões informadas e democráticas. E essas ferramentas continuarão a surgir e se desenvolver ao longo da grande transição. Logo, está ficando também mais viável. É cada vez mais possível entendermos nossos desafios, saber como lidar com eles e orientar nossas ações.

As previsões sobre a transição climática e a perda de biodiversidade vêm reduzindo aceleradamente o enquadramento temporal de nossa tragédia ambiental. Já dispomos dos meios e ainda temos tempo para evitar a tragédia no clima e na biosfera. Jared Diamond, que analisou o colapso ambiental de várias sociedades, deixa claro no subtítulo de seu livro que é uma questão de escolha: "Como as sociedades escolhem fracassar ou ter sucesso".[238] Ele sugere que sempre fomos os criadores de nossa própria história, mas nem sempre com resultado positivo. Há vários casos de interrupção do processo evolutivo de sociedades inteiras. Os casos de sucesso, mais numerosos, devem temperar o ceticismo. As sociedades têm escolha, seu caminho rumo ao futuro não é predeterminado, e a maioria, até hoje, fez escolhas que lhe permitiram manter-se viável. Embora a vida societária possa ser interrompida pelo fracasso, este está diretamente relacionado às escolhas feitas, não a uma determinação externa inapelável. Pode-se decidir não fracassar na luta para conter a transição climática nos limites do suportável. O número de países que se tornaram democráticos ao longo do século XX também mostra que a maioria da humanidade, quando pode escolher, prefere a democracia a qualquer tipo de tirania.

Para quem tem a experiência de ter vivido um pedaço vertiginoso do século XX e feito a travessia para o século XXI, cem, duzentos anos são mais tangíveis do que para os cidadãos dos séculos XVIII e XIX e, mesmo, da primeira metade do século XX. E já não estamos falando nem mesmo em um ou dois séculos. A transição climática está em curso e sentiremos alterações mais efetivas no clima em vinte, trinta, cinquenta anos. Não haverá uma data fatal em que a mudança começará. Ela já está acontecendo. É um processo em curso e que pode acelerar seu ritmo de forma imprevisível, a qualquer momento. É provável que, daqui em diante, cada rodada do ciclo da transição climática torne o próximo mais provável. Até determinado grau de intensidade desses eventos, nós nos adaptamos, nos acostumamos, embora chocados, a experimentar frequentemente grandes tempestades, deslizamentos, ressacas mais violentas, secas mais prolongadas, ondas de calor e de frio. Como temos nos adaptado e acostumado com as inovações científicas e tecnológicas introduzidas em nosso cotidiano quase diariamente. Mas, a partir de certo ponto, esses eventos extremos atingirão um grau de intensidade e recorrência que já não permitirão nossa adaptação, pelo menos no horizonte tecnológico que conhecemos. A anomalia se tornará patente e inegável.[239] O maior perigo está na possibilidade de eventos disruptivos de larga escala, bruscos e inesperados, que alterem significativamente esse quadro de mudança lenta e continuada.[240] Descontada a ignorância que nos impede qualquer precisão nesse campo, começamos a nos aproximar do tempo típico da tragédia clássica, literária, que coincide com nosso tempo biológico. Para os mais velhos, significa que seus filhos e netos sofrerão as consequências das escolhas que sua geração e a de seus pais e avós fizeram e continuam a fazer. Para os mais novos, sua própria vida será afetada por seus atos e os de seus antepassados. Para quem acredita no conhecimento como fonte de realização do potencial do ser humano, saber mais sobre o tamanho de nossa ignorância já constitui suficiente informação para a consciência aguda do risco que corremos.

É possível prever que o apoio ativo ao combate à emissão de gases de efeito estufa se tornará majoritário, à medida que os cenários que falam em aumento da frequência de eventos climáticos extremos sejam validados por evidências convergentes, cada vez mais abundantes e irrefutáveis. Essa redução das emissões já está em curso nos países desenvolvidos e nos emergentes do G20. É o que conta. Mas, embora na direção certa, ela ainda não é suficiente. Menos pior, temos que fazer mais, melhor, com mais intensidade e mais rapidamente, o que já fazemos. A mudança já está acontecendo. As evidências dos riscos e dos ganhos com os avanços na substituição de fontes de energia, na diminuição das emissões industriais e dos transportes já estão chegando à opinião pública em tempo real e de forma direta, persuasiva e visível. Estão nas telas da TV, computadores, tablets, smartphones. Com certeza o poder de persuasão dos eventos extremos é maior do que dos modelos científicos. Pesquisas de opinião realizadas depois que a supertempestade Sandy atingiu Nova York e da seca extrema e prolongada no Texas mostraram um aumento considerável da preocupação com as mudanças climáticas na opinião pública nos Estados Unidos. A maioria passou a acreditar que as mudanças climáticas estão contribuindo para o aumento da intensidade de eventos extremos e está muito ou algo preocupada com os custos crescentes e os riscos de desastres associados a eventos climáticos extremos, resultantes dessas mudanças.[241] O poder de convencimento oriundo da experiência com as vantagens da descarbonização das sociedades também é maior do que qualquer tratado econômico-social.

A pressão do *demos* forçará os senhores do Olimpo político e econômico a rever suas estratégias. Só então será possível imaginar que terá início uma ação cooperativa consistente e serão criados os mecanismos de governança global para administrar o clima, esse bem público incontrolável e, até muito pouco tempo atrás, intangível. Teremos, como um Prometeu redimido, que aprender a controlar o uso do fogo, já que dele não podemos mais nos desfazer. Esse movimento de pressão da sociedade sobre o Estado e as empresas implica dizer que, quanto mais democrática a sociedade, mais rápido aparecerão as mudanças. Mesmo nos regimes fechados, quando começam a abrir e a mudar de forma controlada, a pressão por mudança força os limites do statu quo. É o que vem ocorrendo na China, por exemplo.

Esse mesmo efeito não se verifica em relação à democracia. Os fatos negativos não aumentam a demanda da maioria por mais democracia, apenas aumentam o desencanto e o descontentamento. Cria-se um ambiente mais tendente à rebeldia sem muito foco. É possível, como argumenta Castells, que a experiência da mobilização em rede e o contato físico nas praças e ruas acendam esperanças. Mas o risco de retrocessos políticos parece maior do que a probabilidade de avanços democráticos. Com relação à tecnologia, aparentemente há mais otimismo e satisfação. Se já não há mais assombro com as novidades, dada sua recorrência, há um movimento forte e de larga escala de adoção das novas tecnologias, em parte estimulada pela propensão consumista da cultura contemporânea, em parte por adesão consciente aos benefícios das inovações.

## A SAÍDA, ONDE FICA A SAÍDA?

Volto, brevemente, à exposição de Hardin sobre a tragédia dos comuns. Qual seu dilema trágico? A exploração coletivamente irracional da propriedade comum termina em desastre, com a exaustão do bem coletivo. No caso, o bem comum é a biosfera, da qual somos parte indissociável. O dano público resulta da pura racionalidade individual. Do vício privado, que Mandeville via como virtuoso no atacado. Pois da soma dos vícios privados decorre um desastre público, não um agregado de virtudes. Para a questão mais simples, da terra comum, Hardin oferece solução igualmente simples, na verdade historicamente trivial: propriedade privada. Não é uma lógica tão sólida quanto parece. Os muitos casos de fracasso de empreendimentos privados e, mesmo, de destruição de patrimônio privado por um microconflito entre interesses imediatistas e a sustentação da empresa a longo prazo colocam em dúvida a lei de ferro da racionalidade individual como perfeitamente eficaz no plano privado. Seria preciso acreditar que o mercado tem solução para um fenômeno que deriva de falhas do próprio mercado. É claro que a abundância de terra apropriável alimenta essa lógica destrutiva. A pecuária extensiva hoje segue a mesma trajetória na Amazônia, dadas a abundância de terra pública não adequadamente protegida e a impunidade que permite que seja grilada e desmatada para formar pastos ou culturas privados. Exploram a terra até sua exaustão e a abandonam, indo atrás de novas terras. Se a terra comum — pública — pode ser apropriada privadamente a baixo custo e se houver abundância de terra comum para ser ocupada sucessivamente, ela jamais será preservada. Será explorada à exaustão. Privatizar é um ato simples, quase imediato. Regular bem requer a construção de instituições eficazes de governança e de autogoverno. Privatizar sem ferramentas regulatórias adequadas apenas recria as condições para a reprodução do statu quo ampliado. As falhas de mercado se multiplicam. O argumento de James Crutchfield, sobre as fragilidades escondidas dos sistemas complexos, aplica-se à desregulação de mercados complexos. Crutchfield mostra que a ausência de limites resulta em graus mais altos de má gestão e na escalada da manipulação do mercado. É o que acontece no mercado financeiro globalizado. A desregulação o deixou mais vulnerável a crises decorrentes da má gestão e do manejo especulativo dos capitais sob sua responsabilidade.

Como Hardin bem reconhece, a simplicidade das soluções desaparece quando se chega aos "bens públicos". Ele imaginava dois tipos de solução para o dilema. Ambas são igualmente problemáticas: educação, como forma de revelar aos indivíduos a necessidade da temperança, e regulação estatal.

A solução pela educação proposta por ele pressupõe uma educação que, hoje, só existe em algumas ilhas de excelência, em alguns pontos no mundo. Na maioria dos países não há um sistema educacional dinâmico, em constante interação com os centros de produção de conhecimento novo, que se atualiza recorrentemente. A educação como forma de combater a alienação e como instrumento da democracia e da justiça está no centro do ideal iluminista. Porém, é preciso reconhecer que o projeto educacional precisa ser atualizado para ser eficaz ao ideal neoiluminista contemporâneo.

O conhecimento vem sendo atualizado velozmente, temos testemunhado grandes saltos na produção de conhecimento, em todas as áreas, mas sua transmissão é cada vez mais falha. A educação no novo padrão societário provavelmente será digital e terá uma agenda permanente, sem fim, que demandará agilidade para ser atualizada na velocidade com que se produzem novos conhecimentos nas humanidades e nas ciências, principalmente com a transição científica e tecnológica em curso, que acelera exponencialmente a produção do conhecimento e o desenvolvimento de novas tecnologias. Ao contrário da revolução iluminista, agora as ciências estão à frente das humanidades, aí incluídas as chamadas ciências sociais: economia, sociologia, politologia, antropologia, psicologia. As ciências sociais se tornaram superespecializadas, hoje têm menor capacidade de desdobramento nas fronteiras interdisciplinares e ainda não estão produzindo ideias novas, fora dos paradigmas em exaustão, em escala necessária para fazer diferença. Nos outros ramos estamos abrindo fronteiras científicas e tecnológicas espetaculares, que interferirão em todos os aspectos da vida humana, com enormes benefícios e não menores riscos. Mas não temos, em simultâneo, progresso da mesma magnitude na sociologia e na política. As ciências sociais nem sequer têm sido capazes de lançar suficiente luz sobre as novas situações criadas pelo avanço da ciência e da tecnologia, a pedir novos arranjos econômicos, sociais e de governança.

Não há mais uma "teoria geral" ou uma "orientação teórica geral", como a chamava o sociólogo Robert K. Merton.[242] Essa ausência, que se tornou aguda com o declínio da influência do marxismo, como mostrou outro sociólogo, Gláucio Soares, em estudo recente, priva as ciências sociais de parâmetros gerais que indicariam caminhos para pensar na fronteira dos paradigmas que hoje são praticamente uma camisa de força a seu avanço.[243] Eles só se mostram capazes de resolver problemas que estão em seus próprios escaninhos. Falta-nos visão mais geral, que permita transgredir as formalidades que servem menos à precisão e mais à preservação desses paradigmas, para pensar soluções que estão fora dos escaninhos já desenhados. Soluções para problemas que esses paradigmas não foram capazes de resolver e que estão fora de seu estoque cognitivo. É na busca de novas orientações teóricas gerais que se caminha para a borda, como disse Kurt Vonnegut Jr., de onde se pode primeiro ver todo tipo de coisa que não se pode ver do centro. O radicalmente novo está fora do alcance da visão consolidada no centro. Com a visão periférica ampla é possível atravessar fronteiras e buscar novos paradigmas. Em muitos aspectos, o futuro se desenha nas periferias, não no centro. Hoje as ciências sociais são o núcleo mais conservador das atividades acadêmicas, de arraigada preservação dos paradigmas centrais. Como observou Kuhn, a comunidade científica não tentará substituir os paradigmas vigentes, até que acredite que eles não servem mais para resolver os problemas que a preocupam.[244] Como ela define os problemas com os meios que desenvolveu, somente quando problemas de borda passarem a preocupar o núcleo central os paradigmas dominantes em esgotamento serão substituídos. Quando se examinam as agendas dos principais encontros das comunidades de cientistas sociais, o que se observa é que os problemas sobre os quais estão debruçados, na vasta maioria, não estão associados aos principais desafios do século XXI. Notam-se, ainda, arraigada aderência à conjuntura, aos problemas do dia, e escassez de visões dinâmicas, principalmente prospectivas. A mesma constatação se pode fazer examinando a produção recente de livros de cada comunidade e suas revistas genéricas. Esses problemas só aparecem em mesas isoladas, nichos que atraem menor interesse e nas revistas "de borda", focadas nesses temas que persistem minoritários na agenda do centro. Essas publicações são muito mais recentes, publicam textos de uma parcela pequena das comunidades acadêmicas a que pertencem e têm muito menos prestígio. Os acadêmicos do centro não têm a percepção da disfunção em seus paradigmas, pois continuam servindo para resolver os problemas que formulam. Somente nas publicações "periféricas" se percebe essa crescente sensação de inadequação dos paradigmas e das instituições vigentes. Mas, para o centro, a borda é o refúgio dos heterodoxos. Heterodoxia, na perspectiva central, é um pecado capital. Muitos confundem a heterodoxia, o pensar fora da caixa, a transgressão das regras disfuncionais dos paradigmas com a insistência em modelos de análise superados. Mas a real heterodoxia está olhando para a frente, não para trás.

A educação está, como as humanidades, atrasada, em todo o mundo, na transmissão dos novos conhecimentos e em suas aplicações tecnológicas, que emergem em velocidade crescente. As tecnologias de comunicação e relacionamento, de uso corrente na sociedade e na vida cotidiana, ainda não chegaram plenamente às salas de aula. Elas aumentaram exponencialmente a quantidade de informação disponível e o intercâmbio de opiniões e ideias sobre esse fluxo vertiginoso de informação, conhecimento e ruído, mas se mantêm fora do ferramental educacional. O hardware e o software por meio dos quais se dá a maior parte da oferta educacional, hoje, a sala de aula, o método socrático, o quadro-negro e o giz, ainda que nas suas versões digitais, são anacronismos que aprisionam os alunos em um cenário educativo mediano, quando não medíocre, desestimulante e atrasado em relação ao conhecimento que as ciências e as artes produzem. Um ambiente educacional em brutal descompasso com o ambiente social em rede, imerso na linguagem e nas narrativas dos games. O resultado distributivo é o mais negativo possível: as escolas da elite são as menos piores, no mundo todo. As escolas populares são velhas e na maioria ruins, ou convencionais em demasia. O ensino ainda é predominantemente analógico, embora destinado a jovens que nasceram digitais. Em outras palavras, mesmo as escolas de elite são muito menos interessantes que a vida digital de seus alunos, fora da sala de aula.

Em outras palavras, a educação não transmite mais o conhecimento contemporâneo nem permite a apreensão do conhecimento clássico pelo uso das novas tecnologias e metodologias, como forma de enriquecimento cultural, artístico, histórico e científico. Como disse Einstein, a escola ensina o conhecimento morto. Não ensina o conhecimento vivo, em desdobramento. Aquele que realmente afeta nosso mundo e nossa capacidade de viver nele produtivamente, como cidadãos ativos. O ensino ficou, simultaneamente, imediatista, pragmático e velho. Portanto, a revolução necessária para instrumentar a formulação de novas agendas cívicas, a renovação democrática, a construção de um ideal neoiluminista, o progresso sustentável, adequados a cada cultura e à nova era global, não têm que se dar no conhecimento, onde já acontecem, mas na educação e nos modos de aprender.[245] Só os mais dotados, quando têm recursos digitais à disposição — cujo acesso, felizmente, está se democratizando rapidamente com a tecnologia móvel de baixo custo —, avançam no novo conhecimento, como autodidatas. Eles reproduzem no modo digital o autodidatismo que teve o mesmo papel diferenciador ou acelerador no modo analógico.

Esse avanço revolucionário no conhecimento traz consigo uma contradição que lhe é inerente. Dialeticamente, quanto mais conhecemos, mais consciência temos de como é enorme nossa ignorância. A expansão da fronteira do conhecido expande a fronteira do ignorado, não raro em proporção geométrica, pois adquirimos cada vez mais capacidade não só de conhecer, mas principalmente de deduzir o que não sabemos. Essa noção da fronteira móvel do conhecimento não faz parte do senso comum e é preciso que faça. Sem isso, o que não se sabe se torna a matéria-prima principal da inércia política, da defesa do statu quo, da negação. A comunidade científica tem falhado em sua missão pedagógica geral, fora dos muros da academia, de comunicação, persuasão, difusão do conhecimento atualizado. As dificuldades inerentes à tradução do conhecimento científico para a linguagem coloquial foram agravadas pela crise da imprensa tradicional que, na maioria dos casos, enxugou quadros eliminando as seções de ciências e os jornalistas que a elas se dedicavam. Esse conhecimento poderia instrumentalizar a regulação democrática funcional e factível, social, política e economicamente. Esta seria uma etapa inicial para viabilizar a autorregulação e o autogoverno. Portanto, a questão regulatória transcende a transição ambiental e climática. Está no cerne do desafio neoiluminista pensar novos modos de produção, organização social e governança democrática, adaptados aos novos paradigmas científicos emergentes — em grande medida desenhados pela convergência entre as revoluções digital, científica e tecnológica — e ao capital globalizado e digitalizado, portanto dotado de mobilidade inédita em tempo real ou quase real.

A MEDIDA DO PODER

A regulação está diretamente relacionada a um daqueles antagonismos que formam a natureza pedagógica das tragédias: democracia versus tirania. Mais do que à contrademocracia de Rosanvallon. Para ser legítima, ela deve ser justa, objetiva e se fazer da perspectiva da comunidade. A proposta em si de mais e melhor regulação não frustra o ideal de autogoverno nem preclui a autorregulação. Mesmo quando se está tratando de coerção mutuamente acertada, o fato é que qualquer tipo de coação suprime algum bocado de liberdade. Essa abdicação de graus de liberdade de ação, para ser legítima, há que ser consentida, igualitária e justa. Como Creonte ensina a Édipo, no extraordinário desfecho de *Édipo rei*,[246] só a coação justa é respeitável. Na maioria das propostas de regulação, a coação se justifica por seu objetivo e não por sua justiça ou transparência. O que a pedagogia política da tragédia mostra aos atenienses é uma arena cívica, na qual não há como escapar: ou se faz a escolha certa, ou se incorre na penalidade trágica. Não caberia jamais buscar no erro do outro o álibi para seus próprios erros. O embate entre *Édipo* e Creonte, em *Édipo rei*, é um exemplo brilhante de como a tragédia pode se resolver pela vitória do espírito cívico. Creonte não nega dever obediência, apenas lembra que o limite da obediência é a justiça do mando. Édipo quer impor a Creonte a pena máxima, por ele não se conformar a seus desejos:

> Édipo:
> — Não quero o teu exílio, quero a tua morte.
> Creonte:
> — Serias justo, se provasses minha culpa.

Mas Édipo não está motivado por questões de justiça ou de culpabilidade, quer impor a solução que mais lhe convém. Daí Creonte revoltar-se contra sua autoridade real.

> Creonte:
> — A retidão falta em tuas decisões.
> Édipo:
> — Quando se trata de meus interesses, não.
> Creonte:
> — O meu [interesse] também mereceria igual cuidado.

Édipo afirma que ele está errado e Creonte replica que falta ao rei a compreensão do tema. É quando Édipo usa o argumento da autoridade.

> Édipo
> — Deves-me, da mesma forma, obediência.
> Creonte:
> — Se mandas mal, não devo.
> Édipo apela ao povo.
> — Meu povo! Meu povo!
> Creonte contesta.
> — Também pertenço ao povo que não é só teu.

Ele sai, ao final, vitorioso e avisa a Édipo que há limites ao poder e ao desejo dos governantes. Esse poder é conquistado e pode ser perdido.

Após tirá-lo do poder, Creonte lhe diz:

— Não queiras mais ser o mestre de todas as coisas. O poder que ganhastes em outros tempos deixou agora de existir.

Esse diálogo sintetiza o dilema democrático. A contraposição entre o abuso de poder e a desobediência civil permite construir um conflito cívico, cujo desenrolar-se desenha o exemplo da boa conduta do cidadão diante do mau governo. Logo, o espelho que revela a unidade entre o indivíduo cívico e o príncipe virtuoso, lembrado por Maquiavel, e a oposição entre o cidadão e o mau governante, o governante tirânico e injusto. A desobediência é autolimitada. Creonte admite que, se provada sua culpa, pode mesmo ser condenado à morte, não apenas ao exílio, de acordo com as leis de Tebas. Mas não tolera a possibilidade da punição por capricho do poderoso, por imposição do interesse pessoal do governante como se fosse a vontade geral. A resistência heroica e cívica de Creonte contra o mau governo torna infrutífero o apelo direto de Édipo ao povo. Ao dizer que ambos pertencem ao povo, Creonte revela os limites do populismo. Porque tem oposição legítima e moralmente superior, Édipo já não tem os ouvidos do povo, que agora ouve Creonte. Estamos em pleno universo da denúncia e do impedimento. Curiosamente, Creonte também perderá a razão e a virtude, tornando-se tirânico e caprichoso, após suceder a Édipo no governo de Tebas. O poder não contestado, sem oposição efetiva, corrompe. Vejo nessa ideia da força corruptora do poder não contestado a explicação para as duas faces de Creonte na trilogia de Tebas. Não é uma inconsistência de Sófocles na construção de seus personagens.

Em *Antígona*, ele mesmo demonstra como é fácil ser corrompido pelo poder. Em longa oração aos anciãos, diante da tragédia que provocou, ensina como poderes absolutos podem levar pessoas boas a perder a noção dos limites do seu uso legítimo.

> Creonte:
> — Não é possível conhecer perfeitamente um homem e o que vai no fundo de sua alma, seus sentimentos e seus pensamentos mesmos, antes de o vermos no exercício do poder, senhor das leis. Se alguém, sendo o supremo guia do Estado, não se inclina pelas decisões melhores e, ao contrário, por algum receio mantém cerrados seus lábios, considero-o e sempre considerarei a mais ignóbil das criaturas...

Ele invade o terreno dos direitos privados em nome dos interesses do Estado, dos quais se julga o mais fiel intérprete. Ao condenar Antígona injustamente à morte, condena-se e a Tebas ao destino trágico. Com a razão anulada pela teimosia e pela arrogância, envia Antígona à mesma sorte trágica da qual se livrou ao se revoltar contra a vontade injusta de Édipo, pai de sua agora vítima. Antígona, "donzela indômita, de pai indômito; não cede nem no momento de enfrentar a adversidade", rebela-se contra Creonte, como ele havia se rebelado contra seu pai, Édipo. Repete-se entre Creonte — rei — e Antígona — cidadã — quase o mesmo diálogo que ele tivera com Édipo.

Creonte perde todas as oportunidades para mudar suas escolhas trágicas, pela sensatez. Caberá a Tirésias, o adivinho, mostrar-lhe que sua decisão o levará e a Tebas ao destino trágico:

> Tirésias:
> — [...] Os homens todos erram, mas quem comete um erro não é insensato, nem sofre pelo mal que fez, se o remedia em vez de

preferir mostrar-se inabalável; de fato, a intransigência leva à estupidez.

Ele prevê que Creonte sofrerá punição certa e dolorosa se continuar intransigente na decisão injusta. Esse alerta será, ainda, repetido pelo Corifeu. O enredo trágico lhe oferece a oportunidade para retificar sua escolha e ele a desdenha. Nada menos fatalista. Diante das ponderações do Corifeu, Creonte finalmente toma consciência do erro moral e dos riscos de suas escolhas e decide ceder. Mas é tarde, suas escolhas tirânicas haviam deixado marcas indeléveis no enredo trágico que desenharam. Agora era tarde para recuar. Outros já haviam feito suas próprias escolhas e a trama da história não estava mais em suas mãos. Ao tardar a ver o que era certo fazer, Creonte perde a legitimidade e o próprio filho. Esse é o paradoxo dos humanos. As escolhas têm seu tempo. Ele vai até o ponto do qual não adianta mais recuar dos erros. É o *tipping point*, o ponto de ruptura. A tragédia se realiza como punição pelas más escolhas e pelo atraso na retratação, como perda e dor.

*Antígona* é a síntese esplêndida das virtudes cívicas em contraponto às decisões irrefletidas. Ela, como Creonte em relação a Édipo, revolta-se contra as decisões injustas, ilegítimas. Mas a rebeldia não a livra, como livrou Creonte, da morte injusta. É a morte iníqua da mulher indômita que define o curso da tragédia e a desgraça do tirano. Seus erros ultrapassaram o limite. Não há recuo. O destino irrevogável de Antígona sela o desfecho do enredo para o governante despótico. Os preceitos cruciais para formação da república virtuosa estão todos presentes nessa história exemplar, a começar pelo mergulho deliberado do governante na insensatez e na insensibilidade. *Antígona* desenha com precisão os limites da vontade do Estado diante dos direitos civis. A legitimidade da revolta diante da opressão e da injustiça. A necessidade de temperança, autocontrole, no exercício do poder. Torna evidente a noção de que nenhum governante pode governar sem ouvir os cidadãos. Demonstra, com clareza, que os fundamentos do bom governo são a soberania popular e o autocontrole dos governantes, portanto o respeito aos espaços do autogoverno. O fato de Creonte sucumbir ao mesmo mal que o fez destituir Édipo do reino de Tebas é um agudo alerta à possibilidade de reiteração dos erros e à necessidade de limitações externas ao exercício do poder.

O poder absoluto, sem pesos e contrapesos, domina a alma do governante solitário, por mais virtuoso que tenha sido, e o leva à ilegitimidade, à injustiça, às decisões irrefletidas. Escolhas trágicas que o punirão e levarão o sofrimento à *polis*. Esse mesmo raciocínio se aplica às escalas inferiores do poder. Em toda regulação, há sempre o perigo do exercício arbitrário, discricionário, do poder, de abuso da autoridade e de corrupção. Daí a necessidade de instituições (regras e procedimentos) que regulem a regulação. Os pesos e os contrapesos. É exatamente o fato de que organizações e indivíduos com poder são vulneráveis aos excessos do autoritarismo, do voluntarismo e da corrupção que confere ao autogoverno sua virtuosidade. É o contrário da máxima de Mandeville, vícios privados, virtudes públicas. As virtudes públicas, coletivas, são a proteção contra os vícios privados.

Desde Hardin há aqueles que preferem delegar à discrição da burocracia regulatória o detalhamento dos limites do que se pode e do que não se pode concretamente fazer. Mas, quando se apela para a discricionariedade de uma agência regulatória, cria um novo problema: quem vai regular os reguladores? A solução seria inventar feedbacks corretivos necessários para evitar os desmandos dos reguladores. Encontrar modos de legitimar a necessária autoridade tanto dos reguladores quanto dos feedbacks corretivos. Está aquém do repto de Creonte ao poder real de Édipo de que é preciso levar em conta não só o interesse de quem manda, mas o daqueles a quem se dirigem as regras. Decepcionante, não pela qualidade do raciocínio, mas pela estreiteza da solução diante da complexidade do desafio. No limite, estamos novamente diante da tecnocracia de Fareed Zakaria, do "tecnocratismo ilustrado". A solução seria devolver parte da regulação, na forma de vigilância regulatória, para a sociedade, dando consequência efetiva, à atenção popular para as políticas públicas. Desenvolver formas institucionais de controle cívico sobre as decisões e a implementação de políticas por parte dos poderes eleitoralmente constituídos. Em outras palavras, adicionar um elemento de poder social de regulação em complementação e para qualificação da regulação estatal.

O argumento de Hardin e autores posteriores falha mais gravemente no neomalthusianismo, que atribui todo o problema à dinâmica populacional e mostra o fundamento autoritário a que esse tipo de raciocínio leva, no limite. O argumento demográfico continua a ter muitos adeptos. Não é política nem moralmente aceitável impor como princípio regulatório seu aforismo de Hardin segundo o qual "a liberdade de procriar é intolerável". A proibição de ter filhos ou a fixação imperativa do número de filhos por casal não têm cabimento em uma democracia. Esse é o tipo de medida à qual tendem a recorrer sociedades onde todas as liberdades estão subordinadas à razão de Estado. Onde portanto não há liberdade, como foi o caso da China. O custo em repressão para assegurar sua obediência é que é intolerável, mesmo em um regime fechado. Como a obediência provavelmente será sempre relativa, pois não é razoável supor que a coragem humana não alimentará transgressões, a repressão será crescente, numa razão desproporcional à frequência da desobediência. E o resultado estará sempre aquém da meta, porque a desobediência ilude a norma burocrática, a razão de Estado e os sistemas de vigilância. Pior ainda, o controle autoritário, uma forma de tirania recai sobre as mulheres. Ele tem portanto um viés discriminatório de gênero, porque a elas, em última instância, cabe a decisão de procriar. O controle da natalidade é um desses espaços inalienáveis do autogoverno e do autocontrole, e o eixo dessa decisão livre é a mulher. Sem falar no sacrifício dos nascituros do gênero feminino, para enquadrar-se na regra "um casal, um filho", como reserva da possibilidade do filho varão. Puro e doloroso regresso social e político à primogenitura masculina.

A causa demográfica pode ter sido um dos gatilhos da aceleração de nossas aflições ambientais. Hoje, porém, já atingimos tal escala que, mesmo que o crescimento populacional do globo pudesse tender a zero no curtíssimo prazo, não seria suficiente para reverter os processos em curso e, portanto, evitar seus resultados. Mas o fato demográfico irrefutável é que estamos próximos do ponto em que a população global não crescerá mais e, a partir desse pico, começará a declinar rapidamente. A ruptura demográfica é parte das transformações socioeconômicas da grande transição e aponta para o alongamento da vida. A longevidade expandida cria desafios e dilemas muito distintos, morais, sociais, econômicos e políticos. A transição levará a outra demografia, com outras exigências e urgências e outra concepção de família.

Dados a escala que a humanidade já atingiu e o grau de dano já causado aos comuns, é preciso mais temperança em outras esferas para reverter esses processos que degradam a sustentabilidade da vida no planeta.

Há quem considere que, para escapar da coerção política, é preciso estabelecer um novo sentimento de obrigação moral por meio da educação para definir os limites para ação humana pertinentes à transição climática, ambiental e estrutural. Construir uma barreira moral individual como a base para a temperança necessária, pois quanto mais tardarmos, mais difícil e mais caro ficará. Podemos correr o risco de Creonte, de decidir agir quando já for tarde demais. Será preciso muito engenho e arte, ciência e tecnologia. A saída se dará pela via científica e tecnológica, combinada a novos padrões de comportamento, portanto autocontrole e autogoverno. A grande transição tende a alterar a estrutura de incentivos à ação humana nesse campo.

As respostas ao desafio global não podem prescindir de soluções técnicas. Mas não precisam de governo tecnocrático. Tampouco em substituição a novos e melhores modos. Há pouca controvérsia em relação à necessidade de mudanças de comportamento e atitudes, novas escolhas e reeducação das preferências. Mas elas só virão como ruptura com o padrão societário e político, como parte da transição socioestrutural associada à transição científica e tecnológica. Em outras palavras, a revolução científica e tecnológica provavelmente será acompanhada por mudança revolucionária no modo de produção e nas possibilidades da democracia. Somente um novo modo de produção avesso ao carbono pode se apropriar do novo conhecimento científico e das novas tecnologias, para orientá-las no rumo da sociedade de baixo carbono. A mudança cria, igualmente, melhores meios para chegar à democracia ampliada e relegitimada, o melhor caminho para estabelecer o balanço entre governo e autogoverno, a partir da restauração da soberania popular perdida. Mas não assegura o bom governo, apenas cria as condições objetivas, os meios para promovê-lo. Se o faremos ou não é questão de escolha. O bom governo é o caminho moralmente legítimo e suficiente para promover as escolhas que nos podem levar a novos padrões societários e a novos modos de produção mais justos e sustentáveis.

Escolhas inovadoras resultantes do novo paradigma sociopolítico poderão usar os novos meios tecnológicos para constituir uma *polis* digital ampliada e igualitária, cada vez mais apta ao autogoverno e à autodisciplina. Um novo sistema educacional, também permanentemente atualizado científica e tecnologicamente pela incorporação das novas mídias e das novas narrativas digitais, ajudaria a reescrever os preceitos de Apolo para a vida contemporânea, educando para a temperança com livre-arbítrio. Sem imposições coercitivas. Sem reprimir nossa face dionisíaca.

Essa educação para a vida responsável, mas feliz, alegre, pode permitir resolver um problema central da ação individual, com amplas consequências coletivas. O dilema da "fraqueza da vontade". Ele aparece quando a pessoa escolhe fazer algo, sabendo que há alternativa melhor. A incontinência não é uma questão simples, nem incontroversa, como mostrou o filósofo Donald Davidson.[247] A adoção consentida dos preceitos de Apolo, adequados à nova situação histórica da humanidade, fortalece a vontade, neutralizando a compulsão de insistir em um curso de ação, quando se sabe que há outro melhor. Esse novo modo societário tem potencial para gerar mais bem-estar com uma pegada ecológica muito menor, mais liberdade e maior representatividade nas decisões derivadas dos processos de governança. Uma sociedade que faz escolhas com mais consciência de sua necessidade e, ao escolher livremente, "aceita a responsabilidade da escolha". Esse modelo de opções conscientes acompanhadas da aceitação das responsabilidades inerentes a elas é a base da narrativa do conto magistral da romancista e também historiadora Ursula K. Le Guin sobre o "dia antes da revolução".[248] São muitos os desafios de pensar esse novo modo de organização social ajustado às mudanças do século XXI, sobretudo a responsabilidade da escolha como fundamento do autogoverno.

Richard Rorty prefere opor mais pragmaticamente a moral à prudência. A noção de obrigação moral seria, segundo ele, abstrata e complexa demais para ser disseminada como um instrumento prático de busca desse mundo sustentável e autogovernável. É quase impossível generalizar as experiências individuais que levaram indivíduos a internalizar barreiras morais, de forma quase inconsciente, pela influência inspiradora de algum agente pedagógico formal ou não.²⁴⁹ O exercício da prudência seria mais simples e mais direto, argumenta Rorty. Diante da demonstração do perigo, a prudência parece uma escolha sensata e de acordo com nosso interesse. Mas mesmo essa ideia mais simples e pragmática encontra problemas de aplicação coletiva. Basta ver as dificuldades de uso do princípio da precaução, uma regra de prudência que esbarra em obstáculos poderosos a sua disseminação na política contemporânea.²⁵⁰

O autogoverno é um exercício muito mais de autocontrole do que de usufruto da aparentemente ilimitada possibilidade de satisfação pessoal. Equilibra nossos lados apolíneo e dionisíaco. Permite o usufruto dos prazeres, mas não o desbordamento alienado. Exige prudência, simpatia e temperança, no sentido clássico desses termos, desde que Adam Smith os inscreveu em sua teoria dos sentimentos morais.²⁵¹ São elementos comportamentais não dominantes entre os seres sociais, daí serem um exercício, não uma propensão. Requerem alguma calmaria das paixões da alma, como diria Hannah Arendt. Isso é verdade tanto para o autogoverno das pessoas, situação para a qual Adam Smith e outros teóricos morais conceberam esses conceitos, quanto para o autogoverno no mercado e na política. Não me parece realista, contudo, a expectativa de que agentes de mercado sejam mesmo capazes de operar dentro de limites autoimpostos que requerem, entre outras coisas, controle de seus "instintos animais" e limitação dos impulsos especulativos. O mercado autogovernado teria que abandonar todo ato predatório deliberado e adotar precauções suficientes para minimizar a possibilidade de ações predatórias involuntárias.

Mesmo os indivíduos precisam de certa sobriedade de modos para se autogovernarem aceitando balanço adequado entre elementos dionisíacos e apolíneos. A temperança apolínea não pode ser tanta que tolha a liberdade e o usufruto dos prazeres e das paixões dionisíacas, nem tão pouca a ponto de permitir que a irresponsabilidade tome o lugar da liberdade. Nesse caso, os prazeres e as paixões excedem os limites do possível, destruindo as chances presentes e futuras das outras pessoas. O mesmo se pode dizer, por analogia, do autogoverno no sistema político, como modelo de governança. A democracia deve buscar o máximo de liberdade, cuidando, ao mesmo tempo, para que seu usufruto por determinados grupos não demande a negação da liberdade dos demais. Se há alguma palavra que se aplique à busca desse equilíbrio sempre delicado e instável é justiça. Como Adam Smith percebeu, a prevalência da injustiça destrói a sociedade. Além disso, a democracia demanda autocontrole tanto dos governantes quanto dos governados e pressupõe formas de punição dos abusos de parte a parte. Hoje, a punição é unilateral. Recai principalmente sobre os cidadãos. Há muito poucas ferramentas para vigiar e punir os governantes e os agentes econômicos. A ampliação da democracia deveria contemplar meios e modos de inverter esse jogo.

Há clara dificuldade em assumir a responsabilidade das escolhas na democracia contemporânea. Essa deficiência está presente em quase todas as grandes decisões, é o espectro que tem rondado a União Europeia e tem sido um dos principais entraves ao tratamento local e multilateral da transição climática. Na economia, além disso, vê-se notável estreiteza das opções consideradas pelos decisores. Elas levam, frequentemente, a soluções para cada ciclo de desajuste que trazem embutidas as causas de novo desajuste futuro. O resultado é similar ao modelo proposto por Peter Senge, que se pode denominar "ajustes que desajustam".[252] Sem enfrentar as causas estruturais da crise, os ajustes criam desajustes adicionais, levando a um processo de deterioração da situação, tipo bola de neve, que, se não interrompido, aponta para um quadro de colapso após certo tempo. Esse tem sido o padrão nos ciclos recorrentes de bolha/colapso/austeridade que temos vivido por toda parte.

Na União Europeia, esses ajustes que desajustam têm aumentado o "euroceticismo" e o risco de ruptura. Arranjos de governança democrática multilateral se mostrarão, todavia, cada vez mais necessários no futuro. O fracasso ou o sucesso da União Europeia pode levar ao retrocesso ou ao avanço no desenvolvimento de novos modelos de governança confederada global.

Na questão climática, são abundantes os exemplos de incapacidade política de exercício pragmático da prudência. Nesse campo se dá algo distinto da armadilha dos "ajustes que desajustam". Mesmo com a demonstração de que o modelo atual leva a um quadro de colapso catastrófico, os governantes e a elite econômica dominante preferem manter o mesmo curso, buscando mais do mesmo crescimento, enquanto adotam medidas subsidiárias, seja para equilibrar economias estruturalmente desequilibradas, seja para a redução das emissões.

É o "dilema de Creonte", em *Antígona*, entre persistir no erro ou abrir mão de suas convicções e interesses para evitar a tragédia que também os atingirá. Enquanto postergam a decisão pela mudança, mantêm o modelo de economia fóssil. Para responder aos que já exercem seu poder vocal e político, em favor da mudança de modelo, investem uma pequena fração do capital disponível, na forma de poupança pública e privada, em "ilhas" de economia verde. No futuro, se a voz e a força dos que desejam a mudança prevalecerem, esses grupos politicamente dominantes e as elites centrais do capitalismo global serão substituídos pelas forças da nova economia e da nova política em crescimento nessas ilhas.

A incógnita nessa equação da transição climática na história do futuro é o tempo. A interrogação é se o tempo necessário ao amadurecimento dessas forças — o tempo histórico — será mais curto, como costuma ser, do que o tempo geológico, que leva à ruptura com o padrão climático que favoreceu o florescer da biosfera e da vida humana. Se a resposta for positiva, as forças da mudança prevalecerão sobre o contingente reacionário. Se negativa, as populações humanas sucumbirão diante das forças da natureza. Nessa hipótese, todos perderão para atender aos interesses desses agentes retrógrados, ancorados na economia fóssil. Chegaremos ao pesadelo de Gray, do ajuste pelo genocídio e da solidão humana na biosfera exaurida. O mesmo vale para as mudanças políticas e sociais. Há grande justaposição — embora não seja perfeita — entre esses agentes do statu quo e da economia fóssil e os setores conservadores, que desejam restringir as liberdades, impedir a mobilidade global e manter inabsorvíveis os imigrantes e os mestiços transculturais. A resposta está, em todos os casos, na intensidade dos processos de reforço recíproco, ou retroalimentação. O dinamismo das ilhas de baixo carbono fortalece novas forças sociais, que avançam sobre o continente de alto carbono. As forças poentes do continente saem enfraquecidas de cada crise do sistema. No lado climático, a ciência demarcou numerosos processos de retroalimentação, alguns na direção do aquecimento, outros na direção contrária. O mesmo ocorre com a dinâmica da emissão/absorção de $CO_2$.

O aumento do espaço econômico ocupado por setores mais dinâmicos, de transição ou oriundos dos novos padrões emergentes, tende a mitigar os efeitos negativos do mau desempenho do sistema econômico, aumentando a capacidade de geração de renda e emprego de melhor qualidade. Mas esses novos setores, embora menos vulneráveis às crises de conjuntura, sofrem essas crises. Mesmo sendo mais dinâmicos, não substituem os postos de trabalho destruídos pela retração da economia poente. Há um descasamento temporário e estrutural. Os postos de trabalho destruídos, na maioria, estarão em atividades que desaparecerão. Estas serão substituídas por novas formas de produzir, ou novos produtos/serviços, que demandam outro tipo de trabalho. Os novos postos de trabalho podem ser até em maior número que os que foram destruídos, mas empregarão pessoas com outro perfil educacional, expertise e qualificação distintas.

Esse tipo de mudança não é inédita. Inéditas são sua escala e profundidade. Toda mudança de padrão tecnológico provoca efeitos desse tipo. O jornalista Mortimer Zuckerman, por exemplo, mostra que, no ajustamento da economia dos Estados Unidos nos anos 1990 que levou ao período de crescimento sustentado que só terminou com o colapso das *subprimes*, em 2008, foram destruídos quase 45 milhões de postos de trabalho. Em contrapartida, foram criados 73 milhões de novos postos de trabalho. Ao final do processo, 55% da força de trabalho estava empregada em posições que não existiam antes.[253] A redução do desemprego causado por essa transição depende da reciclagem e da requalificação da força de trabalho, que perdeu a possibilidade de se reempregar no mesmo tipo de atividade. O bem-estar dessas pessoas depende de que elas também mudem, adequando-se à nova estrutura do mercado. Essa mudança não será possível para todos, e a expectativa é de que a rede de proteção social também se adapte aos novos tempos, para socorrer os que ficarem permanentemente deslocados.

Mas é preciso considerar o alerta do sociólogo Wolfgang Streeck sobre o consenso estabelecido pela ortodoxia financeira, de desmonte da rede de proteção social. Meu argumento não se aproxima de forma alguma da tese do desmonte. Trata-se de redesenhá-la e atualizá-la, para que proteja os realmente necessitados de proteção e os novos desprotegidos e despossuídos da transição. Paralelamente, o redesenho da rede de proteção social implica retirar dela benefícios que se transformaram em privilégios e têm efeito regressivo, isto é, redistribuem a renda para cima, concentrando-a ainda mais. Não há saída, nem à esquerda nem à direita, mantendo-se o statu quo.

Por isso, o problema do desencanto com a democracia é mais complexo. Com certeza há fatores que reforçam esse desencantamento e outros que fortalecem novas ferramentas democráticas. Mas há uma brecha crítica nos tempos desses movimentos que tende a causar mais descontentamento do que satisfação por um período perigosamente longo.

### O COMPLEXO DE PROMETEU

A saída ocidental pluralista que sinto mais atraente para a ética da sustentabilidade e do autogoverno deriva de parte do pragmatismo de Rorty. Do lado esquerdo dele. Em lugar da visão do ser como algo em si, isolado dos outros, aparece um ser concreto, relacional, mas capaz de se comprometer com a felicidade humana. Não o ser solitário da filosofia na tradição platônica e kantiana. Esse "mito do ser como não relacional, capaz de existir independentemente de qualquer preocupação pelos outros, como um frio psicopata que precisa ser constrangido para levar em consideração as necessidades dos outros". Para Rorty, se pudermos

> ver todas as coisas como constituídas por suas relações com tudo o mais, fica fácil detectar a falácia que Dewey descreveu como "transformar o fato [truístico] de agir como um ser, na ficção de sempre agir para si". Nós cometeremos essa falácia e continuaremos a pensar no ser como o psicopata que precisa de controle, se aceitamos o que Dewey chamou de crença na simplicidade e fixidez do ser.[254]

Escapa-se dessa falácia concebendo o ser como algo que vive em evolução, dinâmico, que vai se fazendo e, nesse processo, reconhece que qualquer ser é capaz de inúmeras disposições em desarmonia, de vários atos inconsistentes de ser. Essa ideia aproxima-se da aposta nos ganhos da travessia e remete ao agravamento da alienação no mundo globalizado contemporâneo. Ao mesmo tempo, é possível discernir novos caminhos, principalmente nas redes sociais. Nelas há numerosas instâncias de crítica e superação de determinadas dimensões dessa alienação. Essa superação aparece também no aumento do voluntariado em todo o mundo. Há, nitidamente, uma busca por esse "ser dinâmico e relacional", adaptável e solidário, que se constitui na ação e na interação. Voltamos à realização do indivíduo em sociedade, na interação com os outros.

Nós podemos ter imensa solidariedade com nossos conhecidos e muito pouca com desconhecidos. Não nos tocarmos pela fome de pessoas que estão longe e nos compadecermos de uma família faminta à porta de nossa casa. Para Rorty o progresso moral é um processo de alargamento dessa solidariedade com o mais próximo. Mas há também o caso oposto, com igual resultado e mais difícil superação. O daqueles que, cegos às mazelas concretas de seus semelhantes mais próximos, se compadecem do sofrimento longínquo que lhes chega abstrato e amansa a culpa. Para esses, é preciso concretizar e localizar a solidariedade, antes que sejam capazes de expandi-la. Rorty recomenda tratar a solidariedade com base em inúmeras pequenas comunalidades, micropontos em comum. Não pela invocação de um grande bem ou um projeto grandioso. Volta-se, por essa via, à questão posta pela ideia da tragédia como pedagogia do civismo. Há na tragédia um sentido prático. Como é pragmática a ideia de recorrer à prudência, em lugar de a uma obrigação moral grandiosa e abstrata. É verdade que a tragédia não se passa em casa, Atenas, como se viu, mas na vizinha Tebas. Seu enredo, entretanto, é familiar aos atenienses. É, por assim, dizer, caseiro. Tebas é o espelho de Atenas. A noção metafísica do grande bem e da obrigação moral talvez requeira um grande sistema filosófico. A noção prática da prudência não.

O mundo atual parece já não comportar os grandes sistemas de construção filosófica ou artística. Não parece haver lugar para um Kant, um Hegel ou um Marx nesse mundo irreversivelmente pragmático e tecnicista. Como parece não haver espaço para grandes sinfonias ou um projeto literário com o fôlego de *A comédia humana*, de Balzac, ou *Em busca do tempo perdido*, de Proust. Quem sabe, nem mesmo para um *Bildungsroman* como *A montanha mágica*, de Thomas Mann. Talvez, por isso, o interesse e a releitura dessas grandes obras reemerjam ciclicamente. A arte expressa seu tempo, com todas as suas características estruturais. Cada tempo tem sua própria forma de expressão artística e sua filosofia. A filosofia dos tempos líquidos da grande transição talvez só possa mesmo ser alguma forma de pragmatismo, em contraposição ao que Rorty designa como platonismo. Para o platonismo, diz ele, o propósito da reflexão é alcançar algo como o Ser, o Bem, a Verdade ou a Realidade, algo grande e poderoso que temos o dever de apreender corretamente. Já para o pragmatismo, a função da reflexão seria melhorar e beneficiar a condição humana (Bacon). Nas palavras de Rorty, tornar-nos mais felizes por nos capacitar a lidar com mais sucesso com o ambiente físico e com os outros.[255] O grande sistema filosófico busca a certeza ou a verdade. A grande sinfonia busca a perfeição. No século XX, principalmente no pós-guerra, toda a finalidade se resumiu a ter as coisas sob controle, diz Rorty, e ter as coisas sob controle significou a capacidade de manipular o mundo físico com nossa tecnologia. Foi o auge de nosso coletivo complexo de Prometeu, da ilusão do controle absoluto sobre as forças que a física havia revelado e parecia ter dominado. Não só ter o fogo, mas controlá-lo e usá-lo sem limitações. A détente nuclear do período da Guerra Fria neutralizou a perigosa e insensata acumulação do poder do fogo nuclear, capaz de aniquilar a vida no planeta várias vezes. Nascido da ambição desmedida e da certeza arrogante de domínio sobre as forças e as leis da natureza, esse complexo de saber controlar, na medida certa, o uso desse fogo destruidor vai além da ilusão tecnológica. Ele se expressa também na ilusão autoritária e totalitária de que é possível controlar o espírito humano e impedi-lo, pela força e pelo medo, de pensar livremente e ter convicções discordantes do consenso ideológico que se quer impor a ferro e fogo. O espírito se liberta, indomável, ainda que a carne sofra. Ele se rebela sempre com engenho, arte e dor contra o ódio daqueles que o querem dominar, repelindo a violência contra seus direitos de humanidade e rejeitando as prerrogativas associadas ao conformismo e à aquiescência.

Prometeu, filho de Jápeto e Clímene, "astuto de iriado pensar", pretendia ser o benfeitor dos humanos: "eis tua recompensa por haver querido agir como se fosses o benfeitor dos homens".[256] Deus, "descuidoso do rancor dos outros deuses, quiseste transgredir um direito sagrado, dando aos mortais as prerrogativas divinas...".[257] Por essa transgressão, sempre vista como heroica, Zeus lhe impõe um castigo cruel.

> E prendeu com infrágeis peias Prometeu astuciador,
> cadeias dolorosas passadas ao meio duma coluna,
> e sobre ele incitou uma águia de longas asas,
> ela comia o fígado imortal, ele crescia à noite
> todo igual o comera de dia a ave de longas asas.[258]

Mesmo acorrentado eternamente a uma rocha, "numa vigília dolorosa, sempre em pé, sem conseguir dormir, nem dobrar os joelhos",[259] uma águia a lhe comer durante o dia o fígado que se recompõe à noite, Prometeu, em um momento de dúvida, pergunta: "depois das provações verei brilhar enfim a liberdade?".[260] E ele mesmo responde: "Mas que digo? Não sei antecipadamente todo o futuro? Dor nenhuma ou desventura cairá sobre mim sem que eu tenha previsto".[261] Ele sabe o crime que cometeu: "em certa ocasião apanhei e guardei na cavidade de uma árvore a semente do fogo roubado por mim para entregar à estirpe humana, a fim de servir-lhe de mestre das artes numerosas, dos meios capazes de fazê-la chegar a elevados fins".[262] Prometeu, o titã do conhecimento sobre o futuro, é salvo por Hércules, o semideus, filho de Zeus, que com força e engenhosidade realiza tarefas impossíveis. Com suas flechas mata a águia que o atormenta e quebra os grilhões que o mantêm acorrentado ao Cáucaso. Zeus, complacente consigo e com o filho, respeita seu feito: "reverente ele honrou ao insigne filho, apesar da cólera, pôs fim ao rancor que retinha de quem desafiou os desígnios do pujante Cronida".

O complexo de Prometeu vai além do desejo de controle absoluto sobre o fogo e de dar à estirpe humana as maravilhosas tecnologias que esse controle permitiria. Ele não vive na incerteza: "Nenhuma desventura cairá sobre mim que eu não tenha previsto". Os seres humanos, cheios de confiança, aceitam o maior risco de todos, mesmo prevendo essas desventuras. Sempre imaginamos que a solução virá por nosso engenho e arte. Como diz Shakespeare, em *Macbeth*, "a confiança é o maior inimigo dos mortais". O ato transgressor de Prometeu reforça a confiança dos mortais, subjugados pelas forças portentosas do desconhecido, dando-lhes a vã esperança de poderem tanto quanto os deuses.

Corifeu:
— Foste mais longe ainda em tuas transgressões?

Prometeu:

— Fui, sim, livrando os homens do medo da morte.

Corifeu:

— Descobriste um remédio para esse mal?

Prometeu:

— Pus esperanças vãs nos corações de todos.[263]

O próprio Prometeu, em certos momentos, desacredita do controle que os poderes e as artes poderiam assegurar e cai em evidente fatalismo: "temos de suportar com o coração impávido a sorte que nos é imposta e admitir a impossibilidade de fazermos frente à força irresistível da fatalidade".[264] Mas não sucumbe à "irresistível fatalidade", porque é salvo por Hércules, semideus das hercúleas tarefas que contraria a determinação de um pai complacente. Zeus preferiu que o filho angariasse as glórias do ato heroico. O complexo de Prometeu, como todo complexo, é contraditório e doloroso. O suplício do titã lhe traz a solidariedade de muitos. E conselhos de muita prudência: "o único conselho útil nesta hora, por mais decepcionado que possas estar; conhece-te a ti mesmo, amigo, e adaptando-te aos duros fatos lança mão de novos modos".[265] O autoconhecimento é parte inerente do autocontrole apolíneo, na visão de Nietzsche. E o autocontrole é intrínseco aos novos modos que nos levariam à adaptação à nova realidade e a um elevado padrão societário no século XXI.

Todavia, Prometeu não é liberado por se adaptar à realidade e mudar seus modos, mas sim por um semideus poderoso, capaz de engenho e força, ele mesmo transgressor de limites. É Hércules que mata o verdugo que lhe come o fígado e o liberta dos grilhões que o aprisionam e imobilizam. Esse é o perigo que corremos, acreditar na possibilidade de que algum engenho e força, alguma invenção salvadora, nos livrem das ameaças que temos pela frente e nos liberem de buscar novos modos.

O complexo de Prometeu, no mundo real, combina a ilusão de controle absoluto da tecnologia (o fogo) sobre a natureza associada à esperança vã e ao excesso de confiança, e essa mistura fatal afasta a precaução (o medo da morte). A superação desse complexo pelas mãos de um herói salvador — ou uma tecnologia libertadora, como alguns prometem com a geoengenharia — não está aberta para nós a não ser como capitulação e ao risco de trocarmos um desfecho trágico por outro. Nenhuma solução semidivina nos será apresentada como saída fácil para nosso dilema pós--moderno. Ela se dará somente se nos adaptarmos aos "duros fatos" da ciência e dos sinais de crise planetária, exaustão do padrão de desenvolvimento e dos modos de produção e consumo a ele associados. Teremos que "lançar mão de novos modos", no plano macroeconômico e macrossocial, no âmbito microssocial e microeconômico, e novos modelos de governança para levar a grande transição a bom termo. Ele tem dois componentes fundamentais: o sentimento de onipotência do humano diante da natureza, que imagina poder domar e moldar à sua vontade; e as esperanças vãs, o excesso de confiança humana, de que pode vencer a morte ou pelo menos o medo da morte. No caso, a morte de uma parte significativa da biosfera planetária, aí compreendida sua parte humana. Sob nosso comando, o ambiente construído avançou sobre o ambiente natural descartando tudo que parecia inútil, transformando parte da terra, das águas e do ar em depósito de nossos detritos. No século XXI, a crença ingênua de que podemos ter todo esse controle sobre as forças naturais ou de que algum poderoso salvador — no caso, a ciência e a tecnologia — nos livrará do tormento climático, sem necessidade de qualquer temperança, será confrontada pelos efeitos acumulados e cumulativos de nossa imprevidência. Vamos deparar com o duro fato de que passamos dos limites de suporte da Terra e teremos que lançar mão de novos meios e modos de produção e de consumo. Perdemos o controle, e a ameaça implícita na transição climática nos põe diante de uma força que ajudamos a causar, mas não podemos manejar.

Esse fato tem raízes nos momentos fundadores do que agora pode vir a se tornar o Antropoceno, termo lançado pelo Nobel de Química Paul Crutzen e pelo biólogo Eugene F. Stoermer, em 2000, para identificar o período em que condições e processos geológicos significativos são profundamente alterados pelas atividades humanas: a era de domínio da biosfera pelo ser humano.[266] Ao contrário do que se imagina, o início desse processo de supremacia humana sobre a biosfera é antigo. Não vem do século XX, nem mesmo da Revolução Industrial. É anterior à própria época em que se concebeu a fábula de Prometeu. Começou há mais de 15 mil anos, no Paleolítico, com o desenvolvimento das técnicas da caça e da coleta. Mas a forma decisiva de intervenção humana na natureza, que permitiu às tribos paleolíticas abrir áreas florestadas e matar grandes animais, foi o uso do fogo, o meio capaz de "fazê-la [a espécie humana] chegar a elevados fins". Muitos sustentam que o impacto dessa intervenção extensiva foi significativo, embora incomparável ao do desenvolvimento da agricultura e da criação de animais, há mais de 8 mil anos. A domesticação de plantas e animais, a formatação de ecossistemas para mantê-los, representou um salto na intervenção humana que altera não só o uso do solo, mas também espécies e biomas. A natureza primeva, virgem, foi sendo possuída e alterada, com os campos arados e cultivados, os vastos sistemas de irrigação.[267] Segundo o geógrafo Erle C. Ellis, por volta de 1750, mais da metade da biosfera já havia sido alterada pelos humanos, cujo número se aproximava da casa dos 800 milhões pelas estimativas da ONU. A urbanização e a industrialização levariam à ocupação de vastas áreas naturais pelo espaço construído, artefatos humanos substituíram os biomas originais.[268] Além disso, começaríamos a alterar a estratosfera, somando aos gases produzidos naturalmente pela terra aqueles saídos de nosso avanço agrícola e industrial. O ponto de corte para designar o início do Antropoceno não é matéria de consenso. Cresce, porém, o número de cientistas confortáveis com a ideia de fixá-lo em 1610, o início do ciclo do carvão como combustível. Estamos em plena investigação pelos geólogos em busca dos sinais que validem essa nova era, marcada pela ação transformadora e perturbadora do ser humano, o Antropoceno.

ESPERANÇA VÃ

O que para a cultura oriental tradicional aparecia como uma obrigação intertemporal por laços transcendentes e hierárquicos entre as gerações, para nós, prisioneiros do utilitarismo ocidental, trata-se de necessidade de prudência diante do risco e da contingência. A nossa é uma sociedade de risco. Temos que lidar diuturnamente com a incerteza e o imprevisto. Daí porque a discussão sobre o grau de precisão das observações e projeções do Painel Intergovernamental sobre Mudança Climática (IPCC) não faz sentido. Nosso problema não está no que os cientistas sabem, isso seria matéria de controle e técnica. Nosso problema está no que eles não sabem. É esse limite que nos deveria compelir a agir com mais prudência. A agir preventivamente diante do que é incerto e adaptar-nos ao que é certo. Não é nosso conhecimento que nos ameaça. É nossa ignorância. Falta-nos a sabedoria derivada da consciência de que quanto mais conhecemos, maior se torna a fronteira do que não sabemos.

A sociedade contemporânea é uma sociedade de risco porque está em mutação. Estamos vivendo mudanças que alterarão radicalmente toda a estrutura social e as condições de vida humana no planeta. Estamos apenas no início desse processo. Já experimentamos a transição climática e a extinção em massa de espécies causadas pela ação humana. A transição climática ainda não é inteiramente visível para a maioria, e os cientistas não se arriscam a atribuir a ela fenômenos climáticos isolados, embora extremos e anômalos, "fora da curva". Cientificamente, o problema da atribuição é delicado. Não é possível determinar com precisão se um evento isolado é parte do processo de longo prazo. Os dados também ainda são poucos para que se possa atribuir à transição climática o agregado de eventos anômalos; o intervalo de tempo em que foram coletados, embora faça sentido para os leigos, é insuficiente para os modelos científicos. Há, contudo, um grupo de cientistas que reconhece, pelo menos, que esses eventos são suficientemente desviantes para justificar a busca de uma solução cientificamente correta para o problema da atribuição.

Diante dessa reticência dos cientistas, a maioria tende a ver a transição climática como um evento futuro e não como uma ameaça contemporânea. A mudança climática e a nova grande extinção são a expressão principal dos danos causados pelos atos sociais embalados por nosso complexo de Prometeu, pela certeza do controle absoluto do engenho humano sobre o mundo físico. Nossa impotência diante dos eventos climáticos extremos mostra que não temos como confrontar a natureza em fúria, ainda que tomemos medidas preventivas compatíveis. O aquecimento global indica que perdemos o controle e fomos além do limite.

Há duas respostas trágicas à consciência de que passamos do limite. Uma diz "decresçamos". A sociedade humana teria que retroceder ao tamanho admissível pelos limites naturais. A crença é que se possa fazer aqueles — países e classes — que acumularam muito progresso e riqueza transferir parte dessa acumulação para os que têm pouco. Meritório, mas irrealista. Falta aos despossuídos o poder para cobrar essa conta dos ricos. Quando alguma força se propôs a fazer isso em nome deles, criou-se apenas uma nova casta, e tão voraz dos recursos naturais quanto os poderosos contra os quais se revoltaram. Além disso, no plano das nações, muitos dos que se dizem despossuídos de meios para agir não o são e tendem a contribuir mais para a transição climática que os mais ricos. É o caso de China, Índia e Brasil, por exemplo. Essa pregação irrealista é minoritária e inócua. Um processo de decrescimento levaria a uma exacerbação intratável dos conflitos dentro das nações e entre elas, pela fatia sobrante de prosperidade e bem-estar.

Outra resposta, igualmente insatisfatória e de alto risco, é que ainda podemos ter controle sobre as forças naturais e também sobre os efeitos negativos de nossa intervenção adicional sobre elas. Essa segunda resposta merece mais atenção, porque é mais perigosa e mais plausível do que a anterior. Ela cria novos desafios morais e políticos para a humanidade. Corresponde à aposta na salvação por Hércules. É a reiteração agravada do complexo de Prometeu, em sua versão mais onipotente e perigosa, a de que sempre teremos um salvador e sempre evitaremos a ira de Zeus, porque ele será leniente.

Presume-se que perdemos o controle momentaneamente, mas podemos recuperá-lo de forma ampliada, com maior manejo do "fogo", para avançar mais no desenvolvimento das artes numerosas e dos meios capazes de nos levar a novos e "elevados" fins. Não nos curamos do complexo de Prometeu. Continuamos a acreditar que podemos reassumir um controle que de fato nunca tivemos. O que imaginávamos fosse controle não passava de um avanço destrutivo e transitório sobre a natureza. Ela não capitulava diante da tecnologia humana, apenas mudava, em seu tempo, que é mais lento, porém tão inexorável quanto o nosso. Essa defasagem entre nossos abusos, em crescimento exponencial sobre a biosfera, e a resposta planetária cria a ilusão de que nossas ações não têm consequências sistêmicas. Mas elas têm e agora começam a aparecer na forma de intensificação de eventos climáticos extremos e extinção em massa de espécies em todo o planeta.

Imaginamos que podemos manipular o clima e moldá-lo a nossas necessidades recorrendo à geoengenharia, sem custos significativos. Essa seria a tarefa hercúlea que nos abriria uma saída dionisíaca, isentando-nos dos preceitos de Apolo. A aposta de que podemos conceber uma engenharia do clima, de que seremos capazes de reconstruí-lo, evitando a ruptura climática catastrófica e logrando a transição climática que nos beneficie mais, é o ápice do complexo de Prometeu. É o oposto da via prudente.[269] É dobrar a aposta de que podemos dominar o fogo como deuses perfeitos e não como humanos falíveis. Ela nos aproxima perigosamente do desfecho trágico.

Em um inesperado painel na reunião anual da American Political Science Association, em Toronto (2009), sobre geoengenharia e a ordem global, o politólogo Thomas F. Homer-Dixon argumentou que, diante do fato de que os determinantes do aquecimento global são mais fortes que os fatores de mitigação, "o princípio da precaução requer que pesquisemos agressivamente a geoengenharia e nos preparemos para usá-la extensivamente". Ele recomenda que nos asseguremos de ter todas "as setas em nossa aljava, e a geoengenharia é uma delas". Uma referência inconsciente às flechas com que Hércules matou a águia que devorava o fígado de Prometeu. O físico Jason Blackstock ponderou que há muita incerteza sobre a resposta espacial e temporal das tecnologias mais promissoras da geoengenharia. Seu uso no curto prazo seria extremamente arriscado. Os métodos que a comunidade científica considera mais promissores são de engenharia climática de onda curta. Segundo Blackstock, a ciência física básica, modelos climáticos exploratórios e os impactos de aerossóis vulcânicos no clima sugerem que esse método poderia compensar parcialmente alguns efeitos do aumento de $CO_2$ na atmosfera, particularmente o aquecimento global líquido. Os dados disponíveis também "mostram limites importantes no espectro de impactos do $CO_2$ acumulado que eles poderiam mitigar".[270] Blackstock prescreve aumento da pesquisa sobre os riscos e as possibilidades da geoengenharia, dado que poderemos ter que recorrer a ela como recurso de última instância. Consequências indesejáveis de seu uso serão, contudo, inevitáveis e afetarão mais os países do cinturão tropical. Uma das principais consequências indesejáveis seria a destruição da Floresta Amazônica pelo aquecimento expressivo do cinturão tropical, como efeito colateral do resfriamento do resto do globo. Sua conclusão é de que "poderemos ter que escolher outro tipo de mudança climática no lugar daquela para a qual estamos marchando", mas não é o melhor curso de ação aberto à sociedade humana. Esse dilema da escolha trágica requer imediata resposta a problemas ainda sem solução relativos à governança internacional da pesquisa em geoengenharia. Blackstock sustenta que precisamos começar a estudar, com rapidez e eficiência, quem deve fazer essa pesquisa; como, quando, sob que condições e por quem esse conhecimento será apropriado e poderá ser usado. Ele nos remete ao revigoramento da democracia e aos mecanismos democráticos de governança global. Blackstock e seus associados indicam que "o sistema climático pode ser inerentemente complexo demais — e, portanto, a possibilidade de efeitos colaterais danosos não antecipáveis grande demais — para que qualquer intervenção humana intencional possa ser considerada segura".[271] Além disso, poderiam surgir tensões internacionais significativas a respeito de quem definirá qual seria o clima "ótimo", diz o relatório.

Pode-se adicionar que esses conflitos vão além, não só para definir quem usará esse recurso e quais os custos "aceitáveis" de seu uso. O domínio de técnicas relativamente baratas e simples de geoengenharia permitiria uma "corrida ao clima", por países disputando a primazia de decidir como interferir no sistema climático. Voltamos à sedução trágica do *hard power*, agora ancorada na ilusão de que, agindo primeiro, com a tecnologia escolhida por ele, o país que saísse na frente poderia se resguardar dos efeitos colaterais mais nocivos dessa interferência no sistema climático. É uma ameaça similar à posta por um estoque de armas nucleares capazes de aniquilar a vida humana nas mãos de uma potência. Havia também a ilusão de que o primeiro ataque seria o decisivo e, ao mesmo tempo, que aniquilaria o inimigo, preservaria o agressor. No caso da geoengenharia há a agravante de que não há détente possível. Não há recurso similar que leve ao empate e possa ser utilizado como deterrência, por outras potências, senão a ameaça militar, com todos os riscos inerentes. Riscos que se elevam em relação direta ao poder de retaliação do país determinado a intervir unilateralmente no clima. Outro perigo substancial no recurso à geoengenharia é o de que seja percebido como um substituto para a necessária e suficiente redução das emissões de gases de efeito estufa e sirva de justificativa para não agir.

Os que se recusam a aceitar a hipótese da transição climática ou creem na possibilidade de saída tecnológica sem mudanças nos modos de vida já defendem essa tese de que seremos capazes de "mais controle" no futuro. Essa ideia de "mais controle" é central ao complexo de Prometeu. No lugar da precaução, a confiança cega de que o futuro trará a solução. Como ensina a feiticeira Hécate, em *Macbeth*, o ser humano não precisa de maldições externas, porque "desprezará o destino, desafiará a morte e terá esperanças acima da sabedoria, da piedade e do temor". A confiança é o maior inimigo dos mortais.

## A REEDUCAÇÃO DOS DESEJOS

Os analistas mais sensatos argumentam que a melhor via não é buscar mais controle sobre o processo natural exacerbado pela intervenção humana, mas a reeducação de nossos apetites e desejos, para nos tornar capazes de conviver com essa força e contribuir para aplacá-la com o tempo. A transição climática é a demonstração de que nosso controle sobre a natureza sempre foi ilusório. Toda vez que subjugamos uma parte da biosfera para nosso uso, na ilusão de que estávamos no controle, provocamos numerosos efeitos colaterais que não éramos — e não somos — capazes de antecipar. Em muitos casos, só passamos a admitir nossa responsabilidade — e ainda assim de forma insuficiente — quando o processo já estava avançado demais.

Adaptação e mitigação são respostas pragmáticas à ameaça climática. O redesenho de nosso cotidiano, sem grandes aspirações além de continuarmos felizes por nos capacitar a lidar com mais sucesso com o ambiente físico e com os outros, como dizia Rorty. É a resposta realista ao cenário catastrófico de Gray, no qual nos tornamos mais infelizes porque nossa incapacidade de lidar com o desafio climático nos leva a um confronto do tipo hobbesiano, todos contra todos, no qual só os mais poderosos prevalecerão. O genocídio que, para Gray resolverá, em última e pior instância, o problema. Para evitar Hobbes, teremos que inverter a equação do século XX: em vez de controlar a natureza física, teremos que aprender a controlar a natureza humana. Exorcizar o complexo de Prometeu, apoiando-nos na sabedoria de Apolo e buscando novos modos. Como temos meios técnicos e científicos portentosos, ainda é possível buscar nossa sobrevivência com qualidade, embora abrindo mão de certas quantidades. Significa ter a aguda percepção de nossa fragilidade e a consciência da situação de risco em que vivemos. Adotar como noção existencial a imprevisibilidade, a incerteza, o contingente. Essa é a natureza da transição à qual muitos chamam "pós-moderna". É um repto análogo ao da democracia indireta, em relação à qual se trata, também, de inverter a equação dominante: em vez de controlar, vigiar e punir os cidadãos, aumentar o controle, a vigilância e a punição dos agentes do Estado e do mercado e das instituições e organizações políticas.

Ainda vivemos a ilusão de que tudo é previsível. Nossa capacidade computacional nunca foi tão grande. Nosso conhecimento nunca foi tão longe. As inovações tecnológicas assombram diariamente nosso cotidiano. Mas basta repassar os eventos climáticos e naturais de um ano inteiro e veremos quanto fomos incapazes de prevê-los. Os anos 2010-4, por exemplo, tiveram de tudo, de vulcões em erupção a furacões destruidores, de tempestades de neve a ondas mortais de calor, de recordes de frio a recordes de calor, de enchentes a secas monumentais. Nunca se imaginou a possibilidade de que um evento natural extremo, no caso não climático, um megaterremoto seguido de um tsunami devastador, levasse a grave acidente nuclear no Japão, como ocorreu em Fukushima. Não é apenas na natureza, contudo, que enfrentamos imprevistos. Eventos sociais e políticos de massa também nos têm surpreendido. O levante no Oriente Médio e no Norte da África e sua propagação global pelas redes sociais e SMS surpreenderam o mundo. O descontentamento era conhecido, mas ninguém previu explosões de insatisfação social em cadeia abalando toda a região. Acenderam um sério alerta para bastiões dinásticos aparentemente sólidos, como a Arábia Saudita e o Irã, que prosperam diante da complacência e da cumplicidade das grandes potências.[272]

Há longos períodos da história em que os eventos se sucedem de forma linear, quase sem ruptura. Esses períodos foram ficando cada vez mais curtos a partir da entrada do século XX. Ficaram ainda menores após a ruptura do sistema geopolítico de forças que prevaleceu depois da Segunda Guerra. A simbólica queda do Muro de Berlim, o desmoronamento da União Soviética e do socialismo de Estado, o fim da bipolaridade criaram um novo ambiente geopolítico global. As mudanças vertiginosas no modo de produção com o fim do taylorismo, a formação da União Europeia foram pontos de inflexão, de mudanças cada vez mais abrangentes e profundas, em todos os campos, econômico, social, político, geopolítico, científico e tecnológico. A transição climática é um dos vetores fundamentais dessa ruptura, para o bem ou para o mal. Ela terá consequências inevitáveis às quais o mundo todo terá que se adaptar. Haverá impactos na organização urbana, na economia; eventos climáticos extremos se tornarão mais frequentes. Deve, também, ser um forte indutor e acelerador de mudança econômica, social, política, científica e tecnológica, alterando o modo como vivemos, produzimos e consumimos. Vivemos um período em que os eventos se sucedem de forma não linear e em aceleração crescente. São ocorrências em grande medida imprevistas. O exame dessas mutações nos informa que a sociedade do século XXI, em todos os seus aspectos, não será apenas uma atualização da sociedade do século XX, uma evolução linear dela. Será uma ruptura radical com a história do século XX. Nada será como antes.

## O PODER DA INÉRCIA OU O PARADOXO DE ASIMOV

Ursula K. Le Guin, ao imaginar as possibilidades de uma revolução anarquista, diz, por meio de sua personagem, a pensadora Laia Asieo Odo, que só o tempo faz a grande mudança.[273] O tempo é um componente crítico dessa ficção sobre o autogoverno. Outro personagem da mesma estória, posterior a Odo, diz que "a questão sobre trabalhar com o tempo, ao invés de contra o tempo, é que ele não é perdido". Novamente, a arte nos ajuda a pensar a vida. Nos macroprocessos como a grande transição, por mais velozes que sejam as mudanças, sua convergência e amadurecimento levam tempo. Em outra passagem lemos que "o que há é o processo, o processo é tudo".[274] Qualquer fim a que as pessoas se propuserem como meta coletiva será esquivo. A capacidade humana permite atuar no processo, ser parte do processo, mas não determinar seu desfecho. Nós construímos a travessia, não o ponto de chegada. Embora ele venha a ser resultado das escolhas que fazemos, resulta da interação dessas escolhas no espaço e no tempo, do choque e da cooperação entre as forças sociais em processo.

A combinação de tempo e ação coletiva pode, contudo, determinar a velocidade e a direção das respostas às mudanças. Isaac Asimov também tratou ficcionalmente dessa equação entre o tempo e a ação, no seguinte diálogo, no romance *Fundação*:

> R. — A tendência psico-histórica de um planeta cheio de gente contém enorme inércia. Para ser mudado ele precisa de algo que possua inércia similar. Seja grande número de pessoas preocupadas e engajadas, ou, se o número de pessoas for relativamente pequeno, enorme quantidade de tempo para que a mudança ocorra. Entendeu?
>
> P. — Acho que sim. Trantor não precisa ser arruinado, se um grande número de pessoas decidir que não seja.
>
> R. — É isso.[275]

Proponho três operações simples para adaptar o argumento à questão da grande transição, particularmente da transição climática e ambiental. Primeiro, substituir Trantor por humanidade. Em seguida, adicionar a transição climática como a maior ameaça de longo prazo para a humanidade e a grande transição como o contexto sistêmico no qual teremos que fazer escolhas decisivas, constitutivas de nosso ser social, adaptando-nos aos novos tempos e modos. Pode-se chamar o raciocínio expresso no diálogo de "paradoxo de Asimov", que ficaria assim:

Para mudar um planeta cheio de gente ou bem um imenso número de pessoas precisa estar preocupado e engajado ou bem uma enorme quantidade de tempo deve ser considerada para que a mudança ocorra. A humanidade não será arruinada pela transição climática se um grande número de pessoas decidir agir para que não seja. Ou então, uma enorme quantidade de tempo será necessária para que ela seja salva.

As maiorias sociais para a ação são muito mais difíceis de formar do que as maiorias eleitorais ou de protesto. Para diminuir o tempo necessário para grandes mudanças, macromudanças, é necessário aumentar mais que proporcionalmente a massa de pessoas mobilizadas para realizá-las. O paradoxo de Asimov é importante para várias dimensões da grande transição, mas é particularmente decisivo na escolha sobre a transição climática e ambiental. Todas as escolhas no plano macrossocial enfrentam esse paradoxo, entre o apoio de massa para o salto e o longo prazo para mudar incrementalmente. A Terra terá tanto tempo quanto precisar para encontrar um novo estado de equilíbrio ecossistêmico, dado que o plano espaçotemporal das transformações geológicas tem muito maior amplitude que o plano temporal da biosfera. Nós humanos, ou terranos, não temos todo esse tempo. A partir de determinado ponto da transição climática, a resiliência da biosfera se rompe e a vida biológica avançada se torna inviável. Logo, o paradoxo de Asimov só tem uma solução boa para nós humanos ou terranos e para a biosfera: convencer tantas pessoas quanto necessário para gerar força suficiente capaz de mudar nosso comportamento coletivo, no espaço-tempo dado pela resiliência da biosfera, e não da transformação geológica. A solução, pelo tempo disponível para a biosfera, se mede em décadas e não em séculos ou milênios. Ou atingimos escala político-social para a mudança pela ação deliberada e consciente no limite de nosso espaço-tempo vital ou enfrentamos o destino trágico. O fato é que o Antropoceno terá que mudar de fase, da ação humana destrutiva para a ação humana restauradora.

O psico-historiador de Asimov diria que, no campo ambiental, por exemplo, a mobilização que existe "ainda é pouca". Ou assim parece. Cientistas e ambientalistas não reuniram força suficiente para pressionar governos, políticos e empresas na direção desejada. A maioria das pessoas na maior parte dos países já tem noção de que é preciso enfrentar a mudança climática. Mas não tem a dimensão da mudança estrutural e coletiva nem da extensão da mudança pessoal necessárias. O contingente que já tem essa consciência, embora se amplie aceleradamente, está muito longe ainda da massa a ser mobilizada para chegar à escala necessária e suficiente para a ação transformadora. Esse argumento não reduz a importância e o valor dos avanços da consciência da necessidade da mudança entre nós, seja para mitigar as mudanças climáticas, seja para nos adaptarmos à parcela já inevitável. Esse paradoxo concebido no cenário ficcional de Asimov não nos deixa alternativa. Como o tempo e o espaço encurtam, a mudança é vertiginosa e global, teremos que formar grandes maiorias ativas e sólidas em cada país e entre os países para enfrentar os desafios postos pela grande transição do século XXI.

A concordância passiva, hoje, é amplamente majoritária. Mas não se tornou maioria ativa, capaz de mobilizar para a ação e pressionar por decisões. Há importante diferença entre o modo passivo — a simples concordância amplamente majoritária com determinadas teses gerais — e o ativo — acordo amplamente majoritário pela ação para a mudança — que força os governantes a tomar atitudes concretas e, se elas não vierem, pode mesmo provocar uma revolta. Os desafios principais são comuns e globais, embora diferenciados localmente pela intensidade de seus impactos e pela dificuldade para superá-los ou se adaptar a eles. O que a insuficiência das maiorias existentes mostra é a necessidade de continuar caminhando e falando e de usar meios inovadores para ativar a maioria em escala que esteja à altura do imperativo da amplitude da ação global.

O tipo de maioria de que se fala aqui, à falta de melhor denominação, não é o mesmo que o consenso que tolheria a democracia. É um acordo geral o suficiente para permitir diferentes respostas concretas para avançar em um rumo comum. Uma espécie de contrato coletivo que estabelece a necessidade da mudança em larga escala e sua direção, mas não os meios e os modos de obtê-la, os quais serão objeto de desentendimento e diversificação de vias. O modelo pode ser o Acordo de Paris, celebrado no fim de 2015, que mostra que estamos no caminho de construção dessa maioria, embora os limites do acordo estejam ainda aquém do necessário.

Esse raciocínio se aplica a todos os desafios do século XXI que exigem escolhas coletivas de larga escala. Se é que se pode chamar de inovação a comunicação de temas complexos de forma que possam ser identificados como parte do cotidiano das pessoas e por elas compreendidos. Nada diferente do que o jornalista Franklin Ford se propunha a fazer, no fim do século XIX: "tratar as questões científicas, literárias, de Estado, da educação e da religião como partes da vida em movimento das pessoas e, portanto, de interesse comum, e não relegá-las a documentos isolados apenas de interesse técnico".[276] A conversação sobre essa dimensão crítica da grande transição ainda não mobilizou o grande número que permitiria acelerar o tempo das deliberações para promover a mudança societária e confrontar os riscos inerentes a essa grande transição.

O filósofo Dale Jamieson tem uma visão sombria, que classifica de realista, sobre mudança climática. Ele diz que o crepúsculo começa a descer sobre ela e a coruja de Minerva pode então abrir suas asas.[277] Afirma que podemos agora entender por que o esforço global para evitar as sérias consequências das mudanças climática por causas humanas fracassou. Jamieson chega a essa conclusão depois do fracasso da COP15, em Copenhague, em 2009. Copenhague pode ser vista como fracasso, caso de Jamieson, ou como superação do bloqueio político ao avanço das negociações climáticas, ponto de vista que tenho defendido desde seu desfecho. Sempre insisti no ponto de que a expectativa de uma solução "de cima para baixo" e comum para esse desafio inédito do século XXI não é realista. Nesses fóruns globais só se obtém o mínimo denominador comum entre quase duas centenas de nações tremendamente distintas entre si. Um acordo com o melhor mínimo denominador comum possível não oferece solução suficiente, mas é um marcador fundamental para determinar o máximo progresso possível, no plano global, para enfrentamento coletivo desse desafio, a cada rodada de negociações. Foi o que aconteceu com o acordo histórico assinado em Paris, em dezembro de 2015, na COP21, que criou um regime global para a política sobre mudança climática. O Acordo de Copenhague foi seu precursor, e, porque houve Copenhague, Cancún (COP16) e Durban (COP17), ele foi possível. Nessas negociações evoluiu-se rumo à inversão da fórmula: em lugar de um acordo "de cima para baixo" (*top down*), fez-se um acordo de "baixo para cima" (*bottom up*). Os verdadeiros avanços se darão no plano local/nacional, a partir da dinâmica política doméstica. Da interação entre o progresso doméstico rumo à sociedade de baixo carbono e patamares superiores de consenso global será possível passar do mínimo denominador comum para o objetivo necessário e suficiente.

Jamieson resvala, em seu diagnóstico, para a visão trágica, segundo a qual nossas escolhas falhas nos empurraram para um desfecho inevitável, um futuro sobre o qual não temos mais controle algum. Ele tenta, como bom filósofo, ajudar seus leitores a entender por que a humanidade falhou e mapear um traçado que leve a sociedade humana a viver em um mundo que foi modificado por sua ação. Nós vivemos assombrados pelos fantasmas do passado, criados por nós mesmos, como o Holocausto e outros genocídios, guerras, artefatos e produtos destrutivos e fatais. Imaginamos que jamais conseguiremos evitá-los, como se fossem uma destinação sobre a qual não temos comando. Agora, como lembra Dale Jamieson, parecemos à mercê de um monstro, a transição climática, criado por nós e que não podemos controlar. Controlá-lo, de fato, não podemos. Mas reduzir sua virulência ainda está a nosso alcance. Seu argumento não é vazio. Ao contrário, contém inúmeros pontos de grande utilidade prática. Mas não coincide com minha análise da natureza do desafio. Não compartilho sua conclusão trágica. Embora ele veja nela um grande potencial pedagógico, creio que decreta muito precocemente, *avant la lettre*, um fracasso que, em minha visão, ainda não está dado. Essa interpretação dos fatos pode ser quase tão paralisante quanto o alarmismo das previsões distópicas ou o negacionismo ideologicamente poluído.

Todavia, há fissuras em seu raciocínio trágico, quando, ainda na introdução a seu argumento, diz que a mudança climática não é um fenômeno isolado, mas está acontecendo em concerto com outras mudanças rápidas, ambientais, tecnológicas e sociais. Sua tese do fracasso parece se realizar em um mundo onde a política é dinâmica e fracassa, e essas outras mudanças não têm efeito nas escolhas seguintes, não oferecendo oportunidades novas de enfrentamento do problema, ainda que este tenha se agravado. Mas, convenhamos, é pouco provável que um fenômeno em escala planetária atinja em mais uma ou duas décadas um ponto de não retorno, uma virada trágica, um *tipping point*. O próprio Jamieson critica as visões de um *tipping point* iminente de certos círculos ambientalistas, como parte do alarmismo que pode ter efeitos paralisantes danosos sobre as escolhas coletivas. Nossas decisões futuras serão, certamente, muito influenciadas pelas evidências concretas de desregramento climático, na forma de eventos extremos, e pelas mudanças em outras dimensões. É mais provável que a grande transformação científica e tecnológica em curso ofereça mais rapidamente à humanidade novos meios para enfrentar o desafio em patamares superiores de eficácia. Meios que permitam mudar os padrões de produção, distribuição e consumo, em "concerto" com rápidas mudanças econômicas e sociais, acelerando a transição para uma economia de zero carbono, sem necessidade de recorrermos à geoengenharia. É provável também que antes de atingirmos esses *tipping points* tenhamos os meios para descarbonizar a atmosfera, capturando carbono, como Jamieson recomenda.

É claro que a probabilidade de que tenhamos mais capacidade tecnológica no futuro, para além do recurso à geoengenharia, não deve servir de justificativa para adiar ações no presente, porque os custos e a eficácia das ações futuras seriam menores. Não será assim. Quanto mais adiarmos o início do enfrentamento efetivo da mudança climática, maiores serão o esforço, o custo e a necessidade de eficácia das ações futuras. A janela de oportunidade que temos para o enfrentamento progressivo do desafio da disrupção climática vai, sem dúvida, se fechar no futuro relativamente breve. Porque ainda não fracassamos, não devemos relaxar a ponto de tornar o fracasso inevitável.

Meu argumento é que o tempo climático é mais longo que o tempo social, e essa diferença de tempos nos dá alguma margem de manobra. Mas ela não é infinita, e o tempo climático está em aceleração. Logo ações imediatas, baseadas no máximo esforço possível, continuam sendo indispensáveis, tanto quanto ações de médio e longo prazos ainda mais ambiciosas. Como já argumentei, não estamos parados nem nos movendo em um atoleiro incrementalista, *muddling through*. Temos mudado. Mas o ritmo, a intensidade e a profundidade das mudanças ainda estão aquém do necessário e suficiente. Em várias áreas ele está também em aceleração.

Boa parte do discurso sobre a necessidade de reduzir emissões tem tom negativo, põe ênfase nos sacrifícios. Entretanto, reduzir emissões envolve mudanças que trazem numerosos benefícios colaterais ao objetivo central de reduzir a estocagem de gases de efeito estufa na atmosfera. Converter a economia fóssil em economia de baixo carbono requer investimentos novos, que abrem fronteiras de mercado, gerando mais e melhores empregos. A redução e o progressivo abandono do uso de combustíveis fósseis diminuem a poluição e os custos com saúde. A agricultura de baixo carbono deixa de poluir as águas e de usar agrotóxicos venenosos e cancerígenos. Esse processo de conversão reforça vários outros elementos positivos da grande transição em curso e se aproveita de muitos deles, principalmente da revolução científica e tecnológica, para reduzir a carga de sacrifício pessoal e coletivo.

O movimento é de busca de novos modos de progresso, não simplesmente de definição de limites para os desejos da maioria. Esse caminho pode levar a mais e não a menos bem-estar. O mal-estar vem do modelo em esgotamento e de seus danos colaterais. A escolha trágica é perseguir um modelo de desenvolvimento que começou no século XIX e se esgotou antes da última década do século XX.

A transição climática global é a principal fonte de megarriscos deste século e terá impactos previsíveis de grande magnitude no futuro. Ela implica uma perspectiva de longo prazo em dois sentidos principais. O primeiro, no sentido mais comum, dos perigos impostos por ela às gerações futuras que reduzem as chances de vida com bem-estar. O segundo, no sentido menos comum, da transição climática como processo de muito longo prazo e grande complexidade. Começou há muito tempo e não vai acabar tão cedo. Por isso, não é bastante pensá-la apenas em termos de soluções científicas e tecnológicas e de políticas públicas para os próximos cinco, dez, quinze, vinte anos. Nessa perspectiva, é preciso alongar a vista para os próximos cinquenta, cem anos, no mínimo. Pensar os próximos anos, as próximas décadas e o século XXI como um todo.

Esse alongamento do olhar precisa se tornar a orientação epistemológica das ciências sociais, nelas incluída a economia. Não é tarefa fácil. Mais difícil ainda é alongar o olhar dos agentes econômicos, políticos e sociais, das pessoas, todos lutando no dia a dia, defendendo seus interesses, vivendo suas aflições, tensões, conflitos, paixões, dúvidas, a cada segundo, minuto, hora, dia, semana, mês, ano... Como adicionar, ainda, décadas e um século inteiro nessa carga de escolhas, sacrifícios, gratificações e emoções? Não é um defeito no comportamento das pessoas.

A dificuldade de lidar com o tempo tem a ver com nossa própria essência como seres humanos. A relação entre o ser e o tempo é uma das mais antigas, profundas e discutidas questões filosóficas. É uma das bases da ontologia, o ramo da filosofia que se dedica a estudar o ser. Essa discussão filosófica nos ensina que a noção ocidental do ser está fortemente associada à noção de tempo, à temporariedade do ser. Só é possível compreender o ser em relação ao tempo. Sua natureza temporária, intuitivamente apreendida por todos nós, contextualiza radicalmente nossa vida e nos faz valorizar mais profundamente o presente, em particular no quadro da cultura ocidental. Na cultura oriental, de base confucionista, não há essa noção de temporariedade do ser. Notadamente em Confúcio, não existe a noção do "ser em si" da filosofia ocidental, fundamental no pensamento de Heidegger e Schopenhauer e que se contrapõe ao "ser para si" de Sartre, com profundas implicações para a compreensão de nosso papel social. Na filosofia oriental tradicional, o ser não tem nascer nem morrer. Todo ser é uma pessoa concreta, com obrigações associadas a seus papéis sociais. Só faz sentido no seu contexto social. Esse ser tem, necessariamente, que ir além de seus limites pessoais, para conduzir uma vida apropriada, em função de suas obrigações como governante, pai, mãe, filho/filha, irmão/irmã, amigo/amiga, súdito/súdita. Há uma cadeia de obrigações hierárquicas de pais para filhos e de filhos para pais que dilui a noção temporal do ser.

Kant desenha o marco fundamental a partir do qual o pensamento ocidental moderno tentará lidar com a questão primordial do ser. Um marco que define uma bifurcação: a compreensão "científica" do ser, como um "fenômeno" submetido às leis da natureza, ou a apreensão "moral" do ser, um "nômeno", que pode ser pensado como livre, imortal e submetido às leis divinas. Em Schopenhauer o ser, especialmente o "ser em si", é "vontade". É parte da experiência de cada um, conhecido "desde dentro", em si mesmo, portanto inapreensível pelo outro. O ser que os outros podem apreender é "representação". Esse ser como representação é histórico, portanto, temporal e social. Uma objetivação da vontade. Schopenhauer comporta interpretações distintas. Uma delas é a que apresenta a negação do ser íntimo como o momento em que a pessoa atinge uma "calma oceânica do espírito, profunda tranquilidade, confiança e serenidade inquebrantáveis". É a afirmação da "vontade" com o melhor conhecimento de si, o conhecimento desinteressado de si. Essa interpretação permitiria libertar a concepção do ser em Schopenhauer de sua temporalidade e imaginá-la compatível com algum tipo de solidariedade intertemporal. Como ele mesmo diz, quando as pessoas reconhecem que como atos puros da mesma "vontade" são todas iguais, experimentam todo sofrimento como sendo delas mesmas. Esse momento mais elevado, estético, levaria à plenitude os quatro princípios fundadores da razão: "ser", "tornar-se", "agir" e "conhecer".[278] Experimentar todo o sofrimento como sendo nosso, em uma situação de igualdade, poderia motivar um sentimento de solidariedade e preocupação com o "ser coletivamente", o fluxo da vida.[279] Em Heidegger o ser se torna ainda mais temporal: ele é compreendido a partir do horizonte do tempo.[280] O ser é tempo. É um "ser rumo à morte", radical e conscientemente finito. O ser humano é o "ser ali" (*Dasein*), não um "ser em si". Um "ser no mundo", entre as coisas e os outros seres, dotado de consciência e com capacidade de se colocar "adiante de si"; de se importar com o outro e cuidar de seu mundo. O mundo é, portanto, constitutivo do ser. Cuidar do mundo é cuidar de si. Essa capacidade de antecipação, de estar "adiante de si", associa-se diretamente à temporalidade, à finitude do ser. Essa finitude pode ter uma interpretação existencialista, de "viver o momento", embora Heidegger o negasse.

É questão bastante controvertida se a postura existencialista despreza o destino do mundo. A ideia radical da finitude poderia levar a uma alienação do futuro. Dado que tudo é finito, vivo o momento em sua plenitude e não me importo com as condições futuras da vida dos outros. Mas não me parece ser essa a melhor interpretação de Heidegger, tampouco do existencialismo de Kierkegaard, Jaspers ou Sartre. Em Sartre, por exemplo, o "ser em si" é um fenômeno atemporal, opaco, sem significado transcendente: é só o que é. O "ser para si", a consciência de si, permite que as pessoas transcendam suas limitações, o nada que trazem em seu ser, a alienação. Também muito distinto da noção oriental, em Sartre há um trânsito fundamental entre "ser em si" e "ser para si".

Em Marx, vemos o "ser social", o *zoon politikon*, o animal social, dotado de consciência do outro, mas não subjugado pela cadeia de obrigações interligadas do confucionismo. É o ser dotado de vontade, com capacidade de fazer a própria história, de fazer escolhas, o "ser em si e para si" que só pode se realizar socialmente, coletivamente, vale dizer, politicamente. Concepção da qual Sartre se apropriou com criatividade.

Talvez Wittgenstein tenha a visão mais radical da finitude do ser como seu limite total, o fim da história e, em minha interpretação, da obrigação, quando diz que o eu não existe no mundo, ele é o limite do mundo. Eu sou meu mundo, afirma, para concluir que, na morte do eu, o mundo chega a seu fim. O ser rumo à morte é o trajeto que define o fim de tudo que tem consequência para o eu. Mas, ao contrário de Heidegger, ele não limita a obrigação à finitude do eu. Wittgenstein considera a autodisciplina, que livra o ser de seus apetites, o caminho de uma vida autêntica, a base da "boa vida". E a autodisciplina requer a consciência permanente do que deve ser feito para que a vida não se perca. Ele é um ser da transição, do desencanto, no período de decadência cultural de Viena. Sua filosofia é uma reflexão de transição, como é a música de Schoenberg, nascida no mesmo contexto. Isso explica a noção do indivíduo, limitado pelas circunstâncias desse contexto, diante da escolha entre aceitar as normas dadas ou rebelar-se contra elas. A questão central é saber se há boas razões para aceitá-las ou rejeitá-las. Não é uma questão de comportamento, mas do propósito da ação individual. A ação responsável em relação aos contemporâneos e às gerações futuras resultaria de escolhas fundadas em boas razões. As questões existenciais e de valor são relativas, não são unidirecionais, nem há certezas irrefutáveis sobre elas.

Na filosofia oriental, em Confúcio principalmente, pode-se dizer que quase só há, concretamente, o "ser para os outros", o ser como portador de obrigações sociais e familiares. Essas obrigações não decorrem, todavia, da subordinação do indivíduo ao grupo, mas da interdependência entre o indivíduo e o grupo, entre indivíduo e família. O indivíduo depende do grupo para se realizar e o grupo depende do indivíduo para existir. Estabelece-se uma identidade entre o interesse individual e o interesse coletivo, do qual o primeiro há de ser parte. Mas essa interdependência indivíduo/grupo impede o reconhecimento de direitos que destaquem os interesses individuais do interesse coletivo, logo também o direito de defesa do indivíduo contra o interesse coletivo. Esse "ser para os outros" tem sua contrapartida legítima em papéis sociais bem definidos e hierarquicamente estabelecidos. Perguntado sobre os princípios do bom governo, Confúcio diz: o bom governo se faz com o líder sendo um líder, o ministro sendo um ministro, o pai sendo um pai e o filho sendo um filho. A cadeia de obrigações que liga as gerações se dá pelo exemplo do topo para baixo. Confúcio diz do governante que, se seu desejo for bom, o povo será bom. Segundo ele, o caráter moral do governante é o vento e o dos que estão abaixo dele, o capim. Quando o vento sopra, o capim se dobra. Há uma cadeia social hierárquica de obrigação e dever. Ela não nega a liberdade, mas opõe frontalmente o bem e o mal, a boa e a má conduta. A má conduta tem consequências funestas e a ela aplicam-se duras sanções. A boa conduta está ligada à virtude e tem suas recompensas concretas e espirituais. Essa cadeia leva, por exemplo, à grande importância dada pelo confucionismo à educação. No confucionismo, o indivíduo pode viver de acordo com suas convicções do que é certo e errado, mas não lhe é permitido dar prioridade aos interesses individuais sobre os interesses coletivos, quando eles estão em conflito. Portanto, o limite da escolha é dado pelo interesse coletivo, que, na época, era fundamentalmente familiar e geracional.[281]

    A ideia do indivíduo livre, com poder de escolher seu próprio destino, "fazer sua própria história", não está presente na cultura oriental clássica. O ser como indivíduo, como uma entidade em si, temporal ou histórica, dependendo da matriz filosófica, faz parte da ética cristã ocidental, tem suas raízes no Iluminismo e, sem dúvida, amadurece junto com o que Max Weber denominou "espírito do capitalismo".[282] Na China, a busca do chamado "socialismo de mercado" — contradição em termos mais radical que a suscitada pela "economia social de mercado" alemã —, o rompimento com o maoismo, levou as novas lideranças a voltar ao código hierárquico do confucionismo. Henry Kissinger foi um dos observadores do chamado Ocidente a notar essa volta e não esconde sua preferência pelo maoismo. Faz sentido, sendo ele quem é.

O neoconfucionismo combina a dimensão humana e transcendental do pensamento de Confúcio com a dimensão política, o que o filósofo político confucionista contemporâneo Jiang Qing chama de confucionismo existencial e confucionismo político.[283] Para ele, essa ideologia permite construir um modelo político distinto da democracia ocidental, cuja legitimidade tem três fontes, a transcendental, a histórica e a civil. Conceitos derivados da concepção da autoridade imperial, em Confúcio, que deriva do "paraíso", da "terra" e do "povo". Jiang Qing afirma que o confucionismo, em sua expressão mais geral, filosófico-religiosa, é a única doutrina que se ajusta à especificidade histórica e estrutural da China. Uma doutrina que não é democrática nem liberal. Ela é por definição hierárquica e elitista. O povo, nela, é uma "coleção secularizada, limitada e estreita dos desejos humanos". A fonte suprema da autoridade não pode ser, portanto, o povo. É uma fonte transcendental, o "céu" ou "Éden". O universo e tudo o que ele contém vêm do "Éden", que é a origem da vida humana e da cultura. A "vontade do Éden", não a vontade do povo, é o guia, a norma e o veículo da temperança. É a fonte da moralidade e, portanto, tanto do "bom governo" quanto da "boa sociedade". Os desastres e os descaminhos mostram que a autoridade não seguiu a "vontade do Éden", agiu de forma moralmente errada. Quando a vontade do povo não se conforma à vontade do "Éden", ela é contra essa vontade transcendente e não passa da vontade de uma pessoa imoral. A moralidade demanda que a pessoa assuma a responsabilidade de fazer bem aos outros e à sociedade. A obrigação, portanto, se destina a essa fonte transcendental da moralidade, não está associada a direitos individuais e cria cadeia hierárquica e atemporal de obrigações. É o caminho da tradição.

Para o pensador, no "confucionismo moral" a conduta reta é o modo pelo qual a pessoa se supera e volta aos ritos, num esforço para conhecer a natureza e o "Éden" e restaurar a natureza humana que é egoísta e má. Esse "Éden" é uma espécie de força invisível da natureza que, por meio de sua "ação misteriosa", remete ao que seria onipotência criativa. Em linguagem metafísica, esse "Éden" é a unidade completa de tudo em um princípio. Ele se separa do mundo físico no momento mesmo em que o cria, e essa separação dá lugar à desigualdade no mundo social e político. Só o sábio conhece a vontade do "Éden". O rei-sábio é o mediador entre o "Éden" e o mundo humano, por isso a soberania lhe é delegada e, por ele, subdelegada aos "acadêmicos". Direito e moralidade são muito diferentes, diz, embora tenham uma intersecção. A autoridade, na visão ocidental, tem a obrigação moral de proteger o direito à vida, à liberdade e à propriedade. Mas essa obrigação moral é limitada, não inclui outras dimensões fundamentais da moralidade, como benevolência, lealdade, compaixão filial, honestidade, temperança, moderação, harmonia, humildade e deferência. Todos componentes da moral confucionista baseada na responsabilidade em cadeia e na obediência. O próprio maoismo se valeu do confucionismo para impor-se. Mao promoveu uma adaptação do confucionismo à sua versão do marxismo-leninismo, o que tornou seu próprio pensamento mais assimilável culturalmente.

A ideia ocidental de que nossa realização no mundo se faz aqui e agora e que essa realização como pessoa, como indivíduo, é o objetivo central, legítimo e determinante da felicidade de cada um não tem cabimento na cultura confucionista. A primeira dificuldade de alongar o olhar e, com ele, as responsabilidades coletivas dos indivíduos para além de nosso tempo tem uma dimensão cultural, filosófica. A ética dominante entre nós não nos obriga para além de nosso tempo, a não ser na medida exata do cuidado, da educação e da orientação de nossos filhos, enquanto "menores". Mas cultivamos nossos filhos para serem independentes e capazes de cuidar de si mesmos, a partir de determinado momento na vida. Também os filhos não se sentem obrigados a cuidar dos pais idosos, como manda a tradição confucionista. O seguro social — e, mais contemporaneamente, os fundos de pensão —, a poupança pessoal e a rede de proteção social devem cuidar disso.

A experiência não pode ser suficiente para fazer as escolhas morais certas, diz Gadamer. É preciso mais que o conhecimento prático. A consciência moral requer um princípio prévio, o autoconhecimento, o conhecimento para si. A escolha moral é sempre única, nunca geral, "a tarefa de tomar uma decisão moral é fazer a coisa certa em uma situação particular", diz. A pessoa precisa descobrir o que é certo naquela situação, escolher o certo e agir escolhendo os meios certos.[284] Rorty argumenta que no Iluminismo prevaleceu a ideia de que a consciência moral decorre do exercício da racionalidade e que "a discussão livre e aberta produzirá a resposta correta para questões morais e científicas". Uma visão, para ele, desacreditada atualmente. Contudo, ela é ainda a visão dominante no paradigma central das ciências humanas sobre o comportamento coletivo.[285] Há uma corrente "comunitarista", expressa, principalmente, pelos sociólogos Theodor Adorno e Max Horkheimer, segundo a qual não seria possível ter uma comunidade moral em um mundo em desencanto, porque a tolerância levaria ao pragmatismo. Outra vertente dessa corrente, bem representada pelo filósofo Alasdair MacIntyre, afirma que as instituições liberais produzem um ser humano moralmente indesejável. São as vertentes do Iluminismo em suas versões mais liberais e individualistas ou mais radicais e comunitaristas. Para ele, instituições requerem uma doutrina sobre a natureza do ser humano distinta do racionalismo iluminista, que o veja como um ser essencialmente histórico, como em Hegel e Heidegger.

Como lembrou o historiador Tzvetan Todorov, o Iluminismo não era consensual.[286] Era pluralista. Múltiplo. Daí sua força reprodutiva. Como um conjunto filosófico diferenciado, ele apontou caminhos múltiplos. De comum, tinha a ênfase na escolha e na decisão livres como resultado do processo de emancipação e autonomia das pessoas. Interpreto esse pluralismo iluminista como aquela espécie de grande acordo geral sobre a macrovisão e a direção, mas diferenças sobre os meios e os modos e as vias. A visão pragmática de Rorty, que segundo ele rompe com o racionalismo iluminista e com a metafísica de Hume e Kant, vê o progresso moral como a história do fazer e não do descobrir, da realização poética de indivíduos e comunidades "radicalmente situados", e não a revelação gradual por meio da "razão" de princípios, "direitos" ou "valores". Seria a visão do cidadão de um Estado liberal-democrático. Do ponto de vista filosófico, Rorty assume a perspectiva do ser como parte de uma teia não centrada e contingente que liga os que têm gostos e identidades similares.

A moral socialmente dominante entre nós cria uma noção limitada de obrigação e de tempo, o que não impede de haver filhos que se sintam obrigados, por razões afetivas e não morais, a sustentar os pais idosos e lhes dar um enterro digno. Mas não faz parte de nossa cultura essa cadeia de obrigações entre gerações, que transcende o tempo dos indivíduos de cada geração e os obriga sempre a pensar no futuro. O mesmo se pode dizer das "culturas nacionais". Países que têm longa e sólida história se mostram mais capazes de assumir compromissos de longo prazo. Longo o suficiente para transcender a conjuntura na qual a decisão foi tomada. Países com história mais recente — como Estados Unidos e Brasil — têm menos tradição e menor capacidade de projetar sua história para o longo prazo. Tendem a ter visão de mais curto prazo. Países que sofrem a interferência de culturas que lhes são historicamente exóticas, caso da ocidentalização na China e no Japão, por exemplo, podem experimentar um encurtamento da visão do tempo das novas gerações e reduzir seu sentido de obrigações de longo prazo. Aumenta a pressão social para que deem mais importância às necessidades presentes das gerações presentes.

## NADA SERÁ COMO ANTES

A segunda perspectiva de longo prazo da transição climática a que me referi acima — um processo de muito longo prazo, que vem de longe e vai longe — envolve duas questões. Uma é a capacidade de visualizar possibilidades de evolução futura do fenômeno climático, usando a ciência e a transmissão social desse conhecimento para dar às sociedades a noção dos riscos envolvidos. Outra é a continuidade das ações apropriadas para lidar com ela, ao longo de gerações.

Há pessoas que olham para o futuro profissionalmente. Não é fácil. É preciso treino para evitar que o presente embace a vista e impeça que o olhar se alongue e possa divisar tendências, rupturas, viradas. Quando se olha para trás, pode-se verificar, depois que tudo é passado-passado, que a história se faz das descontinuidades e não dos fatos que se repetem, do que é conhecido, do já visto. Podemos ver o passado e compreendê-lo, mas não podemos alterá-lo. O futuro não é visível, mas podemos participar de sua construção. Sempre pode haver eventos incontroláveis, mas temos grande capacidade de dar forma e conteúdo a nosso futuro e por isso é importante esse longo olhar.

Peter Schwartz é um desses profissionais que olham para o futuro sistematicamente, tentando vislumbrar cenários possíveis. Ele também parte da premissa de que o século XXI terá sua dinâmica determinada por fenômenos naturais, por causa das mudanças climáticas globais,[287] ao contrário do século XX, que foi dominado por mudanças determinadas por processos sociais, políticos e econômicos. Se olhamos para trás, podemos enxergar esses marcos sociais da progressão do século XX. Todos têm um forte conteúdo disruptivo: a Primeira Guerra, entre 1914 e 1918; a Revolução Russa, em 1917; a Crise de 29; o New Deal; a Segunda Guerra; a Revolução Chinesa; a reconstrução da Europa, o ciclo de desenvolvimento do pós-guerra; a descolonização da África; a Guerra do Vietnã; os movimentos de 1968; a crise do petróleo, o colapso da dívida do Terceiro Mundo e os ajustes ultraliberais de Ronald Reagan e Margaret Thatcher; a democratização da América Latina; a descoberta do DNA; a revolução do microprocessador e dos computadores pessoais; a revolução nas telecomunicações e a internet; a queda do Muro de Berlim; a globalização; as crises financeiras globais; as mudanças na produção industrial; a aceleração do desenvolvimento científico e tecnológico. As pessoas, os agentes sociais, foram os autores dessas mudanças, para o bem e para o mal.

O ambiente construído provocou, historicamente, mudança evolucionária na espécie humana, isto é, numerosas mudanças adaptativas, físicas, fisiológicas e comportamentais. Não é, portanto, a primeira vez que os seres humanos causam mudanças ambientais às quais devem, no processo, se adaptar. Isso está acontecendo de forma ainda imperceptível, embora já seja possível identificar várias mudanças adaptativas, sobretudo comportamentais, disparadas por mudanças no ambiente construído, nas fronteiras da ciência e nas tecnologias. "Nós saímos de uma população de algumas centenas de milhares para 7 bilhões, num piscar do tempo evolucionário", nos lembra o biólogo Joshua Akey. "Isso teve um efeito profundo na variação presente em nossa espécie", explica. O grupo de pesquisa do qual Akey faz parte e que integra o Projeto Genoma descobriu que raras variações genéticas tendem a ser relativamente novas: 73% de todas as variações genéticas surgiram nos últimos 5 mil anos e, daquelas que podem ter efeitos negativos, 91% surgiram nesse período. Isso, em boa parte, por causa do tremendo crescimento populacional. Parte vem diretamente desse salto demográfico, de fato uma ruptura demográfica: no fim da última Era Glacial, há 10 mil anos, a população humana era de cerca de 5 milhões. Podemos chegar perto dos 10 bilhões em 2050. A cada etapa reprodutiva, algumas variações aleatórias emergem, e, multiplicadas pela escala crescente do número de humanos, pode-se ver que ocorre uma enorme quantidade de variações. Nessa grande quantidade, a maioria das variações é de pouca consequência. Algumas são "deletérias", como as caracteriza o geneticista populacional da Universidade Cornell Alon Keinan. Mas a humanidade hoje possui uma grande acumulação de variações muito positivas. O potencial genético de nossa gente é brutalmente diferente do que era há 10 mil anos, diz Akey.[288] Uma de suas conclusões é que somos mais "evoluíveis" hoje do que em qualquer outra fase de nossa história. Não há razão, diante dessa monumental mudança populacional e genética, para imaginar que outras mudanças comportamentais e físicas não venham a ocorrer com tanta transformação radical no nosso ambiente tanto natural quanto construído.

Como as transições climática, científica e tecnológica já em curso alterarão radical e completamente o ambiente construído — aqui incluídas a digitalização e a virtualização de muitas práticas sociais, as fusões inevitáveis entre o mundo virtual/digital e o mundo físico, das quais a internet das coisas é um pálido exemplo —, é apenas lógico que esperemos a aceleração consequente dos processos adaptativos na espécie humana. Deve-se esperar que algumas habilidades humanas e acuidades sejam significativamente ampliadas e reforçadas pelas mudanças ambientais, nesse sentido mais amplo, e outras sejam enfraquecidas, inclusive desaparecendo com o tempo. Uma consequência lógica e natural da adaptação da espécie humana a mudanças que ela própria causou e que já observamos e documentamos em outras eras. O novo ambiente construído impõe novos desafios à sobrevivência humana e permite a superação de muitas outras dificuldades. Nesse processo de adaptar para sobreviver, a espécie humana se transforma, ela mesma, radicalmente.

Com relação às transições climáticas, o geólogo e paleoclimatologista Peter deMenocal diz que a África, por exemplo, oscilou entre ciclos de abundância hídrica e seca a cada poucos milhares de anos e cada mudança induziu a adaptação nas criaturas que viviam na região, inclusive as humanas. Mudanças abruptas, do ponto de vista geológico, criam desafios extremos à sobrevivência. Há 3,35 milhões de anos, ilustra deMenocal, a Etiópia era uma região florestal e a espécie de Lucy (*Australopithecus afarensis*), uma de nossas ancestrais com características simiescas, era perfeitamente adaptada a esse ambiente. A mudança climática transformou floresta em savana. Há 2,95 milhões de anos, a savana se transformou novamente em floresta, para voltar a um ciclo de seca-savana-deserto. Incapaz de se adaptar a essa oscilação, a espécie de Lucy entrou em extinção há 900 mil anos. "As civilizações e as populações podem ser muito plásticas, dessa forma. A mudança climática altera a paisagem ecológica, cria pressões e promove a seleção genética para adaptação a essas pressões", diz deMenocal. O paleoantropólogo Rick Potts, do Museu de História Natural do Smithsonian, diz algo parecido, que todas as "espécies humanas enfrentam questões sobre adaptação, perspectivas de longo prazo versus ganhos de curto prazo". E conclui afirmando que tem esperanças, "porque somos uma espécie que emergiu de uma longa história de adaptação".[289]

Há aproximadamente 500 mil anos, a espécie humana desenvolveu instrumentos que permitiram a ocupação de novos ambientes ou novas paisagens ecológicas, como diz deMenocal, sem primeiro desenvolver capacidades adaptativas. Moradias, vestimentas, o uso do fogo, artefatos cada vez mais diversificados, permitiram a sobrevivência, desde as regiões temperadas até o Ártico, sem mudanças fundamentais em sua constituição tropical.

Mas a espécie humana não apenas altera a ecologia global e cria tecnologias, ela também afeta as trajetórias evolutivas de outras espécies, acelerando a mudança evolucionária. Tem feito isso via agricultura e criação animal, nos organismos que provocam doenças e infecções e no próprio ser humano. Os casos recentes mais relevantes são dos antibióticos e da imunodeficiência humana.[290] A adaptação sempre envolve mudança e, por isso, é padrão recorrente na existência da espécie humana. Indivíduos, comunidades e sociedades, em sua luta pela sobrevivência e prevalência, alteram suas trajetórias existenciais para aproveitar as melhores oportunidades e enfrentar as piores dificuldades.[291] Ou, dito de outra maneira, a mudança é uma necessidade de sobrevivência. Com o crescimento da população e novas necessidades humanas, grandes ciclos de inovação são necessários a um ritmo em aceleração continuada, para assegurar o desenvolvimento e evitar a estagnação e o colapso.[292]

Não há por que imaginar que na escala mais macrossocial e no mais longo prazo histórico essas mudanças não se deem também no plano da espécie humana. Como diz o psicólogo social Albert Bandura, os humanos não apenas reagem a pressões de seleção — natural ou não natural —, eles produzem novas pressões a um ritmo crescentemente vertiginoso. Bandura argumenta que, por meio da ação humana, o ser humano descobre modos de se adaptar flexivelmente à grande diversidade geográfica, de ambientes climáticos e ambiência social. Desenvolve maneiras de elidir restrições físicas e ambientais, redesenhar e construir os ambientes para sua maior conveniência e conforto, criando estilos de comportamento que lhe permitem alcançar ou se aproximar dos resultados desejados. Por meio dessa extraordinária capacidade de inovação, a espécie humana aumenta suas chances no jogo da sobrevivência dos mais aptos.

A expansão do conhecimento com a transição científica e tecnológica aumenta crescentemente o poder humano de controlar, transformar e criar ambientes cada vez mais complexos e com consequências mais amplas e intensas. Criamos, diz Bandura, artefatos mecânicos que têm compensado significativamente nossas limitações físicas e sensoriais; metodologias médicas e psicológicas que aumentam nosso controle sobre a vida física e a psicológica. Por meio de métodos contraceptivos, assumimos o controle de nosso processo reprodutivo individual e populacional. Com o desenvolvimento da biotecnologia, temos a perspectiva de construção social mais direta da própria natureza humana, alterando o design genético do ser humano para obter propriedades desejadas, o que se transformará em um gigantesco dilema ético.

A dimensão moral de nosso poder de inovar e adaptar demandará novos sistemas filosóficos e o uso dos mecanismos da própria sociedade em rede para definir a estrutura de valores que regerá nossos novos poderes como espécie. "O que é tecnologicamente possível termina por ser aplicado", afirma Bandura. A experiência histórica nos tem mostrado que isso é verdade, para o bem e para o mal. Grandes sistemas tecnológicos têm, historicamente, superado a capacidade de controle, redesenho e regulação de seus agentes criadores de um modo que a sociologia ainda não explicou completamente. "Evoluem pelas suas costas", diz Joerges.[293] Vivemos em plena era das "inovações radicais" e de transformação do paradigma sociotecnológico. Essas grandes transformações nunca surgem de um ponto apenas, de uma única força inovadora que se impõe. Elas nascem da interação de várias forças criativas em vários campos, nem sempre buscando o mesmo objetivo final. Não controlamos com precisão nosso processo criativo. Por isso mesmo, serão necessários novos valores e novos mecanismos de deliberação e autogoverno democráticos para dar ao ser humano limites nesse uso ampliado das novíssimas aptidões científicas e tecnológicas. "Os valores aos quais aderirmos e os sistemas sociais que supervisionarão o uso que daremos a nossas poderosas tecnologias terão um papel vital na definição daquilo em que nos transformaremos e em como definiremos nosso futuro." Esse alerta de Bandura põe a ênfase no mais agudo dilema democrático de nossa existência como espécie. Novamente, e, certamente, nunca como antes, estamos nos aproximando de escolhas extremas, no limite da tragédia. Nosso destino como espécie e como seres morais estará dramaticamente em jogo nas próximas décadas. Como seres de transição, ponte entre, quem sabe, um estágio e outro na evolução da espécie humana, não temos e nem podemos ter respostas prontas. Mas nossa compreensão do que está em jogo é decisiva para a qualidade das respostas mais permanentes que nossa gente, nossa espécie, desenvolverá no futuro e da qual sua própria existência e nosso legado dependem.

O século XXI, por esse raciocínio, teria, portanto, sua história determinada por fenômenos naturais — físicos e biológicos — associados às mudanças climáticas globais, em combinação com fenômenos sociais. Uma história marcada pela luta por desacelerar e diminuir a intensidade do aquecimento global — mitigação — e pelo esforço das sociedades, dos países, para conviver com seus efeitos inevitáveis — adaptação, ao longo da grande transição. Esforço esse associado às mudanças sociais, econômicas, políticas e técnicas da grande transição em sua dimensão humana. O planeta esfria e aquece, na longitude do espaço geológico, por mecanismos inteiramente naturais. Mas o que o consenso científico atual mostra é que esse processo está sendo dramaticamente acelerado pela ação humana, a ponto de ser retirado do plano de tempo geológico, que se mede em milhares de anos, para o plano de tempo sócio-histórico, que se mede em décadas e séculos. Isso não quer dizer que estamos marchando para o apocalipse. O tremendo avanço científico e tecnológico dos últimos cem anos nos preparou para reverter não as mudanças climáticas, mas a aceleração produzida pela ação humana, pelas emissões descontroladas de gases de efeito estufa. Os novos paradigmas provavelmente aumentarão nossa capacidade de mitigação e adaptação e eventualmente nos darão novos meios para retirar parte do carbono que estocamos na atmosfera.

Todavia, a grande transição não se resume à transição climática e a história do futuro-presente e do futuro-futuro não será escrita apenas por esse enfrentamento das sociedades com as forças da natureza. Ela terá em seu DNA também as grandes transformações societárias e políticas e a revolução científica e tecnológica, formatadas não exclusivamente pela relação humanidade/natureza. São todas dimensões da grande transição, em interação recíproca. Essa relação entre as forças humanas e as forças naturais sempre existiu e sempre teve consequências para nossas chances de vida. Hoje, contudo, passou a ser, definitivamente, um dos elementos centrais na equação da história que estamos criando e continuaremos a criar. Talvez seja a fonte de maior risco de grande destruição da vida, inclusive humana. Mas há outros elementos no uso da ciência e da tecnologia e no desencanto com a democracia. Todavia, a equação da história do futuro não tem solução exclusivamente trágica, terminal. Estamos mudando, e mudamos para sobreviver como espécie humana.

Os novos modos do sábio conselho que recebe Prometeu não se resumem à questão climática e ambiental. Precisamos pensar em desenvolver novos modos em todas as dimensões da vida social: na economia, nas relações sociais, na maneira como vivemos a globalização, no uso da ciência e da tecnologia e na política. O fogo está por toda parte e pode nos fazer avançar ou nos queimar. Precisamos de novos modos que nos tragam maior equilíbrio em nossas propensões dionisíacas e apolíneas, mais tolerância e mais precaução. A travessia não é fácil nem pacífica e vai se dar, cada vez mais, por mares ainda não navegados, territórios fora dos mapas e do GPS. De novos modos políticos, pois a generalidade está na política e não na economia, para incluir e escolher de forma mais sensata e democrática. Mais parcimônia no saciar de nossos apetites.

Nesse entrementes de tumulto e dúvida, formei uma opinião, ou desconfiança: não é falando do fim do mundo para as pessoas que se vai persuadi-las da importância de demandar mudanças.[294] As pessoas evitam ouvir sobre pesadelos futuros. Elas precisam de um sonho bom. Precisam de um sonho que se conecte com sua vida diária de forma construtiva, positiva. Elas precisam ver exemplos de pessoas como elas, que mudaram seu comportamento econômico, social, político e ambiental e estão melhor do que antes. Nosso mundo não é Atenas. Está mais para Tebas. Como não se vê virtuoso, não pode mirar-se no exemplo do outro para manter suas virtudes, como nas tragédias. Sermos o espelho trágico de nós mesmos é realmente um problema, um trauma.

A mensagem sobre a transição climática ainda é descontínua. Muitas vezes cifrada pelo cientificismo. Constantemente, a conversação se transforma em uma cacofonia divergente, impedindo à "multidão" discernir qual é a mensagem real, a que diz mais diretamente a seus interesses e a suas inclinações naturais a sobreviver e a cooperar. O fato é que discordamos a respeito de mudança climática.[295] O chamado científico ainda não formou grandes maiorias sociais e políticas. As pessoas ainda encontram razões para não ver a urgência da mudança. Não se produziu ainda um "meme climático". A solução para o paradoxo de Asimov implicaria resolver vários problemas encadeados. Como dizer às pessoas que a ameaça é muito real, sem aterrorizá-las, levando-as à alienação e à paralisia? Como transformar um pesadelo em sonho bom, o fim do mundo que conhecemos no começo de uma nova era de prosperidade, o apocalipse em renascimento, a distopia em utopia? Como equacionar o fato de que não temos muito tempo mais para agir, quando a tendência política dominante é ao incrementalismo, de soluções passo a passo?

Essa falta da grande maioria nos assombra também na questão democrática e continuará a ser objeto de confronto e conflito. Ausência de concordância não é necessariamente ruim. Democracia é desentendimento. Consensos somente se tornam positivos quando emergem naturalmente de uma conversação polifônica, aberta. Como maiorias nascidas de escolhas voluntárias e diferenciadas, oriundas do autoconvencimento e visando objetivo comum, porém com trajetórias diversificadas. Relembrando Johann Galtung, o conflito é fonte de mudança, não é um mal em si. O mal está na violência. A capacidade de resolver conflitos democraticamente, de promover o autocontrole e o autogoverno, de controlar os controladores, de inverter a equação do poder, é componente essencial para a qualidade e a justiça de decisões sobre como aplacar a mudança climática, sobre como usar a nova capacidade científica e tecnológica que se está criando, sobre como enfrentar a desigualdade, local e globalmente. Há uma interdependência, uma interconexão inarredável, entre todas as dimensões da grande transição. Para surfar nessas ondas gigantes da mudança teremos que desenvolver capacidades para lidar com essas interfaces da grande transformação global do século XXI, em todas elas. O fundamental é que esse processo de criação de capacidades humanas é um processo de escolha. Também é uma questão de escolha se lançarmos mão de novos modos e meios, mais democráticos e abertos, mais justos e equânimes.

## A TRANSIÇÃO COMO IDEIA E MAL-ESTAR

As mudanças profundas que já vislumbramos tornariam possível, talvez, uma nova síntese, através da qual a comunidade política poderia realizar tanto o ser comum expresso na noção coletivista de cidadania quanto as liberdades e os direitos individuais do liberalismo que são uma conquista definitiva a preservar e universalizar. Essa síntese permitiria o mais integral enriquecimento da individualidade criativa, que todos os que defendem a comunidade política de cidadãos livres, iguais e diferenciados tanto prezam.

A substituição, cada vez mais frequente, dos termos comumente usados na narrativa das interações sociais do passado (como "sistemas", "estruturas", "sociedades" e "comunidades") pela metáfora da "rede" reflete a constatação crescente de que as totalidades sociais são difusas nas franjas. Estão em um estado de fluxo constante, sempre se tornando, ao invés de serem. Raramente, são pensadas para sobreviver no tempo.

Se *estruturas* dizem respeito a abranger e cercar, segurar, manter, restringir, conter, *redes*, em contraste, se referem à interação perpétua e voluntária entre conectar e desconectar. Mas aí o processo de "formação de identidade" se torna primariamente uma continuada renegociação de redes, reage Bauman. Não vejo maior problema nisso. A novidade das redes não está, realmente, na participação simultânea em múltiplas redes, nem na recorrente entrada e saída de uma posição em uma ou mais redes. Não está, também, no silêncio da maioria "plugada". Não há nada de mal em pessoas preferirem "escutar" e observar, antes de ou mesmo sem se manifestar. Tudo isso já era parte do processo de complexificação social, com a multiplicação de papéis sociais que cada indivíduo precisava desempenhar em sua vida em sociedade e continua a precisar. Muitos desses papéis, embora recorrentes, eram e são intermitentes, portanto o indivíduo entrava e saía deles repetidamente, conectava-se e desconectava-se, no plano analógico, o que implicava, também, a renegociação reiterada de papéis. A novidade da rede está menos em sua fluidez e intermitência voluntária — é possível ficar em rede 24 horas por dia — e mais em seu alcance, rapidez, capacidade de multiplicar as interações, no poder de contágio e na "virtualidade" das relações. Isso cria alguns riscos, desafios e vantagens novos.

Não há garantia alguma de que a transição se dê na direção de formas mais completas e profundas de democracia e de legitimidade partidária. Todavia, esse estranhamento com a democracia esvaziada é, sem dúvida, parte das contradições que estão gerando movimentos de mudança. É um tempo fluido, mutante, que produz frequentemente eventos inesperados. Os indivíduos sentem-se inseguros. Sentem uma insatisfação que não sabem explicar. Um deslocamento. O mundo que lhes é conhecido está mudando tanto que já não o reconhecem no presente. Perdem, em parte, a referência de si mesmos, imersos nesse ambiente no qual cresce o espaço do irreconhecível e do imprevisível. Insisto todavia que o desencanto com a democracia não inspira demanda generalizada por autoritarismo. A maioria pede mais e não menos democracia.

É bem provável que toda grande transição tenda a passar por um período de certo "medievalismo", isto é, de polarização entre as forças "do bem" e as forças "do mal"; entre preceitos religiosos ortodoxamente interpretados e práticas sociais e individuais laicas vistas como "maléficas", levando à censura, ao condicionamento doutrinário e à violência. Esse doutrinarismo ortodoxo aparece hoje entre muçulmanos, judeus, cristãos e hindus. A concepção do ex-presidente George W. Bush do "eixo do mal" é uma expressão ideológica desse "medievalismo" associado a valores religiosos conservadores. Ele desenvolveu, com seus assessores, uma narrativa político-religiosa que justificava o comando de uma "cruzada" para confrontar a *jihad*.

Toda grande transição tem fases depressivas, de desalento e desesperança, sobretudo quando ainda não há sinais firmes das estruturas emergentes e as estruturas decadentes ainda não perderam toda a força, mas tampouco conseguem sustentar o processo econômico-social. O movimento cíclico se dá, então, entre crise e crise. É o que Hermann Hesse chamou de doença do tempo, que deixa confusos mesmo os melhores pensadores e protagonistas desse processo convulsionado, carregado de tensões, contradições e conflitos. "Mas a doença dos tempos mesmos, a neurose desta geração [...], um mal, parece, que de forma alguma ataca apenas os fracos e sem valor, mas ainda mais os que têm o espírito forte e são ricos em seus dons." Esse sentimento, descrito em *O lobo da estepe*, em 1927, define, com precisão, esse ponto nevrálgico da história, esse hiato, "quando uma geração inteira é apanhada entre duas eras, dois modos de vida, e, dessa forma, perde o sentimento para si do que é autoevidente, de toda a moral, segurança e inocência".[296] Essa desestabilização do cotidiano por mudanças vertiginosas, a sobrecarga de informação, os desafios que parecem insuperáveis ao conhecimento também produzem rebeldia, descontentamento, ira e, contraditoriamente, comodismo da maioria. É esse comodismo, essa conformidade com o statu quo, que provoca a raiva do lobo da estepe, Harry Haller, inesquecível personagem que confessa "odiar mais profundamente e maldizer com mais intensidade a satisfação, a comodidade saudável, o otimismo bem cuidado, a educação adiposa do medíocre, do normal, do acomodado; a frivolidade da sociedade burguesa" de seu tempo.

Hesse transforma seu personagem no espelho dessa era dividida entre dois modos de vida, entre o pessimismo e a revolta, o suicídio e a nova vida, o desespero e a transcendência. Ele sabe do que está falando. Ele é, junto com Thomas Mann, um intelectual da transição. Ambos refletem a terceira onda de profundas transformações da grande transição iluminista para a modernidade. Hesse falava das perturbações do sonho da República de Weimar e prenunciava o pesadelo nazista. A mente criativa se rebelava contra o pesadelo, o sonho bom perdido na profunda perturbação daqueles tempos de imprevisto. A ficção tornava-se a arma pacífica e contundente para confrontar a intolerância e o voluntarismo, triunfalista e autoritário.

A metáfora do movimento das placas tectônicas da estrutura social permite combinar dois componentes essenciais da mudança: a ruptura estrutural e o tempo longo. São mudanças de profundidade que afetam decisivamente a superfície, em ondas sequenciais e não lineares de choque. Significa dizer que o passado pouco nos informa sobre como será o futuro. Diz-nos apenas que tudo será muito diferente do que já vivemos. Para que esse deslocamento das placas estruturais ocorra, transcorre um longo tempo de acomodações iniciais, algumas chegando a alterar a superfície, outras não. É um movimento, portanto, histórico-estrutural imprevisível na extensão de suas consequências e, mesmo, de seu percurso. Ao longo do processo, há crises, incerteza, instabilidade prolongada, "terremotos" e "tsunamis". Nada é, de fato, inteiramente previsível. Exatamente porque o percurso das mudanças está em aberto e depende de uma mistura variável de determinações estruturais e escolhas. Não é possível prever com precisão a direção da maior parte das mudanças, embora seja possível dizer, com razoável certeza, o que acontecerá em certas dimensões da vida social se a mudança tomar determinada direção.

Como lembrou D. H. Lawrence, nossa ideia de tempo como continuidade em uma linha reta eterna prejudicou de forma cruel nossa consciência do movimento.[297] Hoje não é possível determinar se as redes sociais exacerbarão inevitavelmente as tendências de fragmentação — como argumentam Ackerman e Fishkin —, levarão à polarização e, em última análise, à polarização radicalizada — como supõe o jurista Cass R. Sunstein[298] — ou serão um instrumento de aprofundamento da democracia — como defende Castells. Esta é a hipótese com a qual me identifico mais, sem deixar de reconhecer a possibilidade dos outros caminhos. Ou mesmo a hipótese de que essas coisas ocorram em simultâneo: que haja fragmentação, polarização e aprofundamento da democracia no processo de concretização de uma ágora social virtual. A simultaneidade dos opostos, seja na imaginação, seja na sociedade concreta, não é absurda nem infrequente. A contradição é parte da vida e da ordem social. Conflito é motor de mudança. Todavia, a indeterminação tende a ser característica de longa duração dos momentos de transição, antes que novas formações sociais se organizem com razoável grau de coerência interna.

Há incerteza também na transição científica. Não é possível prever com segurança quanto a nova medicina, nascida das terapias genética e celular e das nanocirurgias, aumentará a longevidade humana, sem danos colaterais, por exemplo, de natureza psicológica. Mas é possível prever, com relativa clareza, algumas consequências demográficas e de organização social da longevidade muito prolongada, se ela de fato se verificar no futuro. Como diz Bauman, a vida está se movendo rápido demais para que a maior parte das pessoas possa seguir suas voltas e reviravoltas, ainda mais antecipá-las. As trajetórias de vida parecem como que fatiadas em episódios. Quaisquer conexões entre os episódios, as conexões causais, determinantes, serão discerníveis, se o forem, apenas em retrospecto. Preocupação e apreensão sobre o sentido e a destinação dessa jornada são tão abundantes quanto os prazeres prometidos por esse mundo cheio de surpresas, essa vida pontuada por "novos começos". As "redes conceituais" que herdamos ou aprendemos a usar para apreender realidades esquivas, ou os vocabulários que comumente usamos para relatar nossas descobertas, não nos ajudam a desvendar como evoluirá a grande transição. Os conceitos e as palavras que objetivam transmitir nossos significados para nós mesmos e para os outros se mostram dramaticamente inadequados para esse propósito. Nós precisamos desesperadamente de um novo marco conceitual, um novo quadro de referências que possa acomodar e organizar nossa experiência de modo que nos permita perceber sua lógica e ler sua mensagem, até agora escondida, ilegível ou suscetível de interpretações arbitrárias.[299]

A ameaça climática nos assombra e atemoriza. Muitos a negam por medo, outros, por interesses mesquinhos. As consequências para a qualidade de nossa vida futura da grande extinção que estamos promovendo nos escapam totalmente. É um ponto em branco em nossa agenda coletiva. Pertence ao domínio de cientistas, especialistas e ambientalistas. Construímos uma relação de estranhamento e dominação com a biosfera. Ela é nossa vida, mas, do ponto de vista de nossas percepções, nos é totalmente estrangeira. Tão estranha quanto o espaço sideral, para uma vasta maioria. Os terranos na biosfera são, para essa maioria, como estranhos em uma terra estranha, para lembrar o autor de ficção científica Robert Heinlein.

A natureza das grandes transições é indeterminada e não determinística. Há margem para o fracasso societário e para o colapso estrutural. A possibilidade de reações conservadoras, que impedem a emergência ou a consolidação de saídas mais criativas e inovadoras para o ciclo crise-crise da transição, é real e constitui, talvez, um dos maiores riscos desse processo de transformação estrutural. São tantos os casos na história de vitória da reação contra a revolução que talvez fosse desnecessário mencioná-los. Basta lembrarmos a chamada "reação termidoriana" à Revolução Francesa, que levou à queda de Robespierre e mergulhou o país no reinado do terror. Ou a reversão, em Weimar, de um momento histórico constituinte e criativo, mas politicamente frágil, que teve seu colapso na vitória da reação conservadora, com trágicas consequências futuras. A Revolução Francesa deixou-nos porém um legado inabalável de valores republicanos — liberdade, igualdade, fraternidade. A República de Weimar fracassou, mas as ideias e os conceitos inovadores, surgidos do ciclo criativo da transição alemã, não desapareceram com ela. A correlação de forças no sistema de tensões que a caracterizou, para usar o termo adotado por Elias, era desfavorável. Weimar sucumbiu. Mas a derrota política dos progressistas não significou o desaparecimento de seu legado. A influência cultural e ideológica de Weimar estendeu-se para muito além de sua curta existência institucional. A literatura de Hermann Hesse e Thomas Mann, o movimento Bauhaus, o teatro e a poesia de Bertolt Brecht, a música de Kurt Weill, o cinema expressionista (*Metropolis*, *O gabinete do dr. Calligari*), o pensamento de Martin Heidegger, Karl Jaspers, Hannah Arendt e Walter Benjamin, para mencionar alguns marcos intelectuais de Weimar, continuam a ter relevância até hoje. Era um momento claro de movimentos determinantes nas estruturas da sociedade alemã e mundial, parte da grande transição para o auge da modernidade. Em Viena, um círculo de pensadores iniciou controvertida investida contra a metafísica, abalando todo o sistema filosófico construído ao longo de décadas. Na Áustria, era, igualmente, um momento de conflito, contradições e crise aguda. O Círculo de Viena também teve curta duração. A diversidade de pensamento no grupo de pensadores e filósofos mostrava a amplitude do espectro criativo que se abria no período. Estendeu sua influência para intelectuais em amplo espectro de ideais, de Wittgenstein a Hayek e Popper.

Movimentos tectônicos que se deram em ondas, uma das quais é contemporânea da etapa mais criativa, de grande perplexidade existencial e humanística. As décadas que se seguiram, como Hesse intuíra, produziram horrores e assombros que redesenharam a fisionomia definitiva da rede humana por todo o restante do século XX e até, pelo menos, a primeira década do século XXI. A Alemanha vivia, no auge dessa onda de transformações, um período de crise econômica catastrófica e profundos e intratáveis conflitos sociais e políticos. Não havia a menor possibilidade histórico-estrutural para consensos sociais ou acordos políticos pacificadores. Abriam-se, contudo, amplos espaços para a criatividade pessoal, para escolhas inovadoras. A correlação de forças no sistema de tensões que se formou foi desfavorável e não permitiu a vitória das inovações naquele momento. Mas elas teriam, nas décadas seguintes, papel indiscutível nas formações sociais ocidentais do século XX. Elas sobreviveram e foram vencedoras afinal. Escolhas coletivas e movimentos estruturais que definiram um dado rumo para as eras iluminista ou moderna nas décadas seguintes.

Esse momento criativo do qual Weimar é o ícone espalhou-se por Viena, Berlim e Praga. Por razões iguais e diferentes, Paris fervilhava intelectualmente. Em todos esses lugares se criavam as ideias que seriam duradouras e dominantes, que formariam outros conjuntos novos de ideias mais adiante, a despeito da derrota conjuntural, por mais brutal que ela tenha sido. Era a explosão da avant-garde. Nos anos 1990, o filósofo da ciência C. G. Hempel ainda dizia que, quando as pessoas discutem o positivismo lógico — a principal criação do Círculo de Viena — e dizem que ele está superado, estão erradas, porque o empirismo concebido naquele período não se resumia a uma visão, como a de Carnap, por exemplo, que ficou entre os mais conhecidos. Havia outras vertentes do pragmatismo científico que não continham os elementos hoje contestados do positivismo lógico.

Essa influência transformadora não se ateve à filosofia, em geral, e à filosofia da ciência, em particular. Ela marcou profundamente a literatura, o teatro, o cinema, a música, a matemática, a física e as ciências humanas, basta lembrar a ruptura promovida por Freud, a literatura de Musil, as pinturas de Klimt, a música de Schoenberg. A maior parte da arquitetura intelectual construída naquele período de crise e criatividade inovadoras estava fora do eixo de poder, associada a coalizões que seriam politicamente derrotadas em breve. Seus criadores eram na maioria rebeldes, situavam-se deliberadamente fora dos paradigmas dominantes em seus campos — ciência, arte, literatura, filosofia, sociologia, psicologia, arquitetura —, eram indivíduos que usaram todos os graus de liberdade abertos à expressão pessoal pela crise de transição. Exatamente por estarem fora das estruturas dominantes e buscarem ir além do possível, do que estava dado, é que sua influência persiste. Sobreviveram por causa da qualidade, profundidade e novidade do que faziam. Nem a força intelectual extraordinária demonstrada por eles, porém, nem seu potencial de influência e transformação eram capazes de se impor ao movimento estrutural e à distribuição de forças naquele sistema de tensões, sob muitos aspectos terminal. Derrotados em seu projeto histórico, tornaram-se vencedores quando as novas forças, dotadas de poder superior, buscaram ideias inovadoras para construir a sociedade do pós-guerra. Basta mencionar um exemplo: Karl Jaspers, injustamente considerado um filósofo menor, deu contribuição decisiva no debate para desenhar a democracia alemã pós-hitlerista. Um precursor importante das teorias da democracia do diálogo, do processo de conversação aberta na comunidade de cidadãos livres e ativos. Nas últimas décadas do fim do século XX e nas primeiras duas décadas do século XXI, a Era Moderna vive seu ocaso.

A busca de novas ideias para construir o mundo do "futuro-futuro" desafia as gerações do "presente-presente" e do "presente-futuro". Vivemos todos momentos de grande perplexidade e ainda não encontramos o fio da meada. Não tenho a pretensão de saber onde ele está. Nossa perplexidade é evidente. Não temos ainda pavimentadas as vias para a descarbonização da economia e da sociedade e sua adaptação à transição climática já inevitável. Falta-nos a visão completa para resolver o claro enigma do aprofundamento da democracia representativa em crise de legitimidade. Não temos modelos prontos para a economia política do mundo pós-transição e pós-capitalista que permitam a redefinição do papel do capital financeiro globalizado, para compreendermos a natureza da nova economia e desenvolver mecanismos anticíclicos e regulatórios que lhe sejam próprios. Daí minha releitura de ideias diversas — não raro antagônicas — sobre a natureza do desafio climático, os dilemas intrínsecos à democracia, a dinâmica bolha-crise do capitalismo atual e os custos da austeridade-padrão imposta aos países endividados. Nenhuma explicação ou proposta para a crise de legitimidade e a crise cíclica do capitalismo globalizado satisfaz. As visões concorrentes são descartadas de parte a parte, intensificou-se a prática da desqualificação recíproca, que interdita o diálogo e a busca de soluções alternativas. Acabamos todos fundamentalistas, bloqueando a via da inovação. Não sei para onde vamos, mas sei que não seremos os mesmos no futuro relativamente breve. Nada será como é ou como foi. Mas o que será?

AO FIM, A DÚVIDA

Wittgenstein escreveu que uma dúvida sem um fim não é sequer uma dúvida. Por isso, ponho um fim neste ensaio, cujo princípio central é a dúvida acerca do futuro. O fim pode ter várias leituras — o que não pode? —, e, certamente, Wittgenstein não se referia principalmente a um ponto final. Tratava mais do propósito, da finalidade e dos limites da dúvida. Qual é o ponto, afinal?

A finalidade dessa dúvida, personagem central de minha reflexão, é desconfiar dos modelos hoje considerados intocáveis, para interpretar nossa vida social, política e econômica. É localizá-los em seu tempo próprio, o século XX, ou no passado-presente e no presente-passado. Determinar sua natureza histórica, para definir seus termos de validade. Eles não nos iluminam na trajetória do presente-presente e, menos ainda, do presente-futuro e do futuro por vir. São paradigmas para uma sociedade que se esvai, se exaure, vive seu ocaso, não modelo para a sociedade que nasce. Não há particulares nessa dúvida. As ciências sociais, e nelas incluo a economia, tornaram-se conservadoras demais, não no sentido comum do conservadorismo político, mas no sentido epistemológico do apego aos paradigmas maduros. Desconsideram qualquer problema que não esteja formulado em seus próprios termos ou o reinterpretam, para enquadrá-lo em seus termos. Ora, o mundo que importa forma-se nas bordas desses paradigmas, fora do alcance do seu olhar analítico. Esse apego aos modelos já dados, que não evoluem mais, apenas apuram-se no que já sabem, aperfeiçoam-se no mesmo, não é privilégio de corrente alguma. Ele domina à esquerda e à direita, liberais e socialistas. Todas as correntes descartam o divergente, com argumentos que, reduzidos à essência, revelam a adesão fundamentalista às teses centrais de seus paradigmas.

O fim como limite não tem novidade. O que a explicitação da dúvida revela é o limite que separa nosso conhecimento de nossa ignorância. O mais importante hoje para nós é o que não sabemos. Volto a Einstein: o que sabemos, o conhecimento, é coisa morta. Galileu, na versão de Bertolt Brecht, já prenunciava o milênio da dúvida. O milênio que acabamos de entrar, esse sim, é o milênio da máxima dúvida. Entramos nele sem boas hipóteses, o que dizer de boas respostas.

Portanto, seguindo a sabedoria de Wittgenstein, não tenho a

intenção nem a pretensão de responder às questões que minhas dúvidas suscitaram. Meu ponto central é que se pode identificar a emergência de uma grande transição, quando se notam seus efeitos primários em quase todos os aspectos da vida social e individual. Mas é impossível vislumbrar sua trajetória futura. Nada é previsível e nada está dado, predeterminado, nem mesmo os riscos criados pelo amadurecimento terminal da sociedade em que ainda vivemos e à qual Beck chamou de sociedade de risco. Mais desconhecido ainda é o mundo que emerge dos escombros dessa sociedade e que ele preferiu chamar de mundo em metamorfose. Não apenas um mundo em mudança, a significar que alguma coisa muda, enquanto outras coisas continuam como são. A metamorfose implica uma transformação muito mais radical, na qual velhas certezas da sociedade moderna desmoronam enquanto algo totalmente novo está emergindo.[300]

As grandes transformações são como as descobertas científicas que levam à mudança de paradigma, aquelas, segundo Thomas Kuhn, mais interessantes e importantes, que todavia não podem ser previstas pela teoria dominante e causam apreensão e surpresa.[301] O restante é manifestação de preferências, projeção do sonho de sociedade que deve animar a cada um. Só me animo a pensar a sociedade e a política porque tenho um sonho a respeito da boa sociedade. Uma utopia. E, no final, a única herança digna que deixamos aos nossos são nossos sonhos. Cada época cria os sonhos de que necessita, escreveu o filósofo marxista György Lukács, e só a geração que a sucede pode dizer que não foram verdade e trocá-los por sonhos atualizados que acreditam passíveis de se tornarem reais.

A partir dessas pistas da emergência de vastas mudanças à frente, imagino ou especulo sobre alguns dos grandes desafios do século. Entre eles destacam-se, como problemas postos para que a criatividade humana equacione, a mudança climática, a nova revolução científica e tecnológica, a mudança nos padrões de produção material e o desencanto com a democracia. Esse misto paradoxal de desinteresse pela política convencional, de indignação com os desvios oligárquicos e elitistas e a esperança de que haja novos caminhos para realizar o anseio iluminista de justiça, liberdade, comunidade e soberania popular. Não é bom deixar que o inesperado determine inteiramente o rumo da grande transição e nosso futuro. Há escolhas e rupturas a fazer. Mudanças que podem reforçar a trajetória no rumo do bem-estar coletivo e evitar o desfecho trágico como fado. O que reforçar na busca pela redemocratização da democracia? Como melhor nos apropriarmos da transição científica e tecnológica? Como enfrentar a transição climática? Como combater a desigualdade e redefinir nossa compreensão coletiva do que seja progresso? Escolhas e decisões que são domésticas, mas que estão diante de desafios globais e que exigirão cooperação global. Como chegar a um plano de cooperação global como resultado da mudança nos padrões concretos de produção, consumo e distribuição e não como demiurgo da nova sociedade? Como chegar, em paz, sem violência, ainda que sempre em conflito, à governança global cosmopolita, sem governo, mas efetiva nas questões comuns que requerem coordenação e alguma disciplina de nossa vida comum e nossa biosfera?

Voltando ao Galileu de Brecht, o conhecimento é produto da dúvida. A dúvida é a alma da ciência, a ferramenta do conhecimento, a inspiração da filosofia e a matéria-prima da criatividade. Não se deve temer a dúvida, nem impedir que ela seja o fim de uma indagação sobre o presente do futuro. Muito menos imaginá-la como a negação do conhecimento. A dúvida é fértil. Inférteis são a censura, a autocensura e as certezas ideológicas. Se o futuro é uma interrogação, como concluir sobre ele, se não assumindo a dúvida como desfecho de uma reflexão especulativa, tornando-a explícita? Brecht, na aurora da República de Weimar, intuindo que todas as certezas tremiam com os abalos nas estruturas da sociedade, concluiu que, de todas as coisas seguras, a mais segura é a dúvida.

Uma pergunta só é boa quando não tem resposta satisfatória, nos lembra Flusser. E, repetindo Hegel, nota que a consciência é sempre infeliz. A tragédia da consciência é que quanto mais ela sabe mais ela quer saber.[302] A resposta não pode ser única nem satisfatória. Respostas únicas são o substrato da hegemonia, e toda hegemonia é tirânica por definição. O conhecimento em busca da unanimidade é apenas uma justificativa ideológica para a dominação. As respostas serão diversas, e é bom que assim seja. Que reflitam distintas visões de mundo e distintas formas de compreender os desafios que temos à frente. Será da diversidade e de uma ampla conversação democrática global que emergirão os novos paradigmas civilizatórios do século XXI.

Porque duvido não significa que vislumbro o fracasso ou um futuro desenhado pela mão invisível do acaso. Vivemos numa sociedade que está na beira do caos. Mas não da pura desordem ou da catástrofe. Caos "como emergência, entre a simplicidade das formas nascentes e a complexidade das formas maduras".[303] Caos como transição. Teremos que nos adaptar a essa contingência, mirando mais à frente. As respostas serão encontradas na diversidade de vozes que hoje podem se manifestar nessa conversação global. Jamais no consenso. Menos ainda em alguma ortodoxia autocomplacente. Com o tempo e a dinâmica dessa conversação polifônica, as opções aparecerão, as escolhas serão feitas e os caminhos começarão a ficar mais claros, na rica diversidade da humanidade. As respostas mudarão com o ritmo da grande transição, que tende a acelerar nas próximas décadas. Algumas soluções serão, muito provavelmente, globais, respondendo a desafios que são globais e nos afetam a todos de forma decisiva, ainda que desigual. Outras serão singulares e permitirão a convivência do mosaico diverso de povos e culturas com uma civilização planetária cada vez mais integrada, cosmopolita e digitalizada. A sociedade cosmopolita global tende a ser cada vez mais uma sociedade baseada na mestiçagem transcultural. As soluções talvez sejam, na maioria, progressivas, no sentido de que teremos um amplo conjunto de soluções de transição, portanto provisórias por natureza, que serão substituídas por soluções dentro dos novos padrões que emergirão e amadurecerão ao longo da travessia. Viveremos o transe, a crise e o alívio desse amadurecimento de nossas escolhas e possibilidades.

Ter dúvidas não me impede, porém, de ter preferências, que me levam à concepção político-social que indico aqui. A democracia precisa da diferença. Da diferença, não da desigualdade. A democracia digital tende a ser cosmopolita, porque as redes, seu principal instrumento, são cosmopolitas, como também a informação que flui pela ciberesfera. A crítica da desigualdade não pressupõe a negação das diferenças de aptidão, preferências, crenças. A redução ao mínimo irredutível das desigualdades é um pressuposto do avanço civilizatório no século XXI. A sociedade justa e a democracia pluralista e popular não são ideais antagônicos. São metas indissociáveis. Não é possível aprofundar e redemocratizar a democracia sem reduzir radicalmente a desigualdade, para que as diferenças legítimas se manifestem livremente. Não é possível estabilizar e sustentar a democracia plural, em uma sociedade desigual. As vozes sufocadas pelas hierarquias sociais, inscritas nos aparatos de dominação política, sempre se manifestarão em explosões de revolta. A propensão do poder desigual é reprimir essas ondas de indignação reduzindo, progressivamente, os graus de liberdade de uma ordem política cada vez mais estreita. A democracia representativa só se realiza plenamente no pluralismo real, portanto na igualdade entre diferentes e quando a expressar da forma mais fidedigna possível.

O preconceito de todo tipo nega a representatividade da democracia. Ainda assim, ela sempre necessitará de pesos e contrapesos que evitem seu sequestro pelas oligarquias e mantenham mínimas as desigualdades sociais e políticas. Essa posição assumida encontrará parceiros e será contestada. Não vejo como eliminar a concorrência entre o elitismo e o igualitarismo, no sentido que expressei aqui. A própria ideia de eliminar divergências, de construir um consenso unânime, de uniformidade, nega a democracia e a integridade do indivíduo livre. A comunidade de cidadãos livres, iguais e diversos é necessariamente uma comunidade de divergências, e por isso é democrática.

O principal contrapeso às persistentes inclinações hegemônicas e tirânicas na sociedade e no Estado virá, muito provavelmente, da constituição espontânea e contagiosa de uma ampla e democrática *polis* digital e, talvez, de uma ágora digital, um espaço de conversação e deliberação, capaz de manter viva e influente a comunicação aberta entre cidadãos a um só tempo iguais e diversos. Que forma terá a representação ou como se organizará a ágora digital, com seus desdobramentos globais e cosmopolitas, é uma questão que pertence ao território da dúvida. Até a especulação futurista corre o risco de nascer contaminada pelas formas velhas e em processo de esvaziamento que conhecemos. Dificilmente a nova sociedade se parecerá com a velha. Menos provável ainda que a democracia digitalizada se pareça com a velha democracia oligarquizada que temos. A grande transição garante, por seu caráter profundo e extenso, que não possamos inferir o futuro do presente. Nada será como o que conhecemos. O futuro nascerá de um gene mutante, não da reprodução ampliada, mas idêntica dos genes da era evanescente. Ele não está na história. Está nas brumas que encobrem os tempos que virão.

Quando olhamos para o passado, não podemos imaginar que encontraremos nele as respostas para o futuro. É o caso, por exemplo, da ágora grega, a que recorri várias vezes. Não é modelo para o futuro. A ágora digital só poderá ser uma espécie radicalmente diferenciada, ainda que pertença remotamente à sua linhagem. Mais distante ainda que os oligopólios capitalistas estão dos monopólios medievais. Mesmo a diferenciação brutal entre uma mensagem no WhatsApp e a manuscrita que era entregue pelo correio montado só nos dá uma ligeira ideia das diferenças no ritmo da mudança e no grau de mutação que haverá entre os eventos do passado e os do futuro. Tampouco encontraremos as respostas no presente. Se pudéssemos identificar, com clareza, as sementes do futuro-futuro no futuro-presente, ou seja, nas partes que pertencem ao futuro já presentes, talvez pudéssemos antecipar alguns de seus contornos mais prováveis. Mas não temos as ferramentas para isso, como se fôssemos botânicos, capazes de, em um vasto campo no qual predominam as densas espécies morituras, distinguir as tenras mudas das espécies viáveis que chegarão maduras ao futuro. Em meio às espécies do passado e às do futuro, ainda existem as pioneiras mas efêmeras, filhas diretas dos tempos de transição, que crescem, florescem e morrem antes de as espécies do futuro vingarem definitivamente, cuja função é precisamente permitir que eclodam e cresçam. Os produtos de transição formam um ambiente-ponte que nos fornece alguns recursos, em substituição aos que se esgotam ou não têm mais viabilidade de uso, enquanto amadurecem nos laboratórios da ciência, da técnica e da sociedade os novos modos com os quais serão construídas as formações da nova era. Além disso, o campo em que essas transformações se dão é ele mesmo mutante, elidindo nossa capacidade de análise e previsão.

Por isso, como conclusão, manifesto minha dúvida. Não sei como, nem se porventura lograremos enfrentar os desafios da grande transição do século XXI. Não sou capaz de calcular a probabilidade de sucesso de minhas preferências. Mas arrisco-me a apostar que a humanidade não escolherá o fracasso e o apocalipse. O tesouro evolutivo acumulado que nos permitiu, como espécie, ocupar o topo da cadeia da vida mantém operante nossa propensão a buscar a sobrevivência e o bem-estar, a eliminar os erros que nos ameaçam como espécie e a mudar. Esse acervo evolutivo nos deu enorme capacidade de adaptação e mudança. Desenvolvemos, na era que se esgota, assombroso volume de conhecimento e capacidade de criação de conhecimento novo, nas fronteiras de nossos paradigmas, com velocidade e precisão inéditas. Uma pálida amostra do que produziremos com as ferramentas que a transição científica e tecnológica vai desenvolvendo. No curso da grande transição, estamos levando determinadas formas civilizatórias a seu limite, junto com a capacidade de sustentação e a resiliência da biosfera. Em simultâneo, estamos desenvolvendo conhecimento e soluções científicas e tecnológicas que nos capacitam a enfrentar os desafios e os perigos inerentes a essa situação-limite.

Como disse no início deste manifesto da dúvida, o resultado decorrerá de uma combinação hoje indecifrável de acaso e escolha. Não há como investigar o acaso, nem como antecipar as escolhas que as sociedades farão, individual e globalmente. Difícil levar o otimismo e a utopia ao ponto de imaginar que construiremos o sonhado paraíso terrestre. Muito provavelmente, o novo mundo terá pesadelos, conflitos e catástrofes impensáveis em nosso tempo, decorrentes de escolhas ainda a fazer. Como em todas as eras que antecederam a nossa e que nos trouxeram até onde chegamos. A sociedade humana futura será assombrada por pesadelos novos e maravilhada por feitos inéditos espetaculares. Ao final, será provavelmente muito mais diferente da era do Iluminismo que se encerra do que esta foi diferente da era medieval que a antecedeu. As revoluções do Iluminismo precisaram da comunicação escrita e que a minoria letrada disseminasse entre a maioria iletrada o que diziam os panfletos inovadores. As revoluções do século XXI se propagarão, talvez como uma pandemia digital, alcançando, quase instantaneamente, todas as fronteiras globais. Das franjas do velho mundo, já na borda desse novo mundo envolto pelas brumas da incerteza, do qual muito pouco ainda se pode ver, só nos resta mesmo a dúvida.

# Notas

1. Emmanuel Levinas, "Reality and Its Shadow". *Collected Philosophical Papers*. Dordrecht: Martinus Nijhoff, 1987.
2. Reinhart Koselleck, *Estratos do tempo*. Rio de Janeiro: Contraponto; PUC, 2014.
3. Ibid., p. 154.
4. Zygmunt Bauman, "Es posible que ya estemos en plena revolución". *Magazine Digital*, 2 nov. 2014. Disponível em: <http://www.mgmagazine.es/historias/entrevistas/zygmunt-bauman-es-posible-que-ya-estemos-en-plena-revolucion>. Acesso em: 19 dez. 2016.
5. Valho-me, aqui, da transcrição publicada pelo *Consultor Jurídico*, 1º jan. 2016. Disponível em: <http://www.conjur.com.br/2016-jan-01/zygmunt-bauman-neste-seculo-estamos-num-estado-interregno>. Acesso em: 19 dez. 2016.
6. Reinhart Koselleck, op. cit., p. 153.
7. Emmanuel Levinas, op. cit. Tradução minha.
8. Déborah Danowski e Eduardo Viveiros de Castro, *Há um mundo por vir? Ensaio sobre os medos e os fins*. Florianópolis: Cultura e Barbárie; Instituto Socioambiental, 2014.
9. Milan Kundera, "Conscience de la continuité", in *Le Rideau: essai a sept parties*. Paris: Gallimard, 2005. pp. 26-7.
10. Marshall McLuhan, *Understanding Media: The Extensions of Man*. Berkeley, CA: Gingko, 2011.
11. Edgar Morin, *La Voie*. Paris: Fayard, 2011.

12. R. Koselleck, op. cit., p. 247.
13. Id. Ibid., p. 21.
14. Ibid., p. 21.
15. Ibid., p. 276.
16. Bryan D. Jones, *Politics and the Architecture of Choice: Bounded Rationality and Governance*. Chicago: The University of Chicago Press, 2001.
17. R. Keith Sawyer, *Social Emergence: Societies as Complex Systems*. Cambridge: Cambridge University Press, 2005.
18. William James, "The Moral Philosopher and the Moral Life", in *The Will to Believe and Other Essays in Popular Philosophy*. Nova York: Longmans, 1912. Tradução minha.
19. Robert Skidelsky, "Models behaving badly". *Project Syndicate*, 18 dez. 2012. Disponível em: <http://www.project-syndicate.org/commentary/why-forecasts-of-economic-recovery-have-been-wrong-by-robert-skidelsky>. Acesso em: 19 dez. 2016.
20. Howard Davies, "Economics in Denial". *Project Syndicate*, 22 ago. 2012. Disponível em: <http://www.project-syndicate.org/commentary/economics-in-denial-by-howard-davies>. Acesso em: 19 dez. 2016. Tradução minha.
21. Jason Collins, "Banking as an ecosystem", 8 fev. 2011. Disponível em: <http://www.jasoncollins.org/2011/02/banking-as-an-ecosystem/>. Acesso em: 19 dez. 2016; Winthrop Quigley, "'Connectedness' crashed financial ecosystem". *Albuquerque Journal*, 19 nov. 2012. Disponível em: <http://www.abqjournal.com/main/2012/11/19/biz/connectedness-crashed-financial-ecosystem.html>. Acesso em: 19 dez. 2016; Andrew G. Haldane e Robert May, "Systemic Risk in Banking Ecosystems". *Nature*, n. 469, pp. 351-5, 20 jan. 2011; George Sugihara et al., "Detecting Causality in Complex Ecosystems", *Science*, v. 338, n. 6106, pp. 496-500, 26 out. 2012.
22. James P. Crutchfield, "The Hidden Fragility of Complex Systems Consequences of Change, Changing Consequences", *Working Paper*, 2009-12-045, Santa Fe Institute.
23. Michael J. Seiler et al., "Preventing the Spread of a Financial Contagion through a Social Network: An Epidemiological Approach", Institute for Behavioral and Experimental Real Estate, Norfolk, out. 2011. Disponível em: <http://www.ibere.org/wp-content/uploads/2011/10/Social-Network.pdf>. Acesso em: 19 dez. 2016; Kee-Hong Bae, G. Andrew Karolyi e René M. Stulz, "A New Approach to Measuring Financial Contagion". *The Review of Financial Studies*, v. 16, n. 3, pp. 717-63, outono 2003.
24. P. S. Dodds e D. J. Watts, "A Generalized Model of Social and Biological Contagion". *Journal of Theoretical Biology*, n. 232, pp. 587-604, 2005; Alison

L. Hill et al., "Infectious Disease Modeling of Social Contagion in Networks", *PLoS Computational Biology*, v. 6, n. 11, e10009, 2010; George C. Galster, "The Mechanism(s) of Neighborhood Effects Theory, Evidence, and Policy Implications", trabalho apresentado ao seminário ESRC Neighbourhood Effects: Theory & Evidence. St. Andrews University, Escócia, 4/5 fev. 2010; Monica K. Nordvik, "Contagious Interactions: Essays on Social and Epidemiological Networks". Acta Universitatis Stockholmensis, *Stockholm Studies in Sociology New Series*, n. 33, 2008.

25. Sérgio Abranches, "As revoltas do século XXI e o diálogo digital". *Ecopolítica*, 22 fev. 2011. Disponível em: <http://www.ecopolitica.com.br/2011/02/22/as-revoltas-do-seculo-xxi-e-o-dialogo-digital/>. Acesso em: 19 dez. 2016.

26. J. Bradford DeLong, "The Perils of Prophecy", in *Project Syndicate*, 27 jun. 2012. Disponível em: <http://www.project-syndicate.org/commentary/the-perils-of-prophecy>. Acesso em: 19 dez. 2016.

27. Falo em equilíbrio dinâmico como um estado que oscila entre equilíbrio e desequilíbrio, mudando de ciclo. A ideia de equilíbrio social, econômico, político ou climático é irrealista em qualquer circunstância, mais ainda em transições da magnitude histórica da atual.

28. Edgar Morin, *Ma Gauche*. Paris: François Bourin, 2011.

29. George Tsebelis, *Veto Players: How Political Institutions Work*. Princeton: Princeton University Press, 2002.

30. Peter Schwartz, *Inevitable Surprises: Thinking Ahead in a Time of Turbulence*. Nova York: Gotham Books, 2003.

31. Hans-Georg Gadamer, *Truth and Method*. Nova York: Continuum, 2003. p. 302. Tradução minha.

32. Zygmunt Bauman, *Does Ethics Have a Chance in a World of Consumers?* Cambridge, MA: Harvard University Press, 2008. Tradução minha.

33. Zygmunt Bauman, "Es posible que ya estemos en plena revolución", op. cit. Tradução minha.

34. Arthur C. Clarke, *Profiles of the Future: an Inquiry into the Limits of the Future*. Londres: Orion, 2000.

35. Zygmunt Bauman, *Intimations of Post-Modernity*. Londres: Routledge, 1991. p. 34.

36. Eri Olin Wright, "The Real Utopias Project", in Archon Fong e E. O. Wright (orgs.), *Deepening Democracy: Institutional Innovations in Empowered Participatory Governance*. Londres: Verso, 2003, p. vii.

37. *Grande sertão: veredas*. 9ª ed. Rio de Janeiro: José Olympio, 1974, pp. 52, 443.

38. Edição brasileira: *Androides sonham com ovelhas elétricas? — Blade Runner*, trad. de Ronaldo Bressane. São Paulo: Aleph, 2014.

39. Nicolau Maquiavel, *Le Prince*, em *Oeuvres Complètes*. Paris: Pleîade, 1987. [Edição brasileira: *O príncipe*, trad. de Maurício Santana Dias. São Paulo: Companhia das Letras/ Penguin, 2010.]

40. Wanderley Guilherme dos Santos, *O paradoxo de Rousseau: uma interpretação democrática da vontade geral*. Rio de Janeiro: Rocco, 2007. p. 64.

41. Kurt Vonnegut Jr., *Player Piano*. Nova York: Scribner, 1952. Tradução minha.

42. Jeanne Belisle Lombardo, *The Ontological Underpinnings of the Modern Utopia*. Tese de mestrado. California State University, Dominguez Hills, 2010. Tradução minha.

43. Zygmunt Bauman, *Intimations of Post-Modernity*, op. cit., p. 34.

44. Elizabeth Kolbert, *The Sixth Extinction: an Unnatural History*. Nova York: Picador, 2015. [Edição brasileira: *A sexta extinção*, trad. de Mauro Pinheiro. Rio de Janeiro: Intrínseca, 2015.]

45. Thomas S. Kuhn, *The Copernican Revolution: Planetary Astronomy in the Development of Western Thought*. Cambridge, MA: Harvard University Press, 1957, p. 135. Tradução minha.

46. Edgar Morin, *La Voie*, op. cit.

47. David S. Landes, *The Unbound Prometheus: Technological Change and Industrial Development in Western Europe from 1750 to the Present*. Cambridge: Press Syndicate of the University of Cambridge, 1969.

48. Eu não levaria muito longe essa classificação evolutiva das "ondas". Uso-a como um recurso descritivo, para tentar facilitar a visualização do complexo e longo processo das grandes transições e não como um recurso heurístico.

49. Reinhart Koselleck, op. cit., p. 86.

50. Para uma digressão sobre ciclos e fases, ver a nota 1, "Ciclo ou fase?" em Sérgio Abranches, "Os ciclos do presidencialismo de coalizão". *Ecopolítica*, 11 mar. 2014. Disponível em: <http://www.ecopolitica.com.br/2014/03/11/os-ciclos-do-presidencialismo-de-coalizao/>. Acesso em: 19 dez. 2016.

51. Jason Frank, *Constituent Moments*. Carolina do Norte: Duke University Press, 2010.

52. Norbert Elias, *A sociedade dos indivíduos*, trad. de Vera Ribeiro. Rio de Janeiro: Zahar, 1994.

53. Ibid., p. 47.

54. Alex Callinicos, *Making History: Agency, Structure and Change in Social Theory*. Chicago: Haymarket Books, 2009.

55. Raymond Geuss, *Philosophy and Real Politics*. Princeton: Princeton University Press, 2008.

56. Manuel Castells, *The Rise of the Network Society*. Oxford: Blackwell, 1996.

57. Norbert Elias, *La Dynamique de l'Occident*. Paris: Calman-Lévis, 1975, pp. 121-3.

58. O evento foi uma realização conjunta da James Martin 21st Century School e da Intelligence. Os apresentadores eram Ian Goldin, diretor da 21st Century School, da Universidade de Oxford; Malcolm MacCulloch, diretor do Institute for Carbon and Energy Reduction in Transport; Sara Harper, diretora do Oxford Institute of Ageing; e Julian Savulescu, diretor do Programme on Ethics of the New Biosciences.

59. Zygmunt Bauman, op. cit.

60. Michael Porter e Mark R. Kramer, "The Big Idea: Creating Shared Value". *Harvard Business Review*, jan./fev. 2011.

61. Stewart Brand, *The Clock of the Long Now*. Nova York: Basic Books, 2000. p. 192. Tradução minha.

62. Ibid. Tradução minha.

63. Thomson Reuters, *The Research and Innovation Performance of the G20*, mar. 2014.

64. Jason Blackstock et al., *Climate Engineering Responses to Climate Emergencies*. Santa Barbara, CA: Novim, 2009; The Royal Academy of Engineering, *Geoengineering: Challenges and Global Impacts*, out. 2009.

65. Marshall McLuhan, op. cit., pp. 18 ss.

66. Ibid., pp. 39 ss.

67. Marshall McLuhan, *The Gutenberg Galaxy*. Toronto: University of Toronto Press, 1966. [Edição brasileira: *A galáxia de Gutenberg*, trad. de Leônidas Gontijo de Carvalho e Anísio Teixeira. São Paulo: Companhia Editora Nacional/ Edusp, 1972.]

68. Vilém Flusser, *Comunicologia: reflexões sobre o futuro*. São Paulo: Martins Fontes, 2015. pp. 140-1.

69. Lisa Blackman, "Gabriel Tarde and social psychology". Tarde Workshop: Economy, Psychology and Invention, 1º dez. 2005, p. 1.

70. Zygmunt Bauman: "As redes sociais são uma armadilha". *El País*, 9 jan. 2016. Disponível em: <http://brasil.elpais.com/brasil/2015/12/30/cultura/1451504427_675885.html>. Acesso em: 19 dez. 2016.

71. Ibid.

72. Gabriel Tarde, *L'Opinion et la foule*. Paris: PUF, 1989. Há tradução para o português: *A opinião e as massas*. São Paulo: Martins Fontes, 2005.

73. Como caracteriza R. Keith Sawyer, op. cit.

74. Cf. Richard Dawkins, *The Selfish Gene*. Oxford: Oxford University Press, 1989, cap. 11. Dawkins caracteriza o meme dizendo que é um novo tipo de replicante que emergiu recentemente. "Está ainda em sua infância, ainda circulando desajeitadamente em sua sopa primordial, mas já consegue promover mudança evolutiva a uma taxa que deixa o velho gene trôpego muito para trás." Essa nova sopa primordial é a sopa da cultura humana, diz. Exemplos de memes, para ele, são músicas, ideias, frases de efeito, moda.

75. Ver o estudo de Morgan Kelly e Cormac Grada, "Market Contagion: Evidence from the Panics of 1854 and 1857". *American Economic Review*, v. 90, n. 5, pp. 1110-24.

76. Ver o debate entre Malcolm Gladwell e Clay Shirky, "From Innovation to Revolution". *Foreign Affairs*, v. 90, n. 2, pp. 153-5, mar.-abr. 2011.

77. Essa história é recontada em Ted Nordhaus e Michael Schellenberger, *Break Through: from the Death of Environmentalism to the Politics of Possibilities*. Nova York: Houghton Mifflin, 2007. pp. 1-3.

78. Timothy Garton Ash, *History of the Present: Essays, Sketches, and Dispatches from Europe in the 1990s*. Nova York: Vintage, 2011.

79. Eugenio Xammar, *El huevo de la serpiente: crónicas desde Alemania (1922-1924)*. Barcelona: Acatilado, 2005; e *Crónicas desde Berlin (1930-1936)*. Barcelona: Acantilado, 2005.

80. "Introduction", op. cit.

81. *The Theory of Communicative Action*, v. 1: *Reason and the Rationalization of Society*. Boston: Beacon Press, 1985; e *Theory of Communicative Action: Lifeworld and System — A Critique of Functionalist Reason*, v. 2. Boston: Beacon Press, 1987.

82. Citado em L. Blackman, op. cit., p. 4.

83. Bruno Latour, "Tarde's idea of quantification", in Mattei Candea (org.), *The Social after Tarde: Debates and Assessments*. Londres: Routledge, 2010. pp. 145-63. Tradução minha.

84. John Zaller, *The Nature and Origins of Mass Opinion*. Cambridge, MA: Cambridge University Press, 1992. Tradução minha.

85. Danah Boyd e Alice Marwick, "Social Privacy in Networked Publics: Teens' Attitudes, Practices, and Strategies". Simpósio A Decade in Internet Time: Symposium on the Dynamics of the Internet and Society. Oxford Internet Institute, 22 set. 2011. Disponível em: <http://ssrn.com/abstract=1925128>. Acesso em: 19 dez. 2016.

86. Jacques Rancière, *Moments Politiques: Interventions 1977-2009*. Paris: Lux/La Fabrique, 2008, p. 8.

87. Ibid., p. 67.
88. Vilém Flusser, *Does Writing Have a Future?* Minnesota: University of Minnesota Press, 2011.
89. Jacques Rancière, *Le spectateur emancipé*. Paris: La Fabrique, 2008. p. 26.
90. Nadav Klein e Nicholas Epley, "Group discussion improves lie detection". PNAS, 2015. Disponível em: <http://www.pnas.org/content/early/2015/05/22/1504048112>. Acesso em: 19 dez. 2016.
91. Gabriel Tarde, op. cit., recorreu a essa expressão para falar dos efeitos da imprensa e do jornalismo, da capacidade de transformar conhecimento em opinião, por meio de sua divulgação inteligível.
92. Vilém. Flusser, op. cit., p. 101. Tradução minha.
93. Ibid., p. 117.
94. Archon Fung, *Empowered Participation: Reinventing Urban Democracy*. Princeton, Oxford: Princeton University Press, 2016. J. Ramon Gil-Garcia, Theresa A. Pardo, Taewoo Nam (orgs.), *Smarter as the New Urban Agenda: A Comprehensive View of the 21st Century City*. Nova York: Springer, 2015.
95. Vilém Flusser, *Into the Universe of Technical Images*. Minnesota: University of Minnesota Press, 2011. p. 92. Tradução minha.
96. Como demonstrou Claudio Napoleoni, *El Fin del Capitalismo*. México: Siglo XXI, 1982.
97. Michel Foucault, *Nascimento da biopolítica*. São Paulo: Martins Fontes, 2004.
98. Phillip Mirowski, "The Political Movement that Dared not Speak its own Name: The Neoliberal Thought Collective Under Erasure". Notas sobre a conferência History of Modern Social Science. Universidade de Toronto, set. 2014. Disponível em: <https://www.academia.edu/11571102/The_Political_Movement_That_Dared_Not_Speak_its_own_Name>. Acesso em: 19 dez. 2016 (tradução minha). Philip Mirowski e Dieter Plehwe, *The Road from Mont Pelerin*. Harvard University Press, 2009.
99. Sérgio Abranches, "Política social e combate à pobreza: a teoria da prática", in S. Abranches, W.G. Santos e M. A. Coimbra, *Política social e combate à pobreza*. Rio de Janeiro: Jorge Zahar, 1987.
100. William Davies, "The difficulty of 'neoliberalism'". *Open Democracy*, 1º jan. 2016. Disponível em: <https://www.opendemocracy.net/will-davies/difficulty-of-neoliberalism>, acesso em: 19 dez. 2016; "A Bibliographic Review of Neoliberalism", *Theory, Culture and Society*, 7 mar. 2014. Disponível em: <http://www.theoryculturesociety.org/william-davies-a-bibliographic-review-of-neoliberalism/>, acesso em: 19 dez. 2016; "A response to Nicholas Gane's 'The Emergence of Neoliberalism'", *Theory, Culture and Society*, 21 fev. 2014. Disponível

em: <http://www.theoryculturesociety.org/will-davies-responds-to-nicholas-ganes-the-emergence-of-neoliberalism/>, acesso em: 19 dez. 2016.

101. Do mesmo modo que rejeita a ação estatal muito mais que o liberalismo.

102. A. Touraine, *Comment sortir du libéralisme?*. Paris: Fayard, 1999.

103. Karl Marx tinha noção de que a robotização, ao reduzir dramaticamente o trabalho manual, alteraria de forma radical o modo de produção capitalista.

104. Alexander Gerschenkron, *Economic Backwardness in Historical Perspective*. Cambridge, MA: Belknap, 1962.

105. Simone Weil, *Réflexions sur les causes de la liberté et de l'oppression sociale*. Paris: Gallimard, 1955. p. 9. Tradução minha.

106. Wolfgang Streeck, "The Crises of Democratic Capitalism". *New Left Review*, n. 71, pp. 5-29, set.-out. 2011. Ver também, do mesmo autor, "Citizens as Customers: Considerations on the New Politics of Consumption". *New Left Review*, n. 76, pp. 27-47, jul.-ag. 2012; e "The Crisis in Context: Democratic Capitalism and Its Contradictions", MPIfG Discussion Paper 11/15. Cologne: Max Planck Institute for the Study of Societies, 2011.

107. Thomas Picketty, *Capital in the Twentieth-First Century*. Cambridge, MA: Belknap, 2014; François Bourguignon, *La Mondialisation de l'inégalité*. Paris: Seuil, 2012; Anthony B. Atkinson, *Inequality: What Can Be Done?* Cambridge, MA: Harvard University Press, 2013.

108. Jonathan I. Israel, *Radical Enlightenment: Philosophy and the Marking of Modernity 1650-1750*. Oxford: Oxford University Press, 2001; *A Revolution of the Mind: Radical Enlightenment and the Intelectual Origins of Modern Democracy*. Princeton: Princeton University Press, 2010.

109. Pierre Rosanvallon, *Le bon gouvernment*. Paris: Seuil, 2015.

110. George Tsebelis, *Veto Player's: How Political Institutions Work*. Princeton: Princeton University Press, 2002.

111. Bruce Ackerman e James Fishkin, "Deliberation Day", in James Fishkin e Peter Laslett (orgs.), *Debating Deliberative Democracy*. Oxford: Blackwell, 2003. pp. 7-31.

112. Ulrich Beck e Elisabeth Beck-Gernsheim, *Individualization: Institutionalized Individualism and its Social and Political Consequences*, com introduções de Scott Lash, "Individualization in a non-linear mode", e de Zygmunt Bauman, "Individually, together". Thousand Oaks, CA: Sage, 2001.

113. Ver, também, seu *Another Modernity: A Different Reality*. Oxford: Blackwell, 1999; e "Reflexivity and Its Doubles: Structures, Aesthetics, Community", in Ulrich Beck, Anthony Giddens e Scott Lash, *Reflexive Modernization:*

*Politics, Tradition and Aesthetics in the Modern Social Order*. Stanford: Stanford University Press, 1994. pp. 110-73.

114. Ulrich Beck e Elisabeth Beck-Gernsheim, op. cit., p. 24. Tradução minha.

115. Ibid., p. xxi.

116. Pierre Rosanvallon, *La société des égaux*. Paris: Seuil, 2001. pp. 375-82.

117. Beck e Beck-Gernsheim, op. cit., Z. Bauman, "Foreword: Individually, Together", pp. xxiii-xxxix

118. Ibid., pp. 384-5.

119. Ulrich Beck, *The Reinvention of Politics*. Cambridge: Polity, 1997.

120. Peter Mair, *Ruling the Void: The Hollowing-out of Western Democracy*. Londres; Nova York: Verso; New Left Books, 2013.

121. Sentimento sobre o qual tentei refletir teoricamente no texto que apresentei no encontro, com o título "Neither Free Beings, Nor Citizens", posteriormente publicado em português: "Nem seres livres, nem cidadãos: o dilema político do indivíduo nas democracias liberais". *Dados*, v. 28, n. 1, pp. 5-25, 1985. Disponível em: <https://www.academia.edu/1956057/Nem_cidadãos_nem_seres_livres_o_dilema_pol%C3%ADtico_do_indiv%C3%ADduo_na_ordem_liberal-democrática>. Acesso em: 19 dez. 2016.

122. Peter Bachrach, *The Theory of Democratic Elitism*. Boston: Little, Brown and Company, 1967.

123. Fareed Zakaria, "The Rise of Illiberal Democracy". *Foreign Affairs*, v. 76, n. 6, pp. 22-43, 1997; e *The Future of Freedom: Illiberal Democracy at Home and Abroad*. Nova York: Norton, 2003.

124. Pierre Rosanvallon, *La contre-démocratie: la politique à l'âge de la défiance*. Paris: Seuil, 2006. pp. 150-1.

125. Giovanni Sartori, *The Theory of Democracy Revisited*. Londres: Chatham House, 1987. Jack Hayward faz uma boa síntese da genealogia do pensamento elistista na formação dessa vertente da teoria democrática em "Populist Challenge to Élitist Democracy", em Jack Hayward (org.), Élitism, Populism, and European Politics. Oxford: Clarendon, 1996. pp. 10-33.

126. Fareed Zakaria, "The Rise of Illiberal Democracy". *Foreign Affairs*, v. 76, n. 6, pp. 22-43, nov./dez. 1997. Tradução minha.

127. Ver o sumário tanto das conclusões de Theda Skocpol quanto do argumento de Schattschneider, Jacob S. Hacker e Paul Pierson, "After the 'Master Theory': Downs, Schattschneider, and the Rebirth of Policy-Focused Analysis", artigo apresentado na Reunião Anual da American Political Science Association, Washington, DC, em 2010. O texto clássico de Elmer E. Schattschneider, *The Semisovereign People*. Nova York: Holt, Renihart, and Winston, 1960. Dois traba-

lhos de Theda Skocpol estão diretamente ligados a meu argumento sobre as formas de participação ou democracia regulada: *Diminished Democracy: From Membership to Management in American Civic Life*. Oklahoma: University of Oklahoma Press, 2003; e "Government Activism and the Reorganization of American Civic Democracy", in Paul Pierson e T. Skocpol (orgs.), *Activist Government and the Rise of Conservatism*. Princeton: Princeton University Press, 2007.

128. David Hine, "Political Parties and the Public Accountability of Leaders", in Jack Hayward (org.), *Elitism, Populism, and European Politics*, op. cit., pp. 121-42.

129. Robert E. Lane desenvolve interessante raciocínio, do ponto de vista liberal democrático, sobre delegação e procuração (representação fiduciária) em "Loosing Touch in a Democracy: Demands versus Needs", in Jack Hayward (org.), *Elitism, Populism, and European Politics*, op. cit., pp. 33-6.

130. Peter Berger, Brigitte Berger e H. Kellner, *The Homeless Mind: Modernization and Consciousness*. Nova York: Random House, 1973.

131. C. W. Mills, *The Power Elite*. Oxford: Oxford University Press, 1956; particularmente o cap. 13, sobre a sociedade de massas.

132. John Rawls, "The Justification of Civil Disobedience". *Collected Papers*. Cambridge, MA: Harvard University Press, 1999. pp. 176-89.

133. Henry David Thoreau, *On Civil Disobedience*. Há várias edições. Essa é a lição trágica que Creonte, após ter confrontado Édipo por sua tirania, terá em seu desacerto com Antígona, filha de Édipo, ao tentar submetê-la a sua vontade tirânica. A desobediência é sempre um ato em favor da integridade e da justiça da *polis*, da comunidade de cidadãos. Antígona é o ícone dessa desobediência justificada, ainda que com um fim trágico. Sófocles mostra a base moral da desobediência no diálogo magistral, curtíssimo, seco e direto entre Édipo, o rei, e Creonte, o súdito: "Édipo: 'Deves-me, da mesma forma, obediência'. Creonte: 'Se mandas mal, não devo'". Pois foi, exatamente, por Creonte mandar mal e ultrapassar o limite da ação do Estado que Antígona se rebela e desobedece. Ao condenar Antígona à morte, Creonte personifica a tirania absoluta. O abandono de sua convicção como súdito sobre a necessidade de mandar bem para ser obedecido condena-o irremediavelmente ao destino trágico dos tiranos ao tornar-se rei.

134. Termo proposto por Giadomenico Majone, "Temporal Consistency and Policy Credibility: Why Democracies Need Non-Majoritarian Institutions". Robert Schuman Centre Working Paper 96/97, European University Institute.

135. Seymour Martin Lipset, *Political Man: the Social Basis of Politics*. Nova York: Doubleday, 1960; e Antonio Gramsci, *Cuaderni del Carcere*. Turim: Einaudi, 1977.

136. Alfredo Gómez-Muller, "L'Anarchie, une autre modernité politique",

in Alfredo Gómez-Muller (dir.), *L'Anarchie et le problème du politique*. Paris: Archives Karéline, 2014. pp. 7-24.

137. Josep Ramoneda, "Aforismo 8: Sentimiento y política vs razón crítica = democracia", in *Contra la indiferencia*. Barcelona: Galáxia Gutenberg; Círculo de Lectores, 2010. pp. 9-10. Tradução minha.

138. "Sempre em contradição consigo mesmo, sempre oscilando suas inclinações e seus deveres, ele jamais será homem ou cidadão, nem será bom para si ou para os outros. Será um desses homens de nossos dias; um francês, um inglês; um burguês, não será ninguém" (tradução minha), em J.-J. Rousseau, *Émile*, in *Oeuvres* IV. Paris: Pleîade, 1969, p. 249. [Edição brasileira:*Emílio ou Da educação*, trad. de Sérgio Milliet. Rio de Janeiro: Bertrand, 1992. Nessa edição, o trecho da citação está na p. 13.]

139. Hans Magnus Enzensberger, *Le Bref Été de l'anarchie*. Paris: Gallimard, 2010.

140. Sheldon Wolin, *Politics and Vision: Continuity and Innovation in Western Political Thought*. Boston: Little, Brown and Company, 1960, cap. 9. Também C. B. MacPherson, *The Political Theory of Possessiye Indiyidualism*. Oxford: Oxford University Press, 1962.

141. Henry D. Aiken, "Mill and the Justification of Social Freedom", *NOMOS*, v. IV, p. 129, 1962. Cf. também sobre esse ponto, Jules Steinberg, *Locke, Rousseau and the Idea of Consent*. Westport: Greenwood, 1978. pp. 135-6.

142. "Tu não tens o direito de ser o explorador; tu tens o direito de ser tratado como um ser humano e de usufruir da liberdade, mas a liberdade não confere a 'liberdade de explorar o outro'. Há certamente a autoridade ali, mas não a autoridade-dominação, na medida em que o sentido do exercício dessa autoridade é precisamente a dissolução das relações paralisantes de poder, incluindo aí o domínio socioeconômico", em Alfredo Gómez-Muller, "L'Anarchie une autre modernité politique", op. cit., p. 22. Tradução minha.

143. Ellen Meiksins Wood, *Democracy Against Capitalism: Renewing Historical Materialism*. Nova York: Verso, 1995; e *Peasant-Citizen and Slave: The Foundations of Athenian Democracy*. Nova York: Verso, 1989.

144. Victor Ehrenberg, *The Greek City State*. Londres: Methuen, 1969; John Myers, *The Political Ideas of the Greeks*. Nova York: Abingdon, 1971; Jean Gaudemet, *Institutions de l'Antiquité*. Paris: Sirey, 1967.

145. Ibid., p. 51.

146. John Myers, *The Political Ideas of the Greeks*, op. cit., p. 107.

147. Ibid., pp. 107, 115 ss.

148. T. A. Sinclair desenvolve esse ponto em *A History of Greek Political Thought*. Londres: Routledge and Kegan Paul, 1952.

149. Leonard Krieger, "Stages in the History of Political Freedom", in *Ideas and Events: Professing History*. Chicago: University of Chicago Press, 1992. pp. 3-26.

150. Ver Josiah Ober, *The Athenian Revolution: Essays on Ancient Greek Democracy and Political Theory*. Princeton: Princeton University Press, 1998.

151. J. Gaudemet, op. cit., pp. 353-67.

152. J.-J. Rousseau, *Émile*, op. cit., pp. 248-252.

153. J.-J. Rousseau, *Discours sur l'origine de l'inégalité parmi les hommes*. Paris: Garnier, 1954. p. 101. Lucio Colletti apresenta avaliação instigante e persuasiva do pensamento de Rousseau em dois ensaios: "Rousseau as Critic of Civil Society" e "Mandeville, Rousseau and Smith", em *From Rousseau to Lenin*. Londres: NLB, 1972.

154. Lucio Colletti, op. cit., p. 151.

155. J.-J. Rousseau, *Émile*, op. cit., p. 249. Tradução minha.

156. Ibid.

157. Lionel Grossman, "Time and History in Rousseau". *Studies on Voltaire and the Eighteenth Century*, v. XXX, pp. 311-49, 1964. Tradução minha.

158. Cf. Lucio Colletti, op. cit.; e Irving Fetscher, "Rousseau's Concepts of Freedom in the Light of his Philosophy of History". *NOMOS*, v. IV, pp. 29-56.

159. L. D. Easton e K. H. Guddat (orgs.), *Writings of the Young Marx on Philosophy and Society*. Nova York: Doubleday, 1969. p. 226. Tradução minha.

160. Pierre Rosanvallon, *La société des égaux*, op. cit., p. 398.

161. Lucio Colletti, op. cit., pp. 173 ss., argumenta enfaticamente a favor desse ponto.

162. Suzi Adams, "On the Significance of the Ancient Greek Polis for Patočka and Castoriadis: Philosophy, Politics, History", in Francesco Tava e Darian Meacham (orgs.), *Thinking After Europe: Jan Patočka and Politics*. Londres: Rowman and Littlefield International, 2016.

163. Pierre Rosanvallon, *Democracy Past and Future*. Ed. Samuel Moyn. Nova York: Columbia University Press, 2006.

164. Pierre Rosanvallon, *La société des égaux*, op. cit.

165. Mikhail Bakunin, "Church and State", in George Woodcock (org.), *The Anarchist Reader*. Hassocks: Harvester, 1977. pp. 82-3.

166. Pietr Kropotkin, *Revolutionary Pamphlets: A Collection of Writings*. Nova York: Benjamin Blom, 1968. pp. 123-41. Tradução minha.

167. Pietr Kropotkin, "Letter to Netlau", in *Selected Writings on Anarchism and Revolution*. Cambridge: The MIT Press, 1970. pp. 294-5; e, do mesmo autor, "Must we Occupy Ourselves with an Examination of the Ideal of a Future System?", no mesmo volume, pp. 48 ss. Tradução minha.

168. Alfredo Gómez-Muller, op. cit., e Miguel Abensour, *La Démocratie contre L'État: Marx et le moment machiavélien*. Paris: Le Félin, 2004.

169. Irène Pereira, "Renouveler la théorisation du politique a partir de l'anarchsime", in Alfredo Gómez-Muller, op. cit., pp. 282-309.

170. Robert Nozick, *Anarchy, State and Utopia*. Nova York: Basic Books, 1974. Sua visão mais atualizada do "libertarianismo" está em *The Examined Life*. Nova York: Simon & Schuster, 1989.

171. George Bernard Shaw, *The Impossibilities of Anarchism*. Fabian Tract n. 45. Londres: The Fabian Society, 1895.

172. Sidney Webb, *The Difficulties of Individualism*. Fabian Tract n. 69. Londres: The Fabian Society, 1896.

173. G. D. H. Cole, *Great Britain in the Post-War World*. Londres: Victor Gollancz, 1942. pp. 31-3.

174. J.-J. Rousseau, *Du Contrat Social*, in *Oeuvres* III. Paris: Pleîade, 1964 p. 396.

175. Otto von Gierke, *The Development of Political Theory*. Nova York: Norton, 1939. p. 181 e também pp. 182-5.

176. Pierre Rosanvallon, *Democracy Past and Future*, op. cit.

177. Jacques Rancière, *La mésentente*. Paris: Galilée, 1995. pp. 28-35.

178. J.-J. Rousseau, *Émile*, op. cit., p. 250. Tradução minha.

179. Mikhail Bakunin, "En avant! Notre Programme", in *Étatisme et Anarchie*. Leiden: E. J. Brill, 1967. p. 401. Tradução minha.

180. Ibid., p. 402.

181. Ver, por exemplo, G. D. H. Cole, *Guild Socialism Restated*. Londres: Parsons, 1920.

182. L. T. Hobhouse, *Liberalism*. Londres: Butterworth, 1911. pp. 232-3.

183. Stefano Petrucciani, "Crise de legitimité, pouvoir et démocratie", in Yves Charles Zarka (org.), *Repenser la democratie*. Paris: Armand Colin, 2012. pp. 88-98.

184. Yves Charles Zarka, "Pourquoi repenser la démocratie?", in Yes Charles Zarka (org.), op. cit., pp. 5-8, e "La legitimité démocratique en question", pp. 73-98.

185. Francesco Saverio Trincia, "Le dilemme de la démocratie: populisme, souveraineté populaire et crise de l'état démocratique", in Yes Charles Zarka (org.), op. cit., pp. 25-37.

186. Recorri, aqui, livremente, ao famoso ensaio de Albert O. Hirschman, *Exit, Voice, and Loyalty: Responses to Decline in Firms, Organizations, and States*. Cambridge, MA: Harvard University Press, 1970.

187. Refiro-me aqui à representação parlamentar stricto sensu, às várias

formas de representação corporativista e aos processos de representação que ocorrem em organizações — sobretudo partidos e movimentos sociais.

188. Joshua Kjerulf Dubrow, "The concept and study of political inequality", in J. K. Dubrow (org.), *Political Inequality in the Age of Democracy: Cross-national perspectives*. Nova York: Routledge, 2015. pp. 9-28.

189. Por exemplo, a aceitação da diferença religiosa e cultural. Nilüfer Göle, "La visibilité disruptive de l'Islam dans l'espace public européen". *Sens Public* 15-16, 2013.

190. Ver, por exemplo, Pierre Rosanvallon, *La legitimité démocratique*. Paris: Seuil, 2008.

191. Pierre Rosanvallon, *La contre-démocratie*, op. cit., pp. 27-9.

192. Ibid., pp. 46-60.

193. Mary Graham, *Democracy by Disclosure: The Rise of Techno-Populism*. Washington: Brookings Institution Press, 2002. Archon Fung, Mary Graham e David Weil, *Full Disclosure: The Perils and Promise of Transparency*. Nova York: Cambridge University Press, 2008.

194. A questão do controle social da economia no capitalismo não é nova. Tratei dela, algumas vezes, antes do início da grande transição. Um exemplo dessa reflexão primitiva está em Sérgio Abranches, "O Leviatã anêmico: dilemas presentes e futuros da política social". *Planejamento e Políticas Públicas*, IPEA, v. 1, n. 1, pp. 7-32, jun. 1989.

195. Sérgio Abranches, "Empresa estatal e capitalismo: uma análise comparada", in Carlos Estevam Martins (org.), *Estado e capitalismo no Brasil*. São Paulo: Hucitec; Cebrap, 1977, pp. 8-54; e "A questão da empresa estatal: economia, política e interesse público". *Revista Brasileira de Administração de Empresas*, FGV, v. 19, n. 4, pp. 95-105, out./dez. 1979.

196. Pierre Rosanvallon, *La contre-démocratie*, op. cit., pp. 312-8.

197. Tratei dos aspectos científicos básicos da mudança climática, em *Copenhague antes e depois*. Rio de Janeiro: Civilização Brasileira, 2010, cap. 2. Sobre a grande extinção, Elizabeth Kolbert, *A sexta extinção: uma histórica não natural*. Rio de Janeiro: Intrínseca, 2015.

198. Norbert Elias, *Escritos & Ensaios: 1. Estado, processo opinião pública*. Rio de Janeiro: Zahar, 2006. p. 31.

199. Nem cidadãos, nem seres livres, o dilema político do liberalismo...

200. Thomas Hobbes, *Leviathan*. Org. A. R. Waller. Cambridge: Cambridge University Press, 1904.

201. Steven Rose, *Lifelines: Biology Beyond Determinism*. Oxford: Oxford University Press, 1997.

202. Ver, por exemplo, John Hawks et al., "Recent Acceleration of Human

Adaptive Evolution". *PNAS*, v. 104, n. 52, p. 20753-8, dez. 2007. "Consideramos que o crescimento demográfico humano está associado a mudanças passadas nas culturas e ecologias humanas. Os dois processos contribuíram para a recente evolução extraordinariamente rápida de nossa espécie" (p. 20753) e "Mas os humanos estão em um transiente demográfico e ecológico excepcional. O crescimento rápido da população esteve acoplado a vastas mudanças em culturas e ecologia durante o Pleistoceno Tardio e o Holoceno, criando novas oportunidades para a adaptação. Os últimos 10 mil anos viram rápida evolução no esqueleto e na dentição em populações humanas e o aparecimento de várias respostas genéticas a dietas e doenças. Em populações tão transientes e grandes, o tamanho aumenta a taxa de efetividade das respostas adaptativas" (p. 20753). Tradução minha. O fato é que estamos em permanente adaptação.

203. Richard Dawkins, *River out of Eden: a Darwinian View of Life*. Nova York: Basic Books, 1995. Há uma tradução para o português: *O rio que saía do Éden*. Rio de Janeiro: Rocco, 1996. As referências são ao texto em inglês, com tradução minha.

204. Daniel Dennett, *Freedom Evolves*. Nova York: Viking Penguin, 2003.

205. Para ter uma boa ideia dessa batalha, sugiro: Steven Rose, *Lifelines: Biology Beyond Determinism*. Oxford: Oxford University Press, 1998; Richard Lewontin, *Biology as Ideology*. Nova York: Harper, 1991, e *The Triple Helix: Gene, Organism and Environment*. Cambridge, Mass.: Harvard University Press, 2000; Daniel Dennett, *Darwin's Dangerous Idea: Evolution and the Meaning of Life*. Nova York: Simon and Schuster, 1995; Kevin N. Laland e Gillian R. Beown, *Sense and Nonsense: Evolutionary Perspectives on Human Behaviour*. Oxford: Oxford University Press, 2002; Gabriel Dover, *Dear Mr Darwin: Letters on the Evolution of Life and Human Nature*. Berkeley: University of California Press, 2000; Richard Dawkins, *The Ancestor's Tale*. Nova York: Houghton Mifflin, 2004; Ullica Segerträle, *Defenders of the Truth: The Sociobiology Debate*. Oxford: Oxford University Press, 2000; Mary Midgley, *Beast and Man: The Roots of Human Nature*. Nova York: Routledge Classics, 1995.

206. Karl Marx, *Grundrisse: Introduction to the Critique of Political Economy*. Nova York: Vintage, 1973. Tradução minha.

207. Evolucionária é a tese de que a evolução implica progresso rumo a formas mais avançadas, portanto distinto do evolucionismo, que se refere à adaptação.

208. Zygmunt Bauman, *Does Ethics Have a Chance in a World of Consumers?* Cambridge: Harvard University Press, 2008.

209. Tratei de forma mais objetiva o tema da sustentabilidade em "Agenda climática, sustentabilidade e desafio competitivo", in David Zylbersztajn e Claris-

sa Lins, *Sustentabilidade e geração de valor: a transição para o século XXI*. Rio de Janeiro: Elsevier, 2011.

210. Bernard Mandeville, *The Fable of the Bees, or Private Vices, Public Virtues*. Oxford: Clarendon, 1924. Tradução minha.

211. Thomas Malthus, *An Essay on the Principles of Population*. Bristol: Thoemmes Continuum, 1999.

212. Garrett Hardin, "The Tragedy of the Commons", in Garrett Hardin e John Baden (orgs.), *Managing the Commons*. San Francisco: W. H. Freeman, 1977. pp. 16-30. Mandeville não pôde ler os estudos de D'Alembert sobre equações diferenciais, nos quais já aparecia a impossibilidade teórica de maximizar duas variáveis ao mesmo tempo. Morreu antes que ele os publicasse. Nós não temos esse álibi. Após o trabalho de Von Neumann e Morgenstern (*Theory of Games and Economic Behavior*. Princeton: Princeton University Press, 1947) e a descoberta cognitiva da tragédia dos comuns por Hardin (1968), nos é dado saber que não é possível maximizar, ao mesmo tempo, um conjunto diferenciado de interesses particulares e o interesse geral.

213. Jared Diamond, *Collapse: How Societies Choose to Fail or Succeed*. Nova York: Viking, 2005.

214. Arcádia foi destruída por uma grande seca. Os anassazi desapareceram por destruírem seu próprio ambiente. Discuto esse ponto em *Copenhague: antes e depois*, op. cit., cap. 2 "A aventura da ciência".

215. Ver, a respeito, o argumento de Cláudio Napoleoni, op. cit.

216. Ray Kurzweil, *The Age of Spiritual Machines: When Computers Exceed Human Intelligence*. Nova York: Penguin Books; e Nick Bostrom, "A History of Transhumanist Thought". *Journal of Evolution and Technology*, v. 14, n. 1, pp. 1-25, 2005; "Human Genetic Enhancements: A Transhumanist Perspective". *Journal of Value Inquiry*, 2003; "Transhumanist Values". *Review of Contemporary Philosophy*, v. 4, pp. 87-101, maio 2005.

217. Friedrich Nietzsche, "The Birth of Tragedy", in *The Philosophy of Nietzsche*. Nova York: Random House, 1954. pp. 997-1008. Tradução minha.

218. Tradução minha da versão para o inglês de "Prologue to the Opening of the Berlin Theater in May 1821", apud Peter Szondi, *An Essay on the Tragic-* Stanford: Stanford University Press, 2002.

219. Thomas Mann, "A arte do romance", in *Travessia marítima com Dom Quixote: Ensaios sobre homens e artistas*. Rio de Janeiro: Zahar, 2014. p. 137.

220. Jeremy Bentham, *An Introduction to the Principles of Morals and Legislation*. Birmingham: The Legal Library, 1986 (edição especial).

221. George Steiner, *Antigones*. Oxford: Clarendon, 1984.

222. Sigmund Freud, *Civilization and its Discontents*. Nova York: Norton, 1962.

223. Amélie O. Rorty, "The Psychology of Aristotelian Tragedy", in Amélie O. Rorty (org.), *Aristotle's Poetics*. Princeton: Princeton University Press, 1992. pp 1-22.

224. Froma Zeitlin, "Thebes: Theater of Self and Society in Athenian Drama", in J. Peter Euben (org.), *Greek Tragedy and Political Theory*. Berkeley: University of California Press, 1986, pp. 101-42.

225. Barrington Moore Jr., *Injustice: The Social Bases of Obedience and Revolt*. White Plains, NY: M. E. Sharpe, 1978. Tradução minha.

226. Jacques Rancière, *Le spectateur emancipé*, op. cit.

227. Vilém Flusser, *Pós-história: vinte instantâneos e um modo de usar*. São Paulo: Duas Cidades, 1983.

228. São pertinentes a esses pontos alguns dos temas tratados por Clay Shirky em *Here Comes Everybody*. Londres: Penguin Books, 2008, e em *Cognitive Surplus*, Nova York: Penguin, 2010.

229. Manuel Castells já havia identificado com precisão, em *The Rise of the Network Society*, op. cit., essa globalização inexorável da rede.

230. Como diz a escritora científica Claire Evans: "É uma habilidade específica, ser um comunicador científico talentoso, essa pessoa rara que pode manter-se em dois mundos divergentes sem cair no vácuo entre as chamadas 'Duas Culturas', alguém com fatos científicos na mente e e gemas literárias na retórica", em "Scientific Fluency, the Universe, and a Balloon", *World Science Festival*, 27 maio 2011. Disponível em: <http://worldsciencefestival.com/blog/scientific_fluency_the_universe_and_a_balloon> Acesso em: 20 dez. 2016. Tradução minha.

231. Além disso, na realidade contemporânea, há uma ação orquestrada e bem financiada para desacreditar e negar essa informação. Essa estratégia da negação é racionalizada por alguns como uma forma de ganhar tempo, para resolver desafios mais prementes e esperar soluções tecnológicas que exijam menos mudança e sacrifícios. O exemplo mais recente e eloquente é o do chamado "*climategate*", o furto de e-mails do centros de pesquisas climáticas da universidade de East Anglia, que analiso em *Copenhague: antes e depois*, op. cit., cap. 1 "O clima da ciência".

232. Esse projeto pode ser político, corporativista ou somente o que se chama de "*hate message*", as "mensagens de ódio", um projeto puramente agressivo que objetiva desqualificar o outro ou que revela ameaças reais no mundo físico.

233. Sófocles, "Oedipus at Colonus", in *The Tragedies of Sophocles*. Trad. Sir Richard C. Jebb. Cambridge: Cambridge University Press, 1928. Em português,

Sófocles, "Édipo em Colona", in *A trilogia tebana*. Trad. Mário da Gama Kury. Rio de Janeiro: Zahar, 1989.

234. Sören Kierkegaard, *Concluding Scientific Postscript*. Princeton: Princeton University Press, 1968.

235. John Gray, "Homo Sapiens and Mass Extinction: An Era of Solitude?", in John Gray, *Heresies*. Londres: Granta, 2004. p. 35. Tradução minha.

236. Arthur Schopenhauer, *The World as Will and Representation*. Nova York: Dover, 1938. Tradução minha.

237. Sérgio Abranches, *Copenhague: antes e depois*, op. cit., e Harvey Weiss et al., "The Genesis and Collapse of Third Millennium North Mesopotamian Civilization". *Science*, v. 261, n. 5124, pp. 995-1004, 20 ago. 1993; Harvey Wiess e Raymond S. Bradley, "What Drives Societal Collapse?". *Science*, v. 291, n. 5504, pp. 609-10, jan. 2001; H. M. Cullen e P. B. DeMenocal et al., "Climate Change and the Collapse of the Arkhadian Empire: Evidence from the Deep Sea", *Geology*, v. 28, n. 4, pp. 379-82, abr. 2000; Timothy A. Kohler e Meredith H. Matthews, "Long-Term Anasazi Land Use and Forest Reduction: A Case Study from Southwest Colorado", *American Antiquity*, v. 53, n. 3, pp. 537-64, jul. 1988; Timithy Koller e Carla R. Van West, "The Calculus of Self Interest in the Development and Risk among the Northern Anasazi". Workshop Resource Stress Economic Uncertainty, and Human Response in Prehistoric Southwest. Santa Fe Institute, fev. 1992.

238. Jared Diamond, op. cit. Tradução minha.

239. Recentemente, a National Oceanographic and Atmospheric Administration (NOAA) estabeleceu como a nova média, ou a nova normalidade, observada no período 1981-2010, temperatura 0,5 F superior à anterior, de 1971-2000. Essas médias que definem a "normalidade" são calculadas a cada trinta anos, desde o período de 1921-50.

240. Timothy Lenton et al., "Tipping Elements in the Earth's Climate System". *Proceedings of the National Academy of Sciences*, v. 105, n. 6, pp. 1786-93, 12 fev., e a série "Tipping Elements in the Earth's System Special Feature". *Proceedings of the National Academy of Sciences*, v. 106, n. 49, pp. 20561-621, 8 dez. 2009.

241. "New Zogby Nationwide Post-Election Poll", 14 nov. 2012. Washington, *Zogby Analytics*. Nessa nota, os analistas dizem que esses resultados diferem muito, para mais, dos resultados encontrados na pesquisa igual anterior, de dezembro de 2009, especialmente para republicanos e independentes.

242. Robert K. Merton, *Social Theory and Social Structure*. Nova York: Free Press, 1968, e Gláucio Ary Dillon Soares, "Marxism as a General Sociological Orientation", *British Journal of Sociology*, v. XIX, pp. 365-74, 1968.

243. Gláucio Ary Dillon Soares, "Ascensão e queda do marxismo: os dados que saem dos livros". Rio de Janeiro: IESP-UERJ , 2012.

244. Thomas Kuhn, *The Structure of Scientific Revolutions*. Chicago: University of Chicago Press, 1962.

245. Sobre o inadequado da educação atual, ver Clayton M. Christensen et al., *Disrupting Class: How Disruptive Innovations will Change the Way the World Learns*. Nova York: McGraw-Hill, 2008.

246. Sófocles, "Oedipus Rex", in *The Tragedies of Sophocles*, op. cit.

247. Ver, por exemplo, Donald Davidson, "How Is Weakness of the Will Possible?", in *The Essential Davidson*. Oxford: Oxford University Press, 2006. pp. 72-89.

248. Ursula K. Le Guin, "The Day before the Revolution", in *The Wind's Twelve Quarters: Stories*. Nova York: Harper, 2004, p. 298. Esse é um conto magistral, precursor do excelente *The Dispossessed*. Nova York: Avon Books, 1975, uma utopia ambígua sobre os resultados de uma revolução anarquista.

249. Ver, por exemplo Erik Olin Wright, *The Politics of Punishment*. Nova York: Harper, 1976.

250. Ver Sérgio Abranches, "A surpresa do inesperado". *O Eco*, 14 ago. 2004. Disponível em: http://www.oeco.org.br/colunas/sergio-abranches/16438-oeco-10015/. Acesso em: 20 dez. 2016; e David Gee et al., *The Precautionary Principle in the 20th Century: Late Lessons from Early Warnings*. Londres: Earthscan, 2002.

251. Adam Smith, *The Theory of Moral Sentiments*. Oxford: Clarendon, 1976. pp. 27-8, 215 ss.

252. Peter Senge, *The Fifth Discipline*. Nova York: Doubleday, 1990.

253. Mortimer B. Zuckerman, "A Second American Century". *Foreign Affairs*, v. 77, n. 3, pp. 18-31, maio/jun. 1998.

254. Richard Rorty, "Ethics withouth Principles", in *Philosophy and Social Hope*. Nova York: Penguin, 2000. p. 77. Tradução minha.

255. Richard Rorty, "Heidegger, Contingency and Pragmatism", in *Essays on Heidegger and Others: Philosophical Papers*, v. 2. Cambridge: Cambridge University Press, 1991. p. 27.

256. Hesíodo, *Teogonia: a origem dos deuses*. Trad. do grego Jaa Torrano. São Paulo: Iluminuras, 2009. p. 129, v. 510-1.

257. Ésquilo, *Prometeu acorrentado*. Trad. Mário da Gama Kury. Rio de Janeiro: Zahar, 1993. p. 16, v. 43-6.

258. Hesíodo, *Teogonia*, op. cit., p. 131, v. 521-534. A passagem se refere a "Zeus Cronida", filho de Cronus e Reia: "Reia submetida a Crono pariu brilhantes filhos:/ Héstia, Deméter e Hera, de áureas sandálias,/ o forte Hades que sob o chão habita um palácio/ com impiedoso coração, o troante Treme-terra e o sábio

Zeus, pai do deuses e dos homens,/sob cujo trovão a ampla terra se abala", p. 127, v. 453-8.

259. Ésquilo, *Prometeu acorrentado*, op. cit., p. 16, v. 48-9.
260. Ibid., p. 20, v. 130-1.
261. Ibid., p. 20, v. 132-4.
262. Ibid., p. 21, v. 141-6.
263. Ibid., pp. 26-7, v. 332-6.
264. Ibid., p. 21, v. 135-8.
265. Ibid., p. 29, v. 409-10.
266. P. J. Crutzen e E. F. Stoermer, "The Anthropocene". *Global Change Newsletter*, v. 41, pp. 17-8, 2000. A Comissão Internacional de Estratigrafia ainda não admitiu o Antropoceno como uma unidade geológica formalmente definida dentro da escala de tempo geológica, mas está estudando uma proposta nesse sentido. Pode decidir considerá-lo como sucedendo ao Holoceno no período quaternário ou, alternativamente, como uma subdivisão do Holoceno.
267. W. Steffen, J. Grinevald, P. Crutzen e J. MacNeill, "The Anthropocene: Conceptual and Historical Perspectives". *Philosophical Transactions of The Royal Society*, v. 369, pp. 842-867, 2011.
268. Erle C. Ellis, "A World of our Making". *New Scientist*, v. 210, n. 2816, pp. 26-7, jun. 2011, e Erle C. Ellis, "Anthropogenic Transformation of the Terrestrial Biosphere". *Philosophical Transactions of The Royal Society*, v. 369, pp. 1010-35, 2011.
269. Para ter uma breve noção do que se propõe a geoengenharia e das incertezas e riscos envolvidos, ver The Royal Society, *Geoengineering the Climate: Science, Governance and Uncertainty*. Londres: RS Policy Document, 10/09; Jason J. Blackstock et al., "Climate Engineering Responses to Climate Emergencies". *Novim*, 2009. Disponível em: <http://arxiv.org/pdf/0907.5140>, acesso em: 20 dez. 2016; Jason J. Blackstock e Jane C. S. Long, "The Politics of Geoengineering". *Science*, v. 327, n. 29, p. 527, jan. 2010.
270. Jason Blacklock et al., "Climate Engineering Responses to Climate Emergencies". *Novim*, 2009. Disponível em: <http://arxiv.org/pdf/0907.5140>. Acesso em: 20 dez. 2016.
271. Ibid. Tradução minha.
272. Sérgio Abranches, "As revoltas do século XXI e o diálogo digital". *Ecopolítica*, 22 fev. 2001. Disponível em: <http://www.ecopolitica.com.br/2011/02/22/as-revoltas-do-seculo-xxi-e-o-dialogo-digital/>. Acesso em: 20 dez. 2016.

273. Ursula K. Le Guin, "The Day before the Revolution", in *The Wind's Twelve Quarters: Stories*, op. cit. Tradução minha.

274. Ursula K. Le Guin, *The Dispossessed*. Nova York: Harper and Row, 1974. Tradução minha.

275. Isaac Asimov, *Foundation*. Nova York: Gnome, 1951. Tradução minha.

276. Apud Andrej Pinter, "Thought News: A Quest for Democratic Communication Technology". *The Public*, v. 10, p. 96, 2003. Tradução minha.

277. Dale Jamieson, *Reason in a Dark Time: Why the Struggle against Climate Change Failed and what It Means for our Future*. Oxford: Oxford University Press, 2014. Prefácio.

278. As referências são a *The World as Will and Representation*, op. cit. Nova York: Dover, 1966, v. 1. Note-se que a "vontade" em Schopenhauer é uma vontade sem propósito, uma busca permanente, a ausência de qualquer objetivo ou limite, a "vontade em si mesma".

279. Há interpretações que negam essa possibilidade, que, entretanto, me convencem mais.

280. Sua principal obra chama-se exatamente *O ser e o tempo* (*Time and Being*. Nova York: State University of New York Press, 1996).

281. Ver David L. Hall e Roger T. Ames, *Thinking Through Confucius*. Nova York: State University of New York Press, 1987; Kwong-loi Shun, "Conception of the Person in Early Confucian Thought", in Kwong-loi Shun e David B. Wong (orgs.), *Confucian Ethics: A Comparative Study of Self, Autonomy, and Community*. Cambridge: Cambridge University Press, 2004; Erica Brindley, *Individualism in Early China: Human Agency and Self in Thought and Politics*. Honolulu: University of Hawaii Press, 2010.

282. Cf. Max Weber, *A ética protestante e o espírito do capitalismo*. São Paulo: Companhia das Letras, 2004.

283. Henry Kissinger, *On China*. Nova York: Penguin, 2011; Jiang King, *A Confucian Constitutional Order: How China's Ancient Past Can Shape Its Political Future*. Princeton: Princeton University Press, 2012; Daniel A. Bell, *China's New Confucianism: Politics and Everyday Life in a Changing Society*. Princeton: Princeton University Press, 2008.

284. Hans-Georg Gadamer, *Truth and Method*, op. cit., pp. 316-7.

285. Richard Rorty, "Priority of Democracy to Philosophy", in *Objectivity, Relativism and Truth*. Cambridge: Cambridge University Press, 1991, pp. 175-96.

286. Tzvetan Todorov, *O espírito das luzes*. São Paulo: Barcarola, 2006.

287. Peter Schwartz, *Inevitable Surprises*, op. cit.

288. Em Brandom Keim, "Human Evolution Enters an Exciting New Pha-

se". *Wired*, 29 nov. 2012. Disponível em: <http://www.wired.com/2012/11/recent-human-evolution-2>. Acesso em: 20 dez. 2016.

289. Gayathri Vaidyanathan, "How Have Hominids Adapted to Past Climate Change?". *Scientific American*. Disponível em: <http://www.scientificamerican.com/article/hominids-adapt-to-past-climate-change/>. Acesso em: 20 dez. 2016. Para uma introdução à genética populacional e diversidade genética na evolução humana, ver J. H. Relethford e R. M. Harding, "Population Genetics of Modern Human Evolution". *Wiley*, eLS, 2001. Disponível em: <http://onlinelibrary.wiley.com/doi/10.1038/npg.els.0001470/full/>. Acesso em: 20 dez. 2016.

290. Stephen R. Palumbi, "Humans as the World's Greatest Evolutionary Force". *Science*, v. 293, n. 55367, pp. 1786-90, set. 2001. Disponível em: <http://science.sciencemag.org/content/293/5536/1786.full>. Acesso em: 20 dez. 2016.

291. Ver Donald R. Nelson, W. Neil Adger e Katrina Brown, "Adaptation to Environmental Change: Contributions of a Resilience Framework", *Annual Review of Environment and Resources*, v. 32, pp. 395-419, 2007.

292. Luís Bettencourt, José Logo, Dirk Helbing, Christian Kühnert e Geoffrey West, "Growth, Innovation, Scaling and the Pace of Life in Cities". *Proceedings of the National Academy of Sciences of the United States*, v. 104, n. 17, pp. 7301-6.

293. Bernward Joerges, "Large Technical Systems: Concepts and Issues", in Renate Mayntz e Thomas P. Hughes (orgs.), *The Development of Large Technical Systems*. Boulder: Westview, 1988.

294. Lisa Bennett, "Five Reasons Why We Don't Care about Climate Change". *The Huffington Post*, 27 out. 2009. Disponível em: <http://www.huffingtonpost.com/lisa-bennett/five-reasons-why-we-dont_b_336190.html>. Acesso em: 20 dez. 2016.

295. Ver Mike Hulme, *Why We Disagree about Climate Change: Understanding Controversy, Inaction and Opportunity*. Cambridge: Cambridge University Press, 2009.

296. Hermann Hesse, *O lobo da estepe*. Rio de Janeiro: Civilização Brasileira, 1968. A tradução é de 1968, ano marcado pela *chienlit* de Paris, que repercutiu por toda a Europa e Estados Unidos, e pelo aprofundamento da repressão militar no Brasil, mas a edição original, *Der Steppenwolf*, é de 1927.

297. D. H. Lawrence, *Apocalypse and the Writings of Revelation*. Cambridge: Cambridge University Press, 2002. Essa obra foi escrita entre 1929 e 1930, quando Lawrence morria junto com seu mundo, e publicada originalmente em 1931.

298. Cass R. Sunstein, "The Law of Group Polarization", in James Fishkin e Peter Laslett, op. cit., pp. 80-102.

299. Zygmunt Bauman, *Does Ethics Have a Chance in a World of Consumers?* Cambridge, MA: Harvard University Press, 2008.

300. Ulrich Beck, *The Metamorphosis of the World*. Cambridge, MA: Polity Press, 2016.

301. Thomas S. Kuhn, "The Historical Structure of Scientific Discovery", in *The Essential Tension: Selected Studies in Scientific Tradition and Change*. Chicago: The University of Chicago Press, 1977. pp. 165-77.

302. Vilém Flusser, *Comunicologia*, op. cit., p. 256.

303. Cf. R. Keith Sawyer, *Social Emergence*. Cambridge, MA: Cambridge University Press, 2005.

1ª EDIÇÃO [2017] 1 reimpressão

ESTA OBRA FOI COMPOSTA PELA SPRESS EM MINION E IMPRESSA EM OFSETE
PELA LIS GRÁFICA SOBRE PAPEL PÓLEN SOFT DA SUZANO PAPEL E CELULOSE
PARA A EDITORA SCHWARCZ EM JULHO DE 2017

A marca FSC® é a garantia de que a madeira utilizada na fabricação do papel deste livro provém de florestas que foram gerenciadas de maneira ambientalmente correta, socialmente justa e economicamente viável, além de outras fontes de origem controlada.